경호무술지도자론

8

경호무술

Since **1992**
警護武術

경호무술지도자론

8

경호무술창시자 **장명진** 지음

이담 Books

발 간 사

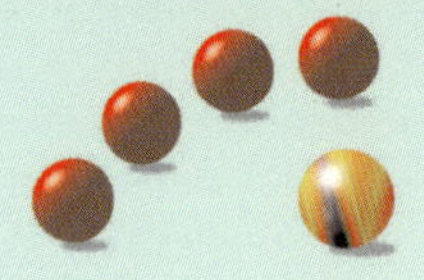

경호무술이란 자신을 포함하여 경호 대상에게 가해져 오는 공격으로부터 신체 및 생명을 보호해주는 **호위호신무술**이다.

경호무술을 창시한 본인은 1986년 군 복무시절 708특공대(경호부대)에서 경호무술에 대한 연구를 시작하였고, 1992년 3월 18일 국내최초로 서울특별시 중랑구 신내동에 경호원을 양성하는 국제경호아카데미를 개원하였다. 이후 1994년부터 2004년까지 『경호무술』, 『경호실무』(개정7권)를 공식 출판했으며, 특히 경호무술에 대한 무적·공법·기법·격투체계에 대하여 체계화와 정형화에 힘써 왔다. 아울러 경호무술에 대한 학문적 이론을 정립하여 체계화하였다. 국제경호아카데미 경호원 양성과정 및 장명진경호무술원과 대학교 등 외부기관에 출강하면서 착안한 경호무술 교육체계에 대하여 연구 표준화한 것을 1996년에 오픈한 사이버 경호무술교실에 구축하였다. 구축한 연구 내용을 정리하여 2004년 경호무술 개정본(본인이 직접 연구, 저술, 시연, 편집, 출판해 1인 5역으로 1,704page, 무게 8kg, 대작완성)으로 발간하였다.

이렇게 연구 출판된 『경호무술』은 각 군 관계부대와 직무에 관련된 정부기관인 경찰청, 경호처, 국정원, 법무부, 국무총리실, 국회 등 관계기관을 포함해 대학의 경호 직무 관련(경호, 경찰, 군사, 교도 등) 학과와 경호무술원지도자, 수련자들에게 전공 및 연구교재로서 사용되면서 체계화된 학문적 이론과 과학적인 기술이 널리 알려지게 되었다. 아울러 국민의 여가와 체위 향상에 기여하고 있으며, 새로운 직업 창출에도 이바지하고 있다. 또한 해외보급이 본격화되면서 문화외교 역할을 통한 국위선양과 경제활동을 통한 서비스 산업으로 국익에 크게 기여하고 있다. 이처럼 경호무술은 그동안 최단 기간에 우리의 대중적 무예로 크게 발전해 국가와 사회에 기여하게 되어 창시자로서 매우 기쁘게 생각한다.

무예는 전통적으로 지·덕·체를 교육이념으로 삼아 왔으며, 또한 충효의 근본을 가르치는 역할을 담당하기도 했다. 무예를 가장 큰 교육이념으로 여겼던 나라는 동서양을 막론하고 대부분 부국강병을 성공적으로 이루어 오늘날 군사 및 경제 대국이 되었다. 세계사에서 부국강병을 이루게 된 대표적인 나라들로 영국과 일본을 주목하고 있다. 이들 나라의 공통점은 그 나라를 대표하는 무인정신을 꼽는다. 영국은 기사도정신 그리고 일본은 사무라이정신이 바로 그것이다. 이 같은 정신을 무사도 정신이라고 말하기도 한다. 중국 또한 무예를 신(神)이라 부를 만큼 신성시해 왔으며, 무예인들이 인격도야에 정진하면서 무예인을 도사라 칭하기도 했다. 이처럼 무예는 정치, 경제, 사회, 문화를 초월하는 보이지 않는 강력한 힘으로 다양한 가치를 재창조하는 에너지 원천과 같아 오늘날 첨단과학이 지배하고 있는 21세기가 된 지금도 세계 각국은 무예를 다양한 각도에서 연구하고 활용방안을 모색하고 있다. 많은 나라가 무예를 학교 체육 정규과목으로 채택해 교육을 강화하고 있으며, 문화 자원화 차원에서 무예에 대한 지식재산권을 확보하는 데도 힘을 쏟고 있다.

이 같은 변화에서 다소 늦은 감은 있으나 우리나라에서도 2008년 전통무예진흥법이 만들어진 점에 대하여 매우 다행스럽게 생각하며, 경호무술이 향후 국민의 건강 및 문화생활향상과 더불어 안전하고 행복한 삶을 추구하는 무술로서 한국을 대표하는 무예로서 세계화되기를 바란다. 끝으로 2011년 경호무술 책이 분권 출판되게 도와주신 한국학술정보(주) 사장님 및 관계자와 우리 가족 모두에게 깊이 감사한다.

᱾ 경호무술창시자 장명진 약력

- 사단법인 한국경호무술진흥회 회장
- 전통무예원류적통자 모임 간사
- 장명진경호무술원 총원장
- 국무총리실 국가재난관리본부 자문위원
- 초당대학교 경호학과(경호무술) 겸임교수
- 고려대학교 사범대학원 석사과정(경호무술) 강사
- 선문대학교 무도학과, 충청대학 태권도학과(경호무술) 강사
- 국립경찰대학 수사보안연수소(인질협상/경호전략) 강사
- 중국연길시공안국 보안전문대학교 명예교수
- 한서대학교, 서일대학 사회교육원 경호학과(경호무술) 강사
- KBS아카데미 경호원 양성과정(경호무술) 강사
- 사단법인 한국무예포럼 운영위원
- 주식회사 탐경(경호회사) 대표이사
- 국제경호아카데미 원장
- 국제경호협회 회장
- 한국안전교육학회, 한국경호경비학회 운영위원
- 사단법인 한국경비협회 신변보호분과 운영위원
- 사단법인 한국직능단체총연합회 상임부회장
- 제10기 민주평화통일 자문위원(대통령)회 자문위원
- 윗몸일으키기(14,824회) 기네스 기록보유(1990년)
- 『경호무술』, 『경호실무』 저술(개정7권, 1994년~2011년)
- 『경호직무능력표준』, 『경호자격규정집』(2004년~2005년)
- 「경호산업문제분석과 발전방안에 관한 연구」 외 다수
- 대통령표창(2002년), 국무총리표창(2007년)

[무술입문 및 경호무술 창시 보급]

7세에 무예에 입문하여 태권도, 태껸, 합기도, 쿵후 등을 수련하고 경호무술을 창시하는 등 40여 년간 무공을 쌓았다. 1986년 708특공대(경호부대) 복무 중 경호무술 연구를 시작해 1992년 정립한 경호무술을 국내최초로 설립된 국제경호아카데미에서 경호원양성 교육과정으로 지도하기 시작했다. 이후 대학(교) 경호무술학과 및 경호학과 그리고 유관학과에 보급하였다. 1996년 국내최초로 인터넷 경호무술강좌를 시작하였으며, 초·중·고등학생 및 일반인을 대상으로 경호무술원을 개원하여 전국에 보급하고 있다. 중국·미국·남미지역에 해외지부를 두고 세계화 중에 있으며 국내외 주요 방송매체를 통해 크게 주목받고 있다.

목차

경호무술 창시기원과 역사

제 8 권 경호무술지도자론

GUARD MILITARY

護
警
武
術

警
護
武
術

護
警
武
術

警
護
武
術

警
護
武
術

警
護
武
術

警
護
武
術

護
警
術
武

1. 경호무술 창시 배경과 연구

경호무술을 연구하게 된 배경은 본인이 1986년 708특공대(경호부대) 군 복무 중일 때이다. 당시 우리나라 최초로 열렸던 국제적인 행사(86서울아시안게임)에 경호임무를 부여받아 경호작전에 투입될 군, 장병에 대한 경호교육훈련 프로그램을 준비하던 중에 경호 직무에 필요한 매뉴얼을 연구개발하게 된 것이 경호무술을 창시하는 계기가 되었다.

당시 우리 군에서는 전술훈련, 유격훈련, 공수훈련, 충정훈련, 대테러진압훈련 등은 매뉴얼화된 프로그램은 있었지만 체계적인 경호훈련 프로그램매뉴얼은 없었으며. 특히, 경호직무에 적합한 호위호신 무술은 개발되어 있지 않았다. 군에서 도입한 당시 무예로는 태권도, 특공무술이 보급되어 있었으나 품세와 발차기 기술위주의 태권도와 야삽술, 총검술, 단검술과 같은 기술위주의 특공무술은 경호직무 수행에 적합하지 않다고 판단되어 경호 직무환경에 적합한 새로운 경호기법과 호위호신무술을 창시자 본인이 독자적으로 연구 하는 계기가 되었다. 이후 88서울올림픽 경호작전임무를 또다시 맡게 되면서 본격적 으로 심도 있는 연구개발을 하게 되었다(본인은 경호학에 대한 학문적 이론을 최초로 정립한 경호실무 원저자이기도 함. 1994년 저술).

당시 무예연구를 위해 우리전통무예에 관한 문헌을 포함한 국내외 각종무술책 등을 참고했으며, 대통령경호실 연무관을 방문하기도 했었다. 그러나 기술개발을 위한 참고 문헌은 매우 부족했으며. 대통령경호실 연무관마저도 태권도 유도 등을 경호원 교육 교과목으로 채택해 수련할 뿐이라 특별히 참고할 만한 것이 없었다.

경호무술개발을 위해서는 경호직무환경을 충분히 고려하여 연구하고, 호위적 관점에서 기술을 체계화해야 하기 때문에 경호실무에서 요구되는 지식과 기술을 신체운동의 원리와 등속직선운동의 원리(물체에 힘이 작용하면 물체는 운동 방향이나 속력이 변하는 운동을 하게 됨) 등을 결합할 수 있도록 과학적으로 연구해야 한다. 특히 경호환경은 일격필 살의 기술도 요하지만, 적을 일시적으로 신체 및 기선을 제압하여 역습을 차단하는 기술과 공격하는 기술이 적이나 제3자에게 노출되지 않도록 하는 기법이 더 요구되기 때문에, 이 같은 점을 고려하여 가능한 기술을 단순화하고 공격기술 또한 고의성이 노출 되지 않도록 착안했다. 그리고 고대로부터 전해 내려오는 경혈(급소)에 대한 공격기법과 신체의 타격이 극대화될 수 있도록 다양한(치기, 차기, 꺾기, 찌르기, 긋기, 잡기, 조르기, 비틀기, 밀치기, 당기기, 던지기) 기술을 착안하고 다음으로 기술 간 결합해 응용할 수 있도록 연구했으며, 무기술을 새롭게 배우지 않아도 맨손기술을 무기술로 전환할 수 있도록 체계화해 짧은 기간의 수련으로도 많은 기술과 응용력을 극대화할 수 있도록 했다.

이외로도 적의 칼, 검, 곤, 총, 폭발물과 같은 무기 공격수단에 따라 대응할 수 있는 무기술을 포함해 다양한 급조무기기술이 실전에서 자유롭게 사용되도록 창안했다. 이 같은 체계는 다양한 무예 수련단계를 줄여주는 효과로 인해 수련자가 배우고 익히기에 쉽도록 하는 효과도 있다. 그리고 적의 기습공격유형과 다수의 집단적 동시공격유형에 대비해 유효적절하게 대응할 수 있도록 방향전환과 위치이동에 자유롭고 빠르게 하기

위하여 불필요한 동작을 줄이고 에너지 소모를 최소화될 수 있도록 전환선법체계를 만들었다. 전환선법은 안정된 평형감각을 익히고 전후좌우를 직선, 사선, 곡선으로 짧고 길게 신축성 있게 움직일 수 있도록 체계화했으며, 이를 통해 신법, 두법, 권법, 수법, 족법, 무법을 자유롭게 공방기술로 구현하도록 했다. 즉, 위해기도 자들의 다양한 공격 유형에 신속 정확하게 대응할 수 있도록 착안했다고 할 수 있다. 수련단계 또한 기본 기술을 배우고 그다음으로 기술 간 연결해 혼용하는 방법을 배우고 마지막으로 수준을 높여 응용하는 방법을 배우도록 해 과학적으로 훈련되도록 하였다. 끝으로 수련자가 경호무술을 배우고 익히는데 어렵지 않도록 용법에 맞는 용어를 알기 쉽게 정리하였다. 이처럼 경호무술은 기술의 체계화와 정형화를 완벽하게 구현해 만든 최고의 무예라고 단언한다.

2. 경호무술 태동과 무예발전

무예는 책으로 전해지고 발전되어 내려왔다

무예는 싸움기술로서 상대를 제압하고 적을 살상하기 위한 기술로 발전해 왔다고 할 수 있다. 문헌 속에 담긴 기록에 의하면 무예는 국가적인 차원에서 관리할 정도로 매우 중요시했던 것으로 보인다. 특히 난세에 무예에 대한 중요성을 재인식하고 무예 책을 국가가 직접 편찬해 왔음을 알 수 있다. 우리 민족 무예문헌으로 발견된 무예제보는 임진왜란 직후인 선조 1598년에 편찬된 것이고, 무예제보번역속집은 12년 후인 1610년 광해군 2년에 편찬된 것으로 보아 임진왜란 직후 무예진흥의 중요성이 강조되면서 수년간 집중적으로 연구한 것을 알 수 있으며, 무예도보통지 편찬시점도 정조 14년 때인 1790년 간행된 것으로 군신 간 대립이 극도로 고조되었던 난세의 시기였다.

이 같은 사례는 가까운 중국도 예외는 아니었던 것으로 보인다. 중국의 대표적인 고대 무예서인 무비지를 편찬한 시기도 명나라의 내우외환으로 시대적 암흑기와 같았다. 무비지를 저술한 모원의는 후금 전권에 저항해 싸웠던 인물이다. 특히 여진족과 후금에 대한 적대감이 컸고 이들과 대립하며 무예진흥정책에 심혈을 기울였던 것으로 보인다.

최근 근대사에서도 이와 유사한 점을 발견할 수 있는데 가까운 일본이 제2차 세계 대전 전후에 유도, 공수도, 합기도와 같은 책을 집중적으로 출간하였으며, 우리나라 에서도 6·25사변 전쟁 직후인 1959년 최홍희 현역장군에 의하여 태권도 책이 출간 되었던 점 또한 전쟁과 무관하지 않다.

본인이 저술한 경호무술 또한 사회질서가 문란하고 국제환경 또한 새로운 테러리 즘에 의하여 개인의 신변위험이 크게 증가하면서 시대적 필요요구에 의하여 태동하는 배경이 되었다고 할 수 있다. 아울러 이런 관점에서 경호무술을 책으로 집대성하여 표준교범을 출간한 것이다.

무예연구는 국가가 주도(살생술 집중 연구)

이처럼 무예는 시대를 초월하여 권력유지와 국력을 유지하기 위한 수단적 가치로 널리 인식되었고 이로 인해 난세, 전쟁, 치안이라는 공통된 위험에 의하여 무예는 그 대안으로 자연스럽게 연구되었다는 사실이다. 아울러 이 같은 시기에 무예기법을 집중적으로 연구하면서 적을 효과적으로 제압하고 살상시킬 수 있는 기법을 연구하기 위하여 무예연구 전담기구들을 두었음을 알 수 있다. 이 같은 단서는 무예도보통지 기록에도 있다. 무예도보통지 편찬을 정조대왕의 명에 의하여 집필했다는 기록으로 봐서 국가가 전담 기구를 두고 주도적으로 연구케 했음을 알 수 있다.

이 같은 기구에 의한 무예연구는 맨손무예부터 창, 칼, 검, 곤과 같은 다양한 무기무예 의 수련 법까지 연구하고 더 낳아가 적을 효과적으로 살상할 수 있는 기법 개발을 위하여 살상력 효과를 보다 극대화하기 위하여 오늘날 화력전, 생화학전, 대테러전 등에 대비해 연구하듯이 당시에도 전문 연구기관을 두고 근접 육박격투전이 비중 있게 치러지던 전쟁의 특성상 이를 체계적으로 연구에 몰두했던 것으로 보인다. 특히 오늘날까지도 전해 내려오는 신체급소인 혈을 연구하기도 했던 것으로 보인다. 그리고 이 같은

연구를 위해 전쟁에서 포로로 잡혀온 적장이나 병사들을 대상으로 다양한 공격기법을 적용해 신체반응과 의식반응 호흡반응 등을 집중적으로 연구했을 것으로 추정된다.

그리고 지금까지 전해지고 있는 무예기법에서 사람을 치는 데는 반드시 그 혈로써 하는데, 훈혈(暈血)·아혈(啞血)·사혈(死血)이 있다. 그 혈을 가려서 가볍게 또는 무겁게 치면, 혹 죽기도 하고, 혹은 혼수상태에 빠지기도 하고, 혹은 언어장애인이 되기도 하는데, 털끝만큼도 차이가 없다는 기록이 있는 것으로 보아 신체 실험에 의한 것이 분명한 것으로 보이며, 당시의 연구들이 상당한 경지의 기법들로 연구되어 체계화되었던 것으로 보인다.

그리고 이같이 개발된 기법은 소수 핵심인물을 중심으로 공유되고 일반인들에게는 전승되지 않았던 것으로 보이고, 이 같은 비술은 왕을 호위하는 호위무사들에게 전승되어 오지 않았을까 하는 생각을 해 봤다. 또한 나라마다 이 같은 연구결과물을 비밀에 부치고 비급술로 전해졌으리라는 것이 본인의 연구결과다.

21세기 무예는 다가치에 의하여 발전

오늘날 현대사회에서는 무예가 전쟁뿐 아니라 범죄 및 테러의 증가 원인으로 개인의 호신적 기능으로 그 역할을 하고 있고 이외에도 국민의 체육 증진과 교육 증진에 이바지하고 있다.

최근에는 다양한 무예대회로 인한 스포츠와 오락 등으로 참여하고 즐기는 새로운 문화로 발전되고 있으며, 더 나아가 무예문화적 예술로 점프와 같은 무예공연으로까지 발전하고 있다. 이처럼 21세기 무예는 다가치에 의하여 다양한 영역으로 더욱 발전하리라 예상한다. 이처럼 대중적으로 수련층이 남녀노소로 확대되면서 보고 즐기고 참여하는 문화로서 새로운 무예문화로서 우리 생활 깊숙이 뿌리내리고 있다. 이 같은 변화는 이미 시작되었다고 할 수 있으며, 단순한 문화를 벗어나 이제는 무예산업으로 볼만큼 그 영역이 이미 전문화되어 있고 시장이 팽배해져 있다.

이처럼 무예가 다양한 계층과 사회에 기여하면서 그 기능과 역할이 확대될 것으로 보이며, 앞으로 경호무술이 무예산업을 주도해 나아갈 것으로 본인은 믿어 의심치 않는다. 옛날부터 전해 내려오는 말 중에 무예를 배우지 않는 사람은 자신의 몸을 귀하게 하지 않는 것과 같다는 말이 있다. 무예는 선택이 아닌 필수로서 우리 생활 속에 깊이 스며들고 있으며, 이로 인해 무예는 앞으로도 변함없이 계속 발전해 나아갈 것으로 보인다.

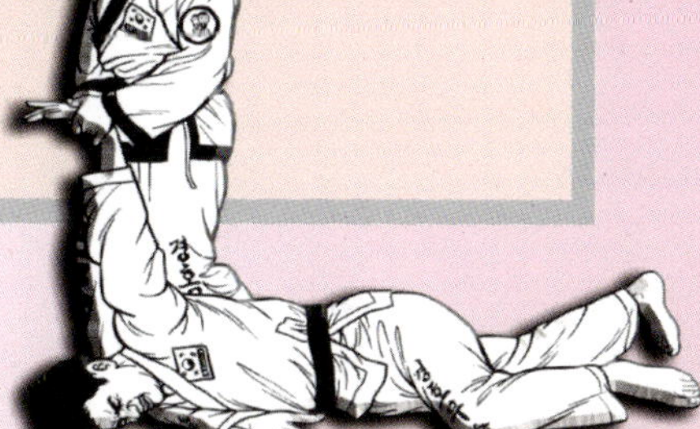

3. 경호무술은 우리 민족의 대표적인 전통무예다

전통무예 복원과 재현

경호무술은 역사적으로 조선시대에 궁중의 군왕과 궁성의 경호를 맡아보던 호위청(扈衛廳) (인조원년 1623년~고종 1894년)의 무예를 현대적 사회 여건과 무기 등 변화된 환경 등을 고려해 경호실무를 기초로 창시자 본인에 의하여 연구개발된 것이며, 전통무예정신을 기초로 체계화하였기 때문에 경호무술은 전통무예의 맥을 계속 발전시킨 것이라 하겠다.

우리나라에서도 많은 무예인이 전통무예를 복원하려고 심혈을 기울여 노력하고 있으나 기술체계에 관한 원형이 거의 남아 있지 않아 복원하기 어려운 상황이다. 따라서 그동안 연구개발된 대부분의 전통무예들은 복원무예라고 하기보다는 재현무예에 가깝다고 할 수 있다. 현재 복원했다고 하는 24반무예를 제외하고 18기, 6기 검법, 본국검, 마상무예 등은 80~90% 이상이 엄밀하게 말하면 유추해 재현한 것으로 복원무예라고 말하기에는 무리가 있다. 그나마 무예도보통지와 같은 실증적인 문헌이 존재하고 있어 재현에 근거가 될 수 있어 다행스러운 일이다.

그러나 그 외 복원무예라고 하는 무예 중 조선세법은 중국 명나라 때 모원의 라는 사람이 <무비지>라는 책에 조선세법(조선에서 배운 검법이라는 뜻)을 소개한 문헌을 근거로 우리의 전통무예를 복원했다고 주장하는 무예도 있다. 국명(國名)으로 사용했던 '조선'이라는 단 두 글자와 도면을 근거해 복원했다고 하는 무예를 과연 복원무예라고 할 수 있을까? 특히 조선세는 무예도보통지 24기 중 1기에 불과하고 무비지 24세 기본자세만으로 복원한다는 것 자체가 불가능하다고 보인다. 그리고 조선세법은 사실상 무예도보통지에 수록된 내용으로 새로울 것이 없다고 생각한다.

고 문헌에서 찾은 1,200년 된 경호무술 발굴

이같이 문헌적인 관점에서 경호무술을 바라본다면 경호무술이야말로 우리 전통무예 중에 가장 역사가 깊고 명확한 전통무예로서 대표할 수 있다고 본다. 물론 무예에 관한 사료가 부족하다 보니 성과가 노력보다 그다지 크지 않았지만 우리 민족 전통 무예 경호무술이 있었다고 추정할 만한 문헌을 찾기는 그리 어렵지 않았다. 그러나 안타깝게도 1,300년 전부터 조선 말기까지 호위청에서 비술로 전승되어 오던 경호 무술이 일본군에 의하여 단절되었다는 사실을 확인하게 되었다. 다시 말해 문헌을 통해 우리나라도 고유한 경호무술이 있었다는 사실을 알 수 있었다.

그리고 우리나라 경호무술의 역사는 문헌적 근거만으로 본다면. 신라 진덕 5년부터 조선 고종 31까지 1,200년의 긴 세월 동안 이어온 무예임을 알 수 있다. 왕과 세자 그리고 왕성을 호위하기 위하여 설치되었던 기구들이 우리 역사기록에 고스란히 남아 이를 입증하고 있기 때문이며, 결정적인 단서로는 무예도보통지 저술에 참여했던 백동수 등은 왕의 호위를 담당하던 호위청(장용영)의 호위무사들이었다는 사실이 이를 뒷받침하고 있는 것이다.

고대 신라시대부터 고려시대 조선시대에 이르기까지 왕을 호위하기 위한 전담 기관을 두고 있었음을 문헌을 통해 확인할 수 있었으며. 그 기원과 기관은 신라 진덕 5년(651년)에 설치된 시위부[侍衛府], 고려 명종 9년(1179년)에 설치된 서방 [書房], 고종 14년(1227년)에 설치된 도방[都房], 조선 태종 7년(1407년)에 설치된 내금위[內禁衛], 태종 18년(1418년)에 설치된 익위사[翊衛司], 인조(仁祖)원년 (1623)에 설치된 호위청(扈衛廳), 정조 1년(1777년)에 설치된 숙위소[宿衛所], 고종 31년(1894) 호위청(扈衛廳) 등이 존재했음을 알 수 있다.

그러나 그 명맥이 하나로 이어졌다고 보기 어렵더라도 인조원년에 설치되어 고종 31년까지 유지되었던 호위청을 기준으로 보더라도 300년의 긴 역사를 유지한 것은 매우 놀라지 않을 수 없다.

일본군에 의하여 사라진 경호무술

조선시대 인조(仁祖)원년(1623)에 군왕과 궁성을 경호하기 위하여 호위4청을 두었고. 이후 현종(顯宗) 때에 호위 3청으로 개편한 후 정조(正祖) 2년(1778)에 호위1청으로 또다시 개편되었다가 고종 31년(1894)에 일본군이 경복궁을 점령하면서 호위청이 강재로 폐지되었다(갑신정변 이후 고종의 갑오개혁에 의한 군제개편으로 호위청이 폐지됨. 신식군대 도입의 일환이라고는 하지만 실상은 일본군 강압에 의하여 고종의 호위친위부대를 해체해 마지막 남은 조선의 왕권을 찬탈한 것이며. 이때 호위무술도 사라지게 됨). 이처럼 호위청에 관한 문헌은 조선왕조실록(인조실록, 정조 실록, 고종실록)에 기록되어 전해 내려오고 있으나, 아쉽게도 지금으로서는 호위청 에서 수련했던 경호무술원형을 확인할 수 있는 문헌이 발견되지 않았다. 그러나 다행 스럽게도 훈련도감이었던 최기남이 편찬한 무예제보 번역속집 권법과 호위무사였던 백동수 등이 편찬한 무예도보통지 권법에 일부 단서가 남아 있어 귀중한 자료가 되고 있다. 그리고 100여 년 전에 일본군에 의하여 호위청이 강제 폐지될 때까지 300년간 이어온 점을 고려할 때 그 역사가 매우 깊은 만큼 매우 뛰어나고 훌륭한 경호무술 기술체계를 유지해 전승됐으리라는 추측이 가능하다.

이같이 고종 31년까지 300여 년간 우리전통무예문화로서 찬란하게 이어져 내려 왔을 경호무술에 새 생명을 불어넣어 우리전통무예로서 후대에 훌륭한 문화유산으로 전해지기를 바라는 마음 간절하다. 일본군에 의하여 강제로 사장되어 100여 년간 역사 속에 묻혀 있던 호위무술이 21세기에 찬란하게 경호무술로 부활하기를 기대한다.

4. 무예고서에서 찾은 호위청의 경호무술

무예도보통지는 호위무사가 연구

경호무술연구에 전통적인 맨손무술인 권술, 권법, 공수라고 불리는 무예와 특히 조선 정조대왕 때 발간된 무예도보통지 권법은 본인이 경호무술을 연구하는 데 많은 도움이 되었다. 무예도보통지 편찬에 참여했던 인물 중 백동수 등은 정조대왕을 최측근에서 호위하던 호위청의 호위무사들이었고 이들이 남긴 문헌 속에서 경호무술의 단서를 유추할 수 있었다.

기효신서편에 나오는 권법해를 보면 권법은 수족을 활동시키고, 지체를 단련하니, 이것은 초보자들이 무예에 입문하는 길이다. 그리고 각종 무기술은 권법으로 몸을 움직임에서부터 유례하지 않는 경우가 없으매, 권법이란 것은 무예의 근원이다. 이렇게 기록되어 있다. 본래 무예는 권법, 즉 맨손무예를 제대로 익혀야 곤, 창, 칼, 검과 같은 무기술을 연마하는 데 어려움이 없다고 했다. 권법은 모든 무예수련에 있어서 그 기본이 된다고 강조됐으며, 이 같은 맨손무술은 적의 기습공격에 흔하게 벌어질 수 있는 경호 환경에서는 더욱 중요시된다고 할 수 있다.

오늘날 전통적인 무예를 연구하기 위해서는 고 문헌을 참고해 연구해야 하는데, 대부분 무예 관련 문헌은 조선실록으로 무예에 대한 발언록이 대부분이고 고 군사서에 나오는 유사자료 또한 군 전략 전술과 같은 내용으로 수록되어 무예원형에 대한 연구에는 큰 도움이 되지 못하는 것이 사실이다. 이렇듯 무예를 참고할 만한 고 문헌이 그리 많지 않은 상황에서 조선 광해군 때에 발간된 무예제보번역속집과 조선 정조 때에 발간된 무예도보통지만이 유일한 무예참고서라고 할 수 있다. 물론 역사적으로도 국내 유일본으로 사료적 가치로 볼 때 매우 중요한 가치를 지녔다고 할 수 있다. 그리고 무예서적에 나오는 여러 무예기법 중에서도 특히 권법을 참고해 연구하면서 새로운 사실을 알게 되었고 기술 및 기술체계에 대한 기술정립의도를 유추할 수가 있었다.

무예도보통지가 현재 남아 있는 무예교재로서는 최고 수준의 것만큼은 사실인 것으로 보인다. 그러나 본인이 연구해본 바로는 최고수준의 무예는 아니라는 결론을 얻었다. 물론 오늘날의 무예 수준과 비교한다면 더욱 그렇다고 할 수 있다. 그렇다면 왜 낮은 수준의 권법을 무예도보통지에 기술해 놓았을까? 궁금하지 않을 수 없다.

그동안 다른 무예인들의 연구는 무예도보통지 무예를 복원하려는 데 문헌에 있는 원형기록이 부족하고 도해가 정지된 장면이어서 연결동작을 알 수 없고 해설 내용 또한 예측하기 어렵다 보니 복원에 한계를 느껴 현란하고 화려한 동작 위주로 재현하려고 노력한 흔적들이 많이 나타난다. 이 같은 특징은 검술 등에서 두드러지게 나타나는 것으로 보인다. 그러나 본인은 우선 다른 무예인들과는 달리 무예도보통지 속에 호위적 관점에서 우리의 전통적인 경호무술이 어디에 그 단서가 남아 있지 않을까 하는 생각으로 무예제보번역속집과 무예도보통지에 기술된 권법에 주목하게 되었다.

특히 정조 대왕 어명에 의하여 무예도보통지 저술에 참여한 인물들이 정조를 최측근에서 호위하던 호위무사들로 구성된 점을 들어 당시의 경호무술 단서를 찾을 수

있을 것이란 생각을 하게 되었다. 아울러 달라진 현대적 경호환경에서 필요한 경호기법과 무예의 원리라도 경호무술은 그 기본 원리는 같지 않았을까 하는 호기심도 작용했다. 물론 경호환경이 아니더라도 권법은 변화된 시대적 환경에서도 여전히 맨손무술의 필요성이 강조되기 때문이다. 과거와는 달리 고전적인 칼, 검 무기체계와는 달리 현대화된 다양한 총기류와 폭발물 등으로 새로운 경호기법이 요구되기는 하지만 상대적으로 다른 위협수단 및 수준에 따라 맨손무술이 필요한 환경도 여전히 존재하기 때문이다. 그리고 무예자세와 체계는 물론 교육훈련을 염두에 두고 당시에 설정된 수련체계 및 수준설정은 어떻게 구성했는가 하는 관점에서 접근하려고 노력했다. 교육훈련이란 가르치고 배우는 관계가 설정되고 그 대상의 수준과 훈련의 목표를 설정했으리라는 추정을 했고, 이 같은 문제는 오늘날에도 꼭 필요한 설정이기 때문이다. 무예의 비술이나 비법을 확인하기 위해 연구를 시작했지만 무예문헌을 보면서 교육훈련 체계와 원리 교육훈련의 목표설정 등에 더 관심을 두었다고 할 수 있다.

무예도보통지 권법

무예도보통지를 저술한 이들은 당대 최고의 무예전문가라고 할 수 있는 이덕무(李德懋) 박제가(朴齊家), 백동수(白東修) 등이었다. 다른 군사서적들이 전략·전술 등 이론을 위주로 한 것임에 비해 이 책은 무예동작 하나하나를 그림과 글로 해설한 실전 훈련서라는 특징을 지닌다. 그러나 동 권법에 대한 기술체계에 대한 원형을 모두 이해하기에 매우 어렵다고 할 수 있다. 무예동작 그림에 해설이 붙어 있기는 하지만 동작이 연결되어 있지 않고 해설 또한 대부분 특정자세에 대한 고유 명칭이 존재하고 있는데 정지된 기초자세로서 다른 동작으로 이어지는 자세를 이해할 수 없기 때문이다. 무예도보통지 권법에 등장하는 34개의 자세명칭(탐마세(探馬勢), 요란주세(拗鸞肘勢), 현각허이세(懸脚虛餌勢), 순란주세(順鸞肘勢), 칠성권세(七星拳勢), 고사평세(高四平勢), 도삽세(倒揷勢), 일삽보세(一霎步勢), 요단편세(拗單鞭勢), 복호세(伏虎勢), 하삽세(下揷勢), 당두포세(當頭砲勢), 기고세(旗鼓勢), 중사평세(中四平勢), 도기룡세(倒騎龍勢), 매복세(埋伏勢), 오화전신세(五花纏身勢), 안시측신세(雁翅側身勢), 과호세(跨虎勢), 구유세(丘劉勢), 금나세(擒拿勢), 포가세(抛架勢), 접주세(拈肘勢), 나찰의출문가자변하세(懶札衣出門架子變下勢), 삽보세(霎步勢), 단편세(單鞭勢), 금계독립세(金雞獨立勢), 지당세(指當勢), 개정법(箇丁法), 수두세(獸頭勢), 신권(神拳), 일조편세(一條鞭勢), 작지용하반퇴법(雀地龍下盤腿法) 조양수편신세(朝陽手偏身勢))이 존재하지만 지금으로서는 대부분 명확하게 해석할 수도 없다.

다만 무예제보와 중국의 무비지 및 기호신서에 나오는 도면 그림과 해설을 참조해 유추할 수 있는데 명칭과 자세가 약간씩 변형되어 확신할 수 없다. 다만 특징적인 것은 무비지에서 권법을 소개하기를 권법은 32세로 구성되어 있고 세마다 이어져서 변화가 무궁하여 미묘함이 헤아릴 수 없으니 깊도다. 어느 경지에 오르지 못하면 아무리 궁리해도 알지 못함으로 신(神)이라 부른다고 소개되어 있다. 무예도보통지 권법은 중국의 무비지권법세를 거의 그대로 도입하면서도 무비지 권법과는 달리 병사들 교육훈련에 필요한 표준형을 제시한 것으로 보인다. 그러나 권법이 지금의 태권도처럼 길게 이어진 품세와 달리 간결하게 구성되었고 간결하게 구분된 권법동

작을 다른 권법동작과 연결되도록 구성해 배우고 또 익히기 쉽고 실전에 응용이 쉽게 체계화된 것으로 보인다.

무예제보번역속집 권법편에 보면 자세명칭이 42개 기본자세가 나오지만, 무예도보통지에는 34개의 기본자세만 나온다. 그리고 무예제보 권세총도를 보면 무예도보통지의 간결한 권법과는 달리 지금의 품세처럼 길게 이어진 권법형으로 이루어져 있다. 그리고 중국의 문헌들을 살펴보면 발차기 수련법만 해도 18가지나 되었다고 기록되어 있으나 무예도보통지 권법에서는 발차기를 거의 볼 수가 없다. 역시 현재나 과거나 발차기는 여전히 고난위 기술이었던 것으로 보인다.

권법을 간결하게 구성한 이유

중국 고서 영파부지(寧波府志)에 이르기를, "소림법(少林法)은 사람을 치고 솟구치며 뛰며 분기하여 뛰어넘는 것을 위주로 하는데, 혹 잃어버리고 소홀히 되었다. 때문에 가끔 사람들이 꾀하는 바가 되었다.
송계법(松溪法)은 적을 방어하는 것을 위주로 하며 곤액(困厄)을 당하지 않으면 술법을 발휘하지 않는다. 발휘하면 마땅히 반드시 쓰러뜨리는바 가히 꾀할 틈을 없게 한다. 사람을 치는 데는 반드시 그 혈로써 하는데, 훈혈(暈血)·아혈(啞血)·사혈(死血)이 있다. 그 혈을 가려서 가볍게 또는 무겁게 치면, 혹 죽기도 하고, 혹은 혼수상태에 빠지기도 하고, 혹은 언어장애인이 되기도 하는데, 털끝만큼도 차이가 없다. 더욱이 신비한 것은 경(敬)·긴(緊)·경(徑)·근(勤)·절(切)의 다섯 자 비결은 입실(入室) 제자가 아니면 서로 전수하지 않으니, 대개 이 다섯 자는 일반적으로 쓰지 않고, 그 쓰임을 신비하게 하는 바 오히려 병가의 인(仁)·신(信)·지(智)·용(勇)·엄(嚴)과 같다고 할 것이다."라고 쓰여 있다. 당대 조선최고의 무예전문가라고 할 수 있는 이덕무(李德懋) 박제가(朴齊家) 백동수(白東修) 등이 이를 모를 리 없었다고 본다. 이들은 정조대왕의 어명에 의하여 왕명에 의하여 움직일 수 있는 호위청, 이후 정조대왕의 장용영친위군대를 확대 개편했다.

정조는 자라면서 아버지인 사도세자가 뒤주 속에 갇혀 죽는 광경을 목도해야 했고 이후 자신이 권좌에 오르고도 실권을 장악하고 있던 노론에 의하여 자신이 갖고 있던 정책을 마음대로 펼칠 수도 없었으며, 즉위 이후 연달아 일어난 세 번의 암살기도 등에 의하여 신변위협을 크게 느낀 정조대왕은 자신을 호위하던 호위청, 숙위소, 장용위, 장용영 등으로 새로운 금위체제에 따라 조직, 개편하여 노론의 사병이나 다름없었던 기존 5군영에 대항할 수 있는 왕의 친위부대인 장용영을 확대해 왕권 강화를 시도했다.

당시 호위청은 300여 명 내외로 최소한의 호위무사로 구성된 부대로서 노론이 군대의 전권을 장악한 5군영에 대항하기에는 턱없이 부족할 수밖에 없었다. 그래서 단순히 왕을 호위하는 호위부대를 뛰어넘어 왕권을 강화할 수 있는 군대를 육성해 노론이 장악한 5군영에 대항할 수 있는 친위부대를 목표로 했던 것으로 보인다. 이 같은 임무를 장용영장교 백동수에게 주어졌고, 병사들에게 효율적으로 훈련할 수 있는 수준의 권법을 체계화하는 과정에서 200여 년간 이어져 내려온 호위청의 비술[祕術]인 경호무술이 기초가 되었다고 보인다. 그러나 이들에게 모두 익

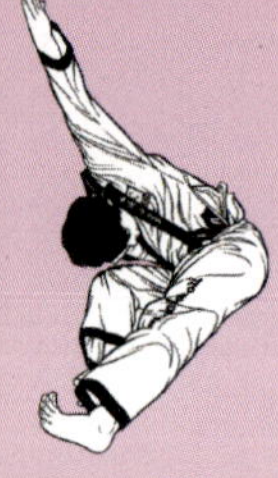

히게 하는 데에는 여러 어려움이 있었을 것으로 보인다. 특히 중국에서 전해 내려왔다는 경(敬)·긴(繁)·경(徑)·근(勤)·절(切)의 다섯 자 비결은 입실(入室) 제자가 아니면 서로 전수하지 않은 것처럼 이에 버금가는 조선의 호위청의 비술[祕術]은 국가 기밀사항으로 보안 취급되어 일반노출은 꺼렸을 것으로 보이며, 또한 일반병사들에게 호위청의 비술을 가르친다고 해도 고난도의 수련을 위해서는 장시간의 수련기간과 타고난 신체조건 등이 전제되어야 체득 가능한 매우 어려운 고난도 무예였을 것으로 보인다. 아울러 수련과정 또한 누구나 가르친다고 체득하거나 배울 수도 없었을 것이다.

따라서 시간도 많지 않을뿐더러 고난도의 비술을 체득할 만한 타고난 신체조건(운동신경)의 병사들을 확보하기에도 어려움이 컸을 것으로 보이며, 특히 노론의 사병에 맞설 수 있는 정예 병력을 짧은 시간 안에 양성하기 위해서는 습득하기 쉬운 낮은 수준의 기술체계 수련단계로서 실전력 있는 제압기술 위주로 체계화와 정형화에 힘썼을 것으로 추정된다. 이 같은 사실은 그림과 해설용어 등으로 짐작할 수가 있다.

무예도보통지의 권법에서는 명나라 중엽에 소림권법처럼 솟구치며 뛰며 분기하여 뛰어넘는 동작을 찾아볼 수가 없다. 그리고 무예제보번역속집에 나오는 복잡하고 힘든 자세로 이루어진 권법형도 없으며, 중국문헌에 나오는 18가지 발차기도 거의 발견할 수가 없다. 무예도보통지에 기술된 그림과 해설내용을 참고해 볼 때 짧은 시간으로도 습득할 수 있고 타고난 신체기능(운동신경)이 없어도 충분히 체득할 수 있도록 보통의 낮은 수준의 기술체계가 무예도보통지 권법의 특징이라고 할 수 있다. 그림에 등장하는 시현인물을 보면 체격이 우람한 것을 알 수 있다. 그리고 배가 나오고 많은 동작에서 손동작이 대부분으로 구성되어 있다 이것은 중국의 내권기술 중 상대의 급소공격 위주로 권법체계를 갖춘 것으로 보이고 그림에 등장하는 발차기는 족장밀어차기자세로 발차기 중 가장 손쉬운 동작이면서도 가장 유용한 발차기이다. 직선으로 다가오는 적의공격으로부터 허리 몸통 높이로 발을 낮게 들어 올려 뻗어 차는 동작으로 방어에 쉬운 발차기이면서 적을 창이나 칼, 검 등의 무기로 찌른 후 무기를 신속하게 뺄 때 사용될 수 있는 가장 효과적인 발차기인 셈이다.

그리고 권법동작이 간결해 일격필살로 적을 단번에 제압하고 이에 실패했을 때에는 다른 권법자세를 이어 혼용해 공격하게 한 점은 매우 실용성이 뛰어난 권법이다. 동 권법은 일반병사들을 교육훈련하기에 적절한 체계로서 그 어떤 무예나 권법보다도 과학적으로 연구된 매우 훌륭한 군 권법이라고 말할 수 있다. 만약 이와 같은 권법이 아닌 소림권법과 같이 현란한 권법체계를 그대로 도입되었거나 오늘날의 태권도처럼 복잡한 품세체계와 고난도의 발차기를 갖추고 있었다면 실용적인 군사무예가 되지 못했을 것으로 보인다. 호위청의 호위무사들만이 수련했을 것으로 보이는 비술[祕術]인 경호무술을 병사들에게 가르치려 했다면. 더더욱 문제가 되었을 것으로 보인다.

호위청 경호무술의 단서?

무예도보통지에 기술된 권법은 호위청의 호위무사들이 아니었다면 일반 병사들이 배우고 가르치고 익히기 쉬운 권법체계를 연구하지 못했을 것으로 생각한다. 이 같은 결과는 당시 200년간 지속하여온 호위청의 비술[祕術]인 경호무술이 전해 내려왔기 때문으로 보인다.

　무예도보통지를 연구해 경호무술에 적용한 부분은 권법동작의 간결성과 혼용성 부분으로 어떻게 보면 잊혀진 경호무술의 단서를 무예도보통지 권법을 단서로 유추해 역해석할 수 있었다고 본다. 호위청에서 수련했을 비술[祕術]인 경호무술이 호위무사였던 백동수 등에 의하여 무예도보통지에 그 단서를 남겼고 본인에 의하여 발견되어 경호무술을 완성하는 데 큰 도움이 되었다고 할 수 있다.

　무예도보통지에 기록된 권법 동작의 간결성과 혼용성을 단서로 맨손동작에 칼, 검, 곤무기의 혼용과 응용으로 경호무술에 적용해 체계화했다. 물론 무예도보통지 권법과는 달리 소림권법처럼 솟구치며 뛰며 분기하여 뛰어넘는 고난도 동작 등도 조선 특유의 독창적인 체계로 호위청의 호위무사들에게 비술[祕術]로 수련되고 전승됐다고 보이며, 이 같은 고난도의 기술도 유추해 적용했다. 무예도보통지 권법체계는 기초 기술로서 비술[祕術]의 단서라고 생각한다. 이를 뒷받침할 수 있는 것이 1610년 광해군 2년에 훈련도감 최기남에 의하여 편찬된 무예제보번역속집에 더 확실하게 나타난다. 무예제보번역속집은 중국의 기효신서의 권보50과 새보전서의 송태조 권법 32를 보충하여 새롭게 권보 42로 체계화한 것은 조선 특유의 무예로 발전되어 있었음을 알 수 있다. 이 같은 단서로 기술체계를 재현해 변화된 현대적 환경에 맞도록 새롭게 창안하여 이미 없어지고 잊혀진 우리 민족 전통무예를 계승발전시키고 조선 시대에 존재해 왔던 호위청의 호위무사들이 익혔을 비술[祕術]을 100여 년이 지난 지금 호위청의 경호무술을 유추 재현해 오늘날의 현대적 창시 경호무술을 완성하게 되었다.

5. 경호무술 창시 20년사

1986 4. 708특공대(경호부대) 군 복무 중 86서울아시안게임과 88서울올림픽게임 경호작전임무
          계기로 창시자장명진선생에 의하여 독자적으로 경호무술연구 시작

1992 2.16 경호무술작명(경호직무수행에 필요한 지식과 기술)교안 완성
      2.16 국제경호협회 설립(고유번호 : 204-82-69117)
      3.21 국제경호아카데미 설립(사업등록번호 : 216-95-04418 현유지)
      5.20 국제경호협회 경호무술 인증기관 지정(지부인증 지정)
      8.20 중랑경찰서 신내파출서 형사 및 경찰 경호, 경호무술 사용자제 요청

1993 4.18 학원설치운영에 관한 법률에 경호교육(경호무술)을 포함하는 개정안 교육부에 건의
      12. 1 교육부 대학행정지원과 경호교육(경호무술교과) 자문 지원
      12. 4 경호실무 연구 보완

1994 4.15 국제경호시스템(경호전문회사-주식회사 탐경 법인전환)설립
      4.20 국제경호협회 중랑지부 설립(지부장 변만균)
      9.29 국제경호협회 서울특별시 사회단체 신고(신고번호 : 제504호)
      10.10 서울지방경찰청 수사과 창시자 연행 대통령경호실법 관명사칭위반
              (제5조 경호시: 경호관을 경호원이라 칭한다)조사
      10.24 경호무술세미나 1회 개최(무술체육관 관장, 사범대상 24명)
      11. 4 출판사 등록(등록번호 : 제18-49호. 국제경호출판사)
      11.15 경호실무(경호무술 교과 포함)출판(등록 : 제18-49호, 저작권등록번호 : 제C-2005-000737호)
      11.17 경호호신법을 경호운전술법,경호사격술법,경호무술로 재 정립
      11.18 실무자 경호무술교수법 연수 개최(국제경호협회본부장, 예비지부장대상)
      11.20 국제경호아카데미 경호원중급, 고급 양성과정 경호무술 인증

1995 2.18 국제경호협회 노원지부 설립(지부장 강영재)
      2.25 1995년 상반기 경호무술지도자 교육수료(12명)
      2.26 국제경호협회 강원본부 설립(본부장 이승일)
      3. 7 무술협회, 체육대학에 경호실무책 400여 권 증정
      4. 1 국제경호협회 마포지부 설립(지부장 장용진)
      4. 4 국제경호협회 충주지부 설립(지부장 이근학)
      4.15 월간신동아 5월호 경호무술 기사게재
      4.29 국제경호협회 동해지부 설립(지부장 김동준)
      5.17 전국치안봉사활동 사업시행(200명 참가)

경호무술 8
지도자론

　5.20　국제경호협회 용인지부 설립(지부장 박장기)

　6. 1　국제경호협회 장흥지부 설립(지부장 박대순)

　7.24　국제경호협회 인천지부 설립(지부장 안창영)

　7.29　국제경호협회 강릉지부 설립(지부장 함동천)

　9. 2　국제경호협회 횡성지부 설립(지부장 신대선)

　9.30　교육부 대학 행정지원과 경호 및 경호무술학과 설립인가 자문지원

　10.12　학원폭력예방운동 봉사 참여(학원폭력예방재단)

　11. 4　청원경찰 보수교육 강사지원 사업시행(6명)

　12. 5　학교폭력퇴치법 경호무술 시범 스포츠서울 7일자 신문기사 게재

1996　1.15　국제경호아카데미 주최 학교폭력추방 호신술대회(4일간)-월드태권도기사게재

　2.14　백혈병어린이돕기 헌혈운동 참여(헌혈증서 250장 적십자사 기증)

　2.20　국제경호협회 아산지부 설립(지부장 차민철)

　3. 4　경호무술세미나 2회 개최(국제경호협회본부장, 지부장대상)

　3.20　국제경호협회 구리지부 설립(지부장 김광기)

　4.15　국제경호협회 강남본부 설립(본부장 석기영)

　4.16　여성경호원 경호무술시범-월간 연합 5월호 기사게재

　4.20　학원폭력상담실 사업운영 시행(콜센터 전국 23개 지부 참여)

　6.17　주식회사 탐경 법인설립(국제경호시스템을 법인으로 전환 및 사명 변경)

　6.24　서울경찰청 경호서비스 제73호 허가 최초

　7. 8　국제경호협회 업무표장 등록(출원번호 제94-000055호)

　7.22　국제경호협회 부산남구지부 설립(지부장 김창남)

　8. 9　경호무술세미나(8.9~8.17 일본 고송싼타빌)무술신문 26일자 보도게재

　9. 4　학원폭력 예방을 위한 경호무술지도(한국학원폭력예방운동재단)

　9. 6　국제경호협회 전주지부 설립(지부장 봉필환)

　9.15　경찰청 경호무술 지도(경찰청 직원, 청원경찰 등)

　9.15　쌍용그룹 경호원 경호무술지도(마포구 쌍용연수원)

　9.23　국제경호협회 인터넷 홈페이지 경호무술교실 개설(동 산업계 최초 ibga.co.kr)

　10. 2　한국 특급호텔 안전관리실장협의회 교류 협정(12개 호텔)

　11. 5　경호실무(경호무술) 개정 출판(등록 : 제10-1307호)

　11.23　국제경호협회 강북본부 설립(본부장 손상철)

　12.10　대학교 및 무술협회, 정부관계기관에 경호실무책 400여 권 기증

1997　1.15　국제경호협회 서비스표등록(출원번호 제94-008342호)

　3. 6　충청대학교, 서일대학교육원, 한서대학교 교육원(경호학과) 등 경호무술 인증기관
　　　　지정

4.23 KBS아카데미 경호원 양성과정 경호무술 인증기관 지정

6.20 경호원교육훈련 경호무술시범-범죄예방신문 기사게재

7. 1 국제경호아카데미 경호원 초급(3급) 양성과정 경호무술 인증

8.20 서울지방경찰청 수사과 창시자연행 대통령경호실법 위반 종로경찰서 수감 무혐의처리
      (위반 내용 관명사칭 죄 대통령경호실법 제5조 경호사 경호관을 경호원이라 칭한다.)

9.18 중화인민공화국 연길시공안국 보안전문대학 교육훈련 교류협정

11.14 경호학과 및 체육학과 경호실무책 500여 권 기증

1998 3. 1 비영리 경호무술단체발족(가칭 장명진경호무술)

      3.13 경호무술아카데미(현, 장명진경호무술지도자연수원) 개설

      4. 1 국제경호협회 경호자격제도(경호원, 경호사) 교과 및 자격검정시 경호무술을 전공무술 규정

      4. 7 매일경제 Hello Job 취업정보 및 교육훈련 교류협정

      6.26 자격증박람회 참가(테크노마트)

      9.18 사단법인 한국직능단체총연합회 가입(직능경제인지원에관한법률 법정법인 경제단체)

      10.18 경호무술-주간조선 11.5 일자 주간지 기사게재

      11.20 대한민국인명록 장명진 창시자 등재(경호무술 창시자 소개-각종 포털사이트 인물검색 제공)

      12.15 경호학과 및 체육학과, 무술협회, 경찰, 교도대, 군부대 경호실무책 400여 권 기증

1999 3.20 경호실무(경호무술) 개정 출판(등록 : 제10-1307호)

      7.16 종근당 경호원 위탁 경호무술지도(국제경호아카데미)

      7.20 경호무술 자격평가제도 신설

      7.20 경호무술 승단규정제도 신설

      8. 4 아르헨티나 국제시큐리티 세계본부 교류협력 협정

      9. 7 국제직업기술교육박람회 참가(무역센터)

      12. 3 (주)탐경 경비업법에의거 경비원신임교육위탁기관지정 경호무술교과 인증지정

2000 3. 2 경호무술단증 발급 시작(자격평가제도 실시)

      4. 6 장명진창시자 청와대 초청 방문(김대중 대통령 접견)

      5.10 경호무술지도자 자격 발급시작(자격평가제도 실시)

      7.12 선문대학교 국제경호무도학부 학생 경호무술 위탁교육실시(장명진경호무술원)

      10.01 국제경호협회 경호직무전공학과 대상 인증교육기관지정제도 시행을 위한 경호무술 교과 승인협약
            (2009년 현재 전국 41개 대학 경호직무전공학과에 경호무술 전공교과 인정 승인-승단&지도자자격)

      12. 3 경찰, 군부대, 경호학과 등 경호실무책 500권 기증

2001 1. 9 경호원 경호무술 시범단 시범-유행통신 2001. 2월호 보도게재

      4. 3 전국 30개 대학(교)(경호학과)에 경호실무 책 100권 기증

5.17　전국 6개 대학교 사회교육원(경호학과)경호실무 책 20권 기증

6.20　경호실무(경호무술) 개정 출판(ISBN : 89-8337-096-3)

7.14　선문대학교 국제경호무도학부 경호무술교과 채택(국제경호협회 인증교육기관 지정)

7.14　경북전문대학 경찰경호행정과 경호무술교과 채택(국제경호협회 인증교육기관 지정)

9.14　서남대학교 경호학과 경호무술교과 채택(국제경호협회 인증교육기관 지정)

9.20　경북외국어테크노대학 경호레포츠계열 경호무술교과 채택(국제경호협회 인증교육기관 지정)

10.06　인터넷 사이버강의 경호무술 유료 교육서비스 제공(ibga.co.kr)

10.23　서라벌대학 경호레프츠과 경호무술교과 채택(국제경호협회 인증교육기관 지정)

10.23　대구미래대학 경찰행정과 경호무술교과 채택(국제경호협회 인증교육기관 지정)

10.23　대구과학대학 경호과 경호무술교과 채택(국제경호협회 인증교육기관 지정)

10.26　부산정보대학 안전관리과 경호무술교과 채택(국제경호협회 인증교육기관 지정)

12.11　서해대학 경찰경호행정과 경호무술교과 채택(국제경호협회 인증교육기관 지정)

2002　1. 2　경호원이 수련하는 경호무술 시범 – 에꼴 월간지 1월호 기사게재

2. 1　초당대학교 경호비서학과 경호무술교과 채택(국제경호협회 인증교육기관 지정)

3.18　경북과학대학 경호경비경영학 경호무술교과 채택(국제경호협회 인증교육기관 지정)

4. 3　서해대학 경호무술 유단자 특례입학 산학협약 체결(본 사무국)

4. 6　2002한일월드컵 코리아서포터즈 공식후원단체 지정

4.15　국가정보원 직원 대상으로 경호무술 시범(경호무술원)

5.16　진주대학 사회체육경호안전과 경호무술교과 채택(국제경호협회 인증교육기관 지정)

6.26　성덕대학 경찰경호행정과 경호무술교과 채택(국제경호협회 인증교육기관 지정)

7.12　국제경호협회 정기학술세미나 참가 (서울리베라호텔 제우스홀)

7.12　제1회 경호무술세미나(리베라호텔) 개최(전국 경호, 경찰전공 교수 및 무예원로)

7.23　경동정보대학 경호과 경호무술 채택(국제경호협회 인증교육기관 지정)

8.23　영동대학교 경찰경호무도학과 경호무술 채택(국제경호협회 인증교육기관 지정)

8.31　제주관광대학 산학협약 체결(본 사무국)

9. 6　한세대학교 경찰행정학과 경호무술 채택(국제경호협회 인증교육기관 지정)

9. 6　제주관광대학 관광스포츠계열 경호무술 채택(국제경호협회 인증교육기관 지정)

10. 1　제5회 충주세계무술축제 경호무술 홍보 참가

10.10　아시아나항공 경호무술 책 기증

10.16　장명진경호무술 인터넷 홈페이지 회원 온라인 경호무술교실 개설

11.18　혜천대학 산학협약 체결(본 사무국)

11.28　혜천대학 경찰경호과 경호무술 채택(국제경호협회 인증교육기관 지정)

12.31　경호무술창시자 장명진회장님 공적 대통령표창 수상

2003　1. 7　대구미래대학 경찰행정과 경호무술 채택(국제경호협회 인증교육기관 지정)

2.15 경호실무(경호무술개정) 개정 출판(ISBN : 89-8337-096-3)

3. 7 관악구청 청소년대상 경호무술세미나 개최

4.30 동강대학 법률경찰경호계열 경호무술 채택(국제경호협회 인증교육기관 지정)

5. 3 경호무술세미나 개최(무술지도자 8명)

　　　6.25 6·25전쟁기념식 용산전쟁기념관 경호무술 시범

7.14 SBS위기탈출 수호천사 경호무술편 특별출연 방영(시범단 시범 및 지도)

8. 5 경호무술창시자 경호무술시범-세계일보 기사게재

8.10 경호무술 단행본 출판(ISBN : 89-954410-0-3, 저작권등록번호 : 제C-2005-000737-2호)

8.12 경호학과, 체육학과, 경찰, 경호경비회사 경호무술책, 경호실무책 400권 기증

8.30 제2회 국제경호협회 정기학술세미나(학술진흥재단 학술기관코드 : 8B2497) 경호무술 주제발
　　　표(서울리베라호텔 15층 피어니스홀)

9.11 ITV 충전100 건강을 잡아라! 경호무술 편 특별출연 방영(시범단 시범 및 지도)

9.18 부산방송국 직업의 세계 특별출연 경호무술 소개

9.21 경문대학 경호무술 인증기관 지정(단증 발급)

9.22 상반기, 하반기 2회 경호무술세미나 개최(무술관장 및 경호학과 교수대상)

9.24 삼성그룹 경호팀 경호무술 교육 (용인 금호연수원 1주일 집체교육 200명)

10. 1 취업교육 및 자격증 정보박람회 참가(코엑스)

10. 6 한·미 친선 사절단 미국 파견(한미동맹 50주년 참가)

10. 6 국립민속박물관 전통무예현황조사 경호무술 장명진 창시자 등재

10.11 통합 웹데이터베이스 NHN 업무협정(포털전문자료 경호무술공개제공)

11. 3 성화대학 비서경호과 경호무술 채택(국제경호협회 인증교육기관 지정)

12.30 대경대학 경찰행정부 경호무술 채택(국제경호협회 인증교육기관 지정)

2004　2. 7 경호실무(경호무술) 개정 출판(ISBN : 89-85272-95-0)

　　　5.20 군장대학 경찰경호과 경호무술 채택(국제경호협회 인증교육기관 지정)

　　　5.27 동의공업대학 경찰경호과 경호무술 채택(국제경호협회 인증교육기관 지정)

　　　6.25 전북과학대학 경찰경호행정과 경호무술 채택(국제경호협회 인증교육기관 지정)

　　　8.14 경호자격규정집(경호무술검정) 출판(ISBN : 89-954410-2-X, 저작권등록번호 : 제C-2005-000739호)

　　　8.25 진주국제대학교 경찰복지행정학부 경호무술 채택(국제경호협회 인증교육기관 지정)

　　　8.28 제3회 국제경호협회 정기학술세미나(학술기관코드 : 8B2497) 경호무술 2편 주제발표
　　　　　(프리마호텔 2층 에메랄드홀)

　　　8.23 진주국제대학교 산학협약 체결

　　10. 1 제7회 충주세계무술축제 경호무술홍보 참가

　　10. 5 경호무술 2004 개정판(1704p) 출판(ISBN : 89-954410-1-1, 저작권등록번호 : 제C-2005-000738-2호)

　　10. 5 청주전국체전 경호무술홍보 참가

　　10.27 대전엑스포 세계태권도대회 경호무술홍보 참가

11. 5 전통무예세미나 '한국무예의 역사성과 인접학문' 참가(국립민속박물관 대강당)

11.24 전국대학교 대학도서관, 경호관련학과 및 교수 경호무술책 800여 권 증정

12. 6 육군 특수전사령부 경호무술책 증정(교육실장) 및 경호무술 채택 협의

12.17 경북과학대학 산학협약 체결

2005 1. 3 동부산대학 경호과 경호무술 채택(국제경호협회 인증교육기관 지정)

 1.13 대통령경호실 경호무술 책 증정

 2.11 KBS 세상의 아침 경호무술 시범단 시범 방영

 2.17 두산동아백과사전 경호무술창시자 장명진, 정의, 기원, 어원등재

 4.19 경동대학교 경호경찰학부 경호무술 채택(국제경호협회 인증교육기관 지정)

 4.25 MBC 네 꿈을 펼쳐라 경호원양성과정 경호무술 교육훈련 지도 및 방영(5회 5주)

 4.25 경호원자격검정 문제집(경호무술출제) 출판(ISBN : 89-954410-4-6, 저작권등록번호 : 제C-2006-003544호)

 8.15 경호직무능력표준(경호무술표준안) 출판(ISBN : 89-954410-6-2, 저작권등록번호 : 제C-2006-003543호)

 8.27 제4회 국제경호협회 정기학술세미나(리베라호텔 15층 피어니스홀) 경호무술주제발표

 9.20 창신대학 경찰행정과 경호무술 채택(국제경호협회 인증교육기관 지정)

 9.30 신성대학 경호무술전공 경호무술 채택(국제경호협회 인증교육기관 지정)

10. 1 제8회 충주세계무술축제 홍보 참가

10. 7 MBC 내 친구들의 세상 제402회 경호무술편 방영(경호무술 어린이 시범단 시범)

10.25 경일대학교 경찰경호학부 경호무술 채택(국제경호협회 인증교육기관 지정)

11.21 전국 도서관 및 청소년 문화시설 경호무술 책 500여 권 증정

11.24 EBS 직업탐구(경호원)자문 및 자료제공

11.27 KBS추적60분 자료제공 및 인터뷰

12. 1 대구산업정보대학 경찰행정과 경호무술 채택(국제경호협회 인증교육기관 지정)

12. 3 전국 경찰행정학생연합회 무술대회 후원

12. 3 국무총리실 국가재난관리본부 창시자 장명진회장님 자문위원 위촉

12. 7 대구산업정보대학 산학협약 체결

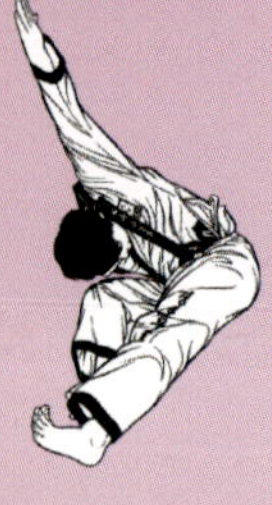

2006 2. 1 파스칼세계대백과사전 경호무술 및 창시자 장명진, 정의, 기원, 어원 등재

 3.13 초당대학교 창시자 초청 경호무술 강의

 4. 1 서강전문학교 경찰경호과 경호무술교과 채택(국제경호협회 인증교육기관 지정)

 4.12 브리태니커백과사전 창시자 저술 경호무술 인용 경호무술 등재

 4.27 우석대학교 경찰행정학과 경호무술 채택(국제경호협회 인증교육기관 지정)

 5.17 대구미래대학 경호무술 교육

 5.26 안동과학대학 경호경찰과 경호무술 채택(국제경호협회 인증교육기관 지정)

 6. 2 (주)내일신문-대학내일 직업연구(경호원) 기사자료자문 및 자료 제공

 7.13 전문직업탐구/소개(경호원)-수원지역 청소년문화의집

8.19 제5회 국제경호협회 정기학술세미나 (프리마호텔 10층 스카이홀)

8. 9 전문직업탐구/소개(경호원)-안성지역 고등학교

9. 1 서라벌대학 경찰복지행정과 경호무술교과 채택(국제경호협회 인증교육기관 지정)

11. 1 경호무술창시자 언론사 소개 및 시범-동아일보 월간신동아 기사게제

11. 2 대학특강-경호산업의 전망과 비젼특강/초당대학교

11. 7 국제방송 아리랑TV 경호원 직업소개 자문 및 자료제공, 인터뷰 협조
       -한국고용직업분류 경호원 조사 원고 제공(한국산업인력공단)
       -한국고용직업분류 경호원(분류코드 : 4440-2)재정 전문 등재
       -한국표준직업분류 경호원 분류코드 포함하여 개정

11.13 문경대학 경찰경호무도과 경호무술 채택(국제경호협회 인증교육기관 지정)

11.24 한국고용정보원 경호원 조사(직업사전, 전망) 원고 제공(등재)

2007 1. 1 주요포털사이트제공(다음백과, 네이버백과, 야후백과, 엠파스백과, 네이트백과,
            파란백과, 싸이월드백과 등) 백과사전에 경호무술 및 창시자 장명진 선생, 정의,
            기원, 어원, 특징 등재

      2. 6 국군기무사령부 868분견대 경호무술 책 기증 및 지도

      2.12 국군정보사령부 경호무술 책 180권 기증 및 지도

      2.27 경호무술창시자 장명진회장님 경호무술 공적 국무총리표창 수상

      3.22 경호전문가(경호원)직무체계 시안 개발 참여

      10.10 제10회 충주세계무술축제 홍보 참가

      11.23 노동부 직업정보-직업탐색(워크넷) 경호원인터뷰 원고제공

      11.27 국방부지원(국방취업센타)직무체계 시안 개발-공통능력 자격제도 4개 종목 개발

      12. 2 경호자격규정집 연구출판 신설자격제도(23종) 경호무술 교과 및 검정체계 개발 참여

2008 1.14 무술협회 경호무술 책 300권 기증

      3.12 한국고용정보원 직업전망 경호원 조사사업 원고 제공

      4.28 위키 백과사전 경호무술 및 창시자 장명진, 정의, 기원, 어원, 특징 등재

      5.13 육군수도방위사령부 경호무술시범 참관 교류-프라임경제 2008.5.13 보도

      5.28 위키인물백과사전 장명진 창시자 소개(경호무술창시자소개-각종 포털사이트 인물백과 제공)

      6.14 국무총리실 경호팀 경호무술 책 기증

      6.23 현대그룹 경호팀 경호무술 교육(현대화재 본사 11층 대강당, 50명)

      7.10 한국무예포럼 가입

      7.21 위키 낱말사전 경호무술 낱말(정의, 어원), 로마자, 예일, 라이샤워 표기 등재

      7.28 국제경호협회 자격기본법에의거 경호자격제도 국무총리실 산하 직업능력개발원 공식 등
            록(경호무술 검정체계)

      8. 4 제1회 한국무예포럼 토론 참여(경호무술 책 50권 무료증정) 국회 헌정회관

8.11 사단법인 한국경호무술진흥회로 명칭 변경 및 비영리사단법인으로 전환

8.11 서울특별시 사단법인 설립허가(허가번호 : 제200812호)

8.20 이시종국회의원 주최 무예올림픽추진세미나 참여(국회의원회관–경호무술책 100권 무료증정)

8.29 무인 및 학계전문가 경호무술 책 500여 권 무료증정

9. 4 제2회 한국무예포럼 토론참가(경호무술책 50권 무료증정) 송파구민 회관

9.20 진흥회 경호무술창시자에게 있는 경호무술 권리를 공식적으로 위임받음(약정계약서–등부 제1546호)

10. 2 제11회 충주세계무술축제 경호무술 홍보참가(충주시)

10. 4 2008 충주세계무술축제 학술세미나 참가(경호무술책 50권 증정) 충주시청 대강당

10.25 제3회 한국무예포럼 창시자 경호무술주제발표(경호무술책 50권 증정) 송파구민회관

11. 2 2008전국경호무술세미나 4회 개최(전국지원장, 무술지도자 대상)

11.11 브라질 해외대표부 승인(브라질 대표부장 NUNES LUIZ CEZAR)

11.11 아르헨티나 해외대표부 승인(아르헨티나 대표부장 TAJES FRANCISCO OSCAR)

　　　아르헨티나 북부지부 승인(북부지부장 HEEINZ JORGE ANIBAL)

11.13 러시아국영방송국 경호무술창시자 다큐멘터리제작 취재협조(러시아 전역에 방영)

11.16 문화체육관광부 초청 간담회참가 무예진흥법 시행안 토의(문광부 소회의실)

11.27 국방부초청 간담회 참가(경호무술지도자 양성 및 경호무술원 창업) 전쟁기념관

11.28 문화체육관광부 초청 간담회참가 무예진흥법 시행안 토의(문광부 대회의실)

12. 1 소년소녀 가장 경호무술무료교육 캠페인(전국지원 참여)

12. 1 영남이공대학 경찰경호행정과 경호무술 채택(국제경호협회 인증교육기관 지정)

12. 2 2008년 전국경호무술세미나 개최 중랑우체국 대강당(40명)

12. 4 전국 93개 인증교육기관 및 해외 2개국 국내 및 국제조직화 확대

12.18 초당대학교 산학협약 체결(진흥회 사무국)

12.30 공익성 지정기부금단체(기획재정부공고 제2008–157호)지정–(한국경호무술진흥회)

2009 1. 3 2009년 상반기 경호무술지도자 과정 연수교육실시(2009.1.3~2009.5.30)

2.15 SBS 좋은아침플러스원 방송프로 경호무술 편 창시자 및 시범단 시범 방영

3.20 MBC 스포츠매거진 스포츠팡팡 경호무술 편 창시자 지도 및 시범단 시범 방영

4.29 국방부 전역(예정)간부 취업박람회(서울컨벤션) 참가 경호무술창업소개

5. 4 2009년 국방부주최 취업박람회(서울컨벤션) 참가 경호무술창업소개

5.23 2009년 상반기 경호무술지도자 과정 연수교육 수료(18명)

6.15 태권도진흥재단 경호무술자료 태권도공원 전시용 기증(31종 110개)

7. 1 전통무예원류적통자 모임 결성(진흥회 사무소)

7. 3 육군57기동대대 창시자 초청 경호무술 강의(시범 및 지도)

7. 5 인천광역시 청소년직업체험센터 경호무술 강의(시범 및 지도)

7.18 2009년 하반기 경호무술지도자 과정 연수교육 실시(2009.7.18~2009.12.5)

8. 1 전통무예단체조직정비방안 세미나 참가(토론 및 경호무술책 50권 무료증정)

 8. 3 육군57보병사단 사단장으로 부터 감사패

 8. 6 경호무술자격제도 자격기본법에 의거 국무총리실 산하 직업능력개발원 등록 제2009-0171호
         (자격등록내용 : 경호무술 승단 자격 1단~9단 / 경호무술지도자 자격 1급, 2급, 3급)

 8.28 이시종 국회의원 초청 전통무예원류적통자 간담회(외백)

10.20 전통무예원류적통자 정부현황조사팀 초청 간담회 참가(서울대학교)

11.10 우정사업본부 사보 경호무술 기사 게재(전국 15,000지점 배부)

11.11 네이버(naver.com) 경호무술 키워드 바로가기 한국경호무술진흥회 등록

11.21 전통무예단체조직정비방안 공청회 참가(슈페이러 본회의실)

11.25 네이트(nate.com) 경호무술 키워드 바로가기 한국경호무술진흥회 등록

11.27 2009 하반기 경호무술지도자 자격검정 시험시행

11.30 정부수탁연구용역(무예단체실태조사) 공청회 참가(올림픽파크텔)

12. 2 국방부 초청 간담회 참석(전쟁기념관)

12. 5 2009 하반기 경호무술지도자 과정 연수교육 수료(7명)

12. 7 전통무예원류적통자 국회 전통무예진흥법 개정안 제안서 제출

12.11 노동부 고용지원센터 경호무술 기사 소개

2010   1. 5 세계일보 최선의 방어가 최선의 공격 "경호무술" 기사 전면게재

 2. 6 경호무술지도자 보수교육실시(중앙연수원)

 2. 9 문화체육관광부 전통무예진흥법 기본계획 수립안 건의

 3. 3 전통무예원류적통자 정부 전통무예진흥 기본계획 수립 현황과제 자문토의
         (정부담당, 정부용역 연구진-체육과학연구원)

 3. 6 경호무술지도자 보수교육실시(중앙연수원)

 3. 8 전통무예진흥법 일부개정법률(안) 제출건의(전통무예원류적통자 지정 및 지원)

 4. 3 지도자 보수교육실시(중앙연수원)

 4.21 전통무예원류적통자 국회 문화체육관광방송통신위원회 고흥길위원장 면담

 4.23 경호무술 시범공연(인터컨티넨털호텔 그랜드홀)

 4.28 국방부 전역간부 취업박람회 참가(서울무역센터)

 5 1 지도자 보수교육실시(중앙연수원)

 5. 7 경호직무능력표준 시안 연구개발 경호무술 및 경호무술지도자 표준체계 개발 참여

 6. 5 경호무술지도자 보수교육실시(중앙연수원)

 6.28 국무총리실, 지식재산기본법 공청회 참가 대정부제안(사학연금회관)

 7. 3 경호무술지도자 보수교육실시(중앙연수원)

 7.18 경호무술지도자 직업체험 개최(중앙연수원)

 8. 7 경호무술지도자 보수교육실시(중앙연수원)

 9. 4 경호무술지도자 보수교육실시(중앙연수원)

 9. 7 전통무예원류적통자 명칭 위키 백과사전 등재

9.14 국회 문화체육관광방송통신위원회 정병국위원장 외 소속의원 12명 개정법안(전통
　　　무예원류적통자 지정제도 신설) 제정요청 방문

10. 2 경호무술지도자 보수교육실시(중앙연수원)

10. 4 한국산업교육원 경호무술 강의지원

10.12 전통무예원류적통자 무진법 기본계획 건의안 문화체육관광부 방문 제출

10.24 한국체육과학원 방문 무진법 담당 연구원 성문정박사 전통무예원류적통자 정책
　　　건의사항 전달

10.24 서울 송곡정보산업고등학교 대강당 20명 경호무술시범공연

10.29 국회 방문 한나라당 문화예술특위 정두언위원장 김수철 특보 무진법 전통무예원
　　　류적통자 지정 제 신설 개정법률안 국회통과 협조요청

11. 1 부산광역시 기장지회 승인(지회장 장웅진)

11. 6 경호무술지도자 보수교육실시(중앙연수원)

11.24 교육부, 고용노동부가 주최하고 고용정보원이 주관하는 취업진로박람회 참가 및
　　　경호무술시범공연(3일간)

12. 4 경호무술지도자 보수교육실시(중앙연수원)

12.29 문화체육관광부 주최 전통무예진흥법 기본계획수립 토론회 참가(올림픽파크텔)

2011 1. 8 경호무술세미나 개최(전국지원장 대상 무진법 기본계획 설명회)

　　 1. 8 경호무술지도자 보수교육실시(중앙연수원)

　　 1.12 MBC 표준 FM(95.9MHz) "아이러브스포츠" 경호무술 소개

　　 1.15 경호실무 1권~3권(1167page) 출판(개정7권)-한국학술정보(주)

　　 2.12 경호무술지도자 보수교육실시(중앙연수원)

　　 3. 5 경호무술지도자 보수교육실시(중앙연수원)

　　 3.11 전통무예원류적통자 무진법개정안(전통무예원류적통자 지정제 신설) 국회통화
　　　　 요청서 전달(국회문화체육관광방송통신위원회 간사 김재윤 의원, 위원 전성호 의원)

　　 3.23 전통무예원류적통자 무진법 정부담당 실무자 미팅(정책건의서 전달-문화체육관
　　　　 광부 체육진흥과)

　　 4. 2 경호무술지도자 보수교육실시(중앙연수원)

　　 4.13 국방부 2011 전역(예정)간부 취업박람회 참가(서울무역센터)

　　 7.15 경호무술 1권~9권 출판(개정7권)-한국학술정보(주)

6. 창시자 연구 활동

저술

1986 4.16 경호무술, 경호실무 연구시작

1992 2.16 경호무술, 경호실무 교안 완성

1994 11.17 경호실무(경호학)저술(국제경호아카데미출판사, 328page)

1996 11. 5 경호실무 저술 개정2권(법연출판사, 493page)

1999 3.20 경호실무 저술 개정3권(법연출판사, 537page)

2001 2.20 경호실무 저술 개정4권(법연출판사, 625page)

2003 2.15 경호실무 저술 개정5권(법연출판사, 741page)

2003 9.13 경호무술(단행본)저술 (국제경호아카데미출판사, 505page)

2004 2. 7 경호실무 저술 개정6권(청호출판사, 749page)

2004 8.18 경호자격제도규정집 저술(국제경호아카데미출판사, 273page)

2004 10. 5 경호무술 저술 개정2권(국제경호아카데미출판사, 1704page)

2005 4.25 경호원자격검정 문제집 저술(국제경호아카데미출판사, 180page)

2005 8.26 경호직무능력표준 저술(국제경호아카데미출판사, 483page)

2011 1.15 경호실무 저술 개정7권(한국학술정보(주), 1권~3권, 1167page)

2011 7.15 경호무술 저술 개정3권(한국학술정보(주), 1권~9권, 2800page)

연구논문

1996 경호산업에 대한 실태 조사-동국대학교 행정대학원

1997 경호산업의 문제분석과 육성책-한국안전교육학회

2001 경비업법에 포함하는 민간경호원 자격증 도입활용 방안연구-국제경호협회학회

2003 경호직무분야의 전문화를 위한 자격제도와 그 방안에 따른 국제경호협회 경호 자격제
     도의 분석 및 국가공인 도입의 필요성-국제경호협회학회

2003 치안환경에서 요구되는 격기무술과 현대적 무술발달 과정의 생활 경호무술연구-국제
     경호협회학회

2004 경호자격 국가공인 및 관련내용에 대한 정부지원 국제경호협회 중심으로 연구-국제경
     호협회학회

2005 경호직무능력표준에 관한연구 및 활용방안-국제경호협회학회

2006 경호산업을 위한 정부지원정책 및 효과연구 경호자격제도를 중심으로-국제경호협회
     학회

2008 경호무술 전통무예진흥법에 의한 지성-한국무예포럼

2008 경호무술세미나집-한국경호무술진흥회

7. 창시자 설립단체 및 과정

1992 2.16 국제경호협회 설립

（경호원들의 친목 및 권익을 위한）

1992 3.21 국제경호아카데미 설립

（경호무술교육서비스, 경호교육서비스, 경호서비스를 위한）

1994 4.15 국제경호시스템 신설

（경호서비스만을 전문으로 하기 위하여 국제경호아카데미로부터 분사）

1996 6.27 주식회사 탐경

（국제경호시스템을 상호변경 및 법인전환–신변보호법률 제정에 의한 허가제도
시행에 따라）

1998 3. 1 장명진경호무술 신설

（비영리단체설립–자격검증 및 인증제도 시행을 위한）

1998 3.13 장명진경호무술원 신설

（국제경호아카데미 상표신설–경호무술프랜차이즈사업 시행을 준비）

2002 9.   시큐리티잡114 설립

（주식회사 탐경에서 온라인 사업부 분사）

2008 8. 11 사단법인 한국경호무술진흥회 설립

（장명진경호무술을 명칭변경과 법인전환–대외 위상 제고）

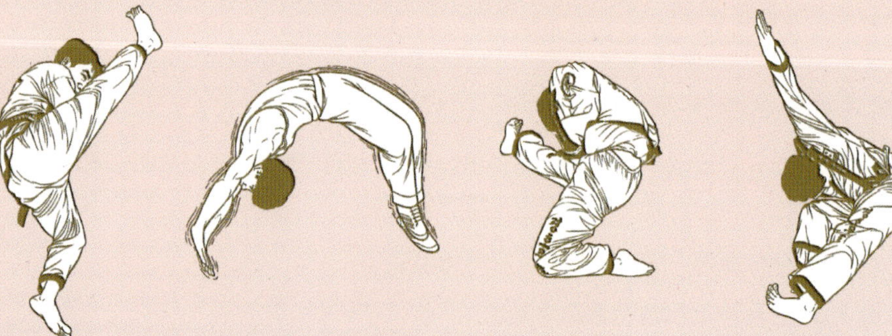

8. 창시자 유관기관 활동

1996	사단법인한국경비협회 신변보호분과	운영위원
1996	한서대학교 사회교육원 비서경호학과	강사(경호무술/경호실무)
1996	사단법인한국경호경비학회	운영위원
1996	중국연길시 공안국 보안전문대학	명예교수
1996	한국시큐리티산업경영학회	운영위원
1997	KBS아카데미	강사(경호무술/경호실무)
1997	서일대학교 사회교육원 경호학과	강사(경호무술/경호실무)
1997	사단법인한국경비학회	부회장
1997	사단법인철인3종경기본부	이사
1998	사단법인한국직능단체총연합회	상임부회장
1998	월간보디가드	편집위원
1999	한국안전교육학회	이사
1999	선문대학교 무도학과	외래교수(경호무술/경호실무)
1999	충청대학 태권도학과	강사(경호무술/경호실무)
2000	고려대학교 사범대학원(석사과정)	강사(경호무술)
2000	대구미래대학 경찰행정과	강사(경호무술/경호실무)
2001	제10기 민주평화통일자문위원회	자문위원
2002	UN평화지도자연합회	이사
2003	국립경찰대학 수사보안연수소	외래강사(경호무술/경호전략)
2008	경찰청수사연수원	강사(경호무술)
2004	한국협상학회	회원
2005	국무총리실 국가재난관리본부	자문위원
2006	초당대학교 경호비서학과	겸임교수(경호무술/경호실무)
2008	한국무예포럼	회원
2009	전통무예원류적통자모임	간사
2009	한국표준협회	자문위원
2010	한국산업교육원	강사

9. 경호무술과 창시자 백과사전 등재문

2005   2.17 두산대백과사전(엔사이버) 창시자와 경호무술 사전 등재

2005   4. 2 네이버 백과사전 창시자와 경호무술 사전 등재

2006   2. 1 파스칼 세계대백과사전 창시자와 경호무술 사전 등재

2006   2.12 야후 백과사전 창시자와 경호무술 사전 등재

2006   3. 3 파란 백과사전 창시자와 경호무술 사전 등재

2006   4.12 브리태니커 백과사전 경호무술 사전 등재(창시자 저술 경호무술책전문 인용)

2006   5. 6 다음 백과사전 창시자와 경호무술 사전 등재

2008   4.28 위키 백과사전 창시자와 경호무술 사전 등재

2008   5. 3 네이트 백과사전 창시자와 경호무술 사전 등재

2008   5.28 위키 인물백과사전 창시자 사전 등재

2008   7.21 위키 백과사전 낱말사전 경호무술 등재

2009   11.11 네이버, 네이트에서 한국경호무술진흥회 키워드 바로가기 등재

2010   9. 7 위키 백과사전 전통무예원류적통자명칭 사전 등재

10. 창시자 인터넷 홈페이지 구축

1996   6. 7 국제경호아카데미(홈페이지 http://www.ibga.co.kr)

1998   2.10 주식회사 탐경(홈페이지 http://www.tamkyung.co.kr)

2002   7.10 장명진경호무술원(홈페이지 http://www.jmjmoosul.co.kr)

2002 10. 1 시큐리티잡114(홈페이지 htpp://www.securityjob114.co.kr)

2008   8.30 사단법인 한국경호무술진흥회로 변경(홈페이지 http://www.jmjmoosul.co.kr)

※ 개설된 홈페이지 현 운영 중

경호무술 창시자의 무술관

I. 경호무술 창시자의 무술관
- 警護武術 創始者의 武術觀 -

1. 무술관(武術觀) 의의(意意)와 역사관(歷史觀)

1 무술관(創始者의 武人哲學) 의의

경호무술 창시자 장명진의 무술관은 필자인 본인이 수년간 무술을 수련 정진하면서 경험한 내용과 무술의 본질을 바라보는 경호무술 창시자 본인의 심기라고 말할 수 있다. 오늘날 무술을 수련하는 많은 사람들은 무술이 무엇인지를 매우 궁금해 하지만 이를 지도하는 지도자나 무술의 고수들은 이에 분명한 해답을 주지 못하거나 해주지 않았다.

분명 무술을 수련정진하는 무인들은 저마다 무술에 관한 자신만의 무술관이나 철학이있다. 하지만 대부분 이를 밝히려 하지는 않는 것 같다. 그 이유에 관해서는 나로서는 정확하게 알 수 없지만 모든 무인들 또한 자신의 무력이나 철학에 대하여 확인하고 싶어할 것이라는 사실이다.

필자인 본인 또한 오랜 침묵속에 묻어 두었던 이같은 무술관(武術觀)을 글로 밝혀 두는 것 또한 이런 맥락에서 시작된 것이라고 할 수 있다. 자신을 모르고는 타인을 알 수는 없으며, 자신의 행동을 모르고는 우주를 알 수도 없으며, 무술을 모르고는 자신이 무인이 될 수 없다라고 필자는 생각한다. 본질을 알고서야 정체성을 가질 수 있으며, 자신의 존재가 누구이고, 무술이 무엇이고 하는 것을 알아야만 무인으로서의 정체성을 가질 수 있다고 생각한다. 진정한 무인은 자신만의 무술철학(武術哲學) 즉, 무술관(武術觀)이 뚜렷하다고 할 것이다. 따라서 무술관을 갖는다는 것은 매우 중요한 의미를 갖는다고 할 수 있다.

무술은 본래 싸움기술이 그 본질을 이루지만 무술을 수련하면서 얻는 여러가지 이점들이 있다. 무술수련에 입문하기전 그 목적이 무엇이든 무술이 갖는 다목적성 즉 여가생활목적, 체위발달목적, 미용적 목적, 호신적, 호위적 목적부터 정치적·종교적 목적 그리고 자신의 자아실현을 위한 수련 목적까지 그 폭이 매우 넓은 것이 특징으로 수련의 목적 또한 다양하다고 할 수 있다.

그러나, 최초의 목적이 무엇이었던 누구나 자신이 수련하고 있는 무술의 본질이 무엇이며, 무인으로서 알아야 할 참된 무술이 무엇인지를 알고자 한다는 사실이다. 무술은 무엇이며, 그 근원은 어디에 있으며, 어떻게 왜 계승되고 발전되어 왔는가? 또한 배경은 무엇이었고, 인간에게 있어 무술에 있는 철학은 무엇을 말하고 의미하는가? 이같은 무술이 오늘날 우리에게 또 무엇이고, 어떻게 보아야 할 것인가 하는 것이다. 무술은 우리 삶 속에 융화되어 언제나 깊이 파고들었다.

인간은 왜 무술을 하고 있으며, 무엇을 지향하고 또 무엇을 얻고자 하는 것인가?

무술수련은 많은 시간과 고통이 수반되는 것으로 오늘날 경제학적 차원으로 볼 때 그다지 도움이 되지 않는 것이 분명하다. 하지만, 많은 사람들이 이러한 사실을 알면서도 이를 무시할 만큼 무술을 필요로 하고 있다. 무술이라는 것을 단순히 보면 신체운동이 수반되는 행동에 지나지 않다. 하지만 무술은 본래 인간 내면에서 본능적으로 요구하는 욕구를 충족시켜주는 것이 있다. 바로 강해지고 싶다는 욕구 본능인 것이다. 강함으로서 모든 것을 얻을 수 있으며, 지킬 수 있고, 또한 행복할 수 있다는 것이 그 본질인 것이다.

즉, 무술은 신체적·정신적·경제적 3대 요소의 가치로 보기 때문에 과거, 현재 또 미래에서도 꼭 필요한 무술로서 우리 인간의 삶 속에 계속 융화되어 갈 것이다.

이런 관점에서 본 필자는 이 글을 보는 독자들에게 창시자로서의 무술관 또는 무인으로서의 철학적 내면을 솔직하게 표현하여 올바른 무술관으로 삼도록 하는 것이다. 그러나 본 필자의 무술관이나 철학은 하나의 지표이지 전체의 지표는 아니라는 점을 말하고자 하며, 옳고 그름과 같은 단편적 사고로 보기보다는 필자의 주관적 무술관으로만 생각해 주기를 바란다.

즉, 이러한 생각을 갖는 사람도 있구나 하는 식으로 이해해 주시기 바라며, 무인에 따라 의견이 상이한 부분이 반드시 있을 수 있다는 것을 본 필자는 알고 있다는 것을 말하고 싶다.

이책을 통하여, 본 필자가 무인으로서 갖는 철학이 무엇인지 알 수 있는 기회가 되길 바라며, 글을 읽는 독자 또는 경호무술수련생들이 무술의 본질을 보다 쉽게 이해하는데 도움이 되길 바란다. 그리고 보다 나은 이상 실현을 완성해 나가시기를 진심으로 바란다.

② 무술의 본질(本質)

무술과 달리 무도는 그 본질이 발전하거나 변화되는 성질의 것은 아니다. 무도는 물리적이든 심리적이든 상대성에 의하지 않는다. 오로지 자신의 마음에 있을 뿐이며, 정신적 요소의 것일 뿐이다.

무술은 물리적으로 싸워야 할 상대가 반드시 존재하고 있으며, 지켜야 할 존재가 자신을 포함하여 유형적 대상이 반드시 있고, 이를 위한 방법이 요구된다. 이같은 목적과 방법은 수단과 기술이 전제되며, 상황에 적합한 방법으로 발달하게 된다.

즉, 수단과 기술이 보존되는 것이 아니며, 계속 진보하며 발전하게 되는 것이다. 다시 말해, 진보 발전하지 않는 방법은 변화하는 현실에 대응할 수 없기 때문에 무도는 그 차원이 크게 다른 것으로 발전하는 무술과 동일하게 볼 수 없다.

무도는 정신적 요소를 의미하는 것으로 무술을 통하지 않고도 정신적 수련의 단계나 목적을 이룰 수 있다.

다만, 무도(武道)는 무술(武術)을 통하여 수련의 한 과정으로 삼을 수는 있다. 그러나 무술의 표현을 통한 것이지 무술 본래의 본질을 따르는 것이 아니기 때문에 무도를 무술이라고 할 수는 없다. 무술의 정체성은 싸움기술로서의 본질로서 그 지향에 있기 때문에 무도로 삼을 수는 없다고 생각하는 이유다.

오늘날 무도라고 가르치고 또 배우면서도 실제로는 무술로 쓰인다. 이같은 모순은 어디서부터 시작된 것일까? 싸우면서도 싸우지 않는다라고 말하는 모순을 보이고 있다.

분명 무술에 있어서도 싸우지 않고 이기는 경지가 최상의 것이다. 그러나 이마저도 물리적으로 싸웠을 때 이길 수 있는 수준에 이르러서 가능한 것으로 무도적 관점으로 해석할 수는 없다. 물리적·기술적 열세에서도 이길 수 있는 것은 속임수뿐이다.

싸우거나 싸우지 않는다는 공통점은 살아남는 것 그것이다. 이러한 의미로 본다고 하더라도 "무술은 싸우는 기술로서 구체화된 방법론인 것이다"라고 정의할 수 있으며, 그 본질로 보아야 할 것이다.

3 무술(武術)이라는 용어의 등장과 변천

무술(武術)이라는 용어 사용의 등장은 중국 남조(南朝)때 문선(文選)중의 안연년(顏延年)의 황태자석전회(皇太子釋奠會)라는 詩 중에서 "偃閉武術, 闡揚文令(군사행동을 그만두고 문을 드날린다)" 라는 구절에서 최초로 사용된 것으로 알려지고 있다. 그러나 서로 다른 역사적 시기에 있어서 무술이라는 용어가 내포하는 의미는 모두 같은 것은 아니었다. 위의 안연년(顏延年)의 시(詩)에 보이는 '무술' 이라는 용어는 당시의 군사 활동을 가리키는 의미로 사용되어 왔던 것으로 전해진다. 아마 이때까지만 해도 오늘날의 무술 개념으로 인식되지 못했던 것으로 보인다. 그 배경에는 오늘날과 같이 싸움기술 등이 잘 발달되지 않았기 때문이 아닌가 생각된다.

물론 무술은 세계 인류의 수만년 역사의 진행 과정에서 각기 다른 민족과 문화 환경에 따라서 창조되고 새롭게 발전되었다고 할 수 있다. 원시인류의 시대에서 살았던 원시인들은 최초의 기격술, 예를 들면 돌멩이나 나무, 몽둥이를 사용하여 호랑이나 늑대와 같은 맹수나 다른 종족 또는 부족의 적과 싸워 생활의 방도를 모색하였다. 하지만 이것을 기술이라고 할 수는 없지 않았겠는가 하는 것이다. 한국, 중국, 일본 등은 동양무술의 본거지라고 할 수 있다. 서두에 말한 것과 같이 민족과 역사에 따라 각기 다르게 발전해온 무술들은 오늘날에 와서야 그 체계의 실체가 조금씩 밝혀지고 있다고 할 수 있다.

문헌을 근거로만 한다면 중국이나 한국, 일본 어느 나라에서도 고대의 완전한 무술 비서가 현재 까지도 발견된 적이 없기 때문에 어느 나라의 무술이 가장 오래 되었으며 어느 나라의 무술이 어느 나라에 전해지고 영향을 주었는지 단언하기에는 힘들다고 할 수 있다. 그러나 고대의 역사문헌 등에서 등장하는 무술들이 존재해 있었다는 사실들을 짐작할 뿐이다. 분명 무술은 어느 역사에서나 존재해 왔었던 것만은 사실이다. 그러나 오늘날 전례되는 전통무술이 원형을 그대로 보존되어 왔는지에 대해서는 여전히 의문이 남는다.

필자가 확인한 바로는 무술에 대한 학문적 개념에서 정의된 시점은 지금으로부터 100년도 채 되지 않은 것 같다. 그나마 오늘날과 같은 완전한 기술체계의 문헌은 반백년의 역사

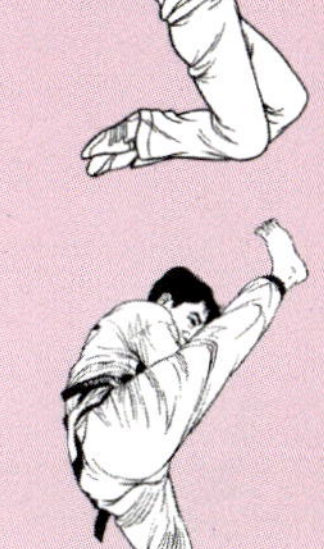

도 채 되지 않은 것 같다. 이것은 무술이 그만큼 구전으로 지도되어 전수 되어 왔음을 짐작할 수 있는 대목이 아닐 수 없다. 물론 고려 왕건이 수박희를 국선으로 하도록 명하였다는 내용이 있는 문헌도 있고, 이후 조선시대인 1790년 사도세자의 뜻에 따라 정조대왕의 어명으로 이덕무가 무예도보통지(武藝圖譜通志)를 펴내기도 했다. 그러나 무술을 학문적으로 접근 했거나 기술 체계를 완성하는 것과는 다소 거리가 있는 내용으로 구성된 책으로 대부분 그림으로 소개되어 조금 이해하기 힘들며, 그나마 페이지 분량도 많지 않다. 무예도보통지에는 총 24가지의 기예가 나와 있다. 권법, 협도, 월도, 곤방, 편곤, 등패, 낭선, 죽장창, 장창, 기창, 검, 당파등 여러 가지 무기의 형태와 그 수련법을 대부분 그림으로 나와 있으나 기술체계를 자세히 설명하지 않아 이해하기에 어려움이 있다. 24가지 중에 6가지는 마상 무예라 하여 말을 타고 하는 것이고 그 6가지(격구포함)를 제외한 18가지 무예를 십팔기라고도 한다. 이처럼 무예도보통지는 이러이러한 유형의 무술이 있다는 식의 소개 수준에 지나지 않다. 그리고 그나마도 무술의 기술체계보다도 종합적인 병서와 같이 구성되어 있다.

무예도보통지(武藝圖譜通志)		
'무예도보통지' 는 4권 4책의 한문과 1책의 언해본으로 구성되었다.		
권 수	범례, 병기 총서, 척-모사실, 기예 질의, 인용서 목록	
권지일	장창, 죽장창, 기창, 당파, 기창(騎槍), 낭서	
권지일	쌍수도, 예도, 왜검(교전)	
권지삼	제독검, 본곡검, 쌍검, 마상 쌍검, 월도, 협도, 등패(요도, 표창 附)	
권지사	권법, 곤봉, 편곤, 격구, 마상재, 관복도설, 고이표를 싣고 있다.	

    1932년 중국국민체육실시방안(國民體育實施方案)에서는 무술을 다음과 같이 정의하고 있다. '국술(중국무술)은 본래 중국 고유의 신체 운동 방법으로서 자기 방어의 기능뿐만 아니라 신체를 단련하는 도구이기도 하다.' 라고 한것이 무술에 대한 학문의 시초가 된 것으로 추정되며, 무술을 생활속에 적극적으로 받아들여, 이 당시의 사람들은 무술의 기격성에서 실전 능력 감소를 직접 체험하였고 1920년대를 전후한 서양 체육의 유입에 따라 심신단련과 심미적 관점에서 무술의 체육적 가치를 발굴하기 시작하였던 것으로 보인다. 이후 1961년에 출판된 체육학원본과강의(體育學院本科講義)에서는 권술, 병기 투로와 기타 단련방법이 만들어낸 민족적 형식의 체육으로서 근골을 강하게 만들고, 건강을 증진하며, 의지를 단련하는 작용을 하고 또한 오랜 역사를 가진 중국의 민족문화유산이다라고 했고 1978년에 출판된 체육계통용교재(體育系通用教材)에서는 무술개념에 대해 많은 새로운 내용을 담고 있는데 그 정의를 보면, 무술은 차고, 때리고, 넘어뜨리고, 당기고, 지르는 등 공방의 격투동작을 바탕으로 삼고 공수와 진퇴, 동정(動靜)과 빠르고 느림, 강유와 허실등의 모순이 서로 변화하는 규율에 근거하여 맨손과 병기의 각종의 투로를 편성한 것으로서 체질을 증강시키고, 의지를 배양하며, 격투기능을 훈련하는 민족적 형식의 체육운동이라고 하였다.

1983년 출판된 체육계통용교재(體育系通用敎材)에서는 "무술은 가격의 동작으로 바탕을 삼고 공수와 진퇴, 동정(動靜)과 빠르고 느림, 강유와 허실 등의 규율에 근거하여 투로를 만들거나 혹은 일정한 조건하에서 일정한 규칙에 따라 두 사람이 힘을 겨루고 격투를 하여 체질을 증강시키고, 의지를 배양하며, 격투능력을 훈련하는 체육 운동이다." 라고 하였다.

1988년에 열렸던 중국 무술학술토론회에서는 "무술은 기격 동작을 주요 내용으로 삼고 투로와 격투를 운동 형식으로 삼는 내외겸수(內外兼修)를 중시하는 중국전통체육종목" 이라는 결론을 내렸다. 이처럼 중국은 각 문파의 무술을 초월하여 하나의 무술이라는 문화가치의 장르로 학문적 개념화에 힘써 체계적으로 연구하고 발전시키는 노력을 해왔음을 알 수 있다.

이와달리 일본과 한국은 특히 우리 한국은 무술이라는 고유의 영역을 하나의 무술로(태권도)단일화 하려는 정책에 의하여 오히려 기술적으로 학문적으로 퇴보하는 결과를 낳게 되었다. 물론 태권도를 경기화에 성공시켜 세계적인 스포츠로 발전은 시켰지만 무술본래의 문화적 가치로는 상대적으로 상실한 부분도 있다.

예를들어 일본의 유도가 태권도처럼 세계화는 되었지만 가라데의 수련인구와 비교해 보면 비교할 수도 없는 수련인구의 격차를 보인다. 일본 유도를 보면 무술의 경기화만이 유일한 가치이며 성장의 길이라고 보는 것은 착각이라는 사실을 일깨워 주고 있다. 많은 사람들이 무술 본래의 가치만으로도 성장과 세계화가 가능하다는 사실을 알았으면 한다.

일본은 그 어느 나라보다도 다양한 무술이 존재 한다. 특히 일본은 무사도 정신을 숭상하는 문화로서의 전통을 유지하고 있기도 한 나라다. 일본의 무도는 종교의 문화적 차이로 인하여 한국이나 중국과는 달리 발전하는 특징을 가졌다고 할 수 있다. 한국과 중국은 옛날부터 유교가 왕성했고 불교나 도교는 유교보다 하위에 처해 있었다. 유교는 사대부라고 불리는 관료계급(문관)이 몸에 지니는 고전의 지식, 의례(儀禮), 시(時), 서(書), 화(畵), 즉 철학, 문학, 예술 등의 인문계의 교양과 연관되어 있다. 정치면에서 본다면 그들 사대부는 지배 권력을 장악한 관료다. 한국과 중국에서는 근대에 이르기까지 쭉 그들이 정치권력을 장악하고 있었다. 그래서 무관(武官) 계급은 문관(文官) 계급인 유가(儒家)로부터는 경멸을 받는 대상이 되어 왔으며, 이른바 '숭문경무(崇文輕武)' 이라고 하는 것이다.

무관은 무술의 전문가이고, 현근대적으로 말하면 군인에 해당하는 것인데, 한국·중국의 역사에서는 전통적으로 무술은 단순한 기술이어서 경서(經書)나 문예보다도 가치가 낮은 것으로 보는 경향이 강했다.

　　일본에서는 헤이안시대(平安時代) 말경부터 무사(武士)가 정치권력을 장악하고 지배자가 되었다. 무관이 정치권력을 오랜 기간 장악하는 상황은 한국이나 중국의 역사에서는 근대까지 발생한 일이 없었다. 그러나 일본에서는 무관인 무사가 권력을 장악하는 상황이 중세 이래로 오늘날까지 700년 이상이나 계속되어 온 것이다. 이처럼 오랜 동안 역사에서는 가마쿠라 막부(鎌幕府) 이래 무사의 지배 체제가 오랜 동안 계속되었기 때문에 그들은 지배 계급으로서의 정신적 교양을 몸에 익힐 필요가 있었다. 가마쿠라 시대의 상급무사들은 밀교(密敎)나 선(禪)의 수행을 지향했고, 무로마치 시대에는 '문무양도'(文武兩道)라고 하여 무사일지라고 와카(和歌)·엔카(連歌)·다도(茶道) 같은 예도의 습득이 필요하게 되었다. 일본에서는 이처럼 '문'(文)의 전통과 '무'(武)의 전통이 서로 교류하는 역사가 길었기 때문에 무술은 단순한 기술이 아니라 점차로 예술성과 정신성이 깊은 것으로 바뀌어 간 것이다. '문'은 종교와 학문과 예술이다. 그것은 지식이라든가 미적 감수성 같은 '마음(心)의 활동 산물이다. 그에 비하여 '무'는 신체적 기능의 훈련인 것이다. 즉 일본의 역사에서는 전통적으로 '문'(文)과 '무'(武), 또는 '심'(心)과 '신'(身)의 단련이 일체불가분(一體不可分)의 것으로 간주되었다.

　　일본의 무도는 불교나 예술 같은 것과 관계가 깊어, 말하자면 내면적인 정신성이 높다는 특징을 가지고 있다. 예를 들면 도장에 신단을 만들고 제사를 올린다든지, 신사 불각의 경내에서 봉납 시합을 한다든가 할 때에는 먼저 신에게 예를 올리고서 상대와 예를 교환하는 관습에서 볼 수 있듯이 와자(솜씨)를 연마하는 일이 신앙심을 기르고 타인과의 마음의 교류를 촉진하는 훈련이 된다는 사상이 보이는 것이다.

　　일본 무도에서 볼 수 있는 이와같은 내면적 정신성의 깊이는 일본의 역사가 빚어낸 독특한 문화적 산물이라고 생각한다. 오늘날 많은 외국인의 관심을 끌 수 있게된 또 하나의 이유는 이러한 정신성의 깊이에 있는 것이 아닐까 하고 생각해 본다. 일본의 무도(武道)의 경우도 예도(禮道)와 마찬가지로 불교의 수행관에서 깊은 영향을 받았다고 할 수 있다. 즉, 무도에서도 밀교와 선의 영향이 보인다. 무도의 이론이 탄생한 것은 전국시대(戰國時代)에서 에도시대(江戶時代) 초기에 걸쳐서 활발히 이루어졌던 것으로 보인다. 그러나 이 또한 최근에 소개되는 내용으로 근대 이전에 무술에 관한 이론서나 완전한 기술서라고 할 수 있는 비서들은 발견되고 있지 않다. 다시 말해 무술에 대한 학문이나 기술서등은 현대에 와서야 조금씩 정립되고 있음을 짐작할 수 있다.

　　특히 일본무도의 전성기 시대라고 할 수 있는 에도의 시대는 검(劍)무술이 기본이 되었기 때문에 오늘날의 가라데와는 다른 것이라고 할 수 있다. 일본의 전통무도인 검도(劍刀)보다 가라데가 발전하는 것은 많은 사람들이 오늘날에 맞는 무술은 무기법이 아니라 무수법의 무술이 필요하다는 인식에서 변화되는 것 같다.

　　그러나, 일본전통의 무사도정신이나 수련원리에서는 기술체계를 제외하고는 크게 다르지 않다고 할 수 있다. 무술은 개인에게든, 사회이든, 국가이든 다 필요한 존재이며 또 신체적이든, 정신적인 것이든 그 원인과 이유를 불문하고 원하든 원치 않던 생활속에서 자연스럽게 스며들어 하나의 문화로 존재할 것이다. 그리고 앞으로는 무술은 오랜 전통과 역사를 변함없이 끊임없이 이어갈 것이다.

4 무술의 발달(發達)

무술의 발달은 본능에 의하여 이루어진다. 그리고, 긴 역사만큼이나 무술도 긴 역사를 가지고 있으며, 그 수 또한 지구상에 있는 민족 만큼이나 있다고 해도 부풀린 과언은 아닐 것이다. 본래 무술은 싸움기술로 과거의 무술들이 오늘날과 같이 체계가 잘 갖추어진 형태의 것으로 생각하진 않는다. 다만, 생명보존이라는 본능에 의하여 연속되는 싸움에서 자연스럽게 발달된 것이 싸움기술이고, 이 기술이 체계를 갖추면서 무술로서의 기술이 등장한 것으로 추측이 된다.

그리고, 연마를 통해 사람의 무의식 반사의 컨트롤을 하면서 하는 훈련을 수련이라고 하여 신체 기술뿐 아니라 정신기술에 있어서도 그 체계를 갖춘 하나의 무술이다라는 인격을 부여한 것이다라고 할 수 있다.

관념론이나 정서론에 의하여 여러 해석이 가능할 수도 있겠지만 그 동안의 무술은 유감스럽게도 체계가 실체한 것이 없는 역사적으로 미완의 세계였을 뿐이다. 즉, 과거의 무술이 존재하지 않았다라고 하는 것이 아니라 전통무술을 그대로 계승할만큼 우수한 무술이 없었다고 말하고자 하는 것이다. 전통적인 무술은 현대적인 무술과는 달리 군 전투력을 위한 병기술 즉, 칼이나 창등을 이용하여 찌르거나 베는 무기기술 위주로 발전했다고 할 수 있으며 현대적 전쟁은 과학기술의 발달로 인하여 첨단화된 무기가 발전하면서 창이나 칼을 이용한 무기중심의 무술은 자연히 쇠퇴하기 시작하였으며, 오늘날의 무술은 맨손을 이용한 치기, 차기와 같은 맨손무술 중심으로 변화 되었다고 할 수 있다.

따라서, 전통적인 무술이 그대로 전승되기 힘들었다고 보는 것이 필자의 생각이다. 굳이 표현하자면 용도의 변화에 의하여 현대적 무술로 변화해 왔다고 할 수 있다.

일반적으로 무술은 "변화한다" 라고 한다.

그러나, 무술은 단순히 "변화한다" 라는 것은 큰 의미를 부여할 수 없다고 생각한다. 무술은 "발달한다" 라고 할 때 진정한 의미가 부여될 수 있다고 생각한다.

5 인간은 만물의 영장이라고 하지만 신은 아니다.

인간은 만물의 영장이라고 한다. 불과 1세기전만 해도 오늘날과 같이 비행기나, 자동차, 기차, 선박과 같이 안전하고 신속한 이동수단을 상상할 수도 없었으며, 아울러 TV, 컴퓨터, 각종 로봇등 또한 상상할 수 없었던 것들이었다.

더욱 놀라운 것은 우주에 유인 우주선을 띄우고, 우주 정거장을 건설하는 것과 인간게놈을 완성한 것은 신의 영역을 넘어 인간이 곧 신의 경지에 있음을 착각하게 할 만큼 놀라운 일들이었다고 할 수 있다. 그러나 인간은 신이 될 수는 없다.

인간은 시작과 끝이라는 관념을 갖고 있지만 신은 인간과 달리 시작도 끝도 없는 그냥 존재하는 절대인 것이다.

인간은 능력에 의존하여 사물을 판단하고 인지하고 정보를 얻는다. 그리고 습득한 정보에 의하여 행동을 한다. 하지만 이 같은 정보가 반드시 100%로 정확하지는 않다. 또한 오감으로는 사물을 판단할 수 없는 4차원적인 부분도 엄연히 존재하고 있는 것이 현실이며, 이러한 현실은 물리학이나 천문학을 하는 과학자들을 중심으로 많은 사람들이 인정하고 있는 부분이다. 그러나 인정한다고해도 4차원 세계를 안다고 하는 것과는 전혀 다른 것으로 현재까지 4차원적인 현상을 그 어떤 사람도 풀어 입증한 예는 없다.

간단한 예로 인간의 정신이라고 하는 생각이나 또한 혼이라고 말하는 것에 대한 아무런 단서를 발견하지 못했으며, 일반적으로 경험하는 기현상 또한 그 존재를 인정하지만 실체를 입증하진 못하고 있는 실정이다.

인간의 지능과 과학기술은 하루가 다르게 진보하고는 있지만 이로인해 더 많은 알 수 없는 것들만 새롭게 알게 되었을 뿐이다.

이같은 이유로 인한 것인지는 모르겠지만 인간은 실체적인 것보다는 실체적이지 않은 것에 더 집착하게 되는 것 같다. 종교가 그 대표적인 것 같다. 신이 존재하는 것과 인간이 그 신을 믿고 믿지 않는 것과는 그 본질이 다르다.

인간은 본래의 인간성을 유지할 때 가장 인간다운 것이다. 인간이 신을 믿는다고 신과 같이 권능을 얻거나 영생을 할 수 있는 것은 아니다. 그 죄가 소멸되거나 용서될 수 있는 것도 아니다. 모든 신앙인 성직자들이 모두 그런 것은 아니지만 신의 인격 중 권능만 따라가려 한다.

이같은 인간의 착각은 약한 존재이기 때문에 강해져야 한다는 본능에 의한 것이라고 할 수 있다. 싸워서 이겨야 산다라고 할 때 이길 수 없는 현실로부터 신의 능력 즉, 권능으로 이를 이겨내려고 하는데에서 신에 의존하는 것이다라고 할 수 있다. 신은 협상이나 타협의 대상이 될 수 없다.

인간에 대하여 신은 그 어떠한 영향을 주는 존재도 아니다. 신은 실수하는 존재가 아니기 때문이다. 다만, 우리가 믿는 신은 자신이 믿는 마음으로부터 형성된 또 다른 신일뿐이다. 처음부터 신은 우리 인간에 무한한 가능성과 능력을 부여했다고 할 수 있다. 이 가능성과 능력을 인간 스스로 어떻게 사용할 것인가 하는 것은 인간의 몫이 되어 있다.

각기 처해져 있는 상황에 따라서 이를 현명하게 사용할 수 있는 지혜와 용기가 필요할 뿐이다. 서두에서 말했듯이 인간은 살아야 한다는 본능에 의하여 싸워서 이겨야 한다는 두려움 또한 동시에 갖고 있다고 할 수 있다.

무술은 바로 이러한 점에서 이를 극복하기 위한 수단으로 발달했다고 생각하며, 무술이 종교적 성향을 닮은 것 또한 무관하지 않다고 생각된다.

그러나, 이 같은 점은 과학기술이 첨단화 되면서 더 많은 의문을 갖는 것처럼 무술이 종교적 성향을 추구하면서 인간이 신이 될 수 없다는 사실을 더 많이 알게 될 것이다.

무술이 앞으로 더욱더 발전하려면 추상적이고 탁상적인 문화론이 아닌 실체로서의 것으로 우수한 무술문화를 계승 또는 체현화 되도록 노력해야만 한다. 다시 말해, 무술의 본질은 손상되지 않아야 한다는 것이 본 필자의 생각이다.

인간은 사회적 동물로서 생존을 위해 싸워왔다. 싸움은 심리적으로도 싸우고, 말로서도 싸우고, 육체적 충돌 즉, 물리적 싸움으로도 싸운다. 싸우는 이유는 각각의 원인이나 동기상황에 따라 다르지만 싸워야 하는 본질은 같다. 싸워야 하는 이유는 단 한가지 생존(生存)이다. 사회가 변모하면서 법이라는 질서에 의하여 오늘날 사회질서가 확립되었다고 하지만 여전히 싸움은 일어나고 있는 것이 현실이다. 법은 멀리있고, 주먹은 가까이에 있다는 말도 있다. 그 사회의 질서기준이 되고 있는 법이라는 형식이 있지만, 싸움은 자신이 원하지 않아도 싸워야 하는 것이 싸움인 것이다.

싸움은 그 자체가 나쁜 것이다라고 말하는 사람도 있지만, 싸움의 본질은 좋은 것과 나쁜 것이 공존해 있는 것이다. 반드시 나쁜 의도의 상대도 있지만, 자위적 방어를 위하여 싸우는 상대도 있는 것이다. 그것을 나쁘다라고 할 수는 없다. 그리고 싸움을 포기한다는 것은 엄밀히 말해 자신의 안전과 가치를 상실하는 것과 같다. 지성인이라고 불리는 지식인이나 성직자, 관료등 고위직에 있는 신분의 사람일지라도 이를 알기 때문에 싸움을 한다. 역사적으로도 보면 종교, 종파를 떠나 많은 성직자 종교인들도 명분에 따라 싸움을 해왔다.

그 이유는 생존을 위한 것이다. 생존을 위해 인간은 싸울 수 밖에 없는 존재인 것이다. 싸우면서도 싸우지 않는다는 것은 위선이다. 강자는 싸우지 않는다고 말한다. 정말 강하기 때문에 싸우지 않을 수 있기 때문이다. 즉, 약자를 지배권에 두기 때문이다. 약자는 정해져 있지 않다. 다만, 자신이 상대보다 강할 때 비로서 상대가 자신의 약자가 될 뿐이다. 무술은 강해지고자 하는 인간본능의 욕구를 채워주는 실질적인 것으로 모든 사람이 필요로 한다.

그러나 인간은 본래 나약한 존재로 생존을 위해 더 많은 강함을 추구해 오면서 집단을 형성하고 거대한 국가를 형성해 왔다. 하지만 이같은 사회구조는 특정지배 세력간 생존방식일뿐 특정 개개인에게 필요한 생존능력과는 무관한 것이 된 것이 오늘날 현실이 되었다.

따라서, 인간은 자신에 대한 보호본능에 의하여 그 수단을 찾게 되고 생존을 위한 본질이 무술이라는 것을 새롭게 인식해 가고 있다고 할 수 있다. 앞서 말한 바와 같이 인간의 본능은 생존을 위한 본능으로 갖고 있으며, 이를 위해 강해지고자 하는 욕구본능의 작용으로서 무술을 익히게 된다고 할 수 있기 때문에 무술은 인간의 욕구본능의 산물이라고 할 수 있다.

본능은 "왜"라는 의문이 요구되지 않는다. 따라서 시작도, 형식도, 방법도 무한한 것으로 본능에 "왜"라고 묻는 것은 답이 없다고 할 수 있다.

다만, 무술은 생존 본능에 의하여 탄생된 것이라는 점이다. 앞으로도 영원히 존재하게 될 것이다. 그러나, 그 욕구가 타인을 의도적으로 해치려 함은 아닐 것이며, 다만 스스로 지키기 위함일 것이다. 즉, 강해야만 지킬 수 있기 때문일 것이다.

7 무술은 불멸한 생명을 원하는가?

무술을 불멸한 생명 즉 영원한 삶을 위한 수련으로 보는 무인도 있는 것이 사실이다. 그러나 생명이란 본래 불멸의 존재가 아니다. 생명이 부여된 것은 이미 시작이요 끝이 되는 것이다. 불멸하지 않는 것은 생명이 없는 것만이 가능한 것이다. 그러나 우리 인간은 생명이라는 실체적인 존재로서 이미 영생이라는 바램과는 달리 그 생명은 소멸되어 갈 수 밖에 없는 존재이면서도 영생을 부질없는 믿음으로 끝없이 갈망한다.

인간은 왜 이리 어리석한 존재가 되는 것일까? 그것은 스스로 만들어 놓은 가치 기준에 의한 것이다. 인간의 육신 즉 생명이라는 실체가 소멸되면 물질은 부질없는 것이 되며, 이는 자연의 섬리라고 할 수 있다. 그러나 인간의 참된 본질은 물질이 아닌 정신에 있으므로 육신을 잃어도 정신은 영생할 수 있다. 하지만 스스로 만들어 놓은 가치기준에 의하여 참된 삶 그리고 육신이 아닌 영생의 삶을 기대할 수가 없는 것이다.

물질이 우선하는 사회, 물질이 중심이 되는 인간의 가치기준이 모두가 육신의 생명을 갖고 태어나면서 형성된 것이다. 삶이란 육체적, 실체적존재와 사실에 의하여 인지되고 사고된다. 즉, 비교급의 실체기준에 의존하여 사고하는 존재인 것이다. 하지만 이 우주의 시공간은 아무도 알 수도 이해할 수도 없다. 그러므로서 실체하는 것 밖에는 인지하지 못하여 100년도 영위할 수 없는 육신의 생명에 집착하게 되는 것이다.

무술은 육신의 생명과 비교할 때 어떤 존재인가? 해답부터 말한다면 무술은 육신의 생명과 같은 존재라고 할 수 있다. 즉, 실체하지 않으면 존재할 수 없는 것으로 존재와 같은 것이다. 따라서, 무술은 불멸한 생명을 추구하거나 원할 수 없으며, 다만 육신의 생명이 있는 동안 평온한 삶을 위할 뿐인 것이다.

따라서, 무술은 생명과 삶이라는 평범한 생존의식, 행복의식과 같은 무한 의식이지 불멸한 생명을 위한 것은 아닌 것이다.

8 무술의 이상

이상이란 무엇인가? 이상이란 인간의 삶 중에 가장 본질적인 의문중 하나이다.

이상이란 자신의 가치관 또는 실현하고 싶은 삶. 즉, 보통의 경우 행복한 삶을 예로 할 수 있다. 하지만 보편적인 사고를 뛰어 넘어 아주 또는 특별한 삶을 목표로 한다고 할 수 있다.

그렇다면 무술본질에 있어서의 이상은 무엇일까 해답은 있을 수 없다. 다만, 무술을 바라보는 사람에 따라서 이상적 사고관념이 다를 수 있어 본래의 것이란 정의할 수 없다는 것이다. 그러나, 필자가 바라보는 무술의 이상은 모든 힘으로부터 모든 능력으로부터 우위를 의미하는 것이라고 생각한다. 즉, 비교급의 대상에서 견줄 수 없는 존재 이것이 무술의 이상이 아닐까 생각해 본다.

물론, 딱딱한 의미로 재미없는 표현이 될 수도 있다는 점에서는 공감한다. 하지만 무술은 싸우는 기술로서 이상의 모든 것을 초월한 단계에 이른 의미로 생각할 수 있다.

9 의식의 자유

인간은 독립된 인격이다. 하지만 신이 아닌 인간인 이상 인간의 삶에서 벗어나 완전한 자유인이 되기란 어렵다.

인간은 자신이 속해있는 사회조직에서 벗어나 완전한 의식의 자유를 갖는다는 의미는 곧 속해있는 사회와의 단절을 의미한다. 따라서 사회와 조직에서의 연속성은 자신이 사회일원임을 유지할 수밖에 없으며, 언제나 바라고 원하는 일이지만 완전한 의식의 자유를 가질 수 없다.

인간은 의식에서 자유로울 때 모든 것을 초월할 수 있는 존재가 된다. 현실적으로 인간이 의식에서 자유로울 수 없는 것은 사회일원 즉, 가족구조, 직장구조등과 정치, 종교, 사회, 윤리, 도덕, 법률을 포함한 의식을 제한받고 있는 구조속에 속해 있음으로서 의식의 자유를 가질 수 없는 것이다. 그리고 이 모두가 누구에게나 예외 없이 벗어날 수 없는 의식의 자유를 제어하고 있는 현실이 되고 있다.

무술은 자신을 가장 효과적으로 신체적 또는 정신적으로 강하게 할 수 있는 수단일 수 있다. 따라서, 자신을 자유롭게 하지 못하도록 둘러싸고 있는 심리적 억압과 불안, 공포 그리고 신체적, 물리적 한계에서 오는 무기력함과 같은 의식으로부터 벗어나 자유로움을 얻을 수 있다. 이처럼 "무술은 의식의 자유를 얻고자 하는 수련이다"라고도 말할 수 있다.

10 무의식(無意識)의 자유

이 세상에서 가장 빠른 것이 있다면 무엇일까? 비행기나 총알 아니면 미사일 인간이 가장 빠르게 할 수 있는 것들이 이것들일 것이다. 그러나 한마디로 신이 만든 것과 비교가 되질 않는다. 다시 말해 신이 만든 창조물중 소리나 빛이 인간이 만든것과 비교할 수 있는 예가 아닐까 물론 인간이 신이 창조한 빛과 소리를 응용하여 통신이나 레이져빔과 같은 음파나 빛도 존재하기는 하지만 말이다.

그러나 뭐니뭐니 해도 마음이라고도 하는 인간의 사고 판단과 같은 생각이 아닐까? 아무리 인간이 신이 만든 소리나 빛을 일부 조정할 수 있다고 한들 마음보다 빠를 수 있을까? 결코 마음보다 빠를 수가 없다. 이같은 마음은 상대를 대적하고 있는 상황에서 체력이나 기술보다도 절대적으로 중요하게 작용한다. 인간의 마음은 불안, 초조, 공포와 같은 마음과 분노, 경멸과 같은 마음, 기쁨, 환희, 즐거움과 같은 다양한 마음이 순간 찰나에 교차하며 장애를 일으켜 이성적으로 냉철한 사고와 판단을 신속히 내리지 못한다. 이같은 결과는 적을 대적해야하는 상황에서 매우 불리하게 작용할 수 있으며 상대보다도 모든 조건이 우월한 상황에서도 패하는 결정적인 요인이 된다. 따라서 이같은 마음으로부터 자유로울 때 본래의 능력을 발휘하여 싸움에서 이길 수 있는 것이다.

무인세계에서 전해 내려오는 말 중에 이런 말이 있다. "칼에 마음을 두면 칼에 마음을 빼앗긴다." "손뼉 소리에 마음을 두면 역시 손뼉 소리에 마음을 빼앗긴다." "내가 치는 칼에 마음을 두면 나의 칼에 마음을 빼았긴다." 이것은 모두 마음이 머무는 일이다. 이 말은 일본 에도시대 초기의 선승(禪僧)인 타쿠앙(澤庵, 1573-1645)이 '무명주지번뇌(無明主地煩惱)라고 말하는 데에서 비롯됐다는 설도 있다. 무의 마음가짐을 미혹 가운데에 머물러 있는 어두운 경지라는 의미인데 아쿠앙은 이것을 마음의 움직임이 눈앞의 것에 사로잡히는 상태라고 한 것이다. 무술 수련을 통해 끊임없이 심신을 단련하게 되면 '무심'의 경지, 즉 타쿠앙이 말하는 '부동지'(不動智) 그런 '무심'의 경지를 의미하는 것이다. 팽이가 끊임없이 도는데도 그 중심축은 조용하게 부동의 상태를 보전하고 있듯이, 신체의 자유 자재한 움직임의 중심에는 부동의 한 점이 있다. 이것이 그가 말하는 부동지이다.

무인으로서의 고수들은 '제불부동지'(諸佛不動智)의 경지에 있다고 한다. 경지란 앞으로도, 뒤로도, 좌로도, 우로도, 사방팔방으로 움직이고 싶은대로 마음이 움직이면서, 어디에도 머물지 않는 무한자유 자재의 상태를 의미하는 것으로, 여기에서는 마음의 움직임이 어디에도 정체(停滯)되지 않고 끊임없이 자유롭게 유동하고 그 움직임의 중심에는 '부동지'(不動智)가 있다는 것이다. 즉, 중심이 부동이면서 외물(外物)에 사로잡혀 있지 않으니까 반대로 어디에도 머무는 일이 없이 자유롭게 움직일 수가 있다는 뜻이다.

이같은 상태를 타쿠앙은 또다시 정심(正心)·본심(本心)·무심(無心) 등으로 부른다. 이에 비하여 풋내기의 '무명주지번뇌'(無明主地煩惱)의 상태는 편심(偏心)·망심(妄心)·유심(有心) 등으로 부른다. 그것은 하나의 극단에 고정되어 무엇인가를 골똘히 생각하는 나머지 마음이 굳어져 버린 상태를 의미하는 말이다. 다시 말해 무술 수련에 있어서 사물이나 관념에 사로잡혀 고정되어 버리는 마음의 버릇을 벗어나서 아무 것에도 사로잡히지 않고 자유자재상태에 이르는 수련이 그 무엇보다도 중요하다고 강조되는 이유인 것이다.

마음을 비울 때만이 공포가 사라지고 곧 무의식의 자유를 얻어 원하는 상태가 될 수 있으며, 위와 같은 방법으로 누구든지 무술을 수련 연마한다면 무의식(無意識)의 자유를 얻을 수 있는 경지에 이르게 되면 반사적으로 손 팔과 다리, 그리고 몸이 다 알아서 저절로 반사적으로 움직이게 할 수 있다고 필자는 생각한다. 물론 무술에 담겨있는 기술들이 체현되는 것을 말한다.

다시 말해 무의식의 자유란 그 어떠한 불안공포로부터도 영향을 받지 않을 수 있는 상태를 의미한다. 이런점에서 볼때 고수들의 경지란 싸움에서 이길 수 있는 뛰어난 정신력과 그리고 이를 뒷받침 할 수 있는 풍부한 경험등이 이를 가능케 하는 것이라고 생각한다. 따라서 누구든지 무술의 고수나 달인이 되려면 무의식의 자유를 얻을 수 있을때까지 끊임없이 수련, 정진, 연마에 힘을 쏟아야 할 것으로 믿는다.

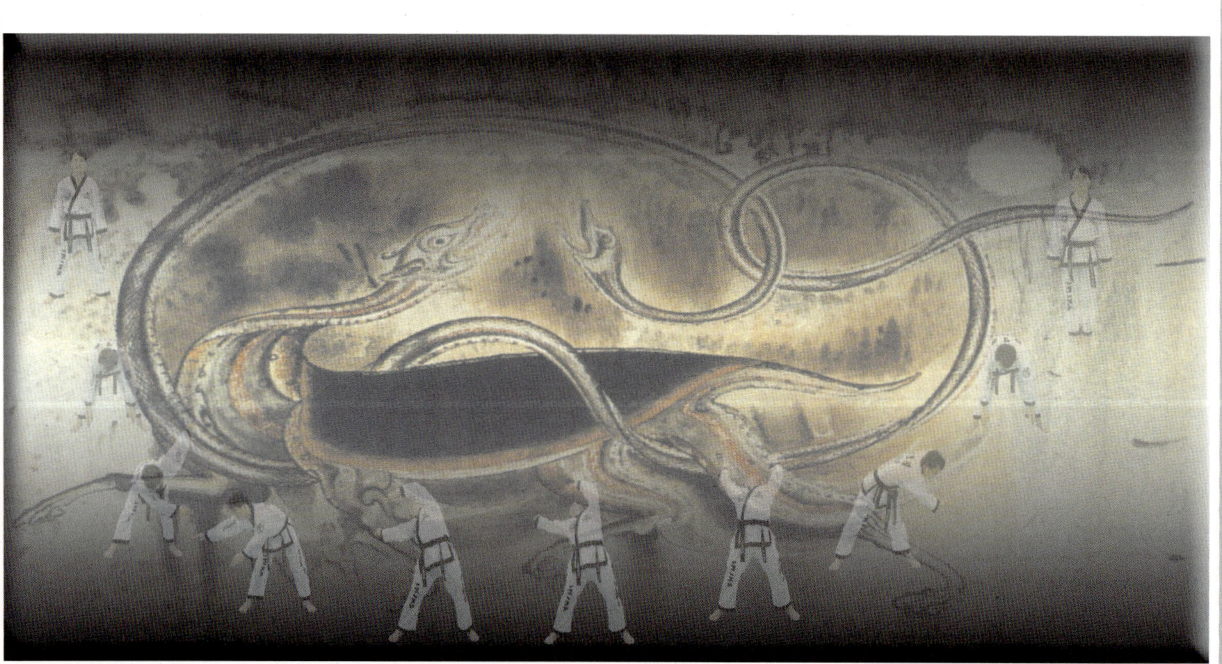

11 잠재적 의식 유형

무술을 수련하는 데에는 수련하는 수련생이 어떤 의식의 유형에 있는가 하는 것이다. 대표적인 유형을 보면 비관적인 사람, 낙관적인 사람, 운명적인 사고의 사람들로 그 유형을 구분할 수 있다. 비관적인 사람은 매사 어렵다. 힘들다라고 생각하고 행동하며, 낙관적인 사람은 할 수 있다. 하면된다라고 행동한다. 그리고 운명적인 사고의 유형은 자신이 할 수도 또 할 수 없는 것 이상의 것으로 삶을 스스로 통제할 수 없는 것으로 받아들이고 행동한다.

물론 무술을 하는 무인이 되기 위해서는 낙관적 사고의 사람이 되어야 하는 것은 당연시된다. 중요한 것은 의식의 유형에 따라 수련정도의 속도가 다르다는 것이며, 이로 인해 재촉할 이유도 없다는 사실이다.

더욱 중요한 것은 무술이 의식의 유형을 바꿀 수 있는가 하는 점이다.

무술은 당연히 모든 부정적 의식의 유형을 긍정적 의식으로 전환이 가능하다는 것이다. 다만 이를 위해서는 스스로 어떤 동기가 부여되어야 한다는 점이다.

12 무술의 진리 부처와 같다.

부처의 가르침은 신의 존재함을 부인하며 생의 이치는 자연의 섬리요 진리인 것으로 가르치고 있다.

시작은 곧 끝이고, 끝은 또한 시작이다라고 말하고, 죽음은 다시 환생을 의미하고 생은 다시 죽음을 의미하는 것으로 시작과 끝이 새롭거나 한 것이 아니다라고 가르친다.

고승중에 한 스님는 산은 산이고, 물은 물이로다라는 말을 입적하기 전에 남기신적이 있다. 인간은 있는 그대로를 볼 수 있으면서도 어리석어서 그 본질을 깨달지 못하고 있음을 속세인들에게 남기고 갔다. 인간 또한 인간으로서의 본질과 삶이 있으며, 인간이 신과 같은 존재나 육신이 영생을 갈망하는 것이 얼마나 허망하고 무지한지를 가르치고 있다. 이러한 점이 무술과 일맥 상통한다고 할 수 있다.

무술을 바르게 이해하고 수련하기 위해서는 무술을 있는 그대로의 본질 즉, 싸움기술로 보고 의식과 행동을 자연스럽게 배우고 익히는 것이다.

부처의 진리나 무술의 진리는 오직 자신안의 노력 즉, 자기의식과 통제 자기극복 등을 통해 얻을 수 있음을 말한다. 하지만 필자의 말과는 달리 무술은 쓰는 이에 따라 달라져 우려하는 사람도 많다. 그러나 옛 속담에 "구더기 무서워 장 못 담근다" 라는 말이 떠오른다. 무술의 본질은 장과 같다고 필자는 말하고 싶다. 다시말해 남을 해치지 않으려면 스스로 강해져야만 한다는 것이 필자의 생각이며, 필자 또한 그동안 이런 생각을 갖고 무술을 연마하며 수련정진해 왔다.

13 무술은 두려운 존재인가

무술은 과연 두려운 존재인가 물론 싸우는 상대는 매우 두려운 존재가 된다. 무술은 모든 것에 앞서 있다. 그리고 사용될 때에는 이를 극복해 저항할 수 있는 수단이 없다. 그리고 이러한 사실들은 역사적으로도 알 수 있다.

세상이 아무리 변화해도 그 사회의 3대력이라는 것이 있다. 권력, 금력, 무력이 그것이다. 지금껏 역사적 큰 흐름의 굴절에서는 무력이 그 중심에 있었다. 권력도 금력도 초월할 수 있는 것이 무력인 것이다. 이 무력은 기술적으로 발달하여 군사적, 전술적 개념으로도 발달했지만, 가장 큰 핵심은 무력을 갖는 병사들의 무술능력이 기초가 되었다고 할 수 있다.

무술은 단순히 기술만이 아닌 그 사회의 근간이 되는 단일성, 화합성, 동질성으로 표현되는 구심점이 되기도 한다. 이러한 무술이기에 역사적으로 또는 국가간에서도 무술이 그 사회를 지배하는 정신기초가 되는 것을 두려운 나머지 지배지에 대한 무술이 더 이상 보급되는 것을 막기 위해 법으로서 전수를 막고 생활문화를 박탈해 민족정기를 막으려는 노력을 하게 되었던 것이다.

고려사에서 보면 수박이나 물건을 내기하는 자는 곤장이 각각 100대였다는 글이 나온다. 이것은 정치적 안정기에 접어들어선 고려왕실이 정치적 위협을 사전에 제거하고자 하는 의도가 다분히 숨어 있다고 할 수 있으며, 일본의 조선식민통치때 무술을 하지 못하도록 조선인들을 통제했고, 일본이 2차세계대전에서 패망한 후 미군정시절 미군이 일본인들의 무술 수련 및 전수를 일체 제한한다는 미군정 포고령을 내린 적도 있다. 그리고 5.16혁명이후 1961년 정부는 대통령 포고령을 선포하면서 무술단체 재등록을 받으면서 1964년 대한태수도협회 오늘날 대한태권도협회만을 등록을 받아 주었다. 그리고 다른 단체들에 대하여는 군사정권이 들어온 후 국가가 주도하는 무술이외의 것은 반금지하는 정책을 가졌다. 예를 들어 가벼운 싸움에서도 형사처벌시 무술단증을 갖고 있었던 사람을 가중처벌 했던 내용들이 그것이다.

이처럼 무술이라는 것은 그 자체만으로도 커다란 힘이었으며, 추종하지 않는 다른 세력들의 무술 수련은 큰 위협이 되었던 것이다. 그러나 무술은 그 본질이 반 정치성이나 종교성과는 아무런 관계가 없기 때문에 두려운 존재는 아닌 것이다.

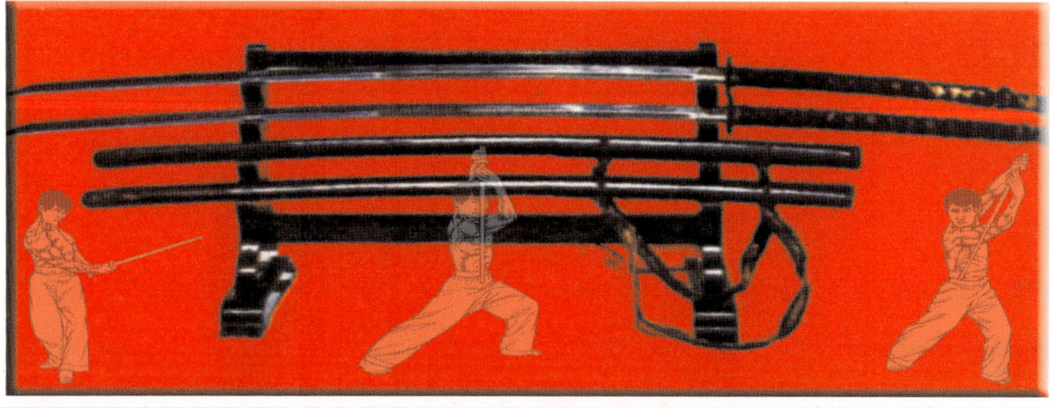

14 무인과 무도인의 차이

무인은 무술의 본질을 따라 요구되는 의식과 행동으로 자신이 지켜야 할 그 무엇인가를 보호하는 사람이라고 한다면 무도인은 무인으로서 지켜야 할 도리 즉 실체적 사실보다는 이상적 사실에 접근하는 사람이라고 할 수 있다.

무도인은 무술수련이라는 동적인 수단이 아닌 정적인 수단에 의할 수 있는 것이라는 점에서 무술인과는 서로 다른 것이라고 할 수 있다. 무술인이 될 것인가, 무도인이 될 것인가 하는 것은 수련자의 의식에 있다고 할 수 있다.

무술은 시간이 감에 따라 계속해서 변화를 이루는 동적인 존재이며, 무도는 시간이가도 변화되지 않는 정적인 존재로서 기술이나 깊이가 따로 있지는 않다. 무인에 따라서는, 음악과 시를 가까이 하고 퇴락적이거나 경솔하기만 한 오락을 추구하지 않고 도덕적 청련을 생활화 하는데 노력한다. 특히, 음악과 시, 그림에 대한 조예와 미에 대한 감각등을 도야하고 기회보다는 지성을 요구하는 놀이들을 더 많이 한다. 이같은 생활의식에서 그들 스스로를 신선놀음으로 삶을 풍미하며 살아가려는 노력을 보인다. 그러나, 일본의 전통적인 무인들은 이와는 달리 도인임을 자처한다. 그러나 이것은 어디까지나 무술이라는 관점을 넘어서 종교적, 정치적으로 보려는 이상적인 바램일 뿐, 무술 그 자체는 아니라고 본다.

15 전통적인 무술철학

전통적인 무술철학을 보면, 무술의 본질과 전혀 무관하다고는 할 수 없지만, 개인에 기인한 것이라고 하기보다는 국가 융흥을 위한 기초를 이루고 있다고 생각한다. 즉, 애국심을 강조하고 왕권에 충성하는 것들로 일관되어 있다. 우리나라의 경우 전통적인 무술 정신을 보면 신라의 화랑도 정신을 꼽는다. 과연 이것을 무술철학으로 볼 수 있는가 하는 의문이 남는다. 어떤 문헌에서도 무술 본래의 철학을 기술해 놓은 글이 없다. 적어도 필자가 보아온 글에서는 그렇다. 과연 무술은 인중심으로 한 철학을 정립할 수 없는가 인은 무엇이고 생명은 무엇이고, 생존은 무엇인가, 삶은 무엇인가라는 관점에서 다룰 수 있는 것이 무술이 아닐까? 그 동안, 무술은 정치적 목적에 의하여 오랜 역사에 의하여 이용되어 오면서 무술철학적 개념이 인중심이 아닌 국가안보적 중심이 되어온 면이 많다. 그리고 일본의 전통적 사무라이 정신 즉, 무술철학적 의미는 죽을 수 있는 준비, 정치적, 지성적 리더쉽을 말한다. 하지만 필자는 무술은 참된 개인의 생을 위한 것이라고 말하고 싶다. 오늘날 개인보다는 사회 그리고 국가와 같은 집단이 우선하는 구조에서 개인의 인권이 무시되고 위협받는 현실에서 전통적인 무술이 변화해야 한다고 생각한다. 물론 지나친 개인주의도 경계해야만 하지만 무술의 본질은 스스로를 지킬 수 있는 힘일 뿐인 것이다.

16 무술예술

무술을 예술로 볼 수 있는가? 무술의 본질은 예술과는 다른 영역이며, 무술은 단지 싸움 기술일 뿐이다. 이러한 무술의 본질이 무술예술로 승화할 수 있을까?

무술을 신체적으로 보면 체육활동에 해당하며, 기술로 보면 예술의 일종으로 볼 수도 있다. 예술의 다양성으로 인해 오늘날 무술을 예술로 바라보는 견해도 폭넓게 혼용되는 것 같다.

무술예술은 무술의 본질과는 다른 영역이지만, 무술이 표현하는 기술은, 인간의 정신세계를 행동으로 무한하게 표현하는 예술 행위의 예술과 크게 다르지 않을 수 있다.

예술적 관점에서 무술은 무엇인가. 갈망하는 목적에 대해서 의식을 표현하고 표현되는 의식을 통해 정신을 통일시켜 생과 사, 싸움의 본질, 보통의 경우 드러낼 수 없는 인간의 본래 본성등을 간접으로 표현 함으로서 무술로서의 본질을 알아갈 수 있는 것이 될 수 있다.

예술은 고뇌, 고통, 환희, 찬미와 같은 인간의 극한 유무형적 본질을 얻게하고 또 느끼게 하는 등의 체험을 제공한다. 물론 동일한 예술이나 표현에도 실현한 사람이나 또는 보는 사람에 따라 전혀 다른 느낌으로 전달되는 것이 특징이다. 하지만 예술은 정해진 원리나 원칙 형식등에 구애받지 않는 것이다. 따라서, 더 많은 다양성에 대한 관념과 사고를 불어 넣어주고 전혀 새로운 신 개념이 창조되게 하는 힘이 되기도 한다. 예술이란 최상이나 최고와 같은 것과는 다른 것이다.

예술이란 의미하는 것이며, 받아들이는 사람에 따라 자유롭게 상상력을 불어 넣어 줄 수 있는 예술이 가장 훌륭한 예술이다라고 할 수 있다. 따라서, 무술예술은 그 어떤 예술보다도 무술이 예술로서도 표현이 가능하다고 생각한다. 그러나 모순되는 말인지는 모르겠으나 예술로서의 무술이 무술은 될 수 없는 것이다라고 생각한다.

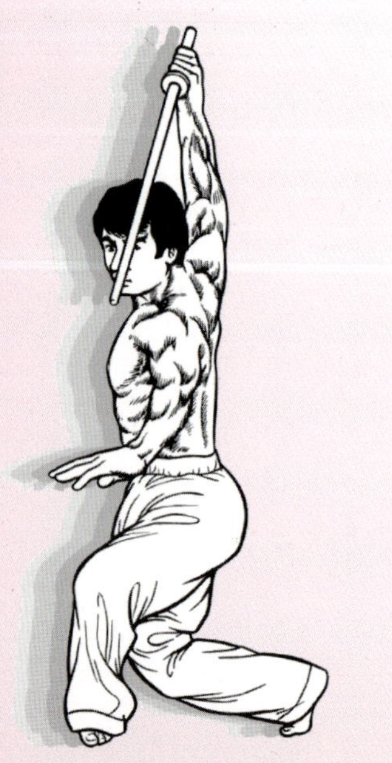

17 무술 달인

무술 달인이란? 누구로부터 더 배울 것이 없는 상태에서 스스로 익혀 갈 수 있는 경지에 도다른 사람을 달인이라고 한다.

무술에 있어 달인은 생존 능력이라고 말할 수도 있다. 생존은 이상이 아닌 현실이 된다. 따라서 타고난 신체능력과 무술연마 즉, 수련을 통한 기술능력을 보유했다고 하더라고 무술의 달인이 되기 위해서는 생존방식에 상관없이 살아남는 것 즉, 싸워서 이기는 것이다. 중요한 것은 싸운다라는 것은, 사람의 육체와 정신적 인격을 파괴하는 무력을 사용하는 것이다. 그러나, 일반적으로 사람에게 이 같은 무력을 사용할 때에는 두 가지 이상의 심리적 이중구속을 경험하게 된다. 예를 들어 검으로 벤다라고 할 때 과연 베어질까 하는 식이다. 죽인다라고 할 때 죽여야 하는 것인가 하는 것들이 그것이다. 결과에 대한 불확실성으로 인한 갈등요인이 이를 방해하는 것이다. 따라서 이 같은 심리적 갈등으로부터 완전하게 벗어날 때 비로소 무심으로부터 의식과 동시에 행동으로 옮길 수 있는 것이 된다. 이 같은 무심의 상태가 되었을 때 비로소 싸움에서 이길 수 있으며 아울러 무술의 달인이 될 수 있는 것이다. 무술의 달인은 무심에 있음을 알고 수련에 정진한다면 반드시 뜻이 있는 무인이라면 최고의 무술달인이 될 수 있을 것이다.

18 힘의 생성

무술에 있어서 힘은 매우 중요한 요소로 작용한다. 특히, 상대와 대적할 때 상대보다 자신의 힘이 절대적으로 강하다고 할 때에는 유리하게 작용한다. 그러나 자신의 힘을 100%로 사용할 수 있는 사람은 그리 많지가 않다. 이같은 이유로 힘은 상대보다 강하지만 실전 대적시 어이없이 지는 경우가 많다.

힘이란, 가지고 있는 근력의 양이라고 할 수 있다. 그러나 힘을 작용하게 하는 원리를 잘 이해하지 못하게 되면 전혀 힘을 발휘하지 못하는 사람들도 있다. 예를 들어 신체의 균형이 일정하지 않은 상태에서는 특정한 곳에 힘을 집중할 수가 없다. 따라서 힘을 집중하려면 안정된 자세를 유지해야만 한다. 그래야 100%라는 힘을 사용할 수가 있다.

그리고 100%라는 힘도 밀어내는 힘과 당기는 힘이 다르다. 그러면 당기는 것과 밀어내는 것 중 어느 쪽이 힘을 더 쓸 수 있을까? 답변부터 말한다면 당기는 힘이 더 강하다고 할 수 있다. 따라서 밀치는 수 보다는 잡아당기는 수가 더 유리하다고 할 수 있다.

과거부터 인간은 직립보행을 할 수 있는 상태로 진화하면서 손으로 물건을 자유롭게 잡을 수 있도록 발전히였고 손과 필은 무잇인가를 당기는 목석으로 진화가 되었다고 볼 수 있다. 이 때문에 밀어내는 힘보다 당기는 힘이 강하게 되었다고 할 수 있다.

이러한 특징은 싸우는 기술이 전혀 없는 일반 사람들의 싸움을 보면 서로 끌어 안으려는 것을 자주 목격할 수 있다.

무술에서도 이같은 장점을 살려 관절기 계통 무술과 유술계통 무술에서 체계화하여 사용하고 있다. 그러나 당기는 기술은 사람의 몸의 기능중 반 밖에 사용하지 못하는 것이며 반쪽 무술이라고 할 수 있다. 왜냐하면 밀어내는 힘과 적절하게 혼용하지 못한다면 당기는 기술이라고 해도 사용할 수 없다. 그리고 밀어내는 힘이 당기는 힘보다는 약하지만 당기는 힘보다 수배 강한 힘을 발휘할 수 있다. 즉, 힘의 생성원리를 이용하는 것이다. 손이나, 팔 그리고 다리는 골격 즉, 관절로 이루어져 있으며 이러한 관절은 이격도의 수축이 가능하며, 이격도에 따른 스피드를 통해 힘을 배가 시킬 수 있다. 또한 정권지르기와 같은 치기시에 허리를 돌려 이격 각도를 높이고 몸통에 실려 있는 힘을 작용시키게 되면 당기는 힘보다 수배의 힘을 발휘할 수가 있다.

물론 모든 기술이 중요하다. 그러나 힘을 배가 시키는 힘의 생성기술을 익히지 못한다면 고수가 될 수 없다. 무술을 익히는 가장 큰 이유는 싸워서 이기는 기술을 터득하기 위한 것이다. 그런데, 자신보다 힘이 약한 상대에게만 이길 수 있는 무술을 익혔다면 이는 무술을 익힌 것이라고 할 수가 없다. 무술을 배우다, 익히다, 수련하다 하는 목적은 자신보다 상대가 강한 힘을 갖고 있는 상황에서 이길 수 있는 힘을 발휘하게 하는 것이다. 따라서 훌륭한 무술에는 미는 수와 당기는 수가 적절히 혼용되어 있어야 하며, 사람의 신체 기능을 모두 사용할 수 있게 하여 힘의 생성을 이룰 수 있는 기술이 접목되어 있어야 한다. 따라서 힘의 생성원리는 신체 구조의 특성과 잘 맞아야 한다.

다시 말해, 힘을 발휘하게 하는 데에는 골격과 관절 그리고 근육등이 직접적인 원인이라고 할 수 있으며 간접적으로는 반사신경과 지신경등이 포함될 수 있다. 그리고 외부로는 머리, 몸통, 팔다리의 체형과 운동의 형식에 따라서 변화될 수 있다고 할 수가 있다. 이같은 범위가 일체감 있게 자세를 취할 경우 최상의 힘이 발휘된다고 할 수 있다.

그 중에서도 허리와 고관절 그리고 어깨관절이 크게 작용한다고 할 수 있다. 이유로는 힘의 이동과 변화를 주는데 크게 작용하기 때문이다. 우선 골반의 고관절은 인체에서 균형을 잡는 역할을 한다.

태극권의 추수에서는 청경과 화경을 연습한다고 하지만 이같은 연습은 결국 상대와 자신과의 균형을 느끼게 해주는 것이다. 태극권의 청경은 손바닥에 있는 새가 날아가지 못하게 할 정도로 신비한 기술이라고 하지만 이것 또한 '미세한 힘의 이동감각'을 체득하는 것이다. 상대가 자신을 민다면 그 느낌은 최종적으로 골반에서 힘의 방향으로 느끼게 된다. 상대와 몸이 접촉되어 있을 때 상대의 힘과 공격이 어디로 흐를지 예측하는 것은 골반이 신체중심에 위치하고 있어서 상대방의 힘의 이동방향을 정확히 느낄 수 있는 것이다.

다음은 어깨관절의 이완이다. 중국 무술에서 어깨는 우리가 흔히 아는 몸통과 팔이 연결되는 부분만이 아니다. 한자로는 '방(肪)'이라고 하는데 이 '방(肪)'은 어깨와 등뒤 견갑골 부위를 포함하여 지칭하는 의미이다.

상대와 대적시 신체가 거의 닿을 정도로 밀착된 상태에 놓이게 될 때에는 팔을 길게 뻗어 칠 수가 없다. 그리고 상대가 상대적으로 자신의 팔 길이보다 원거리에 있는 경우 상대의 신체목표를 자유롭게 공격할 수가 없다. 따라서 짧은 거리나 긴 거리를 상쇄할 수 있는 타법이 자연스럽게 개발되는데 이것이 바로 발경타법의 한유형으로 설명할 수 있다. 발경에 대한 정의는 다양하지만 짧은 거리에서 상대와 몸이 붙어있을 때를 가정하여 개발된 타법이다. 상대에게 타격을 할 만한 충분한 거리가 없지만 어깨와 허리의 이격을 통해 힘있는 타격을 내는 것이다. 앞서 설명한바와 같이 힘을 생성하는 기술들이 있기는 하지만 이 또한 본래의 힘이 부족하다면 한계가 있을 수 있다. 따라서 신체 근력을 강화시킬 수 있는 훈련이 필요로 한다.

사람의 신체는 골격과 근육, 인대로 이루어져 있으며, 이러한 골격은 근육과 인대를 통해 움직이고 있기 때문에 물리적인 법칙에 의해 지배를 받고 있다고 할 수 있다. 따라서 근육과 인대가 강하지 않으면 아무리 무술고수라고 해도 최상의 힘을 낼 수 없다. 문제는 신체 부위 별로 전문적인 훈련을 해야 한다는 점이다. 그 옛날부터 중국무술가들은 '소성에는 3년이 필요하다' 는 말들을 하였다. 이것은 즉, 기초체력을 의미하는 것이라고 할 수 있다. 다시말해 소성의 기간 3년은 위와 같이 필요한 체력 조건을 만드는데 필요한 시간들인 것이다. 힘을 배가시킬 수 있는 또 하나는 상하·좌우·대각의 각도에서 찾을 수 있다. 힘은 위에서 아래로 향할 때 더욱 붙는다. 이같은 이유는 눈에 보이지는 않지만 중력에 의하여 발생한다. 물론 무중력의 상태라면 아무런 차이가 없을 것이다. 다시 말해 힘을 가할 때에는 가능한 위에서 아래로 가하는 것이 좋다. 그리고 위로 힘을 가할 때에도 가능한 위에서 아래로 힘을 붙여 위로 힘을 가하는 것이 좋다. 공격기술에 있어서 직선 공격만이 요구되는 것은 아니며, 대적하는 상대의 신체의 목표 높이, 각도에 따라 위에서 아래로 또는 아래에서 위로 곡선 공격이 요구되기도 한다. 즉 직선과 곡선 공격에서 힘을 배가시켜 공격하는 기술들이 요구된다고 할 수 있다. 이 원리를 기초로 기술을 체계화하거나, 기술을 습득하게 되면 동일조건에서 대적하는 상대보다 매우 유리한 조건이 된다.

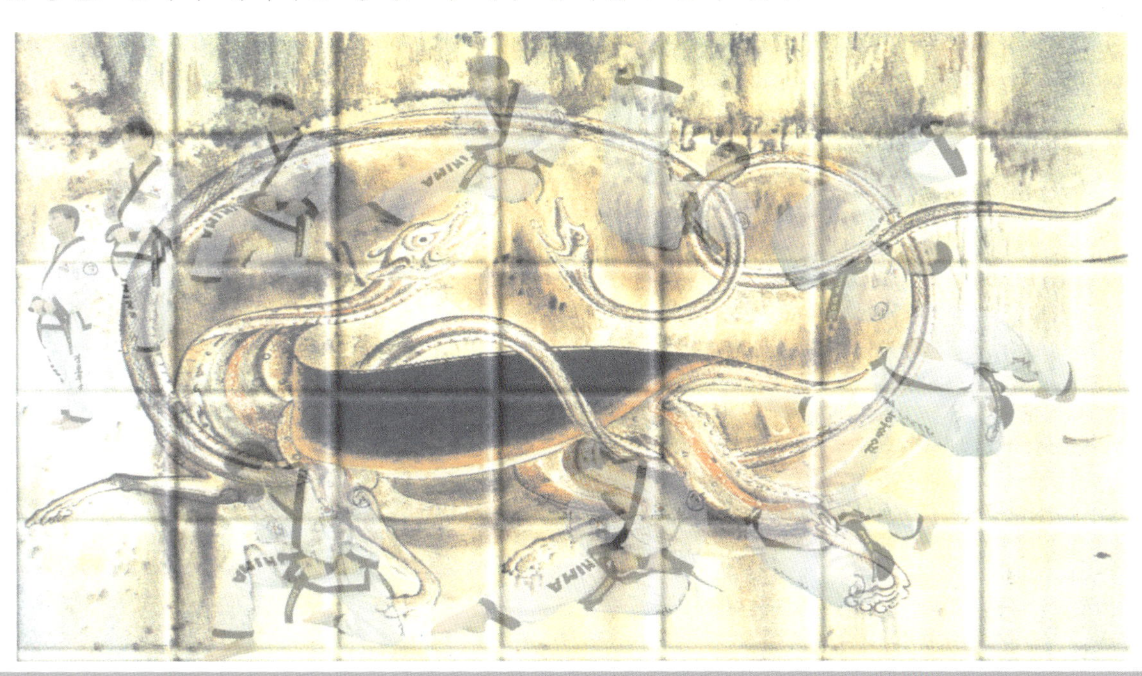

전세계 많은 전통무술과 현대에 와서 창안 신생된 무술들은 모두가 싸움에서 이길 수 있는 전략과 전술을 갖고 있다고 할 수 있다. 이 때문에 수련기법이나 단련 방법등 기초수련 체계가 각기 다른 기초와 체계를 달리하고 있는 것이다.

동양무술하면 대표적으로 인도무술, 중국무술, 한국무술, 일본무술 등으로 볼 수 있는데 오래된 역사 만큼이나 무수히 많은 무술들이 유구한 역사와 함께 등장하고 사라져 없어지면서 언제나 변함없이 우리 생활속에 일부로 이어져 온 것이 사실이다. 중요한 것은 무술이 왜 우리생활 속에 등장하고 또 무술은 어떤 이에 의하여 만들어지고 무술이 하나의 무술로서만 존재하지 않고 왜 수많은 유형의 무술로서 존재하는가 하는 것이다.

이렇게 존재하는 무술은 일반인들에게는 매우 신비감에 싸여있다고 할 수 있다. 특히, 전설과 설화 속에서 도사나 영웅들의 모험을 기억하는 사람들은 그들의 훌륭한 활약을 가능케 한 무술에 대하여 실제 현실 속에서도 가능하리라는 희망을 갖는다. 무술을 수련하는 대부분의 사람들은 이 가능성에 대하여 더 깊이 신뢰하는 경향이 있다고도 할 수 있다. 그러나 이러한 믿음은 어떻게 형성되는 것일까? 믿음의 근원 즉, 그 실체가 무엇일까 하는 것에 필자는 궁금하지 않을 수 없었다. 그래서 필자는 태권도, 쿵후, 합기도, 검도, 택견, 당수도등 거의 대부분의 무술을 직접 배워 보았고 가능한 각기 종목의 대가들을 직접 만나 배우려고 최선을 다했으며 기술체계를 몸으로 익히는 체현에 최선을 다해 보았다.

그러나, 정신과 내 몸 안에서 원하는 그 무엇인가에는 충족할 수가 없었다. 그래서, 필자는 기(氣)에 대하여 제대로 알 수 없기 때문에 배울 수 없는 것이라고 생각하며, 이것이 나의 한계이구나 하는 생각을 하게 되었었다. 그래서 기술적 요소가 아닌 그 이상의 그 무엇인 기(氣)를 배우기 위해 여러 훌륭하신 무력선사(무도인)님들께 묻고 배우려 노력했다. 그러나, 나역시 배움의 깊이가 짧아서인지 아니면 노력을 게을리 해서인지 도통 이해할 수 없었다. 물론 기(氣)라는 실체가 무엇인지 이해할 수 있게 되었고 기(氣)가 또 어떤 느낌이며 어떻게 심신에 영향을 주는지도 조금은 이해할 수 있는 수준이 되었다고 할 수 있다. 그러나 이 같은 기(氣)도 진정으로 내가 원하는 무술을 이해하는 데에는 답이 될 수 없었다.

이 후 필자는 우연한 기회에 경호를 하게 되었다. 경호라고 하는 직무의 특성상 무술은 반드시 필요한 것으로 인식하면서 현존하는 무술들을 직접 경호환경에 적용해 보았으나 결론부터 말한다면 경호환경에 적합한 무술은 없었다. 그래서 필자는 경호 환경에서 적용할 수 있는 기술을 연구하는 계기가 되었으며 이후 경호무술이라는 기술체계로 발전시키는 동기가 되었다. 이 과정에서 필자는 우리가 얘기하는 신비 무술이라는 것이 이것일 수가 있겠구나 하는 새로운 발견을 하게 되었다. 즉, 전략과 전술이라는 개념이 그것이었다.

군 전투나 스포츠 경기에서 쓰는 작전개념이라는 사실을 알게 되었다. 싸워서 이기려면 작전 개념에 맞는 전력을 보강해야하며 전략전술에 맞는 프로그램화된 훈련체계와 이에 따르는 훈련이 요구되는 것처럼 무술에 있어서도 싸우는 전략과 전술적 개념에서 형식과 상황에 따라 기술체계가 정립된다는 사실을 알게 된 것이다.

무술은 싸우는 기술이며 분명 이기는 기술이 최고의 무술이라고 할 수 있다. 무술을 배우는 사람이나 어떤 높은 경지에 이르러 있는 무인의 실력을 비교할 때 각기 수련정도에 따라서 실력의 차이가 나는 것이라고 말하는 분들도 있지만 필자의 생각은 다르다. 물론 수련정도 또는 훈련의 강도에 따라서도 물론 차이는 있다. 하지만 동일한 신체 조건과 체력 그리고 훈련 기간등을 고려하여 모든 조건이 같다고 전제했을때 이론적으로는 반드시 동일한 결과로 나타나야만 한다. 그러나 모든 조건하에서도 개인차는 난다. 그 이유는 무엇일까? 필자는 그 이유를 이렇게 확신한다.

이기고 지는 결과는 바로 개인의 의식반사에 따른 물리적 반사라고 생각한다. 이기고 지는 차이를 더이상 이와 다르게 설명할 수 없다는 결론이다. 동일한 조건과 기술을 갖고도 이길 수 있는 것은 전략전술인 것이다. 이것은 필자가 얻은 무술의 비법이며, 무술의 생명을 불어 넣어주는 것이라고 말하고 싶다. 물론 모든 분들이 동의한다고는 할 수는 없다. 어디까지나 필자의 의견일 뿐이라는 점을 독자 분들이 이해해 주시길 바랄뿐이다.

다시 말을 이어가자면 이같은 이유로 필자는 하나의 무술이 태어날 수 있다는 가능성에 대하여 확신하게 되었으며 경호환경에 적합한 기술체계를 전략 전술적 개념에서 기술을 창안하고 수련체계를 프로그램화하여 정립하는 작업을 하게 된 것이다. 무술에는 전략전술 그리고 행위기술을 포함하여 정신적 이념과 같은 사상을 불어 넣어주는 작업이 동시에 요구된다. 이러한 요소가 일부분이라도 배제되면 하나의 무술로서의 인격을 완성할 수 없다. 즉, 생명을 불어 넣어주어야 한다는 사실이다. 인간은 두 가지 유형의 사고가 존재해 있다. 하나는 이성적 사고와 또 하나는 감성적 사고가 그것이다. 이 두가지 유형의 사고는 의식을 행동으로 변화시키는데 절대적으로 중요한 역할을 하게 된다. 이 두가지 유형이 일치되는 경우에는 행동의 변화가 매우 빠르지만 두가지 유형이 일치되지 않을 경우에는 의식의 장애로 인하여 행동의 변화에 크게 지장을 받아 아무것도 할 수 없게 된다.

특히 장애를 주는 유형이 어느것이라고 할 수는 없는 것이 또 하나의 특징이라고 설명할 수 있다. 우선 감성적 유형을 먼저 설명한다면 상황에 따라 반응한다는 사실이다. 예를 들어 불안공포감이 없이 즐겁고 행복하다고 느낄 때에는 의식에 따른 행동이 적극적으로 표현되지만 그 반대의 경우에서는 전혀 행동하려하지 않는다. 그러나 이성적 사고의 경우에서는 자신이 없는 경우에서는 행동을 소극적으로 표현하지만 위험이나 불안공포 상황에 직면하게 되면 오히려 생존하기 위하여 보다 적극적인 태도를 보인다. 물론 성격이 행동의 결과로 반드시 나타나게 되어 있다고 수학적 논리로 설명하려는 것은 아니다.

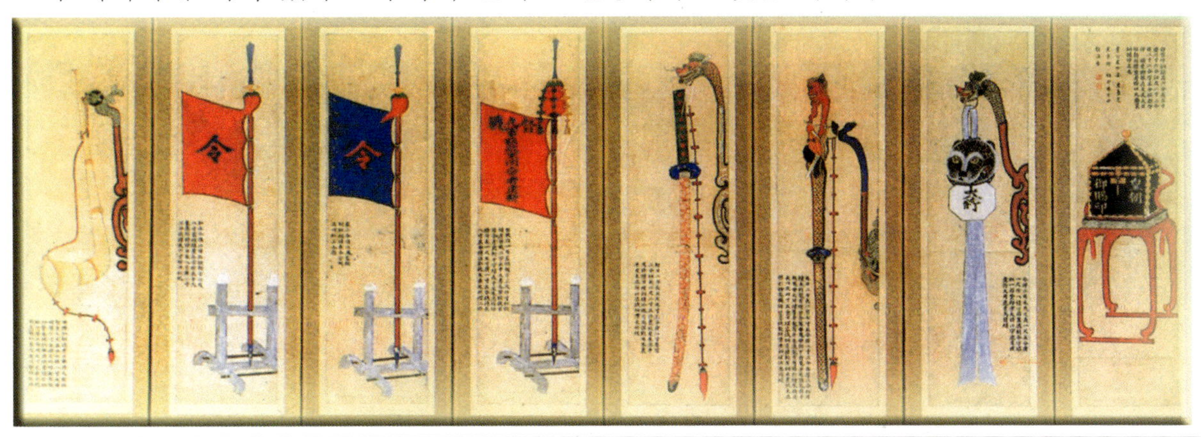

　　중요한점은 이 두가지 유형이 의식을 행동으로 변환시키는데 장애를 주는 것이 분명하기 때문에 이를 극복해야 한다는 사실이다. 그러면 이를 극복하기 위해서는 우선 무의식 상태에서 행동의 반사작용을 일으키게 할 수 있는 훈련이 전제되어야 하며, 상황에 절묘한 기술이 무의식 상태에서 구현(체현)될 수 있는 전략 전술적 기념에서 프로그램화된 기술이 나오게 하는 것이다. 무의식 상태가 중요한 점은 감성적인 사고이든 이성적인 사고이든 행동에 방해를 주기 때문이다. 특히 싸움에서 반드시 이기려면 지나친 흥분이나 불안공포와 같은 심적 상태에서 벗어나 무심(無心)의 상태를 유지하는 것이 매우 중요하다. 특히 프로그램화 하지 않았다고 한다면 무술이라고 하기 보다는 체위향상이나 레져스포츠적인 단순체육 또는 인성적 덕목을 목표로 하는 도(道) 즉, 인의(仁義), 덕행(德行) 수행이라고 말할 수 있다. 사실 오늘날 무술의 본질이 지나칠 정도로 도(道)에 집착하는 경향이 있어서 오늘날의 무술을 진짜 무술로 보아야 하는지 싶다. 최근에 무술을 지도하는 지도자들이 무술을 가르치면서도 "무술은 싸우는 기술이 아니다" 라고 가르친다. 필자로서는 참으로 이해할 수가 없다. 물론 지도자들이 이렇게 지도하는 깊은 뜻을 전혀 모르는 바는 아니지만 그래도 문제가 있다고 생각한다. 사실 무술본질 만으로도 매우 훌륭한 교육학적 가치가 있다. 무술이라는 글자가 내포하고 있는 참뜻을 풀이해 보면 武(군셀무)에 術(꾀술)자를 혼용하고 있다. 이 뜻은 심신을 강하게(투지, 인내하고, 단련하다라는 의미를 둘 수 있음)하고, 지혜롭고, 창의적인 사고(전략, 전술, 수단, 방법의 의미를 가짐)를 갖는다는 뜻으로 풀이할 수가 있다. 다시말해 무술은 신체적, 정신적, 기술적 요소의 다양한 가치를 내포하고 있다고 할 수 있다.

　　이처럼 무술은 무술 본질만으로도 도(道)적 개념 못지않은 심리적 가치도 갖고 있다고 할 수 있으며 호위호신적 가치 기준으로 볼 때에는 절대적 가치라고 할 수 있다. 최근에 동양 무술에 대한 여러가지 변화가 일고 있다. 특히 중국을 포함해 한국의 전통 무술들까지 말이다. 동양의 신비하면 전통무술이 가장 으뜸이라고 할 수 있다. 그 신비무술을 찾는 서양 사람들의 발길이 끊이질 않고 있는 가운데 동양 무술의 신비를 벗기기 위한 접근이 이루어지고 있다. 과거 중국무술이 기격에서 벗어나 기공, 양생, 술의 조류와 합쳐진 이래 태극권, 우슈, 공부, 권법등 다양한 중국전통무술에 대한 외국인의 환상은 점점 깊어져 갔다. 더욱이 영화배우 이소룡, 성룡, 이연걸과 같은 무술 액션 배우들의 등장과 영화인기에 힘입어 동양무술이 크게 홍보되어 서양인들에게 많은 관심을 불러 일으키게 되었다. 더욱이 영화에서 보여지는 공중부양법이나 축지법, 독심법, 장풍 등은 모든 사람들에게 무술을 익히면 보통 사람도 슈퍼맨과 같은 초능력자가 될 수 있다는 믿음을 갖게 하기에 충분했다.

　　그러나 현실사회에서 중국무술 수련자의 모습은 실망스럽기 그지없다. 모든 무인이 다 그렇다고는 할 수 없지만 자신이 수련하는 무술들을 어떻게 사용하는지 모르는 체 언젠가 완성된다는 막연한 기대감으로 수련을 하는 사람들이 대부분이라고 말할 수 있다. 이같은 현실은 서양인들이 납득하기 어려운 것일 수밖에 없다. 중국이나 우리나라 무술 수련자들의 성향은 서양인들이 갖는 실체적 능력과는 달리 무공을 연마해 언젠가는 모든 능력으로부터 초인적으로 능가할 수 있는 경지에 이를 수 있다는 식에 환상을 가지고 있는 경우가 많다고 할 수 있다.

이같은 이유로 무술을 싸움기술로 얘기 하려는 필자와의 대화에서 필자를 아주 가벼운 사람으로 취급하려는 사람도 만난 적이 있다. 물론 필자가 모르는 어떤 세계 또는 경지가 존재할 수도 있지만, 최소한 실체하지 않는 세계는 무술의 영역이 아닌가 하는 것이다.

무술은 현존하는 조건안에서 실체하는 능력의 세계라고 할 수 있다. 따라서 그 능력은 체력, 기술, 전략전술에 의한 반사 능력에 있다고 할 수 있으며, 이같은 능력을 배양할 수 있는 무술기술체계의 완성도의 수준에 따라 훌륭한 무술의 척도로 가늠할 수 있는 기준이 된다고 할 수 있다. 필자가 만든 이 경호무술은 이 점을 충분하게 경호 환경에서 적합할 수 있도록 전략 전술적 요소를 기술에 접목한 비법무술이라는 점을 소개하고 싶다.

다른 무술지도자에게 필자는 자주 다음과 같은 질문을 던지곤 한다. 지금 당신이 수련하고 있는 무술명이 갖고 있는 의미(정의)가 무엇이냐? 사상이 무엇이냐? 기술체계가 무엇이냐? 전략전술(연구기초)요소가 무엇이냐?라고 묻는다. 그러나 현재까지도 속 시원하게 답해주는 사람을 보지 못했다. 그리고 경호무술을 이길 수 있는 대표적인 기술이 무엇인가를 물으면 무술은 경기화되어 있는 것이 아니어서 보여주거나 시현할 수 없다고 말하며, 다만 실전에서는 그 어떤 무술도 능가할 수 있는 비수가 있는 것이 자신들의 무술이라고 설명한다. 즉 그 비수는 살생수를 의미하는 것으로 필자는 생각한다. 그러나 살생수는 배우지 않은 어린애도 우연하게 할 수 있는 것이다. 다만 필자가 말하고자하는 것은 살생할 수 있는 순간 즉 찰나의 기회를 얻기 위한 전략전술과 기술체계의 프로그램을 묻고자 하는 것이다. 이것이 없다면 비수라고 과연 말할 수 있겠는가 하는 것이다. 살생할 수 있는 순간 즉, 찰나의 기회를 얻기 위한 전략전술과 기술체계의 프로그램이 없다고 한다면 비수는 커녕 무술이라고 할 수도 없다고 생각한다.

무술마다 손이나 발, 무기등을 이용하여 몇 수십 동작을 이어 구현하도록 한 형들이 있다. 이 형을 가리켜 권법, 검법, 품세 등으로 불리운다. 필자는 바로 이것이 전략전술을 기초로 한 기술체계이며 비수, 비법이라고 불리우는 기술들이라고 생각한다. 그러나 일반적으로 필자의 말처럼 제대로 인식하고 있는 사람들은 그리 많아 보이지는 않는다.

비수, 비법은 어떤 무술이든 이와같은 형태로 실체하고 있다. 그러나 지도자나 수련생 스스로 무술의 올바른 이해가 없다보니 말과 보여주기 위한 표현으로는 불가하다고 얼버무리는 것이라고 생각한다. 다시말해 이런 식의 주장을 하는 무술일수록 전 근대적이다라고 생각한다.

그러나, 최근에는 필자에게 질문을 던져오는 사람들이 많다. 그 중에서도 대표적으로 이종격투기나 태권도대회에 나가서 이길 수 있는가 하는 것이다. 이 질문에 이길 수 있다 없다라는 형태의 답변을 분명하게 주지 못하고 있다. 그 이유는 경기 규칙이 있기 때문이다. 그러나 이종격투기든 태권도든 경기식이 아닌 싸움이라면 이긴다라는 답변을 분명하게 줄 수 있다. 아니면 경기식이라고 해도 살생할 수 있는 순간 즉, 찰나의 기회를 얻기 위한 전략전술과 기술체계의 프로그램을 시현할 수 있는 기준을 두고 한다면 말이다.

서두에서 말한바와 같이 경호무술은 경기화 하기 위해 만든 무술이 아니며 현대화된 경기형태로 입증하기는 어렵다. 그러나 분명한 것은 위 설명한바와 같이 모든 무술을 능가할 수 있는 최고의 무술이라고 자부할 수 있다. 이 같은 필자의 말에 대하여 경기와 실전은 다르지 않다고 말하는 분도 있을 수 있다. 경기에서 실력을 입증할 수 없는 무술은 실전에서도 실력을 입증할 수 없다고 말할 수도 있다.

그러나 필자는 일부 무인들이 말하는 형언할 수 없는 비수, 비법을 들먹거리거나 단순히 급소점(눈이나, 낭심)등을 공격하면 이길 수 있다는 식으로 말하려는 것은 아니다. 필자는 서두에서 설명한바와 같이 경호무술은 전략, 전술 운용능력을 접목하여 기술이 이길 수 있는 프로그램으로 내재시켜 필요한 시점에서 반사적으로 그 어떤 무술보다도 기술체계가 자유롭게 재현될 수 있도록 했기 때문에 우수한 무술이라고 설명하는 것이다. 일반적으로 말하는 경기화한 무술들에 대하여 실전을 회피하는 무술가들이 전가의 보도로 삼는 '실전과 경기는 다르다.' 는 식의 논리로 합리화 하려는 것은 아님을 밝혀두고자 한다.

경호무술에 있어서 경호무술의 전부라고 말해도 과언이 아닌 것이 있다. 바로 전환선법을 말한다. 이 전환선법은 일종의 스텝이다라고 설명할 수 있다. 즉, 이 스텝에 의하여 모든 경호무술의 기술 체계가 하나로 연결되어 이루어져 있다. 상대와 대전하는 실전에서는 상대와 나는 계속 움직이는 상태에 있다. 따라서, 이 과정에서 거리와 각도에 따라 위치가 달라지게 되며 이와 동시에 상대의 움직이는 리듬에 따라 본능적으로 움직이게 된다. 즉, 이같은 상황에서 상대보다 유리하게 전개해 가려면 대적하는 상대와 거리 각도를 유효 적절하게 변화시키는 동시에 균형을 잃지 않고 빠르게 움직이는 기술적 스텝이 요구된다. 이것을 60여개의 전환선법 기술체계로 정립하고 모든 기술체계를 접목하여 완성한 것이다.

보통 싸움 기술에 능하다고 하는 사람들을 보면 빠르다. 그러나, 단순히 빠른 것이 아니라 치고 빠지는 기술에 능하고 방향전환을 비교적 자유롭게 하는 것을 볼 수 있다. 이런 기술의 개념을 간 합이라고도 하는데 대전시에 상대방과 유지한 기본 거리를 말한다. 그리고 단순히 거리뿐만이 아니라 리듬 또는 박자라는 부분도 포함하고 있다. 이같은 기술이 체계화된 최초의 신 무술이라고 할 수 있다. 무술에 있어서 이같은 기술이나 관념이 없는 무술은 무술 자체를 모르는 것이다라고 할 수 있으며, 그동안 이같은 기술체계가 없어 실전에서 많이 경험을 해야만 체득할 수 있었던 기술이었다.

요즘 무술종목의 유형에 따른 장단점을 얘기하며 또 분류해 말하는 분들이 많은 것 같다. 예를 들어 태권도는 주로 발로 차는 타격무술이고, 무예타이는 주로 손과 발로 치고 차는 타격 무술이고, 권투는 주로 주먹으로 치는 타격계의 무술이며, 유도와 레슬링, 씨름은 상대

를 넘어뜨려 바닥으로 상황을 가져가는 와식 관절기의 무술이며 합기유술이나 아이기도는 서서 상대를 꺾고 조르는 입식관절기의 무술이다라는 식이다. 오늘날 현재와 같이 경기화된 이 무술들에서 관절기 계통에서는 보통 타격이 금지되어 있고 타격기 계통에서는 관절기가 금지되어 있다. 이것은 타격기와 관절기가 경기 중에 동시에 사용하기 힘들며 양립하기 힘든 기술들이라고 보는 견해가 있는 것이 사실이다.

물론 최근에 흥행하고 있는 이종격투기에서는 혼용하는 경기로 발전하고는 있지만 경기 종식방법이 달라 타격기가 유리하냐, 관절기가 보다 유리하냐 하는 논쟁이 있어 이 마저도 경기 방식을 여러 유형으로 하고 있어 경기 방식에 따라 이겼던 선수가 지기도 하고 또 졌던 선수가 이기기도 하는 경우가 자주 발생하기도 한다.

동양무술에 있어서 인도무술이나 중국무술을 빼놓을 수 없다. 가장 오래된 전통과 문화속에서 무술이라는 전통과 역사를 갖고 있기 때문이다. 인도나 중국은 오늘날 일국으로 불려지고 있지만 사실은 인도만 해도 우리와는 달리 국어만 3개나 되며 통용어만 해도 7개 언어를 동시에 사용하는 나라가 인도이다. 또한 중국은 5개성으로 이루어져 있으며 피부색과 얼굴모양이 전혀 다르고 지역에 따라서는 뉴욕이나 도쿄, 서울과 비교해도 전혀 손색이 없는 최첨단 도시가 있는가 하면 아직도 화폐의 개념이 없는 비 문명화권이 함께 공존하고 있는 나라다. 이같은 나라를 하나의 무술유형으로 보거나 단순 비교할 수는 없다. 특히 한국의 무술과는 더욱 그렇다고 말할 수 있다. 그동안 유구한 역사를 통해 전래되어 내려온 무술들이 수를 헤아릴 수도 없이 많은 유파의 무술들이 존재하고 있었고, 현재까지도 현존하고 있기 때문이다. 그래서 중국에서는 북권무술이냐 남권무술이냐 하는 식으로 구분하는 것이 대부분이다. 즉, 손을 주로 쓰는 북권이냐 발을 주로 쓰는 남권이냐하는 식이다.

그러나 중국무술은 타격기 무술인가, 관절기 무술인가 하고 물으면 대부분의 중국 무술가들은 타격기와 관절기가 모두 포함되어 있다고 말한다. 중국무술식 용어로 표현하자면 금나, 솔, 타 등이 그것이다. 금나는 관절기 솔은 유도와 같은 기술, 타는 타격이다. 물론 수많은 중국무술에는 다양한 무술로 인하여 용법과 용어가 존재하고 있는 것이 사실이기 때문에 획일적으로 중국무술의 성격을 구분할 수는 없다고 할 수 있다. 서두에서 중국 무술가들이 말하는 것과 같이 굳이 말한다면 중국무술은 권투, 태권도와 같이 타격하는 기술과 합기유술이나 아이기도 같은 입식관절기가 혼용된 무술로 볼 수 있다고 본다.

다시말해 치기, 차기, 꺾기 던지기, 찌르기등의 기술이 혼용된 전통적인 중국무술로 볼 수 있다. 혹자들은 무술의 특징을 구분할 때 치기, 차기, 꺾기, 던지기와 같이 주로 타격기를 쓰는가 아니면 관절기를 쓰는가 하는 식으로 구분하는 사람들을 많이 보았다. 물론 필자도 이같은 특징으로 무술을 구분한다. 그러나 무술특징을 구분하는 것과 우수한 무술을 구분하는 척도는 이런 특징이 아니라 전략, 전술적 개념을 둔 기술체계로서의 차이와 타 무술과의 비교에서 우월성을 비교하여 구분하는 것이라고 생각한다. 이런 점에서 필자는 중국무술이 과연 전략, 전술적 개념을 둔 기술체계로 발전된 것이냐 하는 의문을 갖지 않을 수 없다. 기술이나 체현하는 동작은 직접 보고 배워서 조금 이해는 가지만 전략, 전술적 개념이라는 차원으로는 이해할 수 없었다. 그리고, 일본의 가라데와 아이기도 등에서도 찾아볼 수가 없었다. 이 모두가 경호무술처럼 진일보하지 못했음을 알 수 있다.

특히 경호무술은 호위, 호신적 전략과 전술에 대하여 개념화되어 있으며, 대적할 상대가 1인이 아니라 경우에 따라서는 다수의 상대와 동시에 대적할 상황을 설정한 무술인데 반하여 중국무술이나 일본무술 그리고 한국에 있는 대부분의 무술들은 호신적 개념만을 두고 있으며 이마저도 1인의 상대와 대적하는 기술들로 개념화되어 있다고 할 수 있다.

특히 우리가 일반적으로 얘기하는 전통무술에 대하여 논의할 때 무기술에 대한 부분이 무시되거나 논쟁의 대상도 되지 않는 경우가 많다. 그러나 우리가 얘기하는 전통 무술 대부분이 오늘날의 무술이 맨손, 맨발을 주로 사용하는 것과는 달리 칼이나 창등을 이용한 베기나 찌르기 위주로 되어 있었다고 할 수 있다.

좀더 솔직하게 필자가 말한다면 우리가 얘기하는 전통무술 보다도 개량하여 현대화된 오늘날의 무술이 더 훌륭한 무술이라고 생각한다. 최소한 칼(검)이나 창을 든 무기술을 제외한 기술적 측면에서는 그렇다고 할 수 있다. 역사적으로 고려시대나 조선시대는 오늘날 현대화된 총과 같은 첨단 무기가 존재하기 이전으로 칼이나 창등을 유일한 무기로 사용할 수밖에 없었기 때문에 무기를 이용한 베기나 찌르기 위주로 무술이 발전할 수밖에 없었다고 할 수 있다. 이같은 이유는 살생력을 높여 상대를 보다 효과적으로 대적할 수 있는 전략과 전술적 측면에서 실전력을 강화하기 위하여 창안될 수밖에 없었으리라는 추측을 해본다. 그러나 오늘날 이러한 유형의 무기술은 사용의 효용성의 가치를 상실하면서 현대인들의 심신 수련이나 레져스포츠적 측면으로 발전하면서 무술 본질에서 얻을 수 있었던 싸움기술의 가치가 상실했다고 볼 수 있다. 특히 경기화된 무술들은 실전사용의 오류를 크게 보이는 현상도 나타나고 있다.

싸움에서 이기는 5가지 의식

1. 결과에 두려움이 없어야 한다.
2. 모든 형식에서 자유로워야 한다.
3. 절대로 분노하거나 흥분하지 않는다.
4. 무의식 상태에서 반사공격을 한다.
5. 위 모든 것에 대하여 집중한다.

20 무술의 비법

경호무술 8
지도자론

무술의 비법은 존재하는가?

무술의 비법은 분명 존재한다. 하지만 영화에서 표현되고 있는 공중부양이나 축지법, 각종 혈도술등과는 거리가 있다. 비법이라고 하는 실체는 기술에 의한 현상으로서 있다라고 말할 수 있다. 다시 말해 기술에 의한 원리작용이라는 현상을 일컫는다고 할 수 있으며, 즉, 현상으로서는 있다. 결과적으로도 있다. 그러나 비법이란 하나의 형태로는 없다. 또는 존재하지 않는다. 그러나 일반적으로는 무술의 비법을 무술수련의 한 장르처럼 구현되는 하나의 형 또는 권을 비법으로 보지않는 경우가 많다. 그러나 이같은 형이나 권은 비법의 본질에 가까이 할 수 있는 올바른 접근법으로 만들어진 것들이다. 물론 대부분 그렇지 않은 것도 많지만!

무술의 비법은 자신과 상대에 따라 변화되는 현상에 특정한 기술에 구애받지 않고 또 심리적으로 경직되지 않고 유연하게 행위를 변화시켜 상황을 유리하게 전략과 전술적 개념에서 전개시켜 싸움에서 이기는 방법이 곧 비법이다라고 할 수 있다.

이같은 비법이 실현되게 하려면 신체적, 정신적 측면이 강해져야 하며, 순간 판단에 따른 의식이 행동으로 전환될 수 있는 순발력을 가져야만 한다. 이때 중요한 것은 상대방의 잠재의식에 접근하여 곧 행동이 될 수 있는 기술에 대한 예지 능력과 이에 대응할 수 있는 수단과 역습이 불가능하도록 하는 일격 필사의 기술을 터득해야 한다. 이때 상대의 신체적 3대 약점 즉, 골격의 약점, 관절의 약점, 급소의 약점에 대한 위치를 익혀 정교한 기술공격을 통해 실현하는 것이 비법이다.

이러한 비법은 지식+기술+반복+숙달+정보+의식+반사+공격 이 되도록 훈련해야 얻을 수 있다고 할 수 있다. 즉, 비법이란 무술에 대한 목적의식을 갖고 시간과 행동을 통해 만들어가는 것으로 비법을 배웠기 때문에 누구나 할 수 있는 것이 아니라 오랜 시간속에 의식이 행동으로 변환하는 순간, 눈으로는 보이지 않지만 기술이 신체에 체득되어 신체행동의 능력으로서 무한하게 표현되는 것이다라고 할 수 있다. 무술의 비법이란 다시 말해 상황변화에 신체적, 정신적 요소에 의하여 즉흥적으로 변화될 수 있도록 자기 것으로 익혀진 기술을 비법 능력 이라고 할 수 있다. 무술의 비법은 기술체계가 실제 상황에서 사용될 수 있도록 전략과 전술적 측면을 고려하여 만든 수련체계라고 할 수 있다. 이 수련체계의 완성도와 수련자의 체

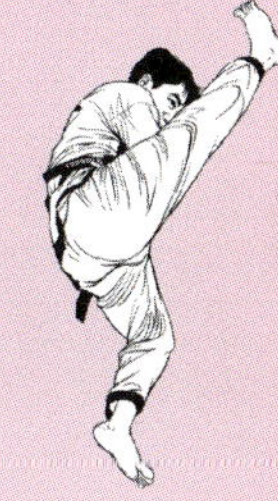

21 비법의 근본

비법의 근본은 능가하는 것이다. 여기에서 말하는 비법은 무술이라는 형식을 전제로 하기 때문에 힘을 포함한 기술능력에 대한 초월 즉, 능가하는 것이 된다.

비법이란? 체계가 있다거나 형태가 갖추어져 있다거나 하지는 않다. 또한 물건처럼 물질적으로 실체하는 것도 아니다. 따라서 비법이란 존재하면서도 실체하지 않는 것이면서 또한 실체 하지 않지만 결과로는 실체하는 것이 입증되기도 한다. 이것은 비법의 근본인 능가하다라는 결과가 있어 실체하기 때문이다. 비법이란 결과로서 실체를 증명할 수 있는 유일한 것으로 반드시 싸워서 능가하여 이기는 것이다.

그러나, 반드시 물리적으로 싸워서 이긴다라고 하는 것만이 무술의 비법 즉, 근본을 능가하다라는 식으로만 볼 수 있는가, 무술에 있어서 능가란 심리적 싸움을 통해 물리적 비법의 능력을 능가할 수도 있다.

무술은 싸우는 기술로서 신체적으로 요구되는 힘과, 기술능력들이 동시에 요구되며, 이에 못지않게 정신적인 힘과 정신적인 기술 또한 요구된다는 사실이다. 동일한 신체적 능력을 가진 사람이 싸운다라고 할 때, 정신적인 힘과 관념 즉 기술이 상대보다 능가하는 사람이 반드시 싸움에서 이기게 된다. 따라서 비법은 신체적, 정신적 요소를 포함한 의미이며, 비법에 있어 그 근본은 이를 능가하는 것이 된다.

22 정신비법

무인을 많은 사람들이 무도인이라고 일컫는다. 이는 정신수양을 위한 수도자세를 갖기 때문에 일반인들이 칭송하여 부르는 말이다.

본래 무도인이란 사전적 의미로는 무인이 지켜야할 도리를 뜻한다. 여기에서 도리는 사람에 따라 또는 무인에 따라 그 해석의 차이를 크게 보이는 경향이 있다. 그 이유로는 무술명이 ○○도, ○○도, 무슨무슨 도라는 명칭을 사용하면서 무술의 본질보다는 도의 본질에서 해석하려는 원인에 의해서 그 견해를 달리하는 것 같다.

필자가 생각하는 무술정신은 오로지 무술본질의 기술 중심으로 한 정신이다. 무술(武군셀무, 術꾀술) 정신적 요소를 포함한 신체적 강인함과 능수능란한 기술을 뜻하는 것으로 정신적 측면에 강인함이란 불안, 초조, 분노, 공포, 슬픔, 두려움 등의 고통으로부터 인내하고 마음의 평온을 유지하는 것을 무술정신이라고 생각한다. 즉, 예수나 석가모니와 같은 끝없는 사랑과 용서 그리고 자애하는 정신이나 윤리생활의 기본으로 두터운 충효사상과 같은 정신과는 다소 차이가 있다고 생각한다. 물론, 무술본질에 대한 정신과 무술사용 목적을 두면 목적한 용도에 따라 그 정신은 새롭게 얼마든지 가능하다. 즉, 정치적 목적을 갖고 순교할 자세를 갖는다면 옛 신라의 화랑정신이 될 수도 있다. 다만, 여기에서 필자가 말하는 무술정신의 본질은 무술로서의 정신을 무엇으로 할 것이냐 하는 것이다. 다시 말해 무술의 정신적 주체의 정체성이 과연 무엇이냐 하는 것이다.

　현대인들은 무술정신을 무도적 관점의 정신으로 미화하려는 경향이 있다. 더욱이 사실과 다르고 실현될 수 없는 허위적 사실로 미화하고 있다. 이런 현실에서 오늘날 무술의 기술도 정신도 점점 퇴색해 가고 있으며, 그 본질 또한 소멸되어 가고 있는 것이 오늘날의 현실이다라고 할 수 있다. 우리가 무엇을 배우고 얻으려 무술을 익히는가 사람마다 여러가지 이유가 있다. 하지만 본질은 하나다. 바로 강해지는 것이다. 강해져야 한다는 것은 본능이다. 바로 무술은 강해져야 한다는 본능을 채워주어야 하는 것이다. 그렇다면 강해질 수 있는 정신비법은 따로 있는 것인가? 그러나 이러한 질문에 필자인 본인도 명확히 이것이다라고 표현하기가 힘들다.

　필자의 경험으로는 분명 정신비법은 있는 것 같다. 다만, 이것이 내가 알고 있는 것이 과연 정신비법이라고 할 만큼 비법일까 하는 의문이 생긴다. 필자는 제자들에게 자주하는 말이 있다. "나는 무술을 사랑한다. 무술을 무술로만 보라" 이렇게 말한다.

　필자가 왜 자신도 모르는 사이 스스로 이런 말을 자주하게 되었을까? 하고 생각해 본다. 그러나 무의식 상태에서 갖는 이런 의식은 무술을 어디에 쓰려하지 않고 오로지 무술로서만 보려 했기 때문이며, 일상생활 일부로서 늘 항상 가까이에서 함께 한 것이 무술이었기 때문에 아끼고 소중하다는 뜻에서 사랑한다고 말하는 것일거라고 생각된다.

　필자는 무술을 통해 현재의 나의 모든 것을 얻었다고 생각한다. 현재의 사회적 지위 또는 명성, 경제적 안정과 행복한 가정등 어떻게 보면 당연하고 평범한 것일 수도 있다. 하지만, 필자는 서두에서 말했듯이 무술을 통해 아니 무술정신을 통해 얻었다고 생각한다. 다시 말해 무술은 나의 전부라고 할 수 있다. 이러한 무술에 정신비법이 없다면 나에게 무술은 없었을 것이라고 믿는다. 정신비법이란 강해져야 한다는 본능을 자극하여 정신적, 육체적으로 경험하는 모든 불안, 공포, 고통 등을 초월케 하는데 그 비법이 있다고 할 수 있다. 즉, 고통이 큰 만큼, 정신도 강해진다. 다양한 기술을 동작으로 익혀 행동으로 옮기는 순간 육체와 정신이 일순간 극도의 한계점에 이르러 성장하는 것이며, 무술정신이란 강함 그 자체인 것이다.

23 기술비법

무술에 있어 기술비법이란 고난도에 있는 것이 아니라, 저난도에 있으며, 이같은 이유는 한 기술이 여러 기술의 형태로 변화, 발전하는 것이기 때문이다. 따라서 기술비법은 아주 간단한 기본자세에서 자연스럽게 익혀갈 때 기술비법을 터득할 수 있다고 할 수 있다. 현재, 국내·외에는 여러 무술등이 존재한다. 태권도, 우슈, 가라데도 등과 같이 무수히 많은 무술이 존재하고 있다. 이같은 무술은 창시 시대의 시대적 배경에 의하여 호신적 목적성을 두고 기술체계는 창안하여 정립된 것이다.

그러나, 중요한 점은 필자에 의하여 연구한 결과에 의하면 전쟁이란 특수한 환경에 의하여 당시의 전투수단이 되었던 병기술(창, 칼)을 겸한 육박전 중심으로 기술체계가 만들어졌으며, 전쟁이란 특수한 환경에서 필요한 치기, 차기, 찌르기, 베기와 같은 살수 중심으로 한 병사의 병기화에 역점을 둔 것이어서 오늘날과 같이 맨손에 의한 다양한 기술등은 발달하지 않았던 것으로 보인다. 특히 대군 중심의 전쟁형태에서 병력의 징집과 신병의 조기 전투 투입을 위해 단순 살수목적에 역점을 둔 기술지도 중심이었던 것으로 보인다.

기술을 익히는 데에는, 체형과 신체운동기능 그리고 운동신경에 맞도록 기초 기술에 대한 수련체계가 요구된다. 일반적으로 사람은 똑같다고 생각하는 경향이 있다. 하지만 사람은 저마다 다른 체형과 운동기능 및 신경 반사능력이 있다. 사람에 따라서는 뛰어난 사람도 있으나, 그렇지 않은 사람도 있다. 따라서 이 같은 차이에도 불구하고 기술을 익혀 사용할 수 있는 기술이어야 기술비법이라고 말할 수 있다.

기술체계는 단순할수록 좋다. 그리고 여러 동작으로 변환할 수 있는 동작일수록 실전감각을 뛰어나게 익힐 수 있다. 동작이 복잡하고 틀에 박힌 여러 동작을 하나의 권이나 형의 형태로 기술체계를 만들어 놓으면 배우고 익히는 데에도 시간이 걸리고 어렵지만 지도하기도 힘이 들어 능률적이지 못하다.

특히, 긴 동작일수록 기술의 응용력을 떨어뜨리고, 실전 능력을 저하시켜 결국 아무 쓸모도 없는 기술이 되고 만다. 즉, 기술의 고정화로 무술본질 가치인 싸움에서 이길 수 없게 된다. 여기에서 필자가 말하고자 하는 것은 기술이 얼마만큼 배우고 익히기 쉽게 구성되어 있으며, 또한 변화하는 환경에 얼마만큼 유연하고 빠르게 공방의 기술 적용을 할 수 있는가 하는 것이 기술비법의 핵심이 된다고 말하는 것이다.

실무적인 부분에 대하여는 필자가 경호무술 체계를 본서에 수록한 부분으로 대신하도록 하며, 독자 또는 수련생들이 이에 대한 기술수준이나 기술비법에 대한 평가를 할 것으로 생각하며, 이후 경호무술 창시자인 필자에 대한 평가 또한 이루어질 것으로 생각한다.

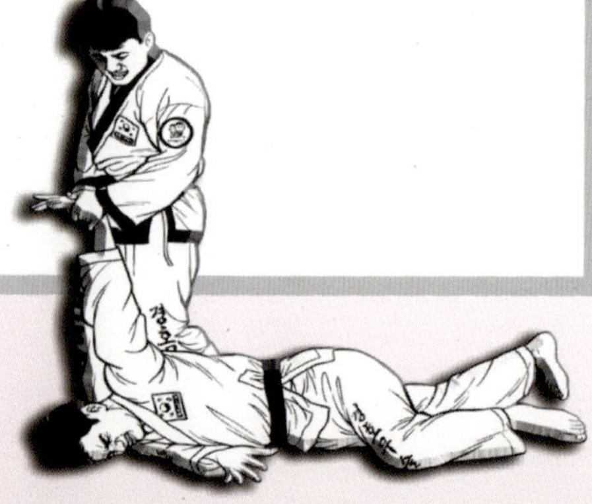

24 기술적 수준의 최상의 무술비법이란?

비법이란 본래 어떤 변화에도 적응 또는 즉시 응용할 수 있는 능력과 기술을 일컫는다. 그렇다면 무술에 있어서 비법이란 오로지 실체로서의 존재한 능력과 기술을 말한다고 할 수 있다. 그러나 오늘날 무술은 형식주의에 너무나 치우쳐져 있다.

특히, 정신적 요소를 강조하는 경향은 순수하게 인격수양과 도약을 위한 것이 아니라 실체적인 기술능력이 부족하기 때문이 아닌가라는 생각을 해 본다.

비법에 대한 득도는 이상일수도 있다. 최소한 언어적으로는 그렇다고 할 수 있다. 언어란 정보 의사전달의 용도로 이용되고 있는 수단이기는 하나, 언어로 상황이나 수준에 따른 표현은 그 한계가 있기 때문이다. 이러한 한계를 감안하여 필자의 글을 독자들이 이해해 주면 보다 자유롭게 글로 표현할 수도 있을 것 같다. 무술은 싸움기술이다. 즉, 싸움에서 반드시 이겨야 하는 것이며, 아무리 훌륭한 무술이라고 해도 싸움에서 지면 비법이라고 하는 수련체계나 기술도 그 소용이 없다고 할 것이다.

따라서, 실체적인 능력을 가져야 하는 것이 무술이며, 반드시 이길 수 있는 기술이 비법이 되는 것이다.

다시 거슬러 올라가 말하자면 이같은 무술비법은 상황에 따라 요구하는 수준에 따라 자신의 안전을 전제로 하며 상대방을 저지또는 제압하거나 필요하다면 살상케 할 수 있는 자유로운 수준의 경지를 최상의 무술비법이라고 말할 수 있다.

25 무술은 기술이 중심이 된다.

오늘날 현대인들이 무술을 수련하는 목적은 무술에 대한 본질 즉, 기술이 아닌 인성개발 중심에 역점을 둔 지도와 교육이 이루어지는 현상이 두드러지고 있다. 그리고 또 한편으로는 스포츠측면을 고려하여 게임 놀이 문화 쪽으로 변형된 행태를 보이기도 하며, 또 다른 한편으로는 단순 체육 및 미용적 목적이나 스트레스 해소와 같은 정신적 정화 목적 등 무술 본래의 기술보다는 다양한 목적성의 변화를 갖고 있다고 할 수 있다. 그러나, 무술의 본질은 기술이며, 지켜야할 대상 그 대상이 자신 또는 타인이 될 수도 있는 안전한 삶을 목적으로 한 것이 무술의 본질이다.

오늘날의 시대적 배경을 고려할 때 무술 본질을 찾아 기술 중심의 무술을 누구든 좋아하고 누구든 따라하기 쉽고 특히, 그 시대 배경에 맞는 것이라면 그것이 무엇이든 생명력을 얻게 된다. 하지만 무엇이든 중심이 되는 본질이 퇴색하면 아무것도 얻을 수 없다. 다시말해, 무술에 있어 그 중심이 되는 기술이 발전하지 않고 퇴색하면 할수록 무술 또한 그 생명력을 잃게 될 것이다.

모든 무술지도자들은 이같은 문제들을 간과해서는 안될 것으로 생각한다. 경호무술 창시자이자 필자인 본인은 이러한 문제인식에서 도가 아닌 술을 중심으로 경호무술 체계를 정립하는 계기가 되었으며, 앞으로 많은 무술지도자들이 기술 중심의 무술로 발전시켜 나아가 주길 바라는 마음이 한결같다. 이렇듯 무술이란 그 목적과 시대 상황에 따라 다소 차이를 보인다. 무술에 있어 기술비법이란 그 형식이나 형태에 있어 딱히 정하여진 것이 있다고는 할 수 없다. 하지만, 특정한 것에 대하여 목적으로 한것은 반드시 올바른 접근, 즉 기술이 요구된다고 할 수 있다.

노래에 있어 가사에 음정이 맞지 않거나, 음정에 박자가 맞지 않으면, 우리는 음치라고 한다. 즉 노래는 부르지만 듣는 사람은 노래라는 본질보다는 소음으로 들릴 뿐이다. 또한 우리 전통가락에 팝송을 부르면 팝송이 아닌 것이 된다. 이처럼 음과 가락, 노랫말이 일치될 때 우리가 생각하는 노래가 된다. 무술 또한 이런 노래와 같이 크게 다르지 않다고 할 수 있다.

다시말해 일반적인 무도와는 달리 무술은 기술이 중심이 된다. 따라서 경호무술은 기술 중심으로 체계화하여 실용무술로 이용되게 한 것이다라고 할 수 있다.

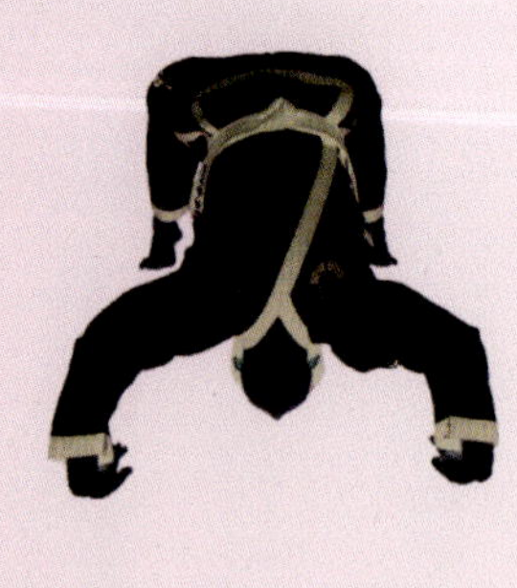

26 사람을 쓰러뜨리는 기술

사람의 힘의 원천은 중심에 있으며, 중심의 원천은 신체의 다리 특히, 발에 있다고 할 수 있다. 그리고, 사람은 평형 또는 균형을 잡거나 유지하기 위해서는 몸의 중심이동에 따라 힘의 흐름 또한 달라진다.

따라서, 힘의 흐름을 이용한다면 상대방을 쉽게 쓰러뜨릴 수 있다. 이같은 기술은 차기, 치기, 밀기, 당기기, 던지기 등의 다양한 기술을 적용할 수 있다. 공격하기전 상대방을 잘 관찰하게 되면 중심과 이동 그리고 힘의 흐름을 알 수 있으며, 경우에 따라서 이같은 중심이동과 힘의 흐름을 바꾸어 자신에게 유리하게 변화 시킬 수도 있다.

서두에 필자가 말했듯이 사람에게 힘의 원천은 중심에 있기 때문에 중심을 잃은 사람은 황우장사라고 해도 산들바람에도 넘어지게 된다. 또한, 아무리 커다란 트럭이나 버스라고 해도 중심을 잃게 되면 여지없이 넘어진다. 인간은 두발로 다니는 직립보행 동물이다. 다른 동물에 비하여 인간은 타고난 평형감각의 발달과 진화로 인해 두발로 다니는 유일한 동물이다. 하지만 몸의 중심이 흐트러지면 외부의 물리적 영향이 없어도 여지없이 쉽게 넘어진다.

특히, 두발 중 한발만 들고 다른 한발로 서있게 한 상태에서 가볍게 신체의 일부를 민다라고 할 때 아무리 평형감각이 뛰어난 사람이라고 하더라도 중심을 잡기란 쉽지 않다. 상대방을 쓰러뜨리기 위해서는 반드시 이같은 중심과 중심이동 과정에서의 힘의 흐름 등을 순간이용하여 치기, 차기, 꺾기, 던지기와 같은 기술을 이용한다면 수배의 힘을 절약하면서 손쉽게 상대방을 쓰러뜨릴 수가 있다.

27 착각과 반사

인간은 신이 만든 것 중 가장 완벽한 결정체 중에 하나라고 할 수 있다. 최소한 인간이 바라보는 것 중에서는 그렇다. 그러나 이같은 완벽한 존재이면서도 시각적인 착각과 같은 오감의 착각과 사고관념의 착각등이 실존한다. 따라서, 인간은 본인의 의지와는 달리 계속 반복되는 실수 즉 착각속에서 살아간다.

착각이란, 그것에 대하여 알고 있기 때문에 착각을 일으킨다고 할 수 있다. 우리 인간은 남을 믿지 않는다. 그러나 남을 믿지 못하는 것보다 더 믿지 못하는 것이 바로 자신이다. 의례적으로 또는 관념적으로 최소한 자신을 믿는다고 하며 살아간다. 그러나 실질적으로는 매사 자신을 믿지 않는다. 결과적으로 말하면 부정적 의사가 그렇다. 일반적으로 대부분의 사람들은 나는 할 수 있다. 나는 가능하다라는 긍정보다는 나는 할 수 없다라는 부정이 더 크다. 아주 놀라운 일이 아닐 수 없다. 무술에 있어서도 일반적으로 처음 수련에 임하는 순간 강해지고자 하지만 곧바로 쉽지 않을 것이라 생각하고, 너무나 쉽게 대부분의 사람들이 중도에 수련을 포기한다. 이는 일반적으로 당연한 결과라고 생각한다.

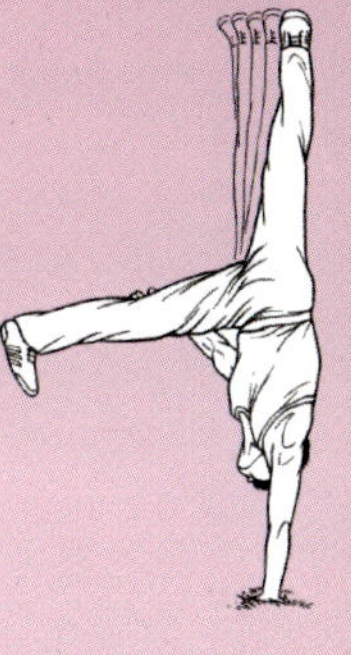

그러나, 잘하는 사람도 처음부터 잘한 것은 아니라고 할 때 힘들고 어려운 과정은 필연적이며, 필요조건이라고 생각하고, 못하는 자신도 할 수 있다는 결과를 얻어야 하지만, 반대로 할 수 없다는 부정적 착각에 빠지게 된다. 이같은 착각의 유형은 수련과정에서도 수없이 경험하게 된다. 무술의 수련 단계를 높여갈수록 경험범위를 벗어난 것에 대해서 우리는 계속된 착각과 혼란에 빠지게 된다. 왜 사람은 착각에 빠지는 것인가? 착각이라는 결과는 판단에 따른 행동의 결과로 나오게 된다. 그렇다고 할 때 판단의 기준과 행동에 이르게 한 원인은 어디에 있는가? 이것은 경험주의에서 온 목적한 것에 대한 의지 이를 지지하는 경험적 축적과 그것에 대한 관점이 버릇화 즉, 자기 주관적 사고나 이른바 고정관념으로 표현될 수 있는데 인간은 경험주의에서 온 것을 자기 본능 즉 관념이론을 스스로 형성하는 본성이 있기 때문이다.

따라서 이같은 착각을 극복할 때 최고의 반사능력을 가질 수 있으며, 수련정진에 커다란 도움이 된다.

28 무술은 심리전에서 이겨야 한다.

무술은 행동하는 것이다. 그러나 정신과 육체의 행동은 정신기술에 의하여 유리한 상황으로 리드하지 못하면 절대로 상대방을 이길 수 없다. 그러나 심리전이란 무궁무진한 세계에서 딱 이것이다라고 밝혀 말하기는 어렵다. 하지만 심리전의 기본은 상대방에 대한 심리상태를 파악해 장단점을 알면서 상대로 하여금 자신의 심리 상태가 노출되지 않도록 하는데 그 기본이 있다고 할 수 있다.

우리 인간은 표현되는 본능을 갖고 있기 때문에 이미 알고 있는 정보에 대한 표현 노출이 불가피하다. 따라서 다양한 위장법을 사용하는 본능 또한 동시 발달해 왔다. 그러므로 심리전에 있어서 상대심리에 대한 심리조정술 뿐만 아니라 자신에 대한 심리 조정술 또한 매우 중요하다.

이러한 상황에서 동시조정을 어떻게 누가 잘하느냐에 따라서 상대방의 심리를 자신의 심리로 리드해 갈 수 있으며, 이같은 리드는 신체행동에 연결함으로서 자유자재로 상대방을 공격함으로서 물리적으로도 이기게 된다. 그렇다면 어떻게 상대방이 심리를 꿰뚫어 리드할 수 있는가? 인간은 감성과 이성이라는 두 가지 형태의 성을 지니고 있는데 우선 감성이 풍부한 상대는 우선 흥분하게 유도하는 접근법이 유용하며, 이성적인 상대는 기술적 방심을 유도하여 접근하는 것이 유리하다.

또한, 자신의 심리상태가 노출되었을 경우에는 지연전을 통해 평상심을 찾으려는 자세를 가져야만 한다. 이 같은 원칙만 지켜 심리전을 전개한다면 상대방을 손쉽게 이길 수 있을 것이다. 다시 설명을 하면 싸움에서 이기는데에는 강한 정신력과 타고난 신체적 조건 그리고 우수한 기술력등이 필수적이지만, 전개되는 상황에 따라 심리전에 능하지 못하면 결과적으로 상대에게 패하게 되어 있다는 점을 꼭 기억해야만 한다는 사실이다.

29 무술과 음악

무술은 물리적 행위가 주가 되며, 음악은 심리적 작용행위가 주가 되는 서로는 상반되는 것이기도 하지만, 상호 호환되는 점도 많다. 무술은 정적인 분위기에서 의식집중을 통하여 고난도 수련정진에 한 수련법으로 많이 이용된다. 그러나, 이같은 수련법만이 고유하다고는 생각지 않는다.

음악은 심리적으로 크게 영향을 준다. 음악이라고는 할 수 없지만, 음 그 자체의 소리만으로도 다양한 심리적 반응을 일으킨다. 큰 소리는 놀라움이나 공포, 불안등의 심리적 상태로 요동도 하지만, 부드럽고, 고요한 소리는 평온함, 기쁨등과 같은 상태로 심리적 안정도 준다. 이같은 음 소리 그리고 가사가 합쳐져 이루어지는 하모니는 그 음악에 따라 각각 다른 느낌으로 심리적 반응을 일으키게 된다. 베토벤의 운명은 그 무엇으로도 형언할 수 없는 웅장함을 주며, 엘가의 행진곡은 당당함, 강인함, 승리감등을 상징적으로 느낄 수 있는 음악이다.

이처럼 음악은 다양한 느낌으로 전달되며, 전달된 느낌은 의식행동으로 표출되게 된다. 따라서 무술수련 유형에 따라 적당한 음악을 들으며 수련한다면 원하는 동작 또는 기술을 익히는데 커다란 도움이 된다고 필자는 확신한다. 특히, 초보자나 고단자 수련 단계에 따라 음악을 적용하여 무술수련을 하는 것도 한 방법이라고 할 수 있다.

30 무술(武術)과 기(氣)

기에 대하여 한의학에서는 추동작용, 온조작용, 방어작용, 기화작용, 고섭작용등에 실체하는 것으로 표현하고 있으며, 인체에는 기혈과 혈점들이 혈관처럼 근육사이에 기가 다니는 길이 있다고 한다. 분명 기의 실체는 존재하나 실체가 밝혀진 바는 없다. 다만, 과학기술의 발달로 인하여 신체반응에 있어서 기의 실체로 짐작할만한 반응등을 알 수 있을 뿐이다.

중요한 점은, 그러면, 기는 존재하는 실체로서 어떤 효과가 있는가 하는 점이다. 물론, 한의학적 측면에서 추정할 수 있는 기의 실체를 말할 수도 있겠지만, 필자는 무술과 기의 관계에 대하여 특히 반응과 효과를 중점으로 그동안 무술을 수련하며, 체험한 것들을 기초로 기술하고자 한다. 기의 원천은 자연으로 구분할 수 없다고 생각한다. 그 이유로는 기를 에너지로 생각할 때 음식을 섭취하여 쌓는 기, 공기를 흡입하여 쌓는 기, 학문지식과 경험에서 쌓는 기, 신체단련 및 수련을 통해 쌓는 기 등 축적의 방법에 따라 다르고, 축적된 기가 정신적, 신체적 내부적 또는 외부적 요인에 의하여 균형을 이루지 못하거나한 경우 해롭게 반응하는 것이 기다. 기는 앞서 설명한 바와 같이 없어서는 안되는 생명의 원천이면서도 그 반대의 경우도 있다는 사실이다. 이같은 현상은 아주 일반적으로 반응하는 기라고 할 수 있다. 그러나, 기는 정신적, 육체적, 기수련에 따라서 보통의 기반응을 초월한 현상을 일으키게 된다.

　예를 들어, 과거와 현재와 미래에서 생기는 일들을 시공간을 초월해 인지한다거나, 병약자 등을 소생케 한다거나 또는 그 반대의 현상을 나타나게 한다거나 그리고 무중력 상태에서 일어날 수 있는 공중부양등 우리가 얘기하는 4차원적인 현상등을 포함한 것들이 좋은 예라고 할 수 있다. 물론 인도나 중국 고대사에서나 있음직한 일들이지만 우리 가까운 곳에서도 이같은 현상은 종종 있다. 기는 인간이 가지고 있는 오감기능으로는 느낄 수 없으며, 인간의 지식 정보나 정신세계로는 인지할 수 없는 것이 기의 실체라고 하지만, 어느 정도 체계적인 신체단련과 정신수련을 하다보면 평소에 느낄 수 없었던 그 무엇인가를 쉽게 느낀다.

　아주 일반적인 경험을 예로 한다면 신체적으로는 근육의 발달로 인한 근력 증대나 정신적 측면으로는 적극적인 사고의식의 전환 또는 강인한 정신력등이 그 예로 들 수 있으며, 반복된 학습의 효과로 또 다른 문제해결 능력등을 갖게 되는 것을 알 수 있다. 그동안 이같은 점에 대하여 일반적으로 당연한 것이라고 인식해 왔던 것이 사실이다. 운동했기 때문에 신체가 발달한 것이고, 공부했기 때문에 뇌가 발달하는 것이 당연한 것이라는 것이 일반적인 인식이지만 신체단련 및 공부와 발달 및 능력과의 연결해 줄 수 있는 그 무엇이 무엇인지를 현재까지 밝혀진 바가 없다.

　이것이 기라는 실체일거라는 것이 필자의 생각이며, 이같은 사실에 근거한다면 무술수련 기법과 수련정도에 따라 자신이 원하는 현상에 다가갈 수 있다고 확신한다. 원하는 것이나 목표가 무엇인지는 그다지 중요한 것은 아니다. 중요한 점은 무술을 수련함에 있어 스스로 의식의 제한이나 신체운동의 한계를 두지말고 무한하게 가능성을 열어놓고 무술을 수련하라는 것이다. 우리나라에서도 손을 눈처럼 사용하여, 사물을 식별할 수 있는 사람이 TV방송에서 소개된 적이 있다. 이 사람은 의식집중을 통해 우연한 능력을 갖게 되었다고 자신을 소개하며 자신의 능력에 스스로 놀라움을 감추지 못했다.

　필자가 무술을 수련하며 느낀점은 의식의 자유와 집중 그리고 노력에 따라 평소에 느낄 수 없었던 것을 많이 느꼈으며, 무술수련에 많은 도움이 되었다는 점이다. 무술과 기는 상호작용을 일으키는 원동력으로서 무술을 수련하는 모든 사람들이 느낄 수 있으며 크게 도움이 될 것이라고 생각한다.

31 위력(偉力)

위력이란 보여지는 또는 느껴 발하여지는 힘을 뜻한다. 일반적으로 위력이란 물리적인 힘 즉, 파워와 같은 것 위주로만 예로 하지만 실제로는 아름다움이나 경이로움이나 용서, 관용, 허용과 같은 용어의 의미에서도 위력을 느낄 수 있다. 즉, 위력이란 눈으로 보여지는 물리법칙에 의한 힘이라는 것만이 위력은 아니다. 오래도록 무술을 연마 수련하여 기술이 원숙해지고 정신수양이 경지하여 외적으로 보이는 힘과 기품이 저절로 배어나오는 것만으로도 위력을 가질 수 있다. 이같은 위력은 상대방의 공격의지를 싸움하기 전에 이미 좌절시켜 이길 수 있는 기력의 경지에 도달하였다고 할 수 있다.

위력(偉力)이란 자신이 보이려고 노력한다고 해서 보이는 것이 아니며 또한 보이지 않으려 한다고 해서 보이지 않는 것은 아니다. 다만 보는 이가 보지 못할 뿐이며 볼 수 있는 사람이 위력을 가진 자에게 함부로 싸움을 걸지 않게 되어 위력을 가진 자는 결국 싸우지 않고 이기게 되는 것이다라고 할 수 있다. 위력이란 힘+기술+그리고 아름답고 경이로운 것으로 심신(心身)일치로부터 얻을 수 있는 최상의 실질 무술능력의 경지라고 표현할 수 있다.

32 허(虛)

허점은 마음자세의 틈, 몸 신체자세의 틈, 동작의 틈, 시선의 틈 등이 있다. 싸움에서는 이와같은 틈, 즉, 상대의 허(虛)를 집중적으로 공격하는 것이 승패의 결정적인 요인으로 작용한다. 허점은 심신의 허점으로 나타나는데, 마음으로부터 오는 허점은 기가 없고 정 또한 없어 눈빛과 얼굴빛이 광채가 없다. 또한 음성 즉, 소리내어 지르는 기합소리에 힘이 없어 그 허점이 노출된다. 다음으로는 신체의 자세나 동작의 움직임으로부터 보고 느낄 수 있는 허점이 있는데 엉성한 공방의 자세나 동작의 적절성, 신속성을 간파하여 상대의 허점을 알 수 있다. 즉, 허점이란 심신의 대비가 없을 때를 말하는 것으로 이 허(虛)를 노려 싸움을 자신에게 유리하게 전개 할 수만 있다면 반드시 이길 수 있다. 심리적으로 싸움이라는 전제는 고도의 부담이 된다. 따라서 이길 수 있는 싸움에서도 평상심의 흐트러짐으로서 지게 된다. 이기는 것과 지는 차이는 심리적으로 작용되는 허점부터 시작된다고 할 수 있다.

다음으로는 자세 및 기술의 행동 허점이다. 의식을 행동으로 전환하려면 필요한 동작이 구현되도록 신체의 조건이 잘 갖추어져야 하며 가능한 모든 동작이 표현될 수 있는 근육과 골격 등이 충분히 확장되고 신축성에 따른 순발력등이 잘 갖추어져 있어야 한다. 다시 말해 이같은 조건들은 평소의 훈련량과 비례한다고 할 수 있다. 옛말에 "후지선발(後至先發)"이라는 말이 있다. 이 말은 나중에 떠났어도 먼저 도착한다는 뜻으로 무술에서 요구되는 최고의 심신(心身)수련의 경지라고 할 수 있다. 이와 같은 경지에 이르게 하려면 오랜 심신(心身)수련을 쌓아 신(身)이 심(心)을 따를 수 있는 경지에 이르러야 가능한 것이라고 할 수 있다.

무념무상(無念無想)에서 이루는 일격필사(一擊必死)는 모든 상념이 머리를 떠난 정신통일의 상태에서만이 가능한 것으로 평상심을 잃고 어느 한쪽이 먼저 허를 드러내게 되면 먼저 드러낸 쪽이 죽는다.

33 무술기초에서의 요구되는 것

무술은 신체적, 정신적 반응에 따라 수련정도의 성과가 달라진다. 이같은 반응은 그 유형에 따라 요구되는데 근력, 지구력, 순발력, 유연성, 평형감각, 심리반사, 운동반사 등이 그것이다. 물론 이외로도 호흡, 집중력, 기(氣) 에너지등도 빼놓을 수 없는 매우 중요한 유형에 포함된다고 할 수 있다. 이처럼 무술은 신체적, 정신적 운동 작용에 필요한 요소들이 있다. 따라서, 기술적 요소만을 익혀 무술을 한다는 것은 무(武)는 없고 술(術)만 있는 기형적 무술이 되는 것이다. 진정으로 강한 무술을 익히려면 술을 익히기 전에 무술을 체계적으로 익히는 것이 매우 중요하다. 필자가 무술 수련생들에게 지도하면서 가장 많이 강조하는 것이 바로 이점이다.

따라서 무(武)를 익히려면 술(術) 못지않게 체계적인 지도와 수련이 요구된다. 위에 설명한 바와 같이 근력, 지구력, 순발력, 유연성, 평형감각, 심리반사, 운동반사, 호흡, 집중력, 기(氣) 에너지등에 대한 반응을 우선 익히도록 노력하는 것이 중요하다는 점을 잊지 말아야 한다.

34 무술(武術)과 국가(國家)

역사적으로도 무술과 국가는 긴밀한 관계가 있어 왔다. 안으로는 정치적 내분에 의한 국가 위기가 수없이 반복되었으며, 밖으로는 국제정세의 변화와 외교적 마찰등에 의하여 침략전쟁을 치루면서 국가 안보 및 국가존립의 위기에 수없이 놓이게 되면서 무술은 국가 안위에 있어 필요 불가결한 것으로 강하게 인식 되었으며, 이로 인해 군 병사들이 훈련 과정으로 채택 군 전투력을 강화하는데 사용되어 왔다.

군 전투력은 병사들의 무술 실력에서 좌우 된다고 할 수 있었다. 따라서 군무술로 발전하면서 무술문화의 전성기를 누리고, 이러한 무술은 일반인들의 생활놀이 문화로서까지 확대되는 계기가 되었다. 물론 군무술은 전쟁 상황을 고려하여 칼, 창등 병장기를 이용한 무술로 발전한 것이 특징이다. 오늘날 맨주먹, 맨발등을 주로 이용하는 무술과는 다소 차이가 있다고 할 수 있다. 이같은 무술은 국가 존립에 대한 수단으로 매우 중요하게 여기게 되면서 병사들을 (조련)훈련시키는 과정에서 국가관을 비롯한 충성심을 고취시킬 수 있는 정신 교육등을 병행하면서 신라의 화랑 정신이 탄생하게 되었으며, 1000년의 신라역사를 갖게 되었다고 할 수 있다. 화랑정신은 국가에 대한 충성이 가장 으뜸이 되었으며, 이로 인하여 오늘날에도 그 영향에 의하여 무술정신은 곧 국가에 대한 충성이다라고 하는 무인들이 적잖이 있는 것 같다. 하지만, 필자가 보는 무술정신과는 다소 차이가 있다고 생각한다.

그러나, 이보다 근본적인 것은 무술과 국가는 매우 긴밀한 상호관계에 있었음은 분명한 사실이며, 과학기술의 발달로 최첨단 무기가 개발되어 있는 오늘날에도 변함없이 군인들에게 무술이 전수되고 있다. 이러한 이유로 오늘날 무술이 반드시 전쟁에서 꼭 필요한 수단이 된다고는 볼 수 없지만, 병사들의 신체 단련과 정신훈련에 매우 좋은 수단이 될 수 있기 때문에 변함없이 무술이 이용되고 있는 것이다라고 볼 수 있다.

이처럼 무술은 오늘날뿐만 아니라, 수백년 아니 수천년 전이나 이후에서도 여전히 무술과 국가는 매우 밀접하고 긴밀한 관계로서 이어져 왔으며, 앞으로도 이어질것이다. 다만, 필자가 바라는것은 정치적, 종교적 이유에 의한 이념이나 사상 갈등에 의하여 무술이 이용되지 않기를 바랄 뿐이다.

35 무술과 범죄 및 테러

우리는 그동안 과학문명의 발달로 인하여 물질적 풍요로움과 편리한 생활을 누려왔다. 그러나, 기대와는 달리 정신적 풍요로움에 대한 삶보다는 불안전한 사회갈등에 의한 위험이 증가되면서 평온하고 안락한 삶이 더이상 안전하지 않게 되었다.

특히, 오늘날 범죄 및 테러는 국내외적 여러 사회문제로 인하여 날로 심각하게 증가되고 있으며, 과거와는 달리 특정인만이 그 대상이 되는 시대는 지나고, 불특정 대상이 그 대상이 되는 시대가 되었다. 더이상 자신을 포함하여 가족이나 사랑하는 사람들에 대한 안전을 공권력에만 의존할 수 없는 시대에 살고 있다고 할 수 있다.

물론, 경찰과 같은 공권력에 의하여 어느 정도 보호받고 있기는 하지만, 범죄 및 테러위험은 시와 때와 장소를 가리지 않고 나와 우리를 겨냥하고 있는 상황이기 때문에 이제는 스스로를 안전하게 지킬 수 있는 보다 적극적이고, 실질적인 수단이 새롭게 강구 되어야만 한다. 다시 말해 보다 적극적인 자기방어 시스템이 필요하다는 사실이다. 이 시스템은 법률, 행정지원을 포함한 첨단무기보다 앞서 무술이라고 필자는 생각한다. 즉, 무술이야 말로 이를 대신해 실질적인 방어수단이 된다고 단언한다. 무술은 원시적 수단이라는 인식도 있기는 하지만, 긴 역사만큼이나 우리 삶 속에 무술이 섞여 전래된 것은 필요불가결한 생활실용 가치 측면이 있었기 때문이며, 이를 대신할만한 첨단 호신장비가 개발된 오늘날에도 필요로 하는 것은 무술만이 갖고 있는 실질적이고 실용적인 요소가 강하기 때문이다.

우리 삶을 위협하는 범죄 및 테러는 더이상 남의 일이 아니라 바로 나와 우리의 문제라는 인식을 가져야 할 때라고 생각하며, 무술을 배워야 하는 이유라고 말하고 싶다. 인간은 누구나 행복한 삶을 추구 하지만 스스로 노력하지 않으면 원하는 삶은 누릴 수 없는 것이다. 따라서 우리가 원하는 삶을 지키기 위해서라도 무술은 특별한 사람들에게만 필요한 것이 아니라 우리 모두에게 필요한 생활 무술인 것이다. 즉, 생활과 무술은 우리 삶의 일부로서 행복하고 안전한 삶을 영위하게 하는 원천인 셈이다. 다시 말하지만, 범죄 및 테러는 자신이 원하지 않아도 어느 순간 자신에게 다가올 수 있는 것으로서 이에 대비할 수 있는 무술을 해도, 하지 않아도 그만이라는 인식에서 벗어나 안전과 생명의 가치로 인식하기를 바란다.

36 무술수련의 동기와 반응

사람은 동기라는 자극이 없으면 반응을 촉발시킬 수 없다.

이 반응을 위해서는 동기라는 자극이 요구되며, 빠른 반응을 위해서는 강한 자극이 요구된다. 그러나 자극이라는 동기부여는 받아들이는 사람에 따라서 전혀 자극되지 않는 경우도 있다. 그 이유는 어떤 정보를 접하게 되면 지식이나 기술로 의식에 흡수되지만 동기라는 형식이 누락되면 전혀 자극을 일으키지 않기 때문이다. 즉 아무리 중요한 것이라고 해도 동기가 전제되지 않으면 황금을 돌로 보는 것과 같은 것이다. 동기가 없거나, 그 동기가 빈약한경우 일반적으로 의식에 반응되거나 자극받지 않게 되는 것이다.

따라서, 무술을 '익히다' '수련하다' '배우다' 라는 것이 그 동기에 따라 빈약 할 수도 있으나, '생명과 연관된 것이다' 또는 '생명과 직결되는 것이다' 하는 동기 상황에 직면하게 되면 무술을 수련하지 않거나 수련을 적당히 한 사람들은 크게 후회하거나 후회할 것이다. 이처럼 동기가 생명과 연관된다 라는 위험이라는 상황이 설정되고 그 순간에 직면하게 되면 동기라는 의식에 강하게 자극받게 되는 것이다. 다시말해 인간은 동기에 반응하는 존재라고 할 수 있다.

따라서, 동기유발을 위한 방법론으로 접근하여 반응과 반응의 속도 등을 높여 효과라고 하는 성과를 목표로 한다고 할 수 있다.

목표의 설정 그 설정에 따라 각각의 목표가 요구되며, 그 목표달성은 그 다음단계의 목표설정이 또다시 요구되는 것이다.

이와 같은 **동기 + 반응 + 촉발 + 자극 + 목표 + 설정** 과 같은 상호관계에 따라 성장하고 효과라는 성과를 얻게 되는 것이다. 하지만 무엇보다도 중요한 목적은 지식과 기술을 얻기 위한 목표가 된다고 할 수 있다.

다시 말해, 동기는 반응을 낳고, 반응은 지식과 기술로 축적되는 것이 된다. 따라서 무술수련에 있어서 동기부여는 매우 중요한 요소로 작용된다고 하겠다.

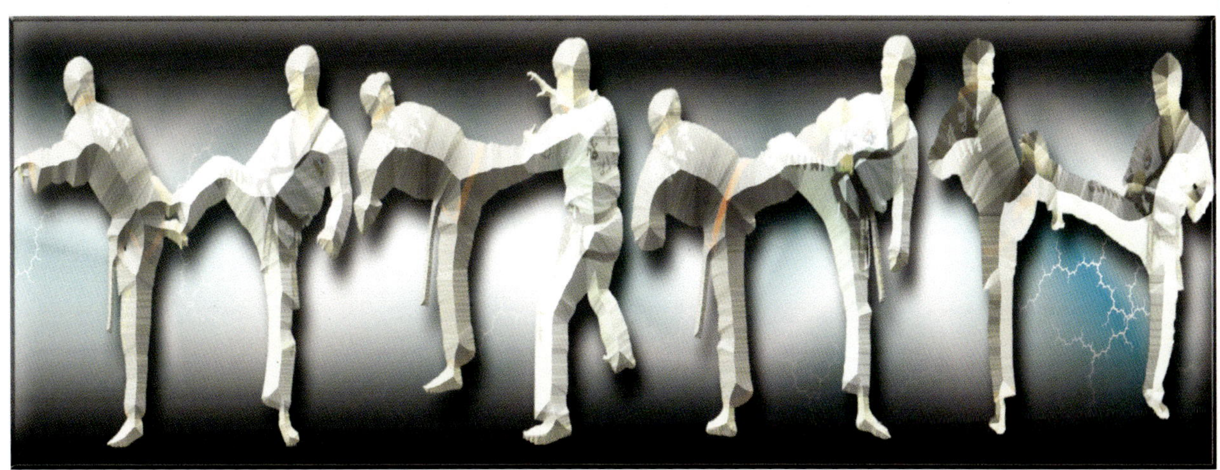

무술을 수련하는 거의 대부분의 사람들은 고수가 되어 보겠다는 생각을 하게 된다. 고수가 되겠다는 각각의 동기는 조금씩 다르기는 하지만 그러나 고수가 되는 방법이나 기술 정신 등에 있어서 올바른 접근 방법이 무엇인지도 잘 모르는 것이 일반적이다. 이같은 이유는 고수들이 우리 사회에 그만큼 없는 이유도 있지만 다른 이유도 있다. 고수들은 자신이 고수라고 떠벌리거나 아무나 제자로 삼지도 않는데 있다.

그리고, 비서들도 수련체계를 남겨두지도 않기 때문에 처음 무술을 접하는 사람이 올바른 무술 수련체계에 접근하여 수련한다는 것은 거의 불가능에 가까운 이유다. 옛날부터 무술의 각 문파에서는 기법상의 요령이나 비결을 보전하기 위해 쓰여진 것이 있는데 간단한 시가(時歌)로 전하는 것을 권가(拳歌), 문자로 전하는 것을 자결(字訣)이라 하였으며, 권가나 자결 등을 합쳐 권결(拳訣)이라고 불렀다.

이와같이 권결(拳訣)에 요약된 진리나 비결사항은 극비에 속했으며, 수련기법이 따로이 글로써 자세히 설명해 놓은 것은 없었다. 다만 스승으로부터 직접 지도를 받으면서 구전으로 설명을 받게 되어 있는데, 이것을 구결(口訣)이라고 하였다. 따라서 스승으로부터 전수 받지 않으면 특별히 무술을 익힐 수 없었다고 해도 과언이 아니다. 따라서 고수가 된다는 것은 인고의 세월이 지나 겨우 스승으로부터 참된 제자라고 인정받고 나서야 구전으로 무술을 전수 받을 수 있었다.

그러나, 특별히 어느 고수에게 전수받지 않았으면서도 고수가 되는 사람들이 드물게 있다. 즉 스스로를 터득하는 방법이다. 스스로 터득하기 위해서는 많은 시행착오와 싸워야만 한다. 이 과정에서 겪는 정신적 육체적 고통은 당연히 수반될 수밖에 없다. 어쩌면 이보다는 시간과의 싸움이 더 어려울 수 있다.

이러한 과정이 있기 때문에 고수들에겐 특별한 공통점들이 있다. 고수라고 하기엔 외모나 표현하는 어투 등이 믿기지 않을 만큼 부드럽고 자연스러우며 평소 여유로운 몸가짐 등이 그것이다. 이같은 점들이 모든 무술 고수들의 특징이라고 할 수 있다.

보통 사람들과는 달리 위기를 느낄 때일수록 더욱 고수들의 진면목을 발견할 수 있으며 고수들은 일반적으로 외유내강형이다라고 하는 것이 옳다. 때문에 여간해서는 그들이 일신에 고강한 무술을 갖춘 사실을 간파해 내기 힘들다.

서두에 언급했듯이 고수들의 특징을 살펴보면, 무술을 익힌다는 것이 그냥 열심히 익힌다고 해서 익혀지는 것이 아니다. 특히 술의 관점에서 무술의 수련과정에서 얻은 정신세계의 혼을 통해 도(道)를 수행하는 사람도 있다. 물론 도(道)를 처음부터 수련하는 사람들도 많지만 도(道)의 수행이 반드시 무술을 통해서만이 수행하는 것은 아니다.

무술은 물욕이나 불교에서 말하는 속세와는 무심하다. 따라서 도(道), 신(神), 선(仙)과의 동격의 관념의 경지로 술의 관념을 초월하여 무술의 초심과는 달리 무도로서 승화하는 고수들도 있다. 그러나 필자는 무술을 무도로서 승화하는 고수들을 말하고자 하는 것이 아니라 무술로서의 고수를 말하고자 하는 것이다. 다시 말해, 술의 관념을 벗어난 도는 이미 술이 아닌 것이 된다. 도는 무술의 관념을 벗어나 무술과는 전혀 관계없이 도에 접근할 수 있기 때문이다. 즉, 무술은 도에 접근하는 하나의 수련(수행)법에 불과한 것이다라고 필자는 생각한다.

필자가 다른 무술 책들을 읽어보면 무술보다는 무도론에 대한 관념이 많고 무술의 최고경지를 무도의 경지로 표현한 것들이 많다. 또는 술과 도를 동일체로 보는 시각도 있다. 그러나 필자가 보는 관점에서는 술은 고수가 있지만 도의 관점에서는 고수가 있을 수 없다고 생각한다. 다시 말해 술과 도는 보는 관념자체가 차이가 있기 때문이다. 즉 술은 육신에서 발휘할 수 있는 다양한 능력을 요구하는 반면, 도는 한마디로 육신의 능력을 요구하는 것이 아니다. 물론 무인이 무도의 정신(관념)을 함께 수련해야 한다는 측면은 필자도 동의한다.

그러나, 일반적으로 무술의 고수라는 관점을 위와 같이 정확히 이해해야할 필요가 있는 것 같다. 또한 경호 환경에서 요구되는 경호무술이 무도의 관점에서 다루어진다면 경호무술이 아니라고 필자는 생각하며 무도를 하는 사람을 가르켜 고수라는 표현 또한 부적절한 것이라고 생각한다. 즉 고수란 표현은 무도가 아닌 무술에서만이 적절하다고 할 것이다.

무술의 고수가 되기 위해서는 먼저 자기 스스로가 고수가 되겠다는 자신의 신념을 가져야만 한다. 다음으로는 술기의 고난도를 소화할 수 있는 기초체력을 갖추어야 한다. 그리고 무술의 기본기와 수련의 단계 등에 대한 정확한 이해를 기초로 해야만 고수가 될 수 있다. 이와 같은 내용을 소개하면 다음과 같다.

첫째 인간은 다양한 본능을 갖고 있다. 우리가 일반적으로 말하는 정신력과는 다른 본능이라는 것이 있다. 우리가 말하는 적성, 홍미, 끼등이 이에 속하는 것들로 무술에 관한 본능을 갖지 않으면 결코 고수가 될 수 없다. 이유는 본능적으로 터져 나오는 체술을 익힐 수 없기 때문이다.

둘째 고수는 타고나야 한다. 정신과 근력, 지구력, 순발력, 균형력 등을 포함한 체력이 한마디로 타고나야만 한다. 타고나지 않으면 인위적으로 향상시키는 것은 한계가 있으며 타고난 사람을 능가하기엔 불가능하다.

셋째 고수가 되기 위해서는 모든 과정의 기본 기를 철저히 해야만 한다. 배우는 것과 몸으로 익히는 것과 내 마음과 같이 몸을 움직이게 하려는 것은 큰 차이가 있다. 즉 기본기가 잘 훈련되어 있지 않으면 결코 무술을 배워도 무술을 익힐 수 없기 때문이다.

넷째 무술수련을 생활화하여 가능한 매일 해야만 한다. 전날 익힌 술기의 감각등을 잊을 수 있기 때문이다. 그리고 일일 최소한 4시간이상 수련을 지속해야만 고수가 될 수 있다.

다섯째 자연운동의 법칙 또는 원리를 잘 이해하고 이용해야만 한다. 자연에는 다양한 자연현상등이 존재한다. 우리가 알고 있는 물리적인 법칙에서부터 물리적으로 이해할 수 없는 그러나 우리가 느낄 수 있는 것 등에 까지 이해하고 무술 수련에 적용한 수련을 기초로 해야만 한다.

위와 같이 5가지를 판단하고 실천하면 고수가 될 수 있다. 또한 스스로에 대한 잠재능력을 냉철하게 판단한다면 무모한 고수의 길을 걷지 않을 수도 있다. 따라서 이점을 중시하면 고수가 되고자 하는 사람들에게는 크게 도움이 될 것이다.

앞서 말한바와 같이 무술을 단순히 순서만 외워서 덮어놓고 수련하거나, 유(柔)로서 그저 보기에만 멋있는 동작을 흉내내는 것들을 모두 사(死) 공부라고 하여 고수들은 옛부터 이를 경멸했다. 고대 중국에서는 무술을 공부라 불렀으니 무술의 수련체계에 얼마나 신중함을 가졌었는지 짐작할 만하다.

38 무술에 대한 우리의 역사적 고증과 미래의 무술

1) 무술(무예)의 태동과 변화

필자는 아주 어려서부터 무술을 무척 좋아했다. 그리고 과거 필자의 생활의 일부처럼 아니 필자의 일부가 되어 생활했다. 물론 무술이 필자의 인생에 미친 영향은 말로 다 표현할 수 없을 만큼 큰 영향을 끼쳤다. 결론부터 말한다면 이렇게 경호무술을 창시하고 경호무술을 집필할 정도이니 더 말할 나위가 없을 듯하다.

과연 이렇게 필자에게 큰 영향을 준 무술이 무엇인가? 늘 궁금하지 않을 수 없었다. 지극히 상식적이고 일반적인 내용들중 예를 든다면 무술을 언제부터 인간이 만들어 수련했을까 그리고 무술은 누가 만들었을까, 다양한 무술들이 왜 등장했을까, 등장한 배경등은 무엇일까, 어떤 종목의 무술이 더 강할까 하는 단순한 궁금증들이 생겨나곤 했던 기억이 생생하다. 그리고 성인이 된 이후에는 외국에 있는 무술들과 우리전통의 무술과의 차이는 무엇일까 무도·무예·무술의 차이는 무엇일까 도(道), 예(藝), 술(術)은 합목적성을 갖는 것일까, 과연 그러한가 그렇다면 술이 과연 도와 같은 것일까? 이같은 궁금증들이 날이 가면 갈수록 더하여 갔다.

그리고, 얼마 전부터는 필자 스스로 조금씩 무술의 본질에 대하여 정리되는 듯하다. 어디까지나 필자의 생각이기 때문에 무술에 관한 다른 의견이 있는 분들에게 지금부터 하는 필자의 글이 잘못된 인식에서 표현한 부분이 있을 수 있음을 미리 밝혀둔다. 무술이란 본래 오늘날처럼 문명화되기 이전에 적자생존의 환경에서 살아남기 위한 격투습성의 생존방식에서 기인한 것으로 보인다. 오늘날에도 동물세계를 살펴보면 호랑이나 사자와 같은 맹수들을 보더라도 강한 놈이 모든 집단의 권한을 쥐고 자신의 영역권을 유지하는 것을 볼 수 있다. 그러나 특이할 만한 것은 단순히 근력이 센 놈이 되는 것이 아니라 격투경험이 많은 놈이 이긴다는 것을 알 수 있다. 즉 무리의 우두머리는 많은 격투경험을 통해 기술을 연마한 결과라는 사실을 알 수 있다. 이처럼 인간 사회에서도 각 시대에 따라 각 민족에 따라 조금씩 기술의 차이가 차이가 있을 뿐, 일정한 격투기술이 발달해 왔음을 짐작케 한다.

그러나, 인간이 문명사회를 이루고 고대국가를 형성하면서 무술이 더이상 격투기술만으로 발전한 것은 아닌 것 같다. 고대 원시인류는 토테미즘을 숭배하는 종교활동에서 동물의 특색을 모방하여 전쟁의 승리에 대한 의식과 행동을 표현했다. 특히, 소집단에서 대집단으로 변모하는 과정에서 집단과 집단의 대립과 충돌, 이에 따른 전쟁은 병기술로 발전하여 거대한 무사들을 길러내고, 무인이 세상을 지배하는 사회계급을 형성하면서 더욱더 무술은 크게 발전하는 계기가 되었고, 이후 강력한 왕권을 위해 왕들은 무술을 종교적 이념으로 변형 발전시켜 왕을 신격화하고 백성들로부터 왕 자신을 숭배하도록 하는데 이용하면서 무예·무도적 관점에서 신체단련과 기술 숙련 복적을 넘어 죽음을 초월할 수 있는 충성심을 위한 정신수련이라는 목적성을 갖게된 것으로 보인다.

　이처럼 정신수련은 정치성, 종교성에 의하여 변화된 것으로 보이며 이후 철학적인 요소도 가미되어 새로운 무술사상을 만들어낸 것으로 보인다. 이 예로는 중국이나 일본에서 많이 볼 수 있는 것 같다. 예를들어 불교무술이라고 널리 알려진 중국의 우슈는 고대 인도의 무술을 응용해 만든 무술로 알려지고 있다. 태권도와는 달리 혼자하는 표현무술로 종교무술이라고도 한다. 또 일본에서 많이 알려진 겐주츠(검도)는 일본 선사시대에 그 기원을 두고 있다. 일본의 무사계급으로 알려진 사무라이는 겐주츠(검도)를 형식과 표준화를 이루어 행동을 의식화하는데 중점을 두었다.

　즉, 무술을 무도화하여 정치적, 종교적, 사상적 이데올로기로 에도의 시대를 넘어 수백년 역사의 세월을 지나 오늘날에도 일본에서는 사무라이 정신을 이어가고 있는 것이다.

　우리나라도 많은 무술들이 있어 왔던 것으로 전해지지만 아쉽게도 우리의 전통무술이 있었다는 사실을 짐작케 하는 몇몇 역사자료만 있을뿐 기술체계를 수록한 완전한 무술교본은 아직까지도 발견되지 않고 있다.

　역사적으로 우리나라는 많은 외세에 의한 침략전쟁을 치루었으면서도 수천년동안 단일민족성을 유지하고 있다. 물론 잠시잠깐 대국들의 속국 또는 식민지로 있었던 역사적 사실이 있었으면서도 민족의 정통성을 유지한 나라이다. 그 생존의 뿌리는 역사적 고증자료가 없어서 확신할 수는 없지만 필자는 감히 무술이라고 생각한다. 무술은 우리민족의 생명수처럼 뿌리깊이 그리고 폭넓게 생활 속에 있었던 것 같다.

민족의 위난시마다 일반 백성들이 일어나 그 수많은 외세에 의한 침략에 항거하여 싸웠던 것은 우리 생활속에 뿌리깊이 내려있던 무술이 있었기 때문이라고 생각한다. 이렇게 우리민족의 생명수처럼 있던 수많은 무술들이 사라진 것은 우리민족의 수치인 1945년 해방되기 이전인 일본의 조선식민지 정책(민족문화에 대한 말살정책)에 의한 것으로 보인다.

삼국시대의 무술은 424년 고구려의 고분벽화를 보면 삼실총벽화, 무인공성도, 조의선인 등 무술을 하는 형상을 띠고 있다. 삼국사기 수저81열전등이 백제조의 백제본기등에 나타난 것으로 온조왕, 아신왕, 비류왕등은 무술을 숭상하여 수벽타를 수련했다. 신라는 박혁거세가 고구려보다 20년 앞선 서기 전57년에 건국하였다. 제왕운기에 신라의 비각술, 수벽타, 탁견술, 화랑선인등이 무예를 나타내

경호무술 8
지도자론

며 고려 왕건은 수박희를 국선(오늘날의 국기 태권도)으로 하도록 명하였다. 고려의 11대 문종왕 때부터 18대 의종왕에 이르면서 무관을 경시하였다. 그러나 이후 조선시대인 1790년 사도세자의 뜻에따라 정조대왕의 어명으로 이덕무가 어제무예도보통지를 펴내게 된다.

태종 실록 동국여지승람등에 보면 조선조에서도 수박이 무술로서 계승되고 있었음을 알 수 있다. 이처럼 고려사와 무예도보통지를 보더라도 우리의 전통무술이 일상 생활속에 폭넓게 자리잡고 있었음을 짐작케하고 있다.

일본은 사무라이 무사계급을 우상화해온 민족으로서 일상생활속에 폭넓게 퍼져 있는 조선의 무술을 그 무엇보다도 두려워할 수밖에 없었을 것이다. 이같은 인식은 조선의 무술인들을 억압하고 탄압하게 되었으며 우리 민족무술의 계승을 우려한 나머지 무술관련고서 및 무술비서들을 없애려고 하였고, 많은 일본인들에 의하여 사장되게 되었던 것이다. 또한 우리의 우수한 전통무술들을 일본무술로 둔갑시켜 다양한 무술장르로 소개하여 전통성을 바꾸는 행위를 서슴치 않았던 것이다.

이와 같은 사실은 오늘날에도 많은 영향을 받고 있는 것이 사실이다.

2) 무술창시에 대하여

우리나라의 무술창시에 대한 논란과 더불어 우리의 전통무술에 대한 뿌리와 근원을 찾는다면 택견이 유일한 전통무술로서 국가(인간문화재 지정)와 사회로부터 인정받고 있다고 할 수 있다. 그러나 이마저도 전통성 문제에 완성도가 부족하다는 인식이 많다. 그 이유로는 택견의 원형자료가 부족하고 기원이 불분명하며 특히 창시자가 구전적으로도 존재하지 않기 때문이다.

이러한 우리의 현실과는 달리 중국이나 일본의 현실은 우리와는 크게 다르다. 예를들면 중국 소림무술의 우슈는 초우선사가 창시한 것으로 알려져 있으며, 특히 일본의 경우는 보다 확실하게 하고 있다. 일본무술은 주도(유도), 가라데도(검도), 아이기도(합기도)등에 대하여 역사성과 정통성을 문헌적으로 분명히 밝히고 있는 것이 특징이다.

주도(유도)는 1860년 카노지고로가 창시한 무술로 밝히고 있다. 가라데도(검도)에 대해서는 1920년 후나코시친에 의해 정립된 무술로 밝히고 있으며, 아이기도(합기도)는 1883년 우에시바 모리헤이가 창시한 것으로 밝히고 있다.

그 이외에도 티베트의 라마승에 의해 창시된 백학권, 이소룡이 만든 절권도등도 당당히 창시자를 밝히는 것이 부러울 뿐이다.

그리고 필자는 이같은 사례를 확인하며 우리나라와 우리의 무인들이 무술에 대한 역사성과 전통성에 대하여 그동안 문헌적으로 얼마나 소홀히 여겨 왔는가를 생각하면 심히 안타까울 뿐이다. 분명 무술도 하나의 민족문화이며 우리의 소중한 문화 유산임에 틀림없다. 그리고 그 어떤 문화유산보다도 소중하고 가치 있는 것이다. 현대사의 우리나라 전통무술찾기의 일환으로 그 획을 그어 본다면 박정희 대통령 정권 시점이라 할 수 있다.

1964년 박정희 대통령은 무관 출신답게 이미 사라지고 없는 우리 민족의 무술을 계승·발전시키기 위해 대한태수도협회(태권도)를 발족시켰다. 이후 1965년 대한태권도협회로 명칭을 변경하였으며, 연이어 1966년 국가를 대표하는 무술로 국내는 물론 해외에 보급하여 민족 무술의 우수성을 여러 국가에 알림으로 인하여 국가위상강화를 통한 정치·경제·문화등의 국제교류를 열어가는 외교적 통로로 이용하기도 했다.

특히, 1988년에 열린 88서울올림픽에서 태권도를 시범 경기로 성공시켜 태권도 종주국의 위상을 굳혀 세계속에 한국무술을 중심에 서게 하였다. 그러나, 매우 아쉬운 점은 태권도의 창시자가 없다보니, 신비감과 위상강화 그리고 정통성 확립에 커다란 문제가 발생되고 있으며, 특히 태권도를 배우는 외국인들이 이점을 납득하지 못하고 있다. 지금이라도 태권도 정립을 위해 참여했던 분들을 중심으로 창시자의 존재를 밝힘으로서 이러한 문제를 해결해야 할 것으로 보인다. 최근에 태권도의 정체성과 정통성의 문제를 제기하는 사람들을 이해시켜야 하는 이유 때문이다. 이유인즉, 1955년, 1959년, 1965년 최홍희 주도로 태권도의 명칭이 제의되어 채택이 되었으나, 명칭만 창안한 것일뿐 독자적 기술체계를 전혀 제시하지 못하였으며, 대한태권도협회의 태권도는 1970년대 품세등이 만들어지기 이전까지 당수도, 수박도의 기술체계를 그대로 유지한 것으로 최홍희가 창시자라고 주장하는 것은 어불성설이다라는 것이다. 물론 이외로도 오늘날 태권도가 무도인가? 스포츠인가? 하는 문제로 정체성 정통성에 대한 논란은 끊어지지 않고 있다. 이와 같은 현상은 도(道)·예(藝)·술(術)중 무엇이 중심인가? 라는 시각의 중요성이 무시되고 그것이 이것이고, 이것이 그것이다라는 식의 관념만 남아있기 때문인 것 같다. 이와 같은 관념은 태권도의 본질을 이해할 수 있는 기술정립이 미흡하다는데 가장 큰 이유가 있으며, 무술이라는 본질보다는 경기위주의 스포츠적 성향으로 흐르는 것에서 문제가 되고 있다고 할 수 있다. 본래 무술은 다양한 목적성에 의하여 형성되며 태동하게 된다. 필자가 1992년 경호무술을 창시하여 1994년 "경호실무" 라는 책을 통해 경호무술을 세상에 처음으로 소개하였다.

필자가 이름들을 다 밝힐 수는 없지만 ○○은 필자가 창시한 경호무술에 대하여 "일반무술을 경호자만 붙여 경호무술이라고 한 것이지 경호무술이 새롭게 창시된 무술로 존재하지 않는 것이다" 라고 말하며 입에 차마 담기 어려운 말을 할 때, 필자가 쓴 경호무술책을 보지 못한 사람에게 어떻게 설명할지 몰라 말문이 막혔던 기억이 있다. 특히 창시자라는 주장에 대하여 우리 사회가 받아들이는 인식은 상상외로 가혹할 정도였다. 물론 과거보다는 많이 달라지기는 했지만 현재까지도 이상한 사람쯤으로 생각하는 이들이 많이 남아 있는 것 같다. 이처럼 무술을 창시한다는 관념이 우리 사회에서는 아직도 자연스럽게 받아들일 만한 환경으로 성숙하지는 않은 것

그러나, 필자는 자신한다. 무려 10년이상 수많은 사람들에게 경호무술을 지도해 왔지만 이들 중 경호무술을 비하하거나 욕한다는 것을 들어본 사실이 전혀 없다. 최근에는 태권도, 유도, 검도, 합기도등 타 종목 무도체육관들이 경호무술지도라고 간판을 달고 영업을 하고 또 경호무술원을 설립하여 체계적으로 보급하려는 지도자들이 늘어나고 있다. 이같은 이유는 상업적 이유도 있겠지만 경호무술의 독창성과 기술체계를 비롯한 용어와 용법등에 있어서 우수성이 전제되어 있지 않으면 불가능한 일이다.

필자가 만든 무술을 경호무술이라고 명명할때의 일이다. 모르는 일반 사람들은 그냥 아무런 의미없이 경호무술이라고 부르고 또 경호무술이니까 그냥 경호무술이지 하고 받아들이는 것 같다. 그러나 경호무술 창시자인 필자가 무술명을 명명할 당시 경호무술이 아닌 경호무도라고 할 수도 있었다. 그리고 경무도나 호위도라고도 명명할 수 있었다. 아마도 필자가 처음에 경호무술이라고 명명하지 않고 "경호무도", "경호도", "호위도" 라고 명명했다면 오늘날 이렇게 사용되었을 수도 있을 것이다.

일반적으로 타 격기 무술 종목들을 보면 태권도, 유도, 검도, 합기도에는 경호무술에 없는 도(道)자만 있고 경호무술에 있는 무(武)자와 술(術)자가 없다. 이와 같은 이유를 올바르게 이해하거나 아는 사람들이 과연 얼마나 될까? 필자는 이것을 알기 때문에 경호무술이라고 명명한 것이다. 처음부터 경호무술은 전통무도와는 달리 경호실무를 기초로 하여 기술적 요소를 중심으로 개발하였다. 왜냐하면 도는 술을 초월한 것이지만 술은 결코 도를 초월한 개념이 될 수 없다고 보기 때문이다.

경호대상의 신체 및 생명을 위해하는 자에 대하여 원인이나 동기를 초월하여 물리적·기술적 수단을 동원하여 "경호대상" 을 보호해야만 하기 때문에 경호환경에 일반적인 무도의 개념은 존재할 수 없는 것이다라고 보기 때문에 필자가 "경호무술" 이라고 명명하게 된 이유이다.

김명선씨는 "나를 이기는 싸움" 이라는 책에서 "허위적 역사와 전통을 내세우지 말고 기술의 실효성 문제나 사상적 의미, 수련자에 대한 가치 증대에 고민하고 몸담아 실행하는 것이 바람직하다. 원류가 어떠하든지 끊임없이 연구, 개발하면 기술의 원리, 구조, 형식조차 자기식으로 향상될 것이다" 라고 언급하고 있다. 필자는 이와같은 김명선씨의 주장에 대해 전적으로 동의한다.

향후 우리나라의 무술이 세계적인 무술로서의 권위를 유지하기 위해서는 허위적 역사와 전통성을 내세우기보다는 새로운 무술로서의 정통성을 확립하고 학문적 이론을 정립하여 보존하는데 보다 많은 노력이 요구된다고 필자는 생각하며 필자가 창시한 경호무술 또한 이러한 관점에서 "신무술" 로 개발했다는 점을 밝혀두고자 한다.

앞으로 더욱 많은, 그리고 더욱 다양한 장르의 신무술들이 끊임없이 개발되어 우리무술의 권위를 되살려 한국을 대표할 수 있는 세계적인 문화유산으로 우리들의 후손에게 물려지기를 필자는 고대한다.

3) 무술 이념과 변화

역사적으로 무술·무예·무도의 태동기는 그 시대적 변천사와 함께 시작되어 다양하게 변모하였다. 특히, 여러 이념적 사상이나 종교로 발전해 작게는 심신수련법,크게는 종교적 이념을 만들거나 변화시켜 왔다.

오늘날 우리 사회는 민족적 사상, 종교적 사상, 정치적 사상과 같은 다양한 이념적 사상이 존재한다. 이같은 사상은 합치되지는 않지만 일정기간 공존한다. 그러나 공존하다가 대립되어지는 것이 반복되어진다.

즉, 우리 인간세상은 불교에서 말하는 번뇌 그 자체라고 할 수 있다. 역사적으로 그동안 많은 철학자들이 있었다. 동양에서는 맹자, 서유럽에서는 아리스토텔레스, 소크라테스등 이들이 말하려는 것은 무엇이었을까? 일반인들은 이들을 가리켜 도가의 도인들이라고 칭하거나, 인식한다. 그러나, 현대적으로 이념적 사상가 또는 철학자들이라고도 불리운다. 이들의 특징은 석가나 예수와는 또다른 부류로 구분된다. 그 이유는 자신을 신격화하지 않았으며, 정치적 권력이나 종교적 의미에서의 실력을 행사하지 않았다. 즉, 민중을 자기중심적으로 선동하지 않고, 이들은 순수 철학만을 한 사람들이기 때문이다. 즉, 이론가 역할로서만 존재했던 인물들이다.

그러나, 세상 어떠한 철학보다 더 나은 사상의 철학은 바로 무술이다. 이 속에는 자신에 대한 패배가 있고, 자신에 대한 극복이 있기 때문이다. 아무리 훌륭한 철학을 안다 해도 자신이 그 속에 들어있지 않으면 소용없다는 키에르케고르의 말처럼 무술은 실천의 정신이요, 정신을 승화하는 몸의 느낌이기 때문이다. 상대의 몸통을 취하려면 내 팔을 내주고 상대의 목숨을 취하려면 내 몸뚱아리를 내주라는 미아모도 무사시의 무혼은 이 혼탁한 세상을 살아가는데 공자보다 더한 극진한 삶의 자세를 우리에게 가르쳐주는 하나의 진실이다. 또 공자가 죽어야 나라가 산다는 사람과 공자가 살아야만 이 시대를 극복할 수 있다는 양극의 철학이 상존하는 현실속에서 산다는 것을 자각할 때 정신과 신체가 하나가됨을 강조하는 무술철학은 그야말로 진실의 교훈일 수밖에 없다.

인인불인 인불인인(忍忍不忍 忍不忍忍)의 무술정신, 참을 수 있는 것을 참는것은 참는것이 아니요, 참을 수 없는 것을 참는것이 진정한 참음이라는 교훈은 삶을 극진하고 진실하게 살라는 무술 정신만이 아닌 삶의 철학이 되고도 남음이 있는 것이다. 현대적 의미에서의 무술은 무술이 중심이 아닌 인간의 심신을 함양시키는 수양법의 형태로 발전하여 무도적 관념이 중심이 되는 무술과 또 하나는 오늘날의 태권도와 같은 경기 종목의 스포츠로 변모한 것이다. 그리고 여기에 정치성과 종교성, 상업성이 결부되어 관념적 형태가 부가 되었다. 이와같은 현상은 술·예·도중에 무엇이 중심인가라는 시각의 중요성이 무시되고, 무술·무예·무도적 본질이 퇴색해지고 있다.

그러나, 필자는 이 글을 읽는 이들에게 말하고 싶은 것은 도적인 무술이나 예적인 무술이나 술적인 무술이나 스포츠적 무술이나 현 시대가 요구하는 다목적성이 요구된다는 관점에서 받아들여주길 바라는 것이다. 도적인 요소가 없기 때문에 무술을 무도가 아니다 또는 무도이다라는 식의 소모적인 논쟁은 불필요한 것이라고 필자는 말하고 싶다. 도를 수련하는 사람이나 무술을 수련하는 사람이나 각기 다른 목적성에 의하여 참여한다는 사실을 우리는 자연스럽게 받아들이는 성숙함을 보여주어야만 한다.

필자는 가끔, 무술·무예·무도·전통무술·정통무술, 민족무예라는 용어적 논재를 가지고 싸우는 사람들을 보곤 한다. 그러나, 정확한 이해를 갖고 있는 사람들은 그리 많이 본 기억은 없다.

1990년대 이후 불어온 전통문화의 관심 여파로 인하여, 우리 전통무술에 대한 사회 관심도가 높아지면서 무조건 우리 전통무술이 최고 좋다는 식의 역사성을 운운하는 이야기로 홍수를 이룬적도 있다. 우리 전통무술이라는 것이 실제 존재하는 것인지도 의심스럽다. 특히 전통무술이 최고다라는 식의 과거지향형을 많이 본다. 전통무술이 무엇이고 술기체계가 어떤 것들이 있는지도 알지 못한 채 말하는 것은 바람직하지 못하다.

최근들어 복원된 무술들은 대부분 과거에 제작된 고서에서 우리 전통무예(道)의 비서를 우연히 발견하여 복원한 무예(道)라고 주장하는 것을 볼수가 있다.

이것이 사실이라고해도 과연 원형을 그대로 복원한 것이라고 말할 수 있을까? 하는 의문이 남는다. 필자가 생각할 때 전통무술이다 또는 전통무술을 복원했다고 주장하는 대부분의 것들을 생각해 보았다. 왜 이렇게 주장하는가 아니 왜 이렇게 밖에 주장할 수 없는가 하는 이유는 창시자 본인이 순수창작무술이라고 주장했을 때 사회로부터 외면되지 않을까 하는 염려 때문은 아닐까하고 생각해 보았다.

무술에 대한 일반인들의 생각은 신비로움 그 자체로 받아들이는 현실에서 신비로움 그 자체를 유지하기 위해서는 전통무술을 복원한 것이다라고 하는 것이 그 무술의 전통성과 정체성을 의심받지 않는 유일한 방법으로 인식하기 때문이라고 생각한다. 이와같은 사회인식은 그동안 무술의 발전을 저해하는 요소로서 장애가 되어 왔으며, 근대에 와서는 서양의 다양한 신무술에 의하여 우리의 무술들이 점차 경쟁력을 잃어가고 있는 원인이 되고 있다고 생각한다.

무술의 이념적 변화가 사람들이 오랜 역사속에서 살아 움직이려면 우리가 입고 있는 옷처럼 옷이라는 본질을 유지하면서도 그 시대에 맞는 편리성·실용성등이 가미된 미적 요소를 포함하여 변화되어 왔듯이 무술 또한 이제는 기술적 요소를 포함한 측면과 실리적 측면도 변화에 익숙해져야만 한다고 필자는 생각한다.

4) 무기술의 태동과 역사

과거 원시인류는 간단한 돌과 나무로 만든 공구로 과실채집과 짐승을 사냥하며 생활의 근거로 삼았고, 또한 이러한 원시공구로 호랑이나 곰등의 침입을 막고 주변 타부족과의 전쟁에서는 병기의 기구로 삼았다.

즉, 당시의 원시인류의 공구와 병기는 한가지였다고 할 수 있다. 주위(周緯) 중국병기고사고에서 보면 "돌 조각으로 물건을 자르고 격투운동의 병기로 삼았다." 생존하기 위해 이러한 원시공구를 본능적으로 사용하였음을 알 수 있다. 그러나, 원시공구의 모양 중 후세의 몇몇 병기의 모태가 되었고, 그 사용방법은 각각 무술병기의 사용방법을 익혔다. 이후 청동기의 철의 사용은 다시 한번 무기의 빠른 발전을 가져와 원시시대의 낫이 변형하여 이루어진 과(戈)와 나무의 한쪽 끝을 뾰족하게 깎은 다음 동으로 씌워 살생력을 높인 전문적 무기가 출현하게 되었으며 생존을 위한 약탈과 투쟁등은 무기의 사용을 크게 촉진시켜 발전시키는 계기가 되었다.

이후 무기사용이 크게 늘면서 전쟁의 승패에 크게 영향을 주었고, 화약이 개발되기 전까지 칼·창과 같은 무기들이 중요한 전력이 되었으며 또한 이를 사용하는 병사들이 얼마나 무기를 잘 다루느냐에 따라 또다시 병사들의 전투력이 달라졌기 때문에, 신무기술의 개발은 매우 중요한 필수조건이 되었다. 따라서 무기술의 수련체계와 무기의 모양과 크기 등을 고려해 개발되면서 무기술은 크게 발전하게 되었다고 할 수 있다.

오늘날 최첨단 무기가 개발되었지만 무기술이 요구되는 상황은 크게 변화되지 않은것 같다. 무기술이 반드시 전쟁에서만 쓰이는 것이 아니라 오늘날에서는 생활치안 방어술로 크게 사용되어 지고 있어 무기술에 대한 수련의 중요성이 강조되고 있다고 할 수 있다.

다만, 활이나 긴 창, 긴 칼에서 손으로 짤막하게 쥘 수 있는 삼단봉이나 권총류의 무기로 변모한 면이 있다고 할 수 있다.

5) 우리나라의 시대별 무술 발달

삼국시대와 후삼국시대의 정세는 민족통일의 기운(氣運)을 조성하는 과정에서 자연스럽게 많은 무술들의 발전을 가져왔다. 오늘날과 같이 첨단무기의 개발이 전무한 시대의 전투는 병사들 개개인의 무술이 절대적인 군 전력의 유지 수단이었을 것이다.

따라서 자연히 다양한 무술수련법과 기술등이 체계적으로 개발되었다고 할 수 있다. 고구려 고분벽화(古墳壁畵)에 그려진 풍속도(風俗圖)와 무용총(舞踊塚)에 그려진 고구려인들의 생활표현에 두 사람이 서로 대련하는 자세의 모습을 그려 놓은 것이 당시의 무술 생활상을 잘 나타내고 있으며 또한 신라의 청년 화랑도 기본정신의 5계로 보아 문무를 함께 익히게 하여 이후 통일신라를 만드는 원동력이 되었던 것으로 보인다.

고대 문헌에 나와 있는 것을 보면 통일신라시대에 무술경기대회 전렵(田獵)이란 것을 열어 임금 스스로 임석 하였다는 기록으로 보아 당시 무술이 군사훈련의 목적외로 일반인들에게 널리 보급되어 많은 사람들이 무술을 즐기고 익혔으며 특히 오늘날의 스포츠와 같이 경기화를 하여 즐겼던 것으로 추축할 수 있는 대목이다. 그리고 고려사, 충혜왕 3년 5월 "왕이 상춘정에 나가 수박희를 구경하였다." 라고 되어 있으며 동사강목에서도 "왕이 직접 수박희를 하였다." 고 적고 있다. 특히 고려사에서 수박희는 무술로서뿐만 아니라 스포츠경기로서도 제 3자가 재미있게 관람할 수 있을 정도로 체계가 서 있었다는 것을 알 수 있다. 그리고 이처럼 왕까지도 무술을 가까이한 것으로 보아 무술은 통치적 관점에서도 매우 중요한 수단이었음을 짐작할 수 있는 대목이다.

그리고, 이조왕조 실록에서는 수박희가 얼마나 많은 일반대중에게 보급되었는가를 찾아볼 수 있다. 정조 14년(1790년경) 왕의 특명에 의해 백동수, 이덕무, 박제가, 박지원등이 함께 만든 무예도보통지(武藝圖譜通志) 말 그대로 무예의 계보, 족보를 기록한 군사훈련교본이다. 무예도보통지에는 권법이 무예의 한 정식종목으로 포함되어 수록되었다. 특히 백동수(白東脩·1743~1816)는 서얼신분으로 29세에 무과 급제, 45세에 국왕 호위부대인 장용영 초관에 임명, 이후 비인현감과 박천군수로 재직하다. 1816년 74세로 세상을 떠났다.

그는 정조가 아끼고 박지원과 이덕무가 사랑한 선비였으며 사라진 전통무예의 맥을 되살린 무예가이기도 하다. 박제가는 백동수를 '전서와 사기'를 논할 만하다고 했고 박지원은 '전서와 예서에 뛰어나다' 는 평가를 하고 있으며 단원 김홍도와는 화법에 대해 토론을 했다고 한다.

조선시대 알려지지 않은 한 무인의 삶을 통해 18세기 조선남아들이 무엇을 고민하고 생각했는가를 엿볼 수 있게 한다. 백동수가 보았다는 책, 사용했다는 무기, 무예를 연습했다는 장소등 200여장에 달하는 그림 자료가 조금 남아 있다.

우리사적의 삼국사기, 고려사, 무예도보통지(40여 페이지로 소개)등에는 수박, 축국, 추천, 수벽타, 수박희, 수백, 권법, 권술, 격봉, 격양, 격검, 격구등을 기록했다.

그러나 이조 말엽부터 문인 숭상과 사색 당파 싸움으로 인하여 무인에 대한 학대와 탄압으로 무인들은 은둔생활과 도피생활을 하였다. 특히 고려말에서 조선시대에 걸쳐 '숭문억문' 정책, '언수문' 정책이 시행되었다. 이로 인하여 우리민족의 전통무술의 계승이란 거의 불가능하였으며 산에 은거하는 무인들이 태반이었으며 근근히 이어져 왔었음을 잘 알고 있다.

그러나 이후 조선 정조때 이성지가 쓴 재물보 변, 수박을 변이라하고 힘을 겨룸을 무라 하였다는 기록으로 보아 무예(술)가 다시 번성한 것으로 보인다. 그리고 태종실록 "의흥부에서 군사를 뽑는데 수박희를 시켜 세사람을 이긴 사람을 방패군으로 삼았다" 는 기록으로 보아 일반인들 중에서도 무술을 하는 사람들이 많았음을 짐작케 하는 대목이다. 또한 세종실록, "향리나 관노들이 수박을 잘하는 자를 군사로 뽑아 쓴다는 말을 듣고 모여 서로 다투어 수박희를 하였다." 는 기록으로 보아 군사가 되기 위하여 무술을 체계적으로 수련한 사람들도 있었음을 알 수 있는 또 하나의 대목이다. 그러나 18세기에 들어와 서양문물들이 서서히 들어오면서 전통적인 군 전투력의 유지 방법이 무술이 아닌 첨단 무기임이 확실해지기 시작하자 무술이 서서히 퇴보하기 시작했으며 일본의 조선식민통치정책에 의하여 우리전통무술(예)의 막도 닫히게 되는 결정적인 계기가 되었다.

그리고 1945년 해방이후 6·25전쟁과 정치적 혼란기에 접어들면서 다른 전통적인 문화와 함께 우리고유의 전통무술(예)도 사라지는 위기에 직면하게 되었다. 일부 전통무술들을 이어온 사람들이 있기는 했지만 무인들을 보는 시대적 관점은 너무도 냉혹했다. 최근에 영화나 드라마등으로 우리에게 잘 알려진 김두한, 시라소니, 유지광등이 그들이다. 이들이 단순 싸움꾼 등으로만 알려졌을 뿐 한마디로 정치적 원인에 의하여 시대적 운명을 달리한 사람들이다. 최근에 역사적 고증을 달리하여 재 조명한 드라마와 영화가 이들을 새롭게 평가하는 면이 있어 다행이지만 이들은 분명 그 시대의 무인들이었던 것으로 보인다.

우리나라의 무술(예)은 6·25 전쟁이후 황폐화된 문화 사회에서 무술의 존재 또한 사라질 수 밖에 없었던 것이 사실이다. 그러나 5·16 혁명이후 제3공화국이 들어서면서 박정희 대통령은 무관출신답게 1961년 수박도, 공수도단체의 통합을 적극 유도하여 1964년 「대한 태수도 협회」로 통합을 이루었으며 이후 1965년 「대한태권도협회」 라는 명칭으로 개칭하게 되었다. 그리고 1966년부터 1972년까지 품새와 같은 새로운 무술체계를 만들게 하였다. 이것이 오늘날의 태권도가 된 것이다.

특히, 박정희 대통령은 1966년부터 대통령기 쟁탈 전국단체대항 태권도 대회를 개최하여 국민인화단결과 국민체육증진, 그리고 국위선양등으로 정치적·외교적 수단으로 적극 활용하기도 했다.

박정희 대통령이 경제성장과 같은 많은 일들을 하였지만 그중 국민의 건강과 안녕을 위하고 우리 국민의 체육문화의 한 장르로 태권도를 재 정립케 하였으며 1972년 국기 태권도라고 쓴 회호를 남겨주어 우리 민족의 부흥을 위한 생명수를 불어 넣어준 것이라고 할 수 있다.

격투기에 관한 고려 조선시대의 주요 기록

기 록 서	무예에 대한 내용예(일부발췌)
고 려 사	충혜왕 3년 5월 "왕이 사춘정에 나가 수박희를 구경하였다."
동사강목	"왕이 직접 수박회를 하였다." "의민이 주먹으로 기둥을 쳐서 서까래를 움직이고, 두경승이 주먹으로 벽을 치니 주먹이 벽에 파묻혔더라"
재 물 보	(정조때 이성지) 변, 수박을 변이라 하고 힘을 겨룸을 무라 하였다.
태종실록	"의흥부에서 군사를 뽑는데 수박희를 시켜 세 사람을 이긴 사람을 방패군으로 삼았다."
세종실록	"향리나 관노들이 수박을 잘하는 자를 군사로 뽑아 쓴다는 말을 듣고 모여 서로 다투어 수박회를 하였다."

조선시대 무관들이 배운 6가지 무예

중국에서 전해졌으며 1594년(선조 27년) 임진왜란 때, 원병(援兵)을 이끌고 온 명나라장군 이여송(李如松)에게 배워, 훈련도감에서 군병들에게 가르쳤다. 장창(長槍)·당파(牙)·(狼)·쌍수도(雙手刀)·곤봉(棍棒)·등패(藤牌)낭선의 6가지 무기를 사용하는 여러가지 기술이다.

조선중기~말기 무관들이 배운 24종류의 무예

고려시대 군인의 무예는 무예별감(武藝別監) 설치뒤 군병들을 훈련시키면서 가르친 살수(殺手)에 속한 몇 종류가 있었고, 조선 초기까지도 대체로 이 정도였다. 선조때 임진왜란을 치른뒤, 전력강화의 필요에 따라 명나라 장군 이여송(李如松)이 전수(傳授)한 무예육기(武藝六技)와, 명의 척계광(戚繼光)이 왜병방비법(倭兵防備法)을 저술한 《기효신서(紀效新書)》를 참고하여, 무예 12반(般)을 훈련도감에서 군병들에게 훈련시켰다. 영조때 장창(長槍) 등의 기예(技藝)를 세분하여 18반으로 늘렸으며, 정조때는 6가지 기예를 더하여 24종의 무예로 정비, 무예 24반이 되었다.

그 종류는 목장창(木長槍)·죽장창(竹長槍)·기창(旗槍)·기창(騎槍)·예도(銳刀)·쌍수도(雙手刀)·왜검(倭劍)·제독검(提督劍)·본국검(本國劍 : 新羅劍)·쌍검(雙劍)·마상쌍검(馬上雙劍)·월도(月刀)·마상월도(馬上月刀)·협도(挾刀)·등패(藤牌)·권법(券法)·편곤(鞭棍)·마상편곤(馬上鞭棍)·곤봉(棍棒)·마상곤봉(馬上棍棒)·격구(擊毬)·마상재(馬上才) 등이다. 조선중기 이후 무관을 시취(試取)할 때는 이 무예중 몇 가지를 골라 시험과목으로 하였다. 고도의 기술을 요하는 무술이라서 순조 이후로는 거의 없어져 전하지 않는다.

경호무술 지도자론

제1절 경호무술 지도자론

1. 지도자 및 지도력이란

1) 지도자란?

지도자란 구성원들이 원하는 이상에 대하여 구체적인 방향을 제시하고 또한 구성원들이 목표로 하는 목적을 실현하는데 필요한 유, 무형적 가치실현에 대한 믿음과 확신 그리고 동기 부여를 통해 상호협력을 유도하고 이해갈등을 극복해 공동의 목적과 목표를 달성하도록 리더십을 발휘하는 사람을 말한다.

2) 지도력이란?

지도력이란 다른 사람들이 하기 원치 않는(힘들고 고통스럽고 어려운) 것을 하게 만들며, 그것을 즐겁게 하도록 만드는 능력을 말한다. 다시 말해 지도력이란 개인이나 조직체의 목표를 달성하기 위해서 그 개인이나 구성원들이 스스로 서로 협력할 수 있도록 영향을 미치는 제반활동을 포함하는 것이다.

3) 지도자가 해야 하는 일

① 조직체의 사람들에게 동기를 부여하고 격려해서 조직체의 목적을 성취하도록 이바지 하는 활동
② 사람들을 움직여서 조직체의 목표를 달성하는데 일익을 다하도록 하는 영향력
③ 사람들에게 동기를 부여하고 영향을 미쳐서 조직체의 목적을 이루도록 하는 고의적인 훈련
④ 조직체의 목적을 달성하기 위해 상호 결속력 있게 협력을 유도하도록 하는 것

4) 이 세상에서 세 가지 부류의 사람(비틀러 Bertler)

① 무슨 일이 일어나는지도 모르는 사람
② 무슨 일이 일이 일어나든지 구경만 하는 사람
③ 무엇인가를 일어나게 하는 사람 - 이것이 바로 지도자이다.

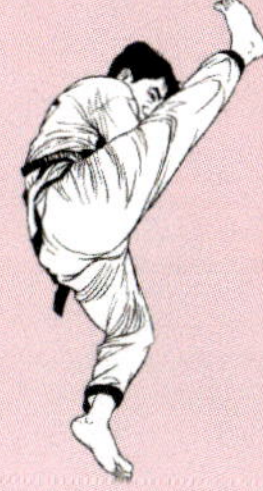

5) 활동계획(Activities, Planning)

① 목표설정 질적, 양적 생활에 다 연관되어야 한다.
② 목표달성을 위한 방법들을 계획
③ 필요한 자원을 계획
④ 계획을 통합시킬 수 있는 조작을 계획
⑤ 계획을 시행
⑥ 평가

6) 조직(Organizing)

① 위임: 다른 사람들에게 책임과 권한을 부여해서 일을 하게하고, 결과에 대한 셈
　　까지하는 것.
② 인간 상호간의 관계를 수립하고 유지하는 일
③ 업무명세서: 조직 내에서 각자 맡은 일에 대한 성문화된 진술
④ 일의 평가 기준을 정해야 한다.
⑤ 결과에 대한 평가

7) 느헤미야의 지도력

집요성 불요불굴의 정신의 소유자였다. 지식, 통찰, 결단력의 사람, 형편을 알고 일을 시작한 사람이다.

① 느헤미야는 사람들의 어떤 형편이나 필요를 미리 알고 그 가능성을 조사한 뒤에
　　그의 일을 시작하였다.
② 사람들을 가능한 것에 대한 사고를 하도록 인도하였다.
③ 일을 조직하고 일이 이루어지도록 책임을 사람들에게 구체적으로 위임하였다.
④ 우선순위를 분명히 했다.
⑤ 대화가 늘 사람들과 열려 있었다.
⑥ 업적에 대한 칭찬을 할 수 있는 사람이었다.

8) 지도력 형성

지도력 타고난 것 또는 훈련되어 지는 것?
리더십에 대한 초기 연구에서 지도자는 추종자와 혹은 다른 사람과 구별 되는 어떤 특성을 지니고 있다고 했다. 인격, 지성, 신체, 인식하는 면, 이해력도 뛰어나다.

① 지도자는 훈련되어지는 것. 지도력이란 조직체의 목표를 달성하기 위하여 조직체
　　내에서 의도적으로, 고의적으로 특정한 영향력을 나타내는 훈련이다.
② 지도자는 만들어 지는 것이지 태어나는 것이 아니다. 의도적이라는 말은 헌신을
　　요청하는 것이다.
③ 성공적으로 다른 사람들을 지도하기 위하여 지도자는 배우고 훈련받아야 한다.

9) 지도자 훈련

① 정신적 훈련이 필요하다. - 인격적인 훈련
② 지역적, 정서적, 사회적, 도덕적 훈련도 받아야 한다.
③ 행정과 경영에 대한 연구와 훈련이 다소 필요하다.
④ 경호무술 수련생의 요구와 필요가 무엇인지 대해서 연구해야 한다.

2. 지도자의 유형(Leadership style)

1) 자유방임형(Laisser-Faire)

지도자가 목표, 정책, 마감일, 예산을 세우고 추종자들로 하여금 지시나 통제 없이 자유롭게 일을 하도록 허락하는 것.

장점: 자유를 누리면서 자신의 능력을 발휘할 수 있는 자들에게 좋다.

① 최대한의 위임을 허락한다.
② 스타일에 맞는 사람들에게 자신들에게 주어진 시간과 자원을 가장 적당히 사용할 수 있게 된다.

단점: ① 통제가 적다는 것이 가장 큰 모험을 해야 한다는 것이다.
② 지도자가 사람들의 능력과 인격의 정직성에 대하여 알지 못한다면 일의 결과가 위험할 수 있다.

2) 관료주의적형(Bureaucrstic)

지도자가 사람들에게 조직체의 정책, 절차, 규칙을 따라 무엇을 해야 할지를 명령하는 것.

장점: 재정적, 법적인 문제처럼 정책과 운영에 있어서 일관성이 요청될 때 적합.

단점: 독립적으로 사고하기 때문에 자신이 적당하다고 여기는 대로 행동하는 자는 이 스타일이 압제적이며 답답하다고 생각한다.

① 모든 규칙이나 상황에는 예외가 있다. 예외적인 상황에서 이 스타일은 융통성이 없다.
② 정책이나 규칙이 미치지 못하거나 애매모호하게 될 때 이형이 적용되지 않아 상황이 마비될 수 있다.
③ 사기가 저하 되거나 감정을 품거나 저항감을 가질 수 있다.

3) 민주적형(Democratic)

의사결정, 정책결정, 그리고 운영에 있어서 사람들이 동참하도록 지도자가 조정하는 것이다.

① 지도자는 그룹 사람들과 함께하여 그룹의 결정이 바로 지도자의 결정이 된다.
② 지도자는 그룹 사람들이 찬, 반에 대하여 토의 하도록 허락하고 추첨을 한다. 그러나 최종 결정은 지도자가 한다.

장점: 변화의 정도가 높고 무엇을 해야 할지 모르는 상황에서 효과적이다.

① 의사결정 과정에 그룹 사람들이 참여할 때 그 결정된 사항에 전념할 수 있다. 성취하기 위해서 열심히 일할 수 있다. 그래서 강력한 동기 유발이 된다.

② 정보에 관한 많은 자원이나 원천, 제안, 아이디어 그리고 재능이 있는 사람들을 활용할 수 있어서 더 나은 결정을 할 수 있다.

단점: ① 상당히 많은 시간이 요청된다. 그리고 많은 요소들이 작용한다.

② 지도자가 자신의 책임을 회피하기 위해서 오용될 수가 있다.

③ 자신의 제안이 무시될 때 감정이 상할 수 있다.

④ 지도자가 깨어 경계하지 않으면 이런 유형을 계속해 나가다가는 완전히 조절할 수 없는 정도로 퇴보할 수 있다.

4) 독재적형 (Autocratic)

지도자가 주권을 잡고 문제가 무엇인지 알려주며 해결책을 고려한 후에 택일하여 자신의 결정을 부하 직원, 추종자들에게 알려 주는 것.

* 추종자의 직접적인 투입이 없다.
* 권위가 일을 성취하는데 원리적인 수단이 된다.
* 까다로운 지도자는 벌을 강조한다.

장점: 애매모호한 자유의사 결정 요청을 싫어하는 자들에게 적당하다.

① 시간 절약이나 빠른 결과를 얻을 수 있다.따라서 능률의 증진을 달성한다.

② 위기에나 사태가 급박할 때 이 유형은 좋다.

③ 명령의 선이 분명하다.

④ 분업이 분명하다.

약점: 권위에 호응하지 않는 사람들에게는 부적당하다. 특히 젊고 교육을 잘 받은 사람에게 그러하다.

① 일방적인 의사소통이 상당히 잘못된 결과를 초래할 수 있다.

② 지도자가 전문인이 되어야 한다.

③ 급변하고 복잡한 상황에서 단 한사람이 결정을 한다는 것은 위험하다.

3. 생각, 고려(Consideration)

지도자와 추종자와의 관계에 있어서 우정, 상호간의 신뢰, 존중, 따뜻함을 나타내는 행동과 관계있다.

1) 의존하고 상의하는 모습

지도자가 사람들 사이의 관계를 정하고, 의사소통의 통로를 수립하고 조직체의 과업을 성취하는 방법들을 모색한다.

2) 지시적, 과업 중심 유형(Directive style)

주된 관심은 과업성취 또는 결과를 얻는 것, 사람들이란 조직체의 목표를 성취 하는 데에 이바지 하는 존재로 본다. 그들이 맡은 일을 열심히 해 나갈 것을 기대한다. 개인이 하는 일을 아주 철저하게 측량한다.

3) 후원적 유형(Supportive Style)

사람들과 그들의 능력이나 습관에 초점을 맞춘다. 목표달성에는 관심이 없다. 인간을 약한 존재로 생각해서 지도자는 사람들을 보호해야 하는 책임을 지니고 있다고 생각. 즉 조직체의 목표달성보다 사람들이 기쁘고 즐겁고 조화를 이루도록 해나간다.

4) 관료주의적 유형(Bureautic Style)

어떤 결과를 얻으려 하거나 건전한 목표를 확립하려 하지 않는다. 모험을 싫어하고 어떻게 해서 든지 문제에 말려들려고 하지 않고 결과나 인간관계에 있어서 최소한의 요구사항만을 맞춰나간다. 그리고 조직체나 인간에게 기여도가 전혀 없는 유형이다.

5) 절약적인 유형(Strategic Style)

이 유형의 무기는 타협하는 것이다. 사람들과 과업사이의 갈등을 해소하기 위한 방법을 타협이라고 생각하며 중간 위치를 차지하고 기계적인 균형을 유지해 나간다. 그래서 다른 사람을 조정하려는 성품을 가지고 있다.

6) 협력하는 협조적인 유형(Collaborative Style)

일은 사람의 건강에 좋다고 생각하며, 사람은 누구나 일하고자 하는 내적인 열망이나 필요가 있다고 본다. 사람이나 조직체는 상호 연관이 있어서 사람들을 조직체의 목표달성을 위해서 필요하고 목표성취는 사람들을 위해서 필요하다.

4. 지도자의 자질

지도력의 효력성은 지도자의 비젼을 성취하는 것과 사람들의 진짜 필요를 충족시키는 방향으로 얼마나 잘 이끌어 나가느냐에 달려 있다. 그리고 사람들에게 진짜 요구가 무엇인지를 알려 주어야 한다. 우유부단하고 애매모호한 사람은 지도자가 될 수가 없다. 지도자는 자신이 원하는 것과 다른 사람의 성취해야 할 것에 대해 알아야 한다. 모든 사실과 정보를 얻었을 때 곧 바로 분명하게 결정해야 하는 것이 지도자이다. 결정의 중간의 유혹을 물리치고 결정한 후에도 동요되지 말아야 한다.

1) 발전단계

지도자는 우선 뜨겁고 강렬한 정렬이 있어야 한다. 다시 말해 열열한 관심과 활동이 있어야 한다. 노력과 땀 속에서 이루어져야 한다. 거듭난 경험에서 나온다. 자신의 경험이 끊임없이 계속 되어져야 한다.

2) 고결한 인격(Personal Interprity)

인격은 지도력의 전부 (진실, 정직 믿음직함이 그 기초 이다.) 이고 지도자인격의 고결성은 절대적이다. 그리고 경호무술 수련자 가치관을 정립하는데 절대적인 영향을 미친다.

3) 지식과 이해

하는 일에 대한 지식과 사람들에 대한 지식이 갖추어져 있어야 한다. 조직체의 목적과 역사에 대해 알아야 한다.

4) 독립적 사고력

① 지도자가 창조적인 생각을 하고 사태를 바른 방향에서 볼 때
② 지도자에게 자신감이 있을 때 잘 발휘
③ 조직체 안에서의 통일성이 있어야 된다.
지도자는 사소한 것 때문에 흔들리기 보다는 가치 있는 것을 위해서 행동해야 한다.

5) 건전한 판단력

① 효과적인 의사결정
② 건전한 판단력이란 어떤 행동을 언제 취할 것인지를 결정하는 능력을 요청

6) 창의력

남의 것을 모방하지 않고 자신에게 맞는 독특한 점을 지향하며 일관되고 통일성 있는 것을 지향.

7) 매력

자신의 특기적성취향 등의 장점을 살려 특유의 향을 내 뿜을 수 있는 자신만의 매력을 만들어야 한다(태도, 행동, 외모 ,옷 ,장신구 등).

8) 지도자의 생활양식

① 비전을 제시한다.
목적과 목표를 명확하게 제시하고 희망과 할 수 있다는 자신감을 갖도록 한다.
② 따르다.
지도자는 사람의 요구를 채워 주어야 한다.
③ 격려하다.

지도자는 규칙적으로 정직한 칭찬을 함으로써 사람을 변화시킨다.
④ 본이 되다.
　추종자들이 있으며 추종자들이 신뢰할 수 있어야 함으로 인격적인 성실성이 필요.
⑤ 배우다.
　계속적으로 배워야 한다. 배우기를 그치는 자는 가르치기를 그친다.
⑥ 가르치다.
　전인격적 가르침

5. 지도자의 주요 과업

행동의 진로를 정하기 위해서 지도자는 이루어지기 원하는 일이 이루어지도록 하는 것이다. 구체적이며 측정 가능할 수 있고 실현가능한 목표를 설정 질적, 양적 성장을 다고려해야한다.
① 목표설정
② 동기를 부여
③ 훈련계획, 참여
④ 솔선수범 희생정신
⑤ 중간지도자 훈련
⑥ 조직 자율결속 유지
⑦ 명령권 유지, 조직 장악 유지

1) 실제적인 것(Organizing)

사람들과 일을 분류해서 일이 인간에 의해서 가장 효과적으로 수행되게 하는 것. 수행 없이는 계획이 이루어 지지 않음.
　① 조직체 구조를 만들어라. 일을 분류하고 관계를 지어 사람들을 상호 연관 시키는 것.
　② 일을 맡기는 것(Delegation)
　　a. 책임
　　b. 권한
　③ 인간 상호간의 관계를 수립하는 것
　④ 일의 기준을 정하는 것
　⑤ 수치적인 결과 평가
공통적 관심사에 대한 원리, 개인의 능력을 발휘하도록 기회를 주어야 한다. 피가 몸 전체를 순환하듯 권한과 책임이 조직체의 구성원들 가운데 순환되어야 한다. 개발시킴으로써 무엇인가를 행하는 것이라면 꼭 완성해야 하는 것이다. 현상유지는 퇴보이다.
　a. 경영과 지도력에 있어서 가장 중요한 면에 시간, 정력을 투자할 수 있다.
　b. 결과를 증가시킨다.

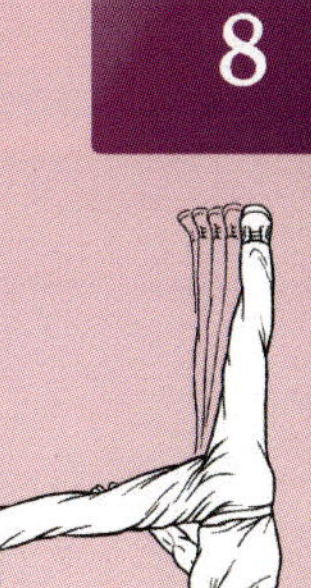

c. 사람들을 발전시킬 수 있다.
d. 동기를 부여할 수 있는 지도자가 되라.
e. 일을 위임하라.

2) 위임할 것

① 일상 틀에 박힌 일.
② 특별한 영역이나 지식이 부족할 때 그 분야에 능력 있는 자에게
③ 문제해결의 과제는 위임하는 것이 좋다.
④ 사소한 것들

3) 위임하지 말 것

① 목표를 설정하는 문제
② 평가, 칭찬하는 문제
③ 보안적인 문제들

4) 동기유발

사람들에게 감동을 주고 격려해서 필요한 행동을 취하도록 하는 행동이다.
① 동기유발은 인간 내부에서 된다.
② 사람을 자신의 필요 요구에 근거하여 동기유발이 된다. 그러므로 지도자는 사람
의 필요 요구를 충족시키고 동기부여의 분위기를 조성케 해 주어야 한다.

6. 말을 경제적으로 하라

영향력이 지니는 말을 하라. 우리의 삶에 피할 수 없는 실제이다. 모든 인간은 결정하
는 존재이다. 판단과 결론에 이르기 위해서 지도자가 하는 일이다. 논리적 판단에 의해
결론에 도달 여러 대안 중에서 선택하는 것이다.

1) 원 리

① 먼저 진짜 문제가 무엇인지 규정해야 한다.
② 사실에 근거를 두어야 한다.
③ 사람마다 한 사실을 다르게 보는 경향이 있다.

2) 논리적 사고 과정

① 외관상 나타나는 문제가 무엇인가 보아야 한다.
② 사실이 무엇인가
③ 진짜 문제가 무엇인가

3) 의사결정

짜여져 있는 어떤 습관, 관습 등을 근거하여 내리는 결정 조직체를 운영해 나갈 때 매일 직면하는 상당수의 결정들이고 이러한 결정은 불필요한 시간과 노력을 허비하지 않고 결정할 수 있다.

① 새롭고, 조직화 되지 않고, 중요한 문제 특별하고 독특한 문제들 조직체의 자원을 어떻게 형성시킬까.

② 성과가 부진한 대상에 대해서 어떠한 대책을 요할 수 있나. 동급자와의 관계를 어떻게 형성시킬까.

4) 성취에 대한 기준을 정하라

일이 계획대로 진행되고 있는지 점검하며 성취한 일을 확인 하는 일. 목표로 하는 일의 성취에 대한 기준을 정하는 것. 지도자 혼자가 아니라 추종하는 자와 함께 성문화 하라. 활동을 측정하는 기준을 만드는 것이다.

① 우리가 무엇을 하고 있는가.

② 우리가 공동으로 추구하는 목표에 근거하여야 한다.

③ 다른 사람들의 활동과 비교하고 활동을 단계적으로 비교한다.

5) 지도자의 소통

지도자가 이해를 조성하기 위하여 행하는 일 나와 다른 사람 사이에 이해를 증진하기 위하여 하는 것 또는 메세지를 통해 한 사람으로 부터 다른 사람에게 의사를 전달하는 것. 지도자는 효과적인 대화를 위해서 필수적인 존재가 되어야 한다.

① 청중을 얻으라.

② 다리를 놓아라.

③ 관심의 영역을 연결 시켜라.

④ 행동을 요청하라.

⑤ 정보적인 것

⑥ 관념적인 것

⑦ 평가적인 질문: 자신의 일에 대한 평가. 그 사람의 생각 이해시키기 위해서 메세지를 말로 표현하는 것

제2절 무예지도법

1. 무예수련의 가치와 동기부여

무예수련은 다양한 목적성과 가치가 내포 되어 수련생들 스스로 무술원을 찾는다 그 중에서도 육체적 측면과 정신적 측면 두 양면성이 대표적이지만 성인층들에게는 정신적 측면이 매우 강조되고 중요하다. 무예수련은 매우 어려운 과정이지만 이를 알면서도 찾는 이유는 그 장점을 이용해 보다 더 강한 정신력을 배양하기 위해서라고 할 수 있다. 따라서 지도자는 이를 적절하게 이용하여 무예수련의 목적과 가치 그리고 무예수련을 위한 동기 부여 등에 지속적으로 노력해야 한다.

무예수련에서 있어서 가장 중요한 것은 수련자의 강인한 정신력이다. 무예수련과정은 힘들고 어렵고 고통스러움이 연속이다. 따라서 이 같은 어려운 수련과정의 여러 가지 어려움을 자기 스스로 극복하고 자신과의 싸움에서 이기고 난 후에야 자신감 넘치는 정신력으로 인하여 고수 경지에 이를 수 있기 때문이다.

그러나 많은 사람이 중도에서 무예수련을 포기하는 것도 수련과정에서 발생하는 어려움을 자기 자신을 이기지 못한 결과다. 살이 찢겨지는 듯한 아픔과 근육이 터지는 듯한 고통, 관절이 빠지는 듯한 아픔과 뼈가 깎기는 듯이 참을 수 없는 고통은 아무나 인내하고 견딜 수 없는 것이기에 고수로서의 성취감은 그 무엇으로도 비교할 수 없는 매우 특별한 성취감을 갖게 하는 것이다.

현대를 살아가는 우리 사회 환경은 생존을 위한 쉼 없는 싸움을 부추기고 있고 이에 지쳐가는 삶을 살아가는 사람들이 크게 늘어나고 있다. 극기야 이를 극복하지 못하고 경우에 따라서는 미쳐가는 사람도 있고 미치지 않은 사람 중에는 그 고통 참지 못하고 죽음을 선택하는 사람도 많다 그리고 겉으로는 멀쩡해 보이지만 각종 스트레스로 인한 유전적 변이로 불치병이라고 불리는 종양 암에 걸리거나 호흡곤란이나 소화불량과 같은 각종 질병에 노출되어 극히 불행한 삶을 살아가는 사람들이 우리 주변에 많다. 사회 전체가 어떻게 보면 병들어 있다고 말해도 과언이 아니다.

앞서 설명한 바와 같이 사회구조적인 문제로 인하여 마음속 근심이나 걱정거리가 많아 이로부터 벗어나고 싶지만 쉽지 않은 것이 현실이다. 이러한 현실을 피할 수 없다면 이를 극복할 수 있는 방법을 찾아야하는데 그 방법중 하나가 무예수련이 그 대안이 될

수 있다. 즉, 무예수련을 통하여 스스로 체험되는 과정 속에서 건강한 신체 그리고 건전하고 강인한 정신력을 얻을 수 있기 때문이다.

　어떤 일을 하든지 정신적으로 자신감이 튼튼한 기초가 되어 주어야 스트레스로부터 해방될 수 있다. 즉 무예수련은 사람의 정신력을 강화시키는 효과가 탁월하고 현대인들의 지병을 예방하고 치유할 수 있는 대안이 될 수 있다. 무예수련은 이처럼 정신적인 면과 신체적인 양면성을 동시에 강하게 단련케 할 수 있으며. 건강한 삶을 살아갈 수 있는 힘을 갖게 한다.

1) 수련생의 개인차

① 같은 무예를 수련하더라도 각 개인은 개인차가 있기 때문에 그 결과는 다르게 반응한다. 따라서 각자에게 적합하게끔 개인훈련량을 조절되어야 한다.

② 무예수련에 따른 수련생들의 반응에 영향을 미칠 수 있는 많은 요소들은 선천적인 것들이라고 할수 있다. 신체기능적인 것이든 성격적인 것이든 이러한 유전적인 요소들은 수련생들이 발휘할 수 있는 최상의 한정짓지만 자신의 잠재력에 도달하는 수련생은 거의 없다. 수련생들이 자신의 잠재력에 도달하도록 돕는 것은 지도자의 가장 중요한 역할 중 하나라고 할 수 있다.

③ 수련생들은 각기 다른 속도로 발달하고 성장한다, 이러한 개인차이가 그 수련생들의 무예습득에 대한 반응과 목표의 성공에 영향을 미치게 된다.

④ 유아기의 어린이들은 움직임에 즐거움을 경험케 해야 하며, 다양한 신체동작을 접할 수 있도록 해야만 한다.

⑤ 동작의 습득과 즐거움에 대한 강조는 아동기까지의 지속되어야 한다. 이러한 어린 나이에서의 무예수련은 어린이의 건강을 위협하고 무예에 대한 흥미를 잃게 만들 수 도 있다.

⑥ 청소년기는 성장 발육의 속도가 빠른 시기로 근육을 키우고 근력과 지구력증진을 위한 트레이닝실시에 가장 효과적인 시기이다.

⑦ 청소년기 이전에는 성별에 따라 남녀의 신체활동 참여를 구분할 필요가 없다.

⑧ 사춘기 동안 일어나는 남녀간의 성장 차이로 인해 무예기술의 성격에 따라 남녀의 구분이 필요할 수도 있다. 하지만 강도 높은 신체활동의 참여로부터 효과를 얻을 수 없음을 제시하는 증거는 없다.

⑨ 체력단련에 적절한 음식섭취는 필수조건이다.

⑩ 트레이닝 효과를 극대화하기 위해서는 적당한 휴식과 휴면이 필요하다.

⑪ 개인의 타고난 신체능력과 훈련경험에 따라 트레이닝의 강도, 시간, 빈도 등을 조절해야 한다.

⑫ 더위, 추위, 고도 등의 기후나 날씨조건이 수련생들의 수련에 영향을 준다.

⑬ 질병 혹은 부상을 입은 수련생들이 휴식을 취하도록 시간과 공간을 배려한다. 무예수련을 다시 시작하기 전에 완전히 회복될 수 있도록 충분한 시간을 허용하여야 한다.

2) 근육능력의 요소

① 근육의 수축능력이 모든 무예 동작을 가능하도록 만든다
② 근육은 신경계통에 의해 조절되는 많은 숫자의 근섬유로 구성되어 있다. 두뇌로부터의 신호가 근섬유들을 수축하게 만들며 그로 인해 동작이 일어난다.
③ 두 가지 종류의 근섬유에 따라 훈련 방식을 달리하는것이 좋다. 근섬유는 지구력이 요구되는 신체활동에 적합하다. 더 빨리 수축하며, 지구력이 많이 요구되지 않는 짧은 시간 동안의 강도 높은 운동에 적합하다.
④ 근육 능력은 근력, 근지구력, 유연성, 평형성 그리고 민첩성으로 구성된다.
⑤ 유연성이란 사지가 움직일 수 있는 동작의 범위 정도를 말한다. 유연성의 향상은 부상위험을 감소시키며, 또한 관절의 가동 범위를 증가시켜 수련능력을 높인다.
⑥ 동적균형을 활발한 동작 중에 균형을 유지하는 능력이다. 정적균형은 고정 자세에서 균형을 유지하는 능력이다. 실전과 같은 동작으로 수련을 함으로써 두 종류의 평형성을 모두 향상시킬 수 있다.
⑦ 민첩성이란 균형을 잃지 않으면서 정확한 방향과 스피드를 변화시키는 능력을 말한다. 실전동작을 연습하는 것이 민첩성을 가장 효과적으로 증가시키는 방법이다.
⑧ 무예수련 프로그램을 디자인 할 때에는 특수성의 원리를 적용하여야 하며 각 개인 수련생들의 체력 요구에 맞게끔 조절되어야 한다.

3) 근육능력 트레이닝

① 무예수련의 특수성이 모든 수련 방법에 적용되어야 하는 가장 중요한 원리이다. 지도자들이 무예수련 프로그램 방법을 선정하고 근육 능력 프로그램을 계획할 때 에는 수련생 개개인의 특정적 요구를 고려해야만 한다.
② 운동의 강도, 지속시간, 그리고 빈도를 변화시킴으로써 지도자들은 트레이닝의 초점을 조절할 수 있다.
③ 유연성 운동은 모든 무예수련 프로그램의 시작인기본에 포함되어야만 한다. 유연성은 나이의 증가와 함께 감소하므로 유연성 유지에 주의를 기울이도록 수련생들을 지도한다.
④ 이상적인 근력 발달은 10~20회의 반복회수로 최소한 10회 반복하는 것이다. 반복회수의 증가는 근지구력의 발달을 촉진시킨다.
⑤ 부하를 최대한 빨리 움직임으로써 근력을 효과적으로 발달시킬 수 있다.
⑥ 무예동작을 평소보다 빨리 실시함으로써 스피드의 향상이 가능하다.

4) 에너지시스템

① 근육 속에 저장되어 있는 ATP와 CP는 근육 수축에 곧바로 사용할 수 있는 에너지 원료이다
② 신체활동이 지속되면 저장된 근육 글리코겐이 무산소적으로 분해되면서 ATP를 추가적으로 공급하게 된다
③ 그러나 지나치게 되면 산성부산물인 젖산을 생성하게 되어 신체활동이 계속되지

못하도록 만든다.

④ 호흡과 순환계의 변화가 근육의 산소요구량에 맞추어지면 탄수화물과 지방의 유산소적 분해에 의해 ATP가 공급되며 젖산은 비교적 비활동적인 근육이나 다른 조직에 의해 소멸된다.

⑤ 지방이 인체의 가장 주된 저장에너지원이지만 강도 높은 신체활동 중에는 탄수화물이 일차적인 에너지 공급원이다.

⑥ 준비운동은 무예수련에서 사용되는 특정 근섬유의 에너지시스템을 향상시킬 수 있도록 실시되어야 한다.

5) 에너지 생산능력

① 에너지 능력 준비운동 방법의 선정에 있어 운동의 강도가 고려되어야 하는 변수 중에 가장 중요한 요소이다.

② 운동을 실시할 때 수련생들의 심박수가 어떻게 반응하는가를 파악함으로써 수련강도를 조절할 수 있다.

③ 만일 수련강도가 수련생들 최대심박수의 85% 이하로 유지된다면 유산소 에너지 생산 과정을 통해 대부분의 에너지가 생산된다.

④ 수련강도가 100이라고 할때 85% 이상이면 무산소 에너지생산과정을 향상시킨다.

⑤ 질병, 기온 그리고 다른 변수들의 심박수를 수련강도의 지표로 상용하는데 어려움을 준다. 지속적인 연습을 통해 자신의 경험으로 수련강도를 판단하는 방법을 배울 수 있다.

⑥ 에너지 능력은 트레이닝의 4단계로 구성된다: 유산소 기초, 무산소 역치, 무산소 트레이닝, 그리고 스피드트레이닝 단계를 거쳐야만 한다(4가지단계)

6) 최강의 체력

철저한 자기관리를 통하여 최강의 능력을 발휘하기 위해서는 다음과 같이한다.

① 최강의 능력은 오랜 시간동안의 철저한 준비의 결과로 얻어진다.

② 수련생들은 자신들을 이끌어가고 또한 자신들 노력의 결과를 점검할 수 있도록 기초체력 목표를 설정하여야 하며, 성취에 대해 매일 매일의 기록을 유지해야만 한다.

③ 수련생이 최강의 기량을 발휘할 수 있도록 기초체력운동을 지속해야 한다.

④ 심리적인 준비는 정신적 준비상태를 강화시킬 수 있다.

⑤ 지나친 스트레스는 수련 능력에 방해가 된다.

2. 무예수련체계지도법

1) 무예는 건강운동

건강운동의 요소에는 유산소적 심폐능력 및 유연성, 근력, 근지구력을 들 수 있다. 균형

있는 최적의 건강을 유지하기 위해서는 반드시 심폐운동, 유연성운동 그리고 근력강화 운동의 3가지 요소가 포함되어야 한다.

2) 유산소운동

유산소운동은 심장, 폐 그리고 혈관의 효율성을 향상시키고, 필요한 에너지 수준을 증가시키고, 체중을 조절하며, 신체의 기초대사량을 향상시키며, 적정 콜레스테롤 수준의 조정과 각종 질환 예방에 좋다. 운동에 있어 신체의 큰 근육을 쓰는 운동은 심장의 박동수를 올리고 신체의 온도를 올리며, 호흡수를 증가시키거나 하여 유산소운동의 효과는 최소한 20분 이상 운동이 지속되어야 효과가 있다.
유산소운동은 1주일에 보통 3번에서 5번 정도로 하고 시간은 40분~60분 정도로하며, 개인의 심박수에 알맞게 맞추어 실시하고 개인의 권장 심박수는 최대 심박수(220-나이)의 70~80% 수준으로 하며 초보자는 최대 심박수의 60~70% 수준으로 운동하는 것이 적당하다.

3) 근력 및 근지구력

근력운동은 우리의 혈압을 조절하고 신체지방을 낮추며 뼈 밀도를 높이고 각종 부상을 예방한다. 근력은 한 번에 근육이 발생시키는 최대의 힘을 의미하고 근지구력은 피로 없이 최대한 반복할 수 있는 근육의 수축능력을 의미한다.
근력강화운동은 적어도 1주일에 4~5회 정도 특별한 경우를 제외하고는 지속적으로 실시 하는 것이 좋다. 운동할 때는 보통 약간의 피로수준까지 1회 20~50회 반복의 5~10 세트 정도하는 것이 좋다.

4) 유연성

동작의 전 범위내의 관절의 가동능력을 말하는 것으로 신체건강 프로그램의 필수구성 요소 중의 하나이며 유연성의 문제점을 근육이 딱딱해지고, 굳어지던 가 인대와 힘줄이 경직된 요인을 규칙적인 운동 및 스트레칭을 통하여 유연하게 풀어준다.
유연성은 신체의 주요 근육 부위를 스트레칭을 함으로서 향상될 수 있으며, 최대의 효과를 얻으려면 근육이 충분히 더워졌을 때 스트레칭을 천천히 점진적으로 15~30초 정도 근육을 이완시켜 멈추어 실시한다. 이때 조금씩 반동을 주면 효과를 배가시킬 수 있다. 이것은 매일 수시로 하는 것이 좋고 운동 후 근육의 통증을 예방하는데 효과가 크다.

5) 무예 건강운동 프로그램순서

무예 운동프로그램의 순서는 운동 목표 수준이나 수련시간 등에 많은 영향을 받는다. 일반적으로 유산소운동과 근력강화운동을 교대로 격일로 하는 것도 좋으며 스트레칭운동은 매일 수시로 하는 것이 좋다.

① 유산소운동과 근력강화운동을 동시에 실시할 경우에 순서

a. 5분 이상 가벼운 준비운동 후 실시한다.
b. 가볍게 팔 다리 허리 몸통 순으로 전신을 스트레칭 한다.
c. 유산소운동은 천천히 시작해 빠르게 가능한 길게 실시한다.
d. 근력강화운동은 약한 것부터 무겁고 강한 순으로 한다.
e. 다음으로 5분정도의 가벼운 정리운동의 유산소운동을 한다.
f. 끝으로 전신 마무리 스트레칭을 하고 마친다
g. 건강증진을 위한 운동프로그램에 있어서 가장 중요한 것은 지속성이다.

② 무예 웨이트트레이닝 프로그램
무예를 위한 웨이트트레이닝 프로그램을 만들기 위해서는 무예 지도자가 반드시 고려해야 할 원칙이 있다.

a. 점진성의 원칙(PROGRESSION)
 - 운동의 강도와 빈도는 체력이 향상되면서 점진적으로 천천히 늘려간다.
b. 규칙성의 원리(REGULARITY)
 - 규칙적인 운동프로그램은 반드시 심폐강화운동, 근육강화운동, 유연성운동을 규칙적으로 해야 한다.
c. 과부하의 원리(OVERLOAD)
 - 운동능력을 향상시키기 위해서는 매 운동마다 점증적으로 강한 운동부하가 되게 해야 한다.
d. 다양성의 원칙(VARIETY)
 - 운동을 다양한 방식으로 실시하여 다양한 근육이 발달하도록 하며 기타 기능도 증가하도록 한다.
e. 휴식의 원칙(RECOVERY)
 - 상체와 하체운동을 강도를 강하게 또는 약하게 교대로 해서 몸에 적절한 휴식을 주어 신체가 다시 회복을 할 수 있는 시간을 주도록 한다.
f. 균형의 원칙(BALANCE)
 - 운동의 효과를 위해서 고려해야 할 3가지 구성요소인 심폐강화운동, 근육강화운동, 유연성강화운동 모두를 균형 있게 배분하여 고루 발달되게 한다.
g. 특수성의 원칙(SPECIFICITY)
 - 경호무술동작에 필요한 자세와 운동범위 그리고 능력에 맞도록 필요한 자세와 필요한 강도를 조절해 하는 것이 좋다.

③ 유연성 효과
유연성이란 관절의 가동범위 내에서 움직일 수 있는 능력을 말한다.
a. 관절의 부상 및 근육 결림을 예방된다.
b. 근력 유지에 도움을 된다.
c. 바른 자세 유지에 도움을 된다.
d. 과도한 신체운동에 의한 근육통증을 완화된다.
e. 신체의 모든 수행능력을 향상시킨다.

3. 공법수련

무예수련으로 들어가 보면 크게 두 가지로 나눈다. 즉, 내공과 외공수련이다.
내공은 내면적 수련법으로 주로 호흡과 좌선 등의 방법으로 내력을 축적하는 것이고,
외공은 신체 활동을 통해 근육기능과 같은 신체 각 기능을 강화하는 것이다.

1) 내공

우리몸속 깊숙한 곳에 힘의 원천이 있고 그것이 힘의 모체가 되어 신체기능을 도와
주는데 그 원천이 기라는 것이고 그 기를 운반하는 통로를 한의학적 용어로는 경락이
라고도 한다. 그리고 이를 이어주는 지점을 혈 점이라고도 한다.

인체의 순환계로 본다면 호흡 순환계 혈액순환계 그 다음으로 기 순환계로서 제 3의
순환계로 볼 수 있다.

현대 과학이 발달하면서 이 기 경락 순환계 비밀이 하나씩 벗겨지고 있는데 과거에
는 해부학적으로도 발견하지 못했으나 2008년경 서울대학교 소광섭 교수팀이 경락-프
리모라고 하는 것을 입증해 보였다. 전통적인 경락이라고 단정할 수 없지만 그와 유사
한 것으로 추정하고 있다. 전 세계는 이 발견에 대하여 생물학혁명 의학혁명이라고 하
고 있다.

이 프리모로 명명된 이 순환계속에는 산알, 줄기세포 기능을 하는 세포가 내공(기)수
련과 매우 밀접한 것으로 보고 있다. 소광섭 교수의 말에 의하면 수년 내 그 관계를 과
학적으로 입증할 수 있을 것이라고 말한다. 현재 서울대학교 융기원 나노 프리모연구센
터가 경기도지원아래 설립되고 있어 이에 대한 관심이 사회적으로 고조되고 있다.

기가 모이거나 흩어지면 그에 따라 많은 변화가 오게 되는데 대체로 마음속이 답답
하게 맺힌 기가 흩어져서 돌아오지 않으면 생기가 부족하게 되고 그 기가 올라갔다가
내려오지 않으면 사람이 성을 잘 내게 된다. 또한 기가 올라가지도 않고 내려가지도 않
아서 몸 중심부에 기가 막히면 여러 질병의 원인이 되기도 한다.

내공에 수련에 있어서의 좌선고 단전호흡의 효능을 알아보면,'좌선은 무한한 인내심을
길러주고 인간의 두뇌활동을 가장 왕성하게 해 준다' 하였고 단전호흡을 통해서는 경혈
의 소통을 원활히 하여 신비스러운 힘을 길러준다

내공과 외공은 상호보완적 기능을 담당하기 때문에 무예수련의 수준을 고차원적으로
승화시켜 나가야 한다. 물론 내공의 수련과정에서 외공도 수행이 이루어지는 것이고,
외공을 통해서도 내공의 단점들이 보완되는 상호작용을 한다. 내공수련은 정, 기, 신을
이룩하게 하고, 외공수련은 근, 골, 피를 튼튼하게 한다.

2) 외공

발차기 정권치기와 같은 수련법을 외공이라 한다. 이 같은 외공을 익숙히 수련하면
엄청난 위력을 발휘할 수도 있고, 몸을 가볍게 하여 높게 빠르게 뛰게 할수도 있다. 외
공을 수련하는 것은 기예수련의 첫 문이라고 할 수 있다. 근, 골, 혈, 맥에 미치는 영향

을 보면 다음과 같다. 근 이라하면 힘줄까지도 포함한 근육을 말하는 것이고, 골은 몸을 지탱하고 있는 뼈 골격을 말한다. 혈이란 생명의 근원 기 에너지가 있는 곳이라고 할 수 있다.

맥은 우리 몸 전신 표피에 세로 방향으로 흐르는 12개의 간선과 그 별개의 통로와 기경이라고 불리는 8개의 맥을 총칭하는 말이다. 12경맥은 손발의 끝까지도 이어져 있다. 최근에 과학적으로 발견된 프리모로 명명된 이 순환계가 기 경락이 아닌가 하는 가능성을 열어놓고 이를 입증하기위한 국내외 연구진들이 2~3년 전부터 연구하고 있다. 몸 어딘가에 아픔이나 쑤심이 있을 때에 피부 층에 자극을 주거나 두드리면 낫게 되는 침 자리와 같은 급소도 여기에 포함된다.

주요한 점은 외공수련을 하게 되면 운동반경이 크게 확장되고 근육량이 늘어난 만큼 발산하는 힘의 양과 비례한다. 또한 다양한 무게중심을 바꾸어 수련하게 되면 평형감각과 근육의 신축성이 늘어나 신체의 반사 능력을 크게 증가시킬 수 있다.

내공을 수련하면 기 에너지를 운용하는 방법을 스스로 터득하게 되고 의념과 호흡법을 이용해 기를 맑게 하여 몸과 마음을 건강하고 강하게 만들 수 있다. 이처럼 기 운행 방법을 터득하게 되면 외공수련 시 상호작용 원리에 의하여 고도의 집중력으로 더 큰 외공을 발할 수 있다.

외공수련 시에도 자연스럽게 표현하는 동작과 호흡이 일치되고 숨을 깊고 길게 이어주는 상호작용에 의하여 내공을 더 깊게 하는 결과를 얻을 수 있다. 일반적으로 내공을 수련하는 분들을 보면 좌선을 하고 명상과 단전호흡만으로 공력을 높이려고 하는데 그와 같은 방법으로는 어느 정도에서 그 한계가 있다. 이를 능가해 내공을 쌓으려면 크고 힘찬 동작을 취하며 호흡을 깊고 길게 유도할 수 있는 동작을 취하면서 해야만 한다. 따라서 무예동작이야말로 최적의 수련법이라고 할 수 있다.

4. 기합음파를 이용한 무예수련법

얼마전 서울 광진구에 있는 강변테크노마트 건물전체가 10여분간 심하게 흔들려 그 원인을 조사연구 했다, 그런데 그 원인이 지진이나 부실시공으로 인한 문제가 아닌 피트니스센터에서 발생한 작은 진동이 강변테크노마트 건물 전체를 흔들었다는 사실이 밝혀지면서 '공진의 힘'이 주목받은 적이 있다.

무예를 하면서 기합이라는 소리를 내어 수련하는 것을 단순히 개인의 수련특성으로 생각하는 경우가 많다. 그러나 아~, 어~, 으~, 음~, 야~, 호~, 이~, 에~, 오~, 크~, 키~, 커~, 쿄~, 시~, 샤~, 스~와 같은 발음으로 다양한 소리 굵고 또는 가늘게 또는 짧고 길게 소리 내어(다양한 음파주파수를 만들어 낼 수 있다.) 기합을 넣게 되면 자신의 신체와 뇌에 자극이 되어 필요한 에너지를 더 크게 그리고 특정 순간에 발휘하거나 할 때, 크게 노움이 된다. 대표적인 경우가 격파할 때 그 효과가 입증된다. 그러나 이 같은 현상은 단순히 심리적 현상이 아니라 소리를 낼 때의 음파가 공진상태로 전달되면서 결과적으로 영향을 주게 되는 원리다. 이것은 단순한 물체에만 영향을

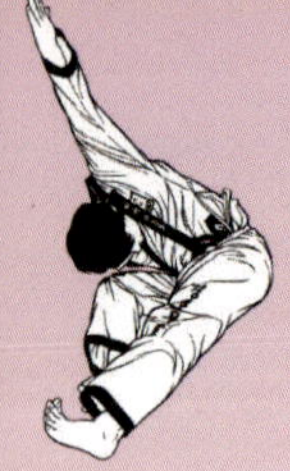

주는 것이 아니라 대련을 할 때, 그 기합(진동)소리 음파는 상대방의 신체에 전달되면서 뇌를 포함한 전체에 영향을 주게 된다. 따라서 이 기합을 잘만 이용하게 되면 상대방의 신체기능을 어느 정도 제어할 수도 있다. 이처럼 큰 힘을 써야 할 때 상대방을 제압해야 할 때 기합소리 공진을 이용하면 놀라운 결과를 얻어 낼 수가 있다. 이를 이용하게 되면 무거운 물건을 눕힐 때는 한번 힘껏 밀어 흔들리게 한 뒤 넘어가는 방향에 맞게 박자를 맞춰 조금씩 힘을 주면 흔들림이 점점 커져 쓰러지게 된다. 사이드브레이크가 풀린 거대한 트럭을 밀 때도 처음에 힘껏 민 뒤 흔들림에 맞춰 지속적으로 밀어주면 트럭이 움직이게 된다.

이렇게 진동수(주파수)만 맞으면 에너지가 누적돼 흔들림이 커지는 공진은 상식적으로 이해하기 어렵지만 이런 현상은 누구나 일상에서 흔하게 겪고 있다. 공진의 영향을 가장 많이 받을 때는 자동차 지하철 비행기 같은 교통수단을 이용할 때다. 자동차에 타면 엔진의 떨림이나 도로를 달릴 때 발생하는 진동 때문에 누구나 몸이 떨린다. 물론 경우에 따라서 느낄 수도 있고 그렇지 않을 수도 있지만 진동에 의하여 모두 떨리게 된다. 이 떨림은 간혹 신체의 특정 부위와 공진을 일으킨다. 만약 운전대를 잡고 있던 손이 유난히 심하게 떨리기 시작했다면 팔이 가진 고유진동수와 자동차에서 발생한 진동수가 일치했기 때문이다.

사람마다 고유진동수가 존재하고 있다. 물론 사람의 신체는 부분마다 고유진동수가 존재한다. 사람마다 신체의 길이가 달라 차이는 있지만 머리는 20~30Hz(1초에 20~30번 진동), 팔은 5~10Hz, 다리는 5~20Hz 다. 위나 간 같은 내장기관도 고유진동수가 있으며 사람마다 편차가 큰 편이다. 만약 같은 차를 타고도 누군가는 어지럼증을 심하게 느끼고 다른 사람은 속이 울렁거린다면 이들은 각각 뇌와 위가 자동차와 공진했을 가능성이 높다고 한다.

이 공진이 특정 신체 부위에 영향을 미치다 보니 진동에 오래 노출되는 경우에 대비해 안전기준을 제시하기도 한다. 박세진 한국표준과학연구원 의료융합연구단 책임연구원은 "세계보건기구(WHO)는 진동에 노출돼 발생하는 신체·정신적 변화를 '인체 유해성'으로 본다"며 "최근에는 자동차나 열차를 만들 때 인체의 고유진동수와 비슷한 진동을 최대한 피하도록 설계하는 추세"라고 설명했다.

그러나 반대로 공진을 이용해 유익한 장치들도 있다. 일부러 공진이 일어나도록 진동수를 맞춘 기술도 일상에서 쉽게 볼 수 있는데. 공진을 유용하게 사용하는 장비 중 하나가 자기공명영상(MRI)촬영 장치다. MRI의 기본원리는 물을 구성하는 '수소 원자핵'의 고유진동수와 똑같은 주파수의 진동을 일으키는 것이다. 사람은 이 진동을 느낄 수 없지만 체내의 수분은 MRI와 공진을 일으켜 심하게 떨린다. 이때 MRI의 진동을 멈추면 맹렬하게 움직이던 수소 원자핵이 원래대로 돌아가며 에너지를 방출하는데 이를 측정하면 인체 내부를 영상으로 만들 수 있는 장치다. 그리고 서울대공원의 친환경 '코끼리 전기열차'도 공진을 활용했다. 이 열차가 다니는 도로 밑에는 특수 전기선이 묻혀 있는데 이 전선을 지나는 전류의 주파수와 열차 코일(수신기)의 주파수가 일치하면 열차에 전기가 흐르게 된다. 이외에도 표준시를 맞추는 시계나 주파수를 맞추는 라디오, 악기의 소리를 크게 만들어주는 소리통도 전자기파나 음파의 공진을 이용한 기술이다.

138

공진을 이용하는 것은 고도의 기술로 보이지만 원리만 알면 누구나 '공진의 힘'을 이끌어낼 수 있다. 소리로 유리잔을 깨는 것은 녹음기와 소리의 주파수(음의 높낮이)를 조절할 수 있는 스피커가 있으면 가능하다. 유리잔을 두드리거나 잔 입구에 물을 발라 문지를 때 나는 소리를 녹음한 뒤 스피커로 소리를 재생하며 유리잔이 떨리도록 음의 높낮이를 조절한다. 유리잔이 떨리는 소리를 찾아 그 소리를 크게 키우면 유리잔이 저절로 깨지는 현상을 볼 수 있다.

무예를 수련하면서 기합을 이용해 그 진동소리를 자신의 신체리듬에 일치시켜 힘을 극대화 시킨다거나 또는 상대방과 대련시 힘을 사용하는 부위 또는 속도 그리고 주기성등을 이용해 진동주파수를 일치시키게 된다면 아주 적은 힘으로도 상대방을 쓰러뜨려 이길 수가 있다. 따라서 평소 무예수련 시에 기합소리를 적절하게 이용하고 운용하는 방안을 연구해 연습한다면 최고의 효과로 나타날 것이다.

제3절 무예의 역사

1. 무예의 유형과 학문적 체계

무예는 싸움기술로부터 발전되어 군사무예, 호위무예, 호신무예로 발전되었으며 군사무예는 국가기관에 의하여 국방무예로 주도되어 발전 되었다. 호위무예 또한 국가에 의하여 왕과 왕족의 안전을 위해 전승 호위무사들에 의하여 발전되어왔으며, 호신무예는 가전무술이나 불가무예 상단무예 등으로 전승 발전되어왔다. 현대에 와서는 군사무예, 호위무예, 호신무예를 포함하여 건강, 미용, 체육, 교육 등 새로운 목적성을 갖고 다양하게 발전되고 있다.

무예는 본래 싸움기술로서 발전되었으나 무예라는 이름이 등장하면서 단순한 싸움기술이 아닌 보다 차원 높은 개념으로 발전되었다. 무예란? 무적공법기법격투체계에 대한 정형화가 되어 훈련 또는 수련이 체계적으로 이루어질 수 있도록 표준화가 되어 하나의 독자적인 무예명(예:경호무술, 기천문, 선무도,택견등...)을 갖고 그 체계 또한 다른 것과 달리 독창성이 있는 체계를 가짐으로서 하나의 무예인격을 갖게 되는 것이다.

이 같이 무적공법기법격투체계에 대한 표준화는 기술과 용법 그리고 용어가 체계화된 학문적 이론으로 완성되어야하며 이에 대한 수련교범이 있어야 한다.

이 같은 학문적 연구기록은 중국역사에 있는 명나라 말기에 모원의가 쓴 병법서 무비지와 조선시대에 남겨진 무예도 보통지가 있다. 이 같은 역사기록을 근거 한다면 무예의 역사는 적어도 대략 300년이라는 긴 역사를 가진 것이 확인된다.

오늘날 국내는 물론 전 세계적으로 많은 무예들이 있다. 하지만 앞서 설명한바와 같이 무적공법기법격투체계에 대한 학문적 이론을 완성하지 못한 무예들이 더 많다. 한마디로 미완의 무예들로서 대부분 그 명맥을 잇지 못하고 수많은 무예들이 등장 했다가 사라지는 것이 반복된다. 그만큼 독창성이 있는 무예로서의 인격을 완성하는 작업은 매우 어렵다는 것을 알 수 있다.

무예를 모르는 사람들이 미완의 무예에 자신이 무예 명을 붙여 부르는 경우가 많다. 그리고 가라데도에 00가라데도 태권도에 00태권도 또는 태권00 또는 00검도라는 식으로 이미 유명브랜드가 된 무예 명에 유사명칭을 사용하면서 독창성을 주장하는 경우도 있다. 이처럼 유사명칭을 사용하는 것은 독창성이 없음을 스스로 인정하는 것이라고 생각한

다. 스스로 독창성이 있다고 한다면 누가 유명무예명칭을 혼용해 사용하겠는가? 이것은 모순이다.

2. 무예금지와 무예학문연구

무예는 군사무예로서 발전하다가 현대화된 무기체계로 급격하게 발전하던 19세기 말부터 군사무예는 상대적으로 크게 쇠락해 졌다. 특히 20세기 중반 대포 탱크 핵폭탄등이 등장하고 1,2차 세계대전을 거치면서 더 이상 무예는 국방무예로서 그 효용성을 잃게 되었고 특히, 일본은 폐망한 직후 맥아더 미군정이 무예수련을 금지하는 포고령으로 인하여, 일본 내에서의 사무라이는 완전히 사라지게 되는 이유가 되었다.

우리나라에서도 조선말 고종 때에 일본은 조선의 구식군대를 신식군대로 바꿔야한다는 명분을 내세우면서 임오군란이 발생 그 이후 왕과 왕성을 지키던 호위청의 호위무사들이 수련했을 비급을 포함해 우리무예는 거의 자취를 감추게 되었다.

중국에서도 이와 유사한 사례는 중국문헌에 많이 등장하고 있다. 기록에 의하면 민간인의 무기소지를 금지시키고 금지된 무기를 소지하는 자는 사형에 처했다는 기록도 있다. 이 같은 이유로 중국의 소림무술도 곤(봉)이 중심이 된 무예가 발달했다고 한다.

그러다가 일본은 미군정 시절에 금지된 무예수련을 이어가기 위해 전통식 무예수련에서 미국 복싱처럼 경기스포츠 유도 검도와 같은 무예가 50년 전후로 등장한다. 이때 무예에 대한 체계를 학문적으로 연구하기 시작하면서 우리나라와 중국에 크게 영향을 주게 된다. 그리고 일본의 유도가 올림픽 정식종목으로 60년대에 채택되면서 한국의 태권도 또한 86아시아게임과 88서울올림픽에 시범종목으로 채택되었고 2000년 시드니올림픽에서 정식종목으로 채택되어 이에 중국도 우슈를 아시아게임에 종목으로 올렸고 또한 올림픽 종목으로 올리려고 노력중이다.

근대 중국 무예에 대한 학문적 기록으로는 19세기 말에 저술된 것으로 보이는 소림종법 그리고 1915년 출판된 소림권술비결과 18세기말에 왕종악이 쓴 태극권록이 19세기 중엽에 발견되면서 무예를 학문적으로 크게 연구하는 계기가 되었다.19세기 중엽 당호라는 선생이 발표한 내각권이 있다. 물론 이전에도 16세기 중엽에 명말청초 오수가쓴 수비록이 있으며, 남북조 4~5세기에 쓴 마삭보(창술),당 6~9세기에 쓴 궐명이 쓴 검협전, 명대 1500년경 당순지가 쓴 무편문집, 척계광이 쓴 기효신서 권경첩요편이 있고,1621년 모원의가 쓴 무비지, 유우촌이 쓴 팔극권술도설이 있다.

그러나 1970년 전후에 일어난 문화대혁명기간에 무예도 예외가 아니어서 무예수련을 금지하고 무예집안을 찾아가 많은 무예도서들을 불태워졌다. 당시에는 전통적인 가치와 부르주아적인 것을 모두 예외 없이 공격하였다 이로 인해 중국 전통무예는 단절되는 위기에 있었다.

한국에서도 영향을 받아 육군 장성이셨던 최홍희(태권도창시자)장군에 의하여 1959년 출판된 태권도교본과 이후 황기선생이 저술한 태수도와 같은 책들로 출판되는 등 무예에 대한 학문적 연구가 국내에서 본격화 되었다. 이전에는 조선정조 때 편찬된 무예도보통지등이 있다. 최근에 와서는 대표적인 우리무예로서는 설적운스님이 저술한 선무도, 장수옥선생이 집필한 특공무술과 내가 집필한 경호무술등이 있다. 이외에도 외래무예를 집필한 무예서적들이 수없이 많다.

이 같은 결과는 무예 대중화를 이끄는 큰 힘이 되었고 오늘날 무예가 문화산업을 선도할 만큼 큰 영향력을 갖게 되었다. 아울러 산업적 가치가 크게 확장되면서 각 나라마다 무예진흥정책을 내놓고 있으며 우리나라도 2000년대에 들어서 전통무예진흥법과 태권도진흥법들이 제정되게 되었다고 할 수 있다.

그러나 무예가 지나치게 경기스포츠화 되면서 본래의 무예적 본질이 퇴색되는 문제점도 있다. 그러나 우리나라는 2008년에 전통무예진흥법이 제정시행 되어 다행히 이 같은 우려를 갖지 않아도 될 것 같다.

제4절 우리나라 무예

1. 한국무예의 개념

 우리나라는 삼국시대 이전부터 무예가 있어 왔으며 많은 기록에 의하면 무예는 정부기관이나 민간기관 종교에 이르기 까지 폭넓게 사용되어 퍼져 있었던 것을 알 수 있다. 그리고 무예는 군사무예로서 불가무예로서 가전무예로서 상단무예로서 나름 전문화 되었던 것으로 추정되며, 전란에는 매우 중요한 국방무술로 사용되었던 것을 알 수 있다. 이러한 무예는 세월이 흐르면서 그 명칭에도 변화가 왔음을 보여준다.
 무예의 개념은 대체로 '무술' 및 '무도'개념과 혼용해 사용하는 것이 일반화되어 있다. 실제로 많은 학자들이 '무예'개념을 무술과 무도와의 연관성 속에서 특히 '무술, 무예, 무도'의 개념을 수평적 또는 수직적 개념으로 그 개념을 달리하고 있는데 수평적으로는 무예적 요소에 대한 공통적인 이름으로 부를 때이고, 또 하나는 수직적으로는 술, 예, 도라는 글자가 갖고 있는 의미를 달리 해석해 정신적 또는 의식적 수준으로 나누어 보는 개념이다.

2. 무(武)의 본질

 무(武)란 무엇인가? 전통적으로 '무'의 본질에 대해서 일부사람들은 그 한자의 구조를 분석하여 그 뜻을 해석하기도 하는데, 즉 무(武)자가 戈(창)과 止(그치다) 두 부분이 결합된 글자로서, 그 본래 의미는 싸움을 그치게 한다는 것으로 해석하기도 한다. 그러나 일반적으로 마음과 몸이 강하다는 뜻이 보편적이라고 생각한다.
 그러나 무(武)는 어떠한 행태로 보여 지는 가와 또 그 무를 어디에 어떤 용도로 쓸 것인가 하는 문제에 따라 또다시 그 성격이 다르게 나타낸다. 무력(武力)은 올바른 규칙에 의한 힘의 행사이지만 폭력(暴力)은 규칙이 없는 힘의 행사이다. 오늘날 합법적인 무력을 시용할 것인가 아니면 불법적인 폭력을 사용할 것인가 하는 것과 같이 수단적 방법과 목적성에 따라 무라는 뜻은 분명 다르게 의미하게 된다.
 무는 무력과 폭력을 동시에 내포된 것이라고 할 수 있다. 한 가지 의문은 폭력이라는

143

기준은 불법적 행위를 폭력이라고 정의하는데 있다. 법은 만인에게 평등함을 지향하지만 현실은 그렇지 못하다. 개인과 개인 단체와 단체 국가와 국가 간에 발생될 수 있는 이해관계에 따라 저 마다 합법적인 무력을 사용한다고 주장할 때 이 같은 논리도 결함이 있을 수 있음을 알 수 있다.

3. 무술, 무예, 무도의 개념

무(武)의 개념에 술(術), 예(藝), 도(道)자가 각각 덧붙어서 무술, 무예, 무도가 된다. 미국을 중심으로 한 영문권 나라에서는 무술, 무예, 무도를 구분하지 않고 마샬아트(martial art)라고 번역된다. 예(藝)의 발전과정으로서 술(術), 예(藝), 도(道)의 변천은 실용적 목적만을 중시하는 술(術)의 단계에서 기술을 위한 기술의 추구 또는 기술의 극치를 추구하는 예(藝)의 단계로, 그리고 기술을 통한 철학적 정신의 추구, 수련의 목적인 교육적 차원의 도(道)의 단계로 진화하는 것이라고 주장하는 사람들도 있다. 물론 논리적 풀이로 본다면 크게 틀린 것이 아닐 수도 있다. 그러나 이 같은 용어가 다르면서도 유사 또는 동일 의미로 받아들이게 된 것일까 하는 생각을 먼저 해야 하지 않을까?

어떤 이들은 전통적으로 무술은 중국에서 많이 사용해 왔고 무도는 일본에서 사용되어왔고 한국에서는 무예라는 명칭을 전통적으로 사용해 왔다는 주장도 한다.

그러나 우리나라가 전통적으로 무예라는 명칭을 사용해 왔다고 주장하는 근거가 조선 정조 때 호위무사인 박재가등이 저술한 무예도 보통지가 발견되면서 현대에 와서 사용하는 개념이지 여전히 우리나라에서도 무술이나 무도라고 하는 명칭을 가장 많이 사용하고 있다.

근대기준으로 본다면 무술은 중국의 영향으로 보이고 무도는 일본의 영향으로 보인다. 그 이유는 근대에는 일본의 식민통치 역사가 있고 그 이전에는 중국의 식민통치를 받았던 역사적 배경이 그 이유라고 생각한다. 중국은 사실 무술이라는 명칭이 널리 사용된 시기는 명이쇠락하고 청이 부활하기 시작한 때이다. 대략 300년 전이고 그 전후로 해서 중국에서는 무예와 무술을 혼용해 널리 사용되어 왔다. 그 이전에는 무술보다는 무예라는 명칭을 대부분 사용되어 왔다 명 왕조(주원장)가 시작되면서 무예라는 명칭을 공식적으로 사용하기 시작했다는 기록들이 중국 여러 역사서에 남아 있다. 그러나 우리나라에서는 조선건국이후에 무예라는 명칭이 등장하는 것으로 봐서 명 왕조 영향을 받아 무예라고 한 것으로 보인다.

중국은 또다시 1928년 장개석이 이끄는 국민정부가 들어서면서 무술보다는 국술이라는 명칭을 공식적으로 사용하면서 무술이라는 명칭마저도 위기를 맞는다. 그러나 장개석 정부가 공산정부에 정치적으로 열세에 몰리면서 대만정부를 수립하며, 망명정부를 수립하면서 중국 본토에서는 국술, 무예, 무술 등을 혼용해 쓰기시작 했다. 중국정부는 이 같은 문제에 대하여 문제인식하고 용어사용에 대한 정책적 판단을 하여 결국 청나라시대에 사용해왔던 무술(우슈)명칭을 공식화 하게 된다.

그리고 일본에서 사용하는 무도는 일본에서 사용된 용어로서 본래 사무라이들이 사용하는 의미다. 사무라이라는 본래의 뜻은 주군을 위하여 라는 뜻으로 그 주군이 바로 천황을 지칭하는 것이며. 모든 사무라이는 몸과 마음이 주군을 향해 있어야 한다는 뜻으로 길도 자를 붙여 무도라 한 것이며 애도의 시대 이후 통일된 일본국 천황을 살아있는 신 태양으로 신격화하기 위하여 신 제국주의 일본인들 사무라이들이 만들어낸 것이며. 이후 일반인들이 사용하기 시작한 배경이 되었다

오늘날 일부사람들이 무도는 인격도야를 정진하는 의미라고 달리 해석하는 사람들도 있으나 이것은 전통적 의미와 달리 그 의미를 새롭게 해석하려는 사람들의 뜻일 뿐이라는 것이다.

도(道)는 중국철학에서 가장 기본적인 범주의 하나이다. 은(殷), 주(周)시대에 도(道)자는 맨 처음 금문(金文)에 보이는데 그 본래의 의미는 역경(易經)에서의 도와 같이 도로(道路)였다. 그러나 현재 무도와는 전혀 다른 맥락의 의미로서 국가적 차원에서 병(兵)의 도(道) 즉 군사력 사용의 도덕성을 말하는 것이고 현재 사용되는 무도의 개념은 그 기원이 명백히 일본이며 또 그 시기가 그렇게 오래지 않은 것은 사실이다'

무술, 무예, 무도에 전제된 수준 적 가치서열은 존재하지 않으며, 단지 시대적 정치적 이유에 따라 변천된 개념으로 수평적 의미로 받아들이고 사용하는 것이 바람직하다고 본다. 다만, 우리식 표현이 꼭 필요하다고 본다면 태권도에서 일본식 표현인 도(道)자를 빼고 그냥 태권이라고 부르는 것이 좋지 않을까? 그리고 그 안에 택견 수박 마상무예 경호무술 특공무술등 우리무예를 포함시켜 중국식 우슈와 같은 정책을 따르는 것은 어떨까?

무술, 무예, 무도 중에서 어떤 용어를 사용하는가의 문제가 단지 문화적 차이와 용례의 차이에 기인하는 것인가? 이론적 정당화가 뒤따른다면 더 좋을 것이 될 수도 있겠지만 군이 무술, 무예, 무도라는 용어를 이용해야할 필요가 있을까? 무예도를 얘기할 때 도(道)는 다니는 길이다'라고 하였으며, <시경>에는 '하나로 통하는 것을 도'라고 표현하였다.

심기력 일체, 지심 등의 말이 있다. 명경지수, 수월, 평상심, 무념무상 무예에서 사리일체라고 신체적, 운동적인 기와 신체, 진리, 마음으로서의 리(理)는 상즉하고, 일에 막힘이 없음으로서 얻어질 수 있다. 무예의 궁극적인 의미는 마음과 형태 사정(事情)과 이치(理致), 신체와 정신을 통일하고, 무상무념, 무아, 무심 무위자연의 심경으로 행하는 사고방식은 무도의 전통적인 사상을 지향하기도 한다.

그래서 무예는 단순한 운동이 아니다. 무예는 그 말 자체에서 알 수 있듯이 무예수련을 통해, 단순한 기술습득만을 하는 것 이외에 정신적 수련을 쌓는 것이다. 무예수련을 통한 인간성 완성은 겸손하고 자애하고 상대방을 존중할 줄 아는 인간을 만드는 일이며, 이것이 무예인의 참 모습으로 지도자가 지향해야 할 방향이라고 할 수 있다.

4. 국내에 존재하는 무예종류

국내에 존재하는 무예들이 많다. 오래전부터 전승되어온 불가무예부터 가전무예,군사무예등 다양한 목적성에 의하여 만들어지고 전승되어온 무예들이 있다. 그리고 전승되지 못하다가 우연히 무예도보통지와 같은 무예고서들이 발견됨에 따라 복원되는 무예와 자생적으로 그 시대상황에 따라 다양한 목적성으로 창시되는 무예도 있다. 그리고 중국이나 일본과 같은 나라에서 유입된 무예까지 존재한다.

우리나라무예로는 택견, 수박, 차력, 태권도, 한풀, 선무도, 기천문, 마한뮈루, 경호무술, 특공무술, 한기도, 용무도, 원화도, 회전무술, 한기도, 마상무예, 24반무예, 정도술, 화랑무예등이 있으며, 외래무예로는 유도, 검도, 공수도, 합기도, 십팔기, 국술, 삼보등이 있고 이 외에도 해동검도, 격투기 등 60여 가지 무예가 있다. 국내에는 없지만 해외에 분포된 무예는 2000여종류가 있는 것으로 알려져 있다. 무예는 이렇게 역사만큼이나 긴 역사와 함께해 오면서 또한 다양한 무예가 등장해 왔다 그러나 여러 이유로 인하여 전승체계가 끊겨 사장된 무예도 많다. 대부분 복원이 어려운 상황이며, 최근에 복원되었다는 무예들은 원형을 복원했다고 보기 보다는 재현한 무예들이 대부분이다.

근대부터 군사무기가 발달하고 첨단무기가 등장하면서 전통적 무기 칼이나 창을 이용하는 무기의 효용성이 떨어져 무예역할이 상대적으로 떨어졌으나 현대에 와서는 군사목적 보다는 개인의 신변안전이나. 교육학적 가치와 체위향상이나 미용적 기능에 의하여 새롭게 무예가 부각되면서 그 기능과 목적에 따른 다양한 창시무예가 등장하고 있다. 특히 문화컨텐츠로서의 사업가치가 크게 주목 받으면서 많은 무예인들에 의하여 새로운 창시무예가 수없이 등장하고 있다. 그러나 대부분 대중성에 성공하지 못하고 사장되고 있는 것이 현실이다.

제5절 한국무예의 역사

1. 무예 발달

무예의 본질은 싸움기술이다 문제는 단순히 싸움기술이 아닌 무예라는 새로운 인격을 갖게 되는 시점이 무엇인가 하는 것이다. 우선 무예가 되기 위해서는 무적공법기법 격투체계로서 학문적 이론체계를 갖추어야하고 또한 이 같은 이론체계를 바탕으로 기술체계에 대한 정형화와 철학적 요소가 가미된 정신체계가 있어야 비로소 무예라고 정의할 수가 있다.

그러나 다른 사람들은 무예의 발달을 원시이후 와 이전 까지 거슬러 올라가 짐승의 습격으로 부터 아이와 부녀자를 보호하고 부족에 대한 위협에서 무예가 발전되었다는 기원설을 정설처럼 말하는 사람들이 많지만 개인적으로 이에 대하여 동의하지 않는다. 무예에 대한 체계화 정형화라는 관점에서 그 유무에 따라 판단해야 한다. 특히, 무예라고 해도 무슨무슨 무예라고 한다면 무적공법격투체계에 대한 독창성이 있어야 다른 무예와 구분되는 개념이 성립해야한다.

다시 말하면 어떤 유의 무예가 아니라고 한다면 그것은 무예가 아닌 단순한 싸움기술일 뿐인 것이다. 내가 이 같은 관념을 강조하는 이유는 싸움기술을 무예라고 하는 사람들이 너무 많고 무예와 싸움기술이라는 경계에 대하여 잘 인식치 못하는 사람들이 의외로 많기 때문이다. 이러한 관점에서 본다면. 우리가 흔히 말하는 싸움기술은 무술이 아닌 것이 된다.

무예는 전통적으로 국가기관에 의하여 군사무예로서 발전 했다고 보는 것이 나의 견해다. 왕과 그 가족 그리고 왕가와 사대부와 같은 지배세력들은 끊임없이 위협이 되었고 국가형태를 지닌 거대조직을 유지하기 위해서는 내, 외적으로 무력과 폭력으로부터 보호할수 있는 강한 군대가 필요했을 것이다. 그리고 이를 위해 병사들에 대한 훈련이 필수적으로 요구되었다고 본다. 창과 칼 그리고 활과 같은 다양한 무기체계가 있기는 했으나 근접 육박전투 형태에 각각의 병사들이 체계적이고 효율적으로 격투에 임하게 하기 위해서는 체계적인 기술개발과 이를 훈련시킬 수 있는 표준화된 수련체계 그리고 가르치고 배우기 쉽도록 용법에 맞는 용어까지 표준화를 했어야 했을 것으로 생각되며. 무예는 주로 이 같은 이유로 자연스럽게 국가가 주도해 만들었을 것으로 본다.

147

중국이나 한국 일본에서도 공통적으로 나타나는 것이 무예에 관한 문헌 기록에 의하면 대부분 정부 기록물들이며. 우리나라에서 발견된 무예도보통지만을 보더러도 왕명에 의하여 박재가등이 집필한 것만 보더라도 이 같은 주장은 매우 설득력이 있다. 물론 불가무예 가전무예 등으로 전해 내려오는 무예도 있다고 주장도 하지만 무예체계에 대한 기록으로 전해지거나 입증된 사례는 현재까지 없다.

2. 삼국시대의 무예

고대 한국에서도 역시 무예의 발달은 자연스러운 것이었다. 고대 부족국가시대에는 천신, 태양, 산악 등을 숭상하는 원시신앙, 민간신앙이 유일한 생활이었기 때문에 오월하종, 시월추수가 끝나면 군중이 모여 신에게 제사하는 풍습이 있었다.

한편 삼국시대에 들어서면서 각국 간의 무력항쟁이 치열해지고 국가의 존망에 군사력이 갖는 비중이 커짐에 따라서 각국의 무예도 정교화되고 체계화되기 시작하였던 것으로 판단된다. 만주지방에서 B.C 37년에 건국된 고구려의 각저총과 무용총에서는 당시무예의 발달을 엿볼 수 있는 벽화가 출토되었다. 각저총의 벽화에는 두 사람이 맞붙어 씨름을 하는 광경이 묘사되어있고 무용총의 벽화에는 두 사람이 마주서서 겨루는 광경이 묘사되어 있다.

한편, 고구려 사람들은 국가를 지키려면 몸을 튼튼히 해야 한다는 것을 알고 있어서 씨름, 달리기, 수박(태권) 등의 경기를 통해 끊임없이 몸을 단련시키는 것을 게을리 하지 않았다. 또한, 특이할 만한 것은 고구려의 사학기관이었던 경당이다. 경당은 일반대중의 서민자제나 지방호족의 미혼자제들이 문무교육을 받았던 곳이며, 관학인 태학과는 달리 지방촌락에 설치되어 있었다.

백제에 관한 역사적 기록에서는 무예에 대한 기록들을 많이 찾아볼 수가 없다. 따라서 학자들은 백제가 중국 및 일본과 많은 문화교류를 하였으므로 무예 역시 그러한 영향관계 속에서 발달 했으리라고 추축할 뿐이다.

그리고, 신라는 독특한 군사 및 교육집단이 있었으니 이를 '화랑'이라고 하였다. 이 화랑은 진흥왕이 고구려의 선배제도를 모방하여 당 12년에 이르러 풍류도, 풍월도란 민간청년단체를 재정비 강화한 것으로 보인다. 조선상고사의 기록에 따르면 '국선화랑은 진흥대왕이 곧 고구려의 선배제도를 모방한 것이며 신수도 단전의 경기 회에서 뽑아 학문에 힘쓰며, 수박, 격검, 기마, 덕견이, 깨금질, 씨름 등 각종 경기를 하고 원근산수에 탐험하여 시가와 음악을 익히며 공동을 한 곳에서 숙식하며 평시에는 환난구제, 성곽이나 도로수축 등을 자임하고 난시에는 전장에 나아가 죽는 것을 영광으로 알아 공익을 위하여 일신을 희생하는 것이 선배와 같다'라고 쓰고 있다

3. 고려시대의 무예

고려시대의 무예는 삼국시대부터 체계적으로 발전되어 고려시대에는 거의 완벽한 실용단계로서 중요한 사회적, 문화적 활동으로 정착되었다. 문헌자료가 삼국시대에 비해서 훨씬 다양하고 풍부하기 때문에 고려시대에 무예가 어떻게 발달했는지를 잘 알 수 있다. 우선 첫째는 무예가 제도적 가치를 인정받고 체계화되었다는 것이며. 둘째는 무예의 경기화 내지는 놀이화 기반이 이루어졌다는 것, 셋째는 사회적 계급과 지위를 결정하는 중요 변수로 자리를 굳혔다는 사실이다.

고려시대에는 삼국시대를 거친 무예가 기초단계를 넘어서 무예적 가치를 인정받아 벼슬과 직결될 만큼 무인의 필수 무술이 되었으며, 기술과 위력도 또한 인명을 살상할 정도로 무기의 수준에 도달하였다고 전한다. 그리고 수박이 당시의 무인들에게 매우 성행하였으며, 수박을 잘하는 사람에게 매우 파격적인 대우로 승진기회를 주었을 만큼 수박은 벼슬과 승진에 직결된 필수적인 무예였다. 또한 수박회 경기가 벌어지고 관람용으로 수박이 행해졌던 사실로 미루어 짐작할 때 수박은 실전 무예적 성격뿐만 아니라 민속놀이 즉, 유희의 성격도 함께 가졌던 것으로 추측된다.

4. 조선시대의 무예

조선은 건국 후 국가의 기틀을 마련하고서는 유교의 이념을 국시로 삼고 배불숭유의 정책을 시행함에 따라 문을 상대적으로 대우하는 정책을 폈다. 하지만 일반 평민들 사이에서는 여전히 수박과 택견을 비롯한 무예의 기술과 이론이 전파, 수련되었다. 고려시대에 대단히 유행했던 맨손 무예였던 수박은 조선시대에도 존재했었고, 그리하여 조선시대 초기의 조선왕조실록에서 확인해 볼 수 있다. 무예형태를 구체적으로 제시하는 자료들이 해동죽지에 나타나 있는데, 그 중에서 탁견에 대한 기록은 다음과 같다. '옛, 풍속에 각술 이라는 것이 있는데 서로 대하고 서서 서로 차 거꾸러뜨린다. 이것을 탁견이라고 하며 그 방법에는 세 가지가 있는데, 최하는 다리를 차고 잘 하는 자는 어깨를 차며 비각 술이 있는 자는 상투를 차서 떨어뜨린다. 고 기록하고 있다. 또 수벽 타에 대한 기록도 있는데, '옛 풍속에 수술이 있는데 예전 칼쓰는 기술로부터 온 것이다. 마주 앉아서 서로 치는 손기술이 있는데 두 손이 왔다 갔다 할 때에 만일 한손이라도 법에 어긋나면 곧 타도를 당한다. 이것을 수벽타 라고 한다.

이와 같이 조선시대의 기록에는 당시 무예의 발전과 보편화된 풍속을 알아볼수 있다 그러나 무엇보다도 조선시대에 있어서 가장 중요한 자료는 정조 때에 무관을 양성하기 위해 호위무사 백동수 등으로 하여금 군사훈련과 무예수련을 장려하기 위한 책자로 발간된 무예도보통지일 것이다.

5. 현대의 한국(국내)무예

한국의 무예들은 중국과 일본의 무예와 상호작용하면서 분화 발전하였다고 말할 수 있다. 그리하여 오늘날 가장 주된 무예들로 자리 잡은 한국의 무예들은 태권도, 합기도, 유도, 십팔기, 택견과 창시무예로서는 경호무술과 특공무술등이 될 것이다. 한국에 유입된 외래무예들은 일본무예들이 주종을 이루고 있는데 대표적인 무예와 그 이유는 일본의 식민통치 기간 중 유입된 유도 검도 공수도, 합기도가 대표적이다. 이 같은 무예는 조선인이 일본에 유학 갔다가 일본 무예를 배워 오기도 하고 일본인으로서 무예를 익힌 사람들이 한국에 정착 하면서 자연스럽게 대중화되면서 토착화 되었다고 본다.

그러나 해방이후 6.25가 발발하면서 민족의식과 강한군대와 나라를 만들기 위해 뜻있는 군인들을 중심으로 대한민국식 무예를 만들기 위한 노력을 시작하면서 1959년 육군 최홍희 장군에 의하여 태권도 교본이 출판되면서 우리나라 무예계승이 시작되게 되었다. 이후로 1983년 6월 1일 중요무형문화재 제76호로 지정되고, 송덕기 옹과 신한승 옹이 인간문화재로 공동 지정되면서 보다 조직적이고 근대화된 운영으로 발달을 기해왔다. 그리고 그 전후로 정도술, 차력, 회전무술, 특공무술, 한기도 선무도 기천문, 경호무술, 원화도, 용무도등의 창시무술이 차례로 등장했다. 우리나라 무예는 1986년에는 아시안게임과 1988년 서울올림픽에서 태권도를 시범을 보이면서 국내외에 크게 홍보되는 계기가 되었고 이로 인해 무예에 대한 대중화가 크게 촉진되게 되었다.

현재는 태권도진흥법과 전통무예진흥법이 제정되었으며, 세계무술연맹유치와 중앙정부 및 지방자치단체의 관심으로 연수원과 박물관 무예종목별 수련원 신축등이 이루어지고 수전성장에서 시설의 현대화 대규모화 그리고 대학의 무예전공학과 개설과 무예전문대학교 설립 등 학문적 기반을 새롭게 도약시키는 계기를 맞고 있다.

제6절 무예철학

무예철학이란? 무예를 창시한 자가 갖고 있는 무술관과 개인적인 인생관을 결합해 그 무예가 갖고 있는 또는 지향하고자 하는 뜻을 상징적으로 개념화 시키고 모든 수련 체계를 그에 합당한 기술체계와 정신체계를 논리적으로 정립한 이론이라고 할 수 있다. 경호무술창시자 장명진 본인은 경호무술에 대한 정의를 이렇게 정의했다. 경호무술이란 자신을 포함하여 경호 대상에게 가해져오는 공격으로부터 신체 및 생명을 보호해주는 호위호신 무술이라고 했다. 또한 경호무술의 목적은 경호 대상(가족,친구,사랑하는 사람)에 대한 안전을 도모하며, 안전한 사회를 만들어 행복한 삶을 추구하는데 그 목적이 있으며, 보다 넓은 의미에서 갖는 경호무술의 사상과 이념은 현존하는 법률 도덕 관습 종교 민족이념을 초월하여 오로지 생명에 대한 존엄성을 존중하고 보호하는데 있으며, 이를 통하여 인류사회가 원하는 평화사업에 기여하는데 있다며, 경호무술이 지향하는 철학을 소개하고 있다.

그러나 다른 무예들의 철학을 보면 기술적 성격이나 수련문화등과 내적으로 연결성이 부족하고 특히 전통적인 예의범절과 같은 형식을 추구하고 무예철학을 접근하거나 주장하는 경우 유교나 불교 성경에서 말하는 뜻과 유사성이 강하다.

무예철학을 이론적으로 정립하려면 우선 정체성 확립이 되어야 한다. 경호무술이라면 정확하게 어떤 것이 경호무술인지를 명확히 해야 한다. 예를 들어 기술체계의 원리 성격 방향등이 분명하고 그에 따른 추구하는 목적이나 목표가 있어야 한다. 그 다음으로 서는 실천방법과 결과 즉. 성과가 나타나도록 독자성을 가져야 무예철학이라고 할 수 있다. 무예철학이 이해에서만 그치고 보편성과 연관성이 없어 생산적이지 않다면 살아 있는 철학이라고 할 수 없다.

우리무예 중에 대표적인 무예라고 한다면 단연 태권도일 것이다. 그런 만큼 무예철학에 있어서도 태권도의 철학이 양적으로나 질적으로 가장 많은 발전을 보이고 있다. 하지만 그러한 발전의 뒷면에는 태권도철학의 일치되지 않은 다양한 설들이 난무하는 양태가 존재하고 있다. 태권도는 하나인데 태권도의 철학은 넘쳐난다. 어떤 것이 진정 태권도의 철학인지 알 수 없다. 표준화된 태권도철학이 없는 것이 아쉽기만 하다. 이 같은 이유는 태권도창시자 최홍희 장군에 대한 태권도 인들의 합의가 부재하기 때문이다.

일본의 유도의 철학은 이렇게 설명하고 있다. 유도는 최대한 '유함'을 발휘함으로써

151

상대를 메치고, 누르고, 조르고, 꺾는 공격과 방어를 가진 무도이다. 유도는 유능제강의 원리, 즉 이론과 실제에 있어서 유가 반드시 강을 제압한다는 것이 아니라 공격과 방어의 부단한 수련과정을 통하여 체육, 정신수양, 처세방법을 겸한 인간완성의 도이기도 하다라고 설명한다. 정력최선활용은 자기완성의 요결이다, 자기완성은 타의완성을 도움으로써 성취한다. 자기완성은 인류공영의 기본이다.

유도의 철학은 창시자에 의해 정립된 개념이라기보다는 점진적으로 전승되면서 각종 유파의 주관적, 체험적 신념일 수 있는 부분을 철학적, 도덕적 이념으로 귀납해서 전통무도의 정신으로 근대화한 것이다. 이러한 정력선용과 자타공영의 이념은 체와 용으로 각각 나누어서 설명 된다.

유도의 공격과 방어기술에서는 하나의 헛됨도 없이 힘을 낭비하지 않고 최소의 힘으로 최대의 효과를 거둠을 주안점으로 하고 있는 것이다. 유도의 수련은 공격, 방어의 연습에 의해 신체와 정신을 단련, 수양하고, 나를 완성시키고 세상을 유익하게 함이 유도수련이 지향하는 궁극적인 목표다.

1. 한국무예 철학

1) 한국 무예철학의 정체성

한국무예란? 한국에서 한민족을 중심으로 생겨난 고유한 무예, 혹은 격투기법을 중심으로 한 무예수련양식을 가리킨다. 한국무예란 우리민족의 문화적 배경 속에서 자생적으로 생성된 고유의 무적공법기법격투기체계와 그에 근거한 정신문화, 혹은 지향하고자 하는 삶의 길을 가리킨다고 할 수 있다. 이러한 한국무예는 다양한 형태 속에서 극히 정교한 무적공법기법격투체계로서 구체적인 모습을 지니지만 그 안에는 자연스럽게 깊이 있는 정신문화와 일종의 종교에 버금가는 깊이의 실천철학이 내재되어 우리무예의 고유성이 전승되고 있다고 하겠다. 본래 무적공법기법격투기법체계란 인간의 삶에 있어서 매우 중요한 생활양식이며 그 때문에 그 안에 인간 삶의 모든 것을 수용하고 따르게 된다.

인간이 삶을 영위해 가는 중에 여러 돌발적인 상황에 직면하게 되면, 무적공법기법격투체계가 필요하기도 하지만, 더 나아가서는 국가가 전란에 빠지게 되면, 무적공법기법격투체계가 필요하기도 함으로 인간의 실제적인 삶과 생존을 지탱해주는 원천이라고 할 수 있다. 다시 말해 최초에는 인간 삶의 총체가 용해될 수는 없었겠지만, 오랜 시간 동안 일정한 토양에서 하나의 문화요소로서 발전함에 따라서 거기에는 인간의 보편적 가치관과 특이한 세계관이 포함되는 것은 자연스러운 일이다. 이와 같이 한국 무예 개념으로 볼 때 한국무예를 무적공법기법격투기체계가 아닌 하나의 정신문화로서 간주하는 시각과 또 하나는 스포츠에 국한시키는 시각이 있다. 사람들에 따라 하나의 정신체계라고 주장하기도 하고 하나의 도덕체계라고 생각하기도 하며 때로는 하나의 건강법에 불과한 것으로 한국무예를 생각하기도 한다. 하지만 한국무예는 무적공법기법격투체계의 본질을 떠나서 다른 것과 구분될 수 없다. 한국무예는 무적공법기법격투체계의 인

간 활동 기본양식으로서 출발하고 거기서 끝난다. 다만, 그 안에 정신체계와 철학, 그리고 윤리와 건강법까지 부가적으로 포함하고 있는 것은 사실이다.

철학적인 관점에서 볼 때 한국무예는 하나의 행동철학으로 인간생활의 육체적 표현인 동시에 정신적 욕구를 구체화하려는 의식 활동이라고 하겠다. 앞서 설명한바와 같이 한국무예는 단순히 일종의'격투기법체계'에서 끝나는 것은 아니다. 만약 한국무예가 일종의 싸움기술에서 끝났다면, 오늘날과 같이 세계적인 문화유산으로서 그리고 대중적인 전통무예로서 발전하지를 못했을 것이다.

우리무예의 정신적인 면을 살펴보면 서양스포츠에서는 찾아볼 수 없는 한국무예는 강인하고 용기 있는 성품으로 변모시켜 매사에 주저 없이 앞장설 수 있는 강력한 통솔력을 길러준다. 통솔력과 강한 담력은 모든 일에 자신을 불어 넣어주고 자신력은 심리적으로 안정감을 주고 유지하여 의연해진다. 그러므로 하나의 인간을 다듬어 바르고 참된 인품을 만드는 근원이 되며 국가에 충성하는 하는 길잡이가 되는 것이다. 이것이 한국무예의 대표적인 정신적 측면이다.

2) 우리 무예철학이란?

우리무예의 철학이란 어떤 것인가? 한국무예에는 한민족이 오랜 역사 속에서 발전시켜 온 사상들이 있는데, 삼국시대 고려시대 그리고 조선시대에 까지 이어온 대표적인 철학으로서 신선도라고도 하고 풍류도, 혹은 화랑도라고도 하며, 현대에 이르러서는 한사상이라고도 한다. 이 같은 철학은 단군조선 혹은 고조선시대에 상대의 인격을 존중하는 것을 미덕으로 삼아왔던 우리 민족은 이 신선도 사상을 개국초기의 이념인 홍익인간과 재세이화의 사상으로 형상화하였다. 즉, 인간을 본위로 널리 인간을 이롭게 한다는 뜻인 '홍익인간'을 중심으로 이상형인 신선이 되는 인간의 길을 나타내는 신선도를 의미한다고 할 것이다.

이러한 신선도 사상은 고구려의 무예집단인 선배의 내면적 정신에 많은 영향을 끼쳤으며 또한 신라의 고 선도를 부흥시켜 화랑도로 체계화되었다. 이러한 신선도 사상의 기본적인 틀은 천부경과 삼일신고 등에 전해져 내려온다. 화랑도 정신은 유불선사상이 결합된 사상체계로서 충, 효, 신의 덕목과 5계, 3미 즉, 겸양정신과 검소한 정신, 절제의 정신을 포함하고 있으며, 예의와 인격을 연마하게 하였으며, 신앙생활을 통하여 국가와 민족을 위하는 호국정신을 기르도록 하였다. 이와 같은 한국 무예철학의 핵심인 신선도 사상을 가장 잘 확인할 수 있는 것이 최치원의 난랑비 서문에서 엿볼 수 있다. '우리나라에는 현묘한 도가 있으니 이를 일컬어 풍류라 한다. 그 가르침의 근원은 선사에 자세히 실려 있거니와 실로 이는 3교(유교, 도교,불교)를 포함하여 중생을 교화한다고 소개하고 있는 것처럼 이러한 신선도 사상은 고려를 거쳐 조선시대에 이르러서 서경덕의 기일원론과 물질불멸 론과 주기론 및 퇴계와 율곡의 사상에까지 이어지고 있다. 또한 조선조에서 빼놓을 수 없는 사상적 기류인 동학사상과 천도사상에서도 인간의 존엄성과 보국안민정신이 이어지는 것을 알 수 있다.

이와 같은 한국무예철학의 핵심인 신선도, 혹은 화랑도는 천, 지, 인 합일 조화사상이며 하나와 많음을 종합하여 하나로 조화시키는 것이니 곧 '한사상'이다.

개인주의를 배척하고 전체주의를 우상 하는 철학이 핵심이 된다. 일상생활 속에서 갈등과 분열되던 사람이 무예의 활동 속에서 먼저 완전히 통합된 자아로서 조화되고 이러한 조화를 통해서 생각과 동작이 조화되어 무념무상으로 발전한다. 이러한 무념무상의 상태야 말로 불교에서 말하는 무분별지를 말하는 것이며 선을 목표로 하는 것이기도 한다.

2. 무학

무학이란 현대적 개념에서 정리되고 재해석되는 개념으로서 전통적 무예철학을 이해하기 쉽게 정리하는 학문이라고 보면 된다. 모든 무예는 각각의 지향하고자 하는 철학도 있지만 무예종목에 관계없이 공통적으로 지향하는 개념도 있다.

무학의 근본은 마음의 깨달음을 위한 수행으로서 미로와 같은 마음에서 깨달음의 수행을 위한 만물의 이치, 만물의 조화를 심신을 엮어 몸동작으로 표현하는 것이다. 눈으로 마음을 볼 수 없기에 옛 선인들은 무예를 통해 참된 선을 찾았고 마음의 표현을 몸놀림의 형태로 나타내어 우리가 조금이라도 짐작하고 그 내면의 세계를 볼 수 있는 길 즉 도의 길을 열어 주었다.

이 같은 원리에서 볼 때 무학의 근본정신은 무예동작을 통하여 인간의 몸을 단련시키고 건전하며 활기 있도록 하는 마음의 수련으로 이끌어 주는 것이기에 무학의 깊은 뜻으로 그 높은 경지로 득도할 수 있는 것이다. 문이란 것은 양을 잴 수 없는 반면 무는 볼 수도 있고 발전과정과 나아가서는 상상을 초월하는 초인적인 것 등을 갖추어 그 양을 잴 수 있는 것이다. 그러므로 무학은 술로 깨우치고, 법으로 배우고 예와 도로 극치를 이루는 것이다.

1) 무의 마음

무의마음이란 무심이다. 이 무심의 핵심이 자숙이다 스스로 나타내기를 버리고 참고 인내하고 자신의 마음을 들여다보는 그런 것이다. 타인을 원망하거나 타인과 비교하는 데에서 갈등이 생기고 욕심이 생기고 고통이 시작된다. 그러나 오로지 타인과 무관하게 자신만을 바라볼때 모든 삼라만상의 고통이 사라지고 자신의 참모습을 들여다 볼수 있다. 자신이 누구인지 마음으로 보일 때 자신이 선이라는 사실을 알게 된다.

무예에 자신이 생기면 그 기법을 타인에게 과시해 보고픈 욕구본능에 빠지게 된다. 이 과시욕에 빠져서 무인의 마음과 길을 잃어버릴 수도 있다. 타인에게 자신의 기량을 자랑하고 싶고 기를 모아 각종 물체도 격파하여 힘과 기술을 과시하고픈 욕구가 수련 초기에 모든 사람들에게 일어난다. 이 같이 수련초기에 나타나는 과시욕을 자제할 수 있는 것을 자숙해야 하는데 수련을 정진할수록 이 같은 마음이 가라앉게 되고 어느 경지에 오르게 되면 무의 마음이 된다.

이 같은 경지에 오르게 되면 일상생활 속에서도 저절로 무예를 수련하는 마음과 같이 자신의 능력과 힘을 과시하지 않게 된다. 이로 인해 남을 배려하고 선행을 행하게 되며, 그 속에서 참사랑을 경험하게 된다. 얻기 보다는 주는 기쁨을 느낄 수 있는 것이

다. 얻고 취하기 위해 맹렬하게 싸우는 그런 마음으로부터 벗어날 수 있는 것이다. 물을 그릇에 담으려고 하면 그릇만큼만 얻는 마음이 되지만 그릇에 담겨진 물을 버릴 때 강과 바다의 물은 내것이 되는 것이다.

2) 무인의 본

무인의 길이란 무엇일까? 무예를 수련하는 사람이라면 누구나 늘 생각하는 것이다. 무인으로서 어떤 마음과 어떤 삶을 목표로 삶아야 참 무인이라고 할 수 있는 것일까? 그러한 마음은 무엇이며. 무엇 때문에 필요한 것일까? 저마다 생각하는 이상형이 있을 것이나, 그 무엇이 본이고 정답인지에 대해서는 어느 누구도 확신할 수 없는 것이 무인의 본인 것이다.

내가 생각하는 무인의 본이란 무인으로서 얻을 수 있는 최고의 경지에 이르러 얻어진 유 무형적 가치를 인류에 공헌하고 사후에도 그 가치가 시간흐름 속에 흘러서 오랜 역사 속에 그 뜻이 이어져 갈수 있도록 하는 그런 마음이 본이라고 생각한다.

무인의 본은 사사로이 개인에 한정하는 것이 아니다. 그러므로 개인의 인격도야는 과정이지 결과나 목표가 아닌 것이다.

세계대영제국을 이루었던 영국과 일본은 그들만의 무인정신이 있었다. 기사도 정신과 사무라이정신이다. 이 둘의 공통된 정신은 스스로 자숙하고 타인을 배려하고 진심으로 섬기는데 있다. 이 같은 본의 정신은 그 나라의 정신이 되었고 모든 국민이 한마음이 되어 섬나라라는 공통점과 약점이 있었음에도 대영제국 화를 이룰 수 있었던 것이다.

제7절 경호무술원 운영론

1. 경호무술원 개원준비와 오픈

경호무술원 운영은 무예를 수련하는 것과는 그 차원이 다르다. 우선 수련생을 고객으로 생각하며, 고객이 원하는 것이 무엇인지부터 생각해야만 한다. 경호무술원에 방문할 때의 태도 방문목적파악과 그에 따르는 등록상담부터 등록 후 교육방향과 수련중 지도기법 무술원 생활방법에 이르기까지 세심한 관리 프로그램이 필요하기 때문이다.

등록수련생은 각각 다양한 요구사항이 있고 또한 성격이나 기초체력 운동기능 등에 있어서 개인차가 있다. 따라서 이에 따른 세심한 지도와 관리가 필요로 하게 된다. 경호무술원 운영에 있어서 이외에도 다양한 점을 고려해야한다. 태권도, 유도, 검도, 우슈, 합기도, 특공무술등 다양한 종목과 경쟁해야하기 때문에 다른 종목과 비교되는 점을 유의해야하며, 또한 지원장을 포함한 지도자 행정사무원들에 대한 평가에 유의해야한다.

이렇게 내외적인 인식과 관리개념이 체계적으로 이루어지지 않는다고 하면, 결국 문을 닫게 될 것이다. 어떻게 지도 및 관리가 이루어져야 경쟁에서 살아남는가 하는 문제는 개인은 물론 무술원 전체의 존립문제인 것이다.

따라서 우리 경호무술원이 치열한 경쟁에서 살아남고 새로운 비젼 제시로 21세기 새로운 무예문화를 선도해 나갈 수 있는 방안을 제시하고자 한다.

2. 창업자금

경호무술원 개원을 위해서는 우선 창업자금에 필요한 예산을 확보하는 것이다. 준비자금이 부족한 상태에서 건물임대계약부터 덜컥하면 힘들다. 긍정적으로 준비하는 모습은 좋을지 몰라도 이 같은 경우 계약금을 날릴 수 있다.

그리고 지나치게 많은 부채를 안고 시작해서는 안된다. 전체 예산중 부채는 30%미만이 좋다. 그러나 10%이상의 은행고금리를 이용하거나 사채를 사용해서는 안된다. 가능한 정부가 지원해주는 소상공인 또는 중소기업 창업자금을 이용하는 것이 좋다. 다소 차이는 있지만 소상공인에게는 현재 5천만원 미만에서 4% 금리로 돈을 빌릴 수 있다. 중소기업자금은 5억 이상도 빌릴 수 있다. 금리도 비슷하다. 가능하다면 상가나 건물을 직접구입해 보는 것도 좋다. 상환하는데 다소 힘들 수도 있겠지만 갚아나간다는 것은 결국 내 상가 내 건물이 되기 때문이다 이후 경제적으로 큰 이익이 될 수도 있다. 앞으로는 전통무예진흥법에 의하여 직 간접적인 지원정책 자금이 마련될 수도 있을 것으로 보인다.

3. 경호무술원 입지선정

경호무술원 입지선정은 매우 중요하다. 물론 창업자금 규모에 따라 다르겠지만 세심하게 준비하면 동일 조건에서도 보다 나은 곳을 찾을 수 있기 때문이다.

우선 입지선정을 위해서는 상권분석을 해야 한다. 그 다음으로는 경쟁도장(무술원)의 수와 위치, 규모, 시설, 그리고 수련생의수 마지막으로 주변에서의 평(소문)등을 알아봐야한다. 경쟁무술원이 많은 경우에는 주변도장(무술원)보다 입지선정과 시설, 규모등을 압도적으로 뛰어난 위치와 시설 및 규모로 시작해야 한다. 따라서 신중함이 필요하다.

주변에 도장(무술원)이 별로 없는 경우라면 도장(무술원)이 별로없는 이유가 무엇인지 알아봐야한다. 주변에 도장(무술원)이 많지 않은 경우에는 그 만한 이유가 있을 수 있다. 예를 들어 특정 도장(무술원)이 지도를 잘해 상권을 절대적으로 장악하고 있거나, 관장이 지역토착민으로서 오랜 역사가 있는 도장(무술원)이 이거나, 지역특성에 따라 독창적인 문화를 이루어 사는 곳 이라거나, 그 외에 다른 원인이 있을 수 있기 때문이다. 이런 점을 주의 깊게 판단해 결정 하도록 해야 한다.

초보자가 경호무술원을 창업하는 경우라면 도시가 형성되는 곳 아니면 도심에서 벗어난 곳 등을 고려해 보는 것도 좋다. 이런 곳은 초기에 상권형성이 어렵겠지만 1~2년 지나면 기존상권이 형성되어 경쟁도장(무술원)이 많은 도심과는 달리 시장을 선점하기 쉬운 장점이 있기 때문이다.

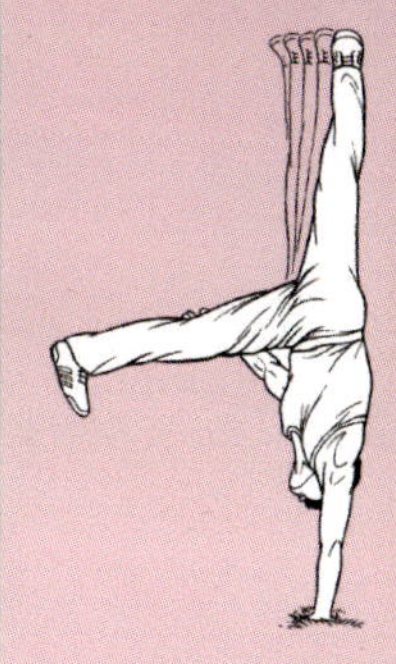

그리고 다음으로는 도로와 교통망 연계 그리고 도장(무술원)과 간판이 잘보이는 지리적입지를 잘 고려해야 한다는 사실이다. 어느 업종이든 초기든 중기든 장기든 지속적인 홍보 광고가 성공여부와 지속여부가 직결되는 문제이기 때문이다.

가능한 상권이 잘 발달된 지역이나 주거 진입로 지역이 좋은데 가능한 대로변의 4거리 위치이거나 버스나 지하철 승하차지역으로부터 150미터 이내가 좋으며 층수는 2~3층으로 걷거나 차를 타고 가는 사람들에서 쉽게 노출되는 층수가 좋다.

4. 경호무술원 시설

최근에 창업하는 도장(무술원)들은 시설의 현대화와 대규모화 개념이 생기면서 초기 투자의 규모화가 급속도로 되고 있다. 상가를 직접 매입하는 수준에서 건물을 통째로

매입해 2개층 또는 3개층으로 시설하는 경우도 있으며, 아예 건물을 도장(무술원)용으로 신축하는 경우도 생기고 있다. 이 같은 규모로 하는 도장(무술원)은 수백명의 수련생을 확보하고 있으며, 매우 이례적인 경우지만 우리나라에서도 무술원 수련생만 1000명이 넘는 도장(무술원)이 지방에 생겼다고 한다.

과거와는 달리 안전과 편의를 고려한 탈의실 샤워실 락카실 화장실 휴게실 명상실 인테리어 개념이 도입되고 헬스기구와 수영장 그리고 비만건강관리 프로그램까지 염두해 시설에 투자하는 추세다. 이 같은 변화는 앞으로 수년 내 크게 확대 될 것으로 전망된다.

만약 이 같은 도장(무술원) 창업이 어렵다고 한다면 대형 스포츠 센타나 아니면 정부와 지방정부가 운영하는 스포츠 또는 문화시설에 동의를 얻어 경호무술원을 오픈하는 것도 하나의 방법이다. 수입은 다소 떨어지겠지만 시설 투자금 절약과 홍보에 장점이 있기 때문이다.

5. 경호무술원 홍보

홍보에 있어서 중요한 것은 외부 간판과 잠재적 고객에 대한 노출방법 그리고 인식 전달문구 등이다.

우선 외부간판은 엘이디 간판으로 하는 것이 좋다. 전기료를 최고 80%까지 절감할 수 있다. 보통 도장(무술원)이 내는 한달 전기료는 약 20만원 내외이다. 따라서 간판제작비가 좀 더 들더라도 LED간판을 이용하는 것이 좋다. 월세를 낸다고 한다면 한달 평균 16만원 내외의 비용을 절감하는 효과가 있다. 또한 기능적인 면과 시각적인 면이 매우 뛰어나 홍보효과를 극대화 할 수 있다.

잠재적 고객에 대한 홍보 수단은 영상과 신문 잡지 전단지 그리고 시, 군, 구에서 설치한 광고판등이 있다. 이곳을 합법적으로 순환식으로 이용하기를 권한다. 다음으로 차량을 이용하는 방법으로서 도장(무술원)차량에 도장(무술원)상호와 연락처 그리고 캐릭터 등을 붙여 적극적으로 노출되게 한다. 가능하다면 대형일수록 좋다. 다만 지나치게 현란하거나 경쟁도장(무술원)과 유사한 방법은 피하도록 주의한다.

수련 층에 따라 포스타 또는 문구등을 달리 표현해 3가지 이상으로 제작한다. 비용을 고려하여 한 가지만 만든다면 잠재적 고객 70%놓친다고 보아야 한다. 초, 중, 고등학생, 주부나 여성, 대학 일반 성인층에게 맞도록 각기 달리 제작하도록 한다.

이것은 사업 성패에 매우 중요한 포인트가 된다.

그리고 초등학생을 홍보한다면 유치원이나 어린이집과 긴밀하게 교류해야 한다.

유치원이나 어린이집원장님에게 아동체육수업을 제안한다든가 체험학습지 방문때 차량지원을 한다든가 하는 것이다. 그리고 학교에는 방과 후 체육시간 교육에 적극적으로 참여하는 것이다. 정부가 방과 후 체육과 주말체육 등을 집중관리하기 때문에 자신의 도장(무술원)을 자연스럽게 홍보하는 기회를 얻기 때문이다.

또 하나는 지역사회 활동을 예를 들 수 있다. 청소년 선도회 학원폭력예방활동 등을 한다거나 지역봉사활동을 통해 주민과의 친밀도를 높이는 것이 매우 중요하다.

기독교나 불교와 같은 종교 활동을 한다면 교회나 절을 적극적으로 다니는것도 도움이 된다.

이외로는 명함이나 전단지를 들고 주변상가나 주민들에게 적극적으로 다가가 전달하는 방법도 있으며, 이동식으로 제작된 홍보물 거치대를 이용하여 사람이동이 많은 시장 상가 또는 주거지역 도로변에 설치해 직접 상담하는 방법이 있다.

마지막으로 홈페이지 제작이나 네이버 다음과 같은 카페, 페이스 북 활동 등을 통해 온라인 활동을 통한 홍보도 빼놓을 수 없는 홍보 전략이다.

6. 경호무술원 등록상담

등록상담은 고객이 등록 가능성이 100%있는 것이다. 물론 등록가능시점으로 본다면 대략 1달 내 등록률은 50%정도라고 본다. 중요한 것은 50%등록가능한 수치가 결과는 0%일수 있다는 사실이다. 그 이유는 상담자의 상담요령과 태도에 문제가 있기 때문이다.

우선 경호무술이 무엇인지 경호무술의 정의를 기초로 전달하고 기타 경호무술에 대한 호감을 가질 수 있는 내용을 자연스럽게 지루하지 않도록 설명하도록 해야 한다. 수많은 무예종목 중 등록예정자스스로 나는 경호무술을 꼭 배워야겠다는 확신을 주도록 하는 것이 가장 중요하다. 그 다음으로 시설의 장점 프로그램의 장점 순으로 설명하여 상담중이라도 등록하도록 이끌어내야 한다.

그리고 태도의 문제다. 상담중 상담자의 태도는 경호무술과는 별개의 것이다. 경호무술이 아무리 좋아도 상담자가 보여주는 태도에 따라서 경호무술을 배우더라도 이곳에서 또는 당신에게는 배울 수 없다고 생각할 수 있기 때문이다. 이때 가장 중요한 점은 사람에게 편안한 마음을 갖게 하고, 신뢰받고 존경받는 인격의 소유자로 보이게 해야 한다. 그 다음으로는 무예에 대한 실력과 전문가라는 믿음을 주어야 한다. 의도되는 연출은 상대방이 쉽게 알아차린다. 따라서 평소에 이에 대한 노력을 경주해야 하는 것이다.

마지막으로 언제나 항상 자신이 하는 경호무술이 자랑스럽다는 느낌을 주어야 한다. 그 한 방법으로 경호무술원복이나 경호무술로고가 그려진 옷을 항상 착용하는 것이다. 이 같은 생활방식은 모든 사람들에게 믿음과 신뢰를 준다는 사실을 기억해야만 한다. 적당한 평상복 체육복장등은 자신만이 편한 것이다 하는 점을 생각하기를 바란다.

7. 경호무술원 등록상담요령

① 안녕하세요? 반갑습니다! 어서오세요!와 같은 말로 반갑게 인사를 먼저 건넨다.
② 어서오세요! 들어오세요! 이곳에 앉으시죠? 무엇을 드릴까요?와 같이 친근감을 더해

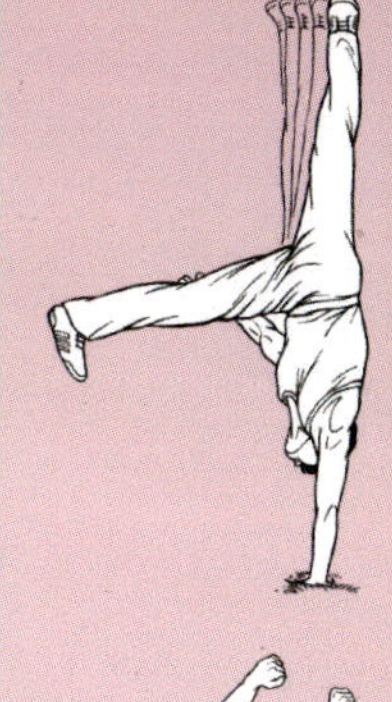

주면서 상담자의 직책 이름을 소개한다.

③ 방문목적이 무엇인가요? 여기 찾아오시는데 어렵지는 않으셨나요, 또는 힘들지 않으셨나요?와 같이 상대방을 배려하고 관심에 호응하는 태도를 취하도록 한다.

④ 경호무술에 대해 궁금하신 것은 무엇인가요? 경호무술기원 및 역사, 경호무술체계

⑤ 경호무술원에대해 궁금하신 것은 무엇인가요? 수련시설, 수련프로그램, 지도자약력, 무술원의 역사, 수련시간 비용, 수련층, 수련중인 수련생수, 수련시설안내

⑥ 방문자에 대한 인적사항을 물어보고 주소, 전화연락처 등을 받아 적어둔다.

⑦ 이전에 다른 곳에서 다른 종류의 무술을 수련해보신 적이 있나요? 있다면 얼마기간 동안 또는 승급이나 승단을 물어보고 훌륭하시군요, 잘하셨군요와 같이 칭찬을 한다.

⑧ 직접 등록 하실 건가요? 아니면 다른 사람이 하실 건가요? 아니면 함께 하실건가요? 라고 묻고 가능한 함께 수련할 것을 권한다. 그리고 함께 등록할 경우 장점과 혜택에 대해 설명하고 등록할 것을 재차 강조한다(등록비용 할인 등).

⑨ 자녀상담자라고 한다면 자녀의 생각은 어떤가 물어 보도록 하고, 이름과 나이, 학교 등을 물어 친근감을 나타내도록 노력한다. 그리고 등록하게 되면 좋은 친구도 사귈 수 있고 경호무술에 소질도 보이고 몇 개월 후에는 놀라운 변화를 느끼게 될 것이라고 자신감을 불어 넣어준다.

⑩ 현재 하고 있는 일은 어떤 것인가요? 활동적인 건가요? 사무직인가요?

⑪ 현재 건강 상태는 어떠신가요? 선천적인지병이나 신체장애 또는 알레르기 신체의 특징은 있나요? 무엇을 어떤 점에 대해서 무술원이나 지도자가 당신에게 배려해 주기를 원하나요?

⑫ 우리 장명진경호무술원을 어떻게 알게 되셨나요? 누구로부터 추천 받으셨나요?

⑬ 가능하면 지금 등록 하시죠 라고 정중하게 조심스럽게 그러나 당당하게 권해본다.

⑭ 우리 경호무술원은 가족이나 직장동료 모두가 관심 있는 경우 가족이나 직장프로그램을 별도로 운영하고 있습니다. 방문출장지도도 가능합니다.

⑮ 등록시 현금으로 결재하실 것인가요? 신용카드로 결재하실 건가요? 온라인 또는 지로로 하실 건가요? 결재금액은 등록비, 수련비, 원복비 총액과 부가세 포함 유무에 대해 설명한다. 그리고 현금영수증 발급유무에 대해 물어보고 요구여부에 따라 발급여부를 결정한다.

⑯ 끝으로 결재 후 등록에 감사함을 인사로 표현하고 경호무술습득과 경호무술원 적응을 위한 지원을 특별히 하겠다는 약속을 하고, 기타, 특별수련반, 시범공연 반 운영 실태에 대한 설명과 향후 승급 및 승단제도에 따른 추가비용이나 경호무술 책 구입과 야외수련 승급 및 승단 참관여부 그리고 공지 및 가정통신 등에 대한 관리 개념에 대하여 친절한 태도와 말씨로 호감을 잊지 않게 설명하도록 한다.

⑰ 마지막으로 경호무술원복을 입혀보고, 수련시설을 다시 들러볼 수 있도록 안내한다. 그리고 무술원 내에서의 주의 의무 등에 대해 간단히 설명하도록 한다.
그 다음으로 다음날 수련시간을 준수할 것 등에 대해 당부하고 나가는 문을 안내한다. 이때 출입문 또는 필요한 경우 엘리베이터나 주차장까지 배웅하는 것을 잊지 않도록 한다.

⑱ 기타, 가능한 등록상담은 상담실장이 하고 지도자는 수업만을 하는 역할 분담이 필요하다. 지도자에 대한 권위와 신뢰에 문제가 발생될 수 있기 때문이다. 예를 들어 등록비용에 대한 추가할인요구라든지 원복 무료지급요구라든지 상황을 곤란하게 하는 상황이 연출될 수 있기 때문이다. 그리고 등록비용에 대해 즉흥적으로 결정하기보다는 사전에 상담유형에 따른 할인을 할 경우 할인비율 등에 따른 정책을 미리 정하고 상담에 응하는 것이 필요하다. 추후 등록 생들 간에 정보가 공유되게 되면 경호무술원에 대한 신뢰성 문제에 흠이 될 수 있고 이것은 추후 오해소지가 발생되는 등 적지 않은 문제가 돌출될 수 있기 때문이다. 지나친 융동성은 오히려 주먹구구식으로 보일 수 있음을 명심해야 한다.

8. 경호무술원 수련생관리

수련생 관리는 그 수련생의 얼굴과 이름을 기억하는 것부터 시작된다. 그 다음으로 개인의 인적사항과 성격 운동능력 개인차등을 알아두어야 한다. 앞서 말한 내용을 고려치 않고 관리 한다는 것은 불가능하다.

이를 위해 개인 신상카드를 만들고 수련일수, 수련태도, 수련생들과의 관계, 학교나, 직장생활 실태, 상담에 따른 조치 그리고 경호무술 기술습득수준 승급 및 승단 내용 그리고 수련비 납부현황 등을 기록해야 한다. 이를 위해 온라인관리프로그램을 도입하는 것도 필요하다, 최근에 시중에 나오는 관리프로그램들은 출결관리부터 가정 및 회원통문을 메일로 할 수도 있고, 수련비용을 포함해 승급 및 승단비, 연수비 청구 및 납부를 자동으로 할 수 있다. 관리 업무에 획기적인 효율이 있다.

수련생 관리에 있어서 가장 중요한 것은 수련생의 무술원 적응이다. 처음에 등록하면 시설도 낯설고, 사람도 낯설고, 경호무술프로그램도 낯설기 때문에 여러므로 힘들게 느끼는 수련생이 많다.

따라서 연령이나 성별을 고려하여 비슷한 친구를 빨리 사귀도록 배려하고 그 다음으로는 특별히 관심을 갖고 도와줄 수 있는 선임 또는 유단자를 지정해 주는 것도 하나의 방법이다. 무예수련은 근육과 관절에 큰 변화를 주기 때문에 단계별로 고통이 수반된다. 따라서 이를 극복할 수 있는 인내와 용기가 필요하게 된다. 이때에 특별한 지도자의 격려와 배려 그리고 사랑으로 이끌어주는 세심함이 필요하다.

수련생이 지각하는 경우와 결석하는 경우 지각한 수련생에게는 주의를 주어야 하고 결석자는 그 이유를 알아봐야 한다. 그리고 수련생이 학생인 경우에는 사고와 같은 특별한 일이 발생될 수 있는 것에 대비해 그 보호자에게 반드시 그 사실을 알려야 한다.

승급 및 승단 그리고 야외수련회와 같은 행사는 가능한 뜻 깊은 축제가 될 수 있는 분위기 연출을 위해 준비하는 것이 좋다. 특히 승급 및 승단 심사는 가족이 참관할 수 있도록 미리 안내하여 초청하는 것이 좋다. 가족이 그동안 어떻게 경호무술을 배웠고 얼마만큼 실력이 향상됐는지를 알 수 있고 경호무술을 간접 체험을 함으로서 식접 배우고 싶다는 동기 유발과 자신의 친척 및 동료들에게 경호무술과 경호무술원을 홍보하

는 기회가 되기 때문이다. 이 같은 장점을 충분히 살리도록 하는 것이 바람직하다.

9. 경호무술지도

경호무술지도는 지도자가 전체 수업을 직접 관장해야 한다. 그리고 가능한 시범식 지도를 지향해야 한다. 일부 지도자들은 수업을 게을리 하기위해 수업을 늦게 시작 하고 일찍 종료 하고 또한 중간에 휴식시간을 갖는 경우도 있으며, 기합을 넣지 않는 경우도 있으며, 시범식 수업을 전혀 하지 않는 경우도 있다. 내가 여기에서 열거한 내용 중 2가지 이상 실수한다면 수련생은 점점 줄어들 것이다.

지도자는 매 수련시간에 최선의 노력을 경주해야 한다. 무예수련은 지도자가 힘들어 하는 만큼 이상으로 제자들은 더 힘들어 한다는 점에 인식해야 한다. 이러한 상황에서 지도자가 적당히 한다면 수련생들은 더 힘들고 수련에 흥미를 느끼지 못하게 된다. 이 같은 수업이 반복된다면 결국 대다수의 수련생들은 3개월도 못가서 거의 그만두게 될 것이다.

10. 지도자는 매력이 있어야 한다

경호무술지도자는 지도자로서의 매력이 있어야 한다. 그 매력은 외모가 훌륭하다고, 무예만 잘한다고 느껴지는 것이 아니다. 그 반대로 무예를 못한다고 발차기를 못한다고 매력이 없는 것도 아니다. 매력이란 성실함과 열정 지도하는 것을 즐길 줄 아는 지도자에게 그 매력을 느낄 수 있는 것이다.

우리는 개인적으로 친분도 없고 잘 알지도 못하는 영화배우나 가수 탈렌트 스포츠스타 등에 열광한다, 그들이 개인적으로 특별히 해 준 것도 없지만 대중들은 그들에게 열광한다. 그들은 경우에 따라서 외모가 잘난 것도 없는 경우도 있으며 스포츠스타 중에는 외모나 노래를 잘 못하는 경우가 있다. 그 반대로 가수나 배우는 외모가 훌륭하고 노래는 잘 부르지만 스포츠를 잘 못하는 경우도 있으며, 배우나 가수 중에서도 외모가 별로인 경우도 있다. 그러나 그들이 보여주는 매력 때문에 그들에게 열광하는 것이다. 매력이란 앞서 설명한바와 같이 사람마다 보여 지는 매력이나 그 색깔이 특징적으로 보여주지만 공통적인 것은 그들이 하는 일에 열정적이라는 사실이다.

이처럼 경호무술을 지도하는 지도자도 수련생들로 하여금 느낄 수 있는 뜨거운 열정을 보여주어야만 한다. 만약 그러한 열정을 보여주지 못한다면 그 무술원은 곧 망하게 될 것이라는 점을 말하고 싶다. 무술원이 잘되지 않는 이유 중 90%는 지도자의 자질과 준비성부족 그리고 지도하는 뜨거운 열정이 없기 때문이다.

만일 경호무술을 지도하는 것을 부담처럼 느낀다면 당신의 수련생들을 틀림없이 그것에 대해 알 것이다. 당신은 가르치는 것이 즐겁고 수련생 역시도 즐겁다는 것을 분명하게 느끼도록 노력해야 한다. 수련생들은 지도자가 보여주기 위해 노력하는 점을 자연

히 알게 된다. 그리고 그것에 대해 보다 확실하게 느낄 수 있도록 모든면에서 세심한 지도와 관리가 필요하며 경우에 따라서는 각각의 개인과 관심있는 내용에 대해 특별한 대화나 상담을 통해 느낄 수 있도록 한다.

다시 말해 경호무술지도자는 수업을 열정적으로 임해야 한다. 수련생들이 지도자에게 매력을 느끼도록 강한 열정을 쏟아내야 한다. 그래야만 수련생들이 집중할 수 있고 땀을 흘리며 힘들어도 수련시간이 즐겁고 즐거운 시간만큼 빠르게 시간이 흘러 아쉬움이 남게 되고 내일 또 힘들어도 나와야지 하는 여운을 안고 집에 돌아가게 되는 것이다.

11. 경호무술지도자 언어(용어)사용

경호무술은 용법에 맞는 용어가 잘 정리되어 있다. 따라서 지도자는 수련생에게 지도할 때에 특별한 경우를 제외하고 경호무술에 있는 기술용어를 사용해야한다. 전문용어는 가르치고 배우는 사람과의 신호이고 약속으로서 의사소통의 신속성과 정확성을 갖게 하며, 교육훈련효과를 배가시키게 된다. 그리고 당신이 진정 경호무술전문가라는 인식을 갖게 할 것이다. 따라서 경호무술지도자는 경호무술 책에 있는 용어사용의 숙달과 친숙성을 높이기 위해 용어숙지 및 사용법에 대한 특별한 훈련이 필요하다.

그리고 지도자와 수련생은 상호 인격적인 존재로서 언어 사용의 주의가 필요한 경우도 많다 왜냐하면 설명이나 지시에 문제가 발생되는 경우 상대방에게 마음의 상처를 줄 수 있는 기분 나쁜 언어 사용이 발생될 수 있기 때문이다. 예를 들어 바보 멍청이 미쳤어 그것도 못해 집으로가 그렇게 할 것 같으면 내일부터 무술원에 나올 생각을 하지 마 와 같은 표현을 하는 것들이다. 이 같은 표현은 수련생으로 하여금 자신감을 잃게도 하고, 자괴감을 갖게도 하며, 깊은 마음의 상처가 될 수 있기 때문에 아무리 화가 난다고 해도 이와 같은 언어표현은 삼가야 한다. 지도자도 동물적 감정이 있고 화가 나는 경우 큰소리를 칠 수도 있다. 그러나 어떠한 경우에도 미쳐 버리겠어 죽여 버릴 거야 육두문자와 같은 욕설은 절대로 사용해서는 안 된다. 만약 그와 같은 욕설을 사용한다면 당신이 있는 경호무술원은 수개월내에 폐원하게 될 것이다.

그 반대로 그럴 수도 있어 괜찮아, 누구든 처음에는 다 실수해 나 또한 그러한 경험이 많아 너는 할 수 있어 너는 나보다 운동신경도 좋고 머리도 좋아 훨씬 빨리 배울 수 있을 거야 한번더 용기를 가져봐 이렇게 말해준다면 그 수련생은 자신감을 회복할 수 있고 실제로 잘하는 효과를 볼 수 있다. 그리고 지도자에게 감사하고 특별한 기억으로 진정한 스승으로 기억될 것이다. 그러한 당신의 노력은 당신의 수백 명의 수련생으로 답할 것이고 당신의 명예는 영원할 것이라고 생각한다. 경호무술원의 성공과 실패에 대한 성패는 당신의 입에 달려있다고 해도 과언이 아니다.

12. 지도 중 주의사항

무술원의 수련생은 남녀노소 신분과 성격이 각기 다른 다양한 인격을 가진 사람들의 공동체 생활이기 때문에 문제가 있을수 있다.

무술원 밖에서는 일반적으로 생활하는 공간들은 가족으로서 부모형제와 같이 생활하고 학교나 직장에서는 같은 연령이거나 같은 직업을 갖은 사람들이고 또한 대부분의 시간을 그들과 생활한다. 그러나 무술원은 그렇지 않다. 주 5일 또는 주2~3일 나오는 것이 보통이고 나와 수련하는 시간 또한 1~2시간에 지나지 않는다. 그리고 수련시간은 사생활적인 대화는 잡담에 지나지 않는다. 대부분은 무예수련에 관한 대화만이 존재한다.

그렇기 때문에 장단점이 있다. 단점으로서는 서로에 대한 잘 모른다는 것이고 이로인해 오해가 생길수도 있다는 것이고, 장점으로서는 그 반대로 사적인 대화 없이 대부분 공통관심사인 무예수련에 관한 대화만 하기 때문에 동질감을 갖는다는데 있다. 이 같은 장. 단점 중 장점을 부각시켜 모두가 공통인식을 함께할 수 있도록 지도자가 유도해 간다면 모두에게 유익하게 할 수 있다.

그리고 어린이 여성 그리고 성인에 대한 매우 특별한 관리개념이 필요한 부분에서 설명하고자 한다.

1) 어린이 문제

어린이는 사회성이나 사고력이 떨어지고 감성적 행동을 본능적으로 하려는 경향이 있다. 주의가 산만하고 통제에 잘 따르지 않을 수 있는데 이 같은 경우에는 칭찬과 주의 체벌 등을 적절히 이용해야 한다. 그러나 어떠한 경우에도 폭행을 가하는 행위는 허용되지 않는다. 곤봉과 같은 것으로 때리거나 운동기구와 같은 것으로 때리는 행위는 금지해야 한다.

주의를 주어도 듣지 않는 경우라고 한다면, 주의를 주고, 경고한 다음, 열외 시켜 무릎 꿇고 앉게 한다거나 손을 들게 한다거나 심한 경우에는 엎드려 시키는 것이 좋고 그와 같은 방법이 통하지 않을 경우에는 부모님에게 직접 주의줄 것을 요청하고 그래도 수업에 방해되는 수준이라고 한다면 1일 수련금지 1주일 수련금지를 시키고 그 다음에도 변화가 없다면 퇴원을 시키는 것이 바람직하다.

이렇게 관리하는 것이 인내심이 필요하지만 수련생, 수련생 부모님, 지도자, 무술원에 모두 유익한 방법이다. 그러나 지도자 편의에 의하여 동 절차를 무시하게 된다면 오해가 발생될 수도 있어 무술원에 대한 나쁜 소문으로 수련생모집에 힘들 수도 있다. 그리고 문제 있는 수련생을 방치한다면 다른 수련생들에게 더 큰 영향을 주어 결국 전체 수련생들 수련에 방해가 된다. 이 같은 분위기는 지도자와 수련생이 같이 흥미를 잃게 되는 원인이 된다.

2) 여성 주부문제

물론 지도자가 여성이라면 큰 문제가 되지 않을 수 있다. 그러나 남성지도자라고 한다면 매우 예민한 문제가 있을 수 있다. 무예수련을 위해서는 자연스러운 스킨십이 불가피한 경우가 많다. 문제는 이러한 스킨십을 모두가 자연스럽게 받아들이고 이해하지 않는데 있다. 특히 지도자가 의도적으로 하는 경우라고 한다면 문제는 더욱 심각해진다. 만약 그렇게 한다면 그 무술원은 수개월내에 폐원하는 원인이 된다.

따라서 의도된 스킨십은 절대로 해서는 안된다. 그러나 문제는 이것으로 끝나지 않는다. 여성은 남성과는 달리 감성이 풍부하고 성격이 예민하며 변덕스러움이 많다. 물론 그것이 큰 문제이고 모두가 그렇다는 것은 아니고 남성에 비하여 보편성이 그렇다는 것이다. 지도자가 특정 수련생에게 특별한 애정을 갖고 있다거나 그러한 행동으로 보일 때 자연스러운 스킨십도 성추행과 같은 행위로 인식하거나 착각하는 경우가 있다. 이럴 경우 무술원에 대한 인식이 좋지 않게 소문이 나 이 역시 폐원할 수 있음을 주의해야 한다.

어떠한 경우에도 오해를 받지 않기 위해서는 진지함을 잃지 말아야한다. 지나친 미소와 농담 등이 그러한 오해를 불러일으킬 수 있으며, 수련생주의시에 봉이나 운동기구등으로 엉덩이 등을 가볍게 터치하는 행동도 원인이 될 수 있다.

3) 학생문제

중, 고등학교 대학생들은 신체발육상태가 가장 왕성하고 사고력이 원숙하지 않으며, 의욕이 넘쳐 고의 여부를 떠나 다양한 문제를 발생 시킬 수 있다. 지나치게 과격한 수련으로 근육이나 인대파열 뼈 관절의 탈구 또는 탈골과 같은 부상을 입을 수도 있고, 어린이나 여성 및 성인에게 직접 또는 간접 피해 또는 부상을 가하는 경우가 발생될 수도 있다.

따라서 이들에 대한 주의 깊은 관찰이 요구된다. 그리고 경우에 따라 학교생활에 대한 부적응과 허용되지 않은 술과 담배 그리고 마약을 하는 문제 있는 청소년인지를 확인해 만약 확인되면 주의를 주어야 하고 그 주의에 동의하지 않는다면 강퇴를 강력하게 조치해 다른 수련생에게 영향이 끼치지 않도록 해야 한다. 이 이외에도 범죄행동이나 범죄단체에 가담해 직간접적으로 활동하는지 여부 등을 알아봐야 한다. 이러한 관리개념이 학생들에게 필요하다.

학생들은 매우 중요한 청소년기로서 신체적 정신적 발육과 성장에 매우 특별한 관심과 배려가 필요하다. 그들의 고민을 함께 이해하려는 노력 또한 필요하다.

4) 성인문제

끝으로 성인문제인데 성인들은 어린이와 여성들과는 달리 무예을 수련하는 동료수련생들에게 특별한 동질감을 갖게 된다. 따라서 친목을 목적으로 무술원 밖에서 어울리는 경우가 많다. 문제는 술자리와 같은 시간에 음주 가무가 지나치게 되면 서로에게 갖는 신뢰문제와 시간적 경제적 부담 그리고 다음날 수련에 영향을 주는 결과를 초래할 수 있다는 점이다. 이렇게 되면 수련생간 갈등이 생길수도 있고, 가족이 경호무술 수련을 반대하는 상황에 직면할 수 있다는 점이다. 따라서 가능한 자제하는 것이 바람직하고 불가피한 경우라고 한다면 목을 축이는 정도가 좋으며, 가능한 주말을 이용해 야외수련

을 겸한 파티를 1~2개월에 1회씩 일정을 잡아 하는것이 좋다.

그리고 어린이 여성 학생과는 달리 운동기능이 많이 떨어져 있다. 따라서 무예수련은 상대적으로 배가 힘들게 된다. 이들에게는 자신감과 용기를 불어넣어주는 것이 필요하며, 사회생활에서 겪는 스트레스를 풀어줄 수 있는 땀을 통해 얻을 수 있는 즐거움 성취감 자신감을 줄 수 있는 지도와 상담이 필요하다. 강해지고 싶은 욕구 건강해지고 싶은 욕구 등이 그 누구보다도 간절하다.

이들을 위한 휴식처 안식처 에너지를 충전시킬 수 있는 무술원이 되도록 지도자의 관리 및 지도능력이 요구된다.

13. 무술원 실패의 원인 4가지

① 태만
   열의 부족, 준비 부족, 전문성 부족: 초소한의 노력 없이 쉽게 얻으려 하는 것
② 부정적인 사고.
   힘들어, 어려워, 불가능한 거야, 잘못은 나에게 있는 것이 아니야, 모든 원인은 다른 데 있는 거야 하는 것
③ 부정직한 사고
   무분별·무책임·무소신·무의식 사고로 도덕적 윤리적으로 문제 인식이나 죄의식 없이 행동하는 것
④ 이기심
   오복이 자기에게 있음을 착각하고 자기편의 주의적인 행동과 지나친 과욕을 부리는 행동을 하는 것

14. 성공하는 무술원

약속을 잘 지키면 성공한다. 성공하는 사람은 약속한 것이 무엇이든 그 약속을 잘 지킨다. 시간 약속부터 법률이나 규정이나 규칙을 잘 준수한다. 또한 이와 유사한 약속들을 중요하게 생각하며. 한치의 오차도 허용하려하지 않는다.

사람이기에 불가피한 상황에서 그 약속을 지키지 못한 경우라고 한다면 그 스스로 그 책임을 피하지 않고 그에 상응하는 대가로서 갚는다. 이러한 모습은 성공하는 사람들에게는 공통된 습관이며, 그들만의 또 다른 약속으로 하나의 룰이 되고 있다. 여러 지도자들도 이들과 같이 성공하고 싶다면 약속을 잘 지키면 된다.

여기에서 평소에 갖고 있는 나의 좌우명을 소개하고자 한다. 나의 생활신조는 2가지인데 하나는 힘들고 어렵고 고통스러우니까 내가한다. 또 하나는 내가 나를 믿지 않는데 그 누가 나를 믿어주겠는가라는 것이다.

우리는 인생을 살아가면서 많은 약속들을 하고 살지만 그 약속을 지켜가는 데에 많

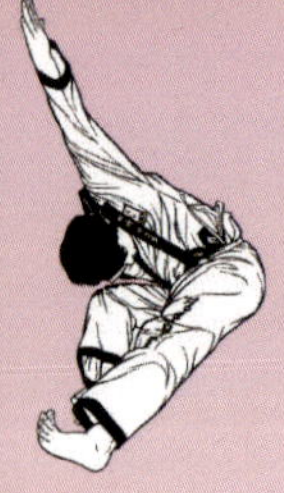

은 제약이 따르기 때문에 약속한 것에 비해 그리 많이 지키며 살지는 않는다. 그 중에서 자기스스로 자신에게 약속한 것을 지키지 않는다. 담배를 끊어야지, 술을 끊어야지 운동을 해야지, 여행을 해야지 와 같이 평범한 자신과의 약속도 잘 지켜지지 않는 것이 사실이다. 하물며, 타인과의 약속은 말할 것도 없게 된다. 자신에게 철저한 사람일수록 남과의 약속도 잘 지키게 되는 것이다.

그리고 우리는 힘들고 어렵고 고통스러운 일일수록 외면하거나 피해가려 고들 한다. 그러나 현실은 그렇지 않다. 성공하기위해서는 적극적으로 이에 선제적으로 대응할 때 그만큼 일할 수 있는 기회를 가질 수 있으며, 또한 성공할 수 있는 확률로 높아지기 때문이다.

성공을 위해서는 힘들고 어렵고 고통스러운 것일 지라고 약속한것은 반드시 지켜야 한다. 이것은 성공진리다.

15. 지도자의 전문성

어떤 직업이든 전문가수준은 특정 분야에 대하여 매우 특별하고 전문가적인 지식과 기술 그리고 정신을 갖고 있다. 따라서 경호무술지도자라는 자부심을 갖기 위해서는 경호무술에 대한 지식과 기술에 대한 이론과 기술능력을 배양해야 하며. 모든 능력을 능가할 수 있는 정신을 가져야한다.

현재 많은 사람들이 자신의 특기적성과 흥미를 갖는 무예를 가르치며 생업으로 삼으려는 많은 지도자가 있지만, 그들에게는 성공하기 위한 교수법과 매뉴얼이 부족하다. 전문가란? 특정한 분야나 영역에서 뛰어난 기술이나 경험을 가진 사람이라고 정의하기도 한다. 그러나 모든 것을 경험으로만 해결하고 극복할 수 없다.

이유는 시행착오는 성공할 때 까지 기다려주지 않기 때문이다. 이를 위해서는 경험을 초월할 수 있는 우수한 지도자와 우수한 교육훈련프로그램이 필요하다. 이를 통해 훈련된 이후의 사람이래야 성공할 수 있다. 그런 점에서 여러분은 완벽한 경호무술을 만난 것은 여러분 인생에 있어서 큰 행운이라고 생각한다.

16. 지도자의 자질 요구사항

① 경호무술지도자는 인성이 바르게 형성되어야 한다.
② 경호무술지도자는 수련생에게 귀감이 되어야 한다.
③ 경호무술지도자는 경호무술에 대한 지식과 기술에 능해야 한다.

17. 지도자 과정 및 책임의무와 자격

① 지도자는 유급과정과 4단의 유단단자과정에 합격하고 사범자격과정을 이수해야 한다.
② 지도자는 1.2.3급 과정으로 나뉘고 3급 과정 다음으로 2급 과정 그 다음으로 1급 과정을 마쳐야 한다.
③ 모든 지도자는 경호무술주체세력이고 경호무술을 책임지고 전 세계에 전승할 의무와 책임을 진다.
④ 지도자는 경호무술을 지도할 자격이 인정되며, 경호무술원 창업을 할 수 있는 자격이 주어진다.

18. 지도, 관리, 의무

① 수업준비를 사전에 준비한다(수련생이름외우기, 지도방향, 지도방법, 지도강도, 등).
② 수업은 정시에 시작해 정시에 끝나도록 한다(수련시간 준수).
③ 수업은 적극적이고 활기차게 한다(교육서비스정신, 직업정신, 스승으로서의 책무).
④ 수업은 수준별 개인차와 신체 기능적 차를 고려하여 지도한다.
⑤ 수업 전, 후에 청결과 운동기구에 대한 정돈을 유지한다.
⑥ 수업 전, 후에 부상자가 없는지 확인한다(상처, 감기, 혈압, 고열 등).
⑦ 수업 전, 후를 이용해 수련생 개인고민을 들어준다(기술습득, 수련생관계 등).
⑧ 수련생 부상사고에 대비한 비상약 응급조치요령 후송대책 등 비상상황에 대비한다.
⑨ 수련생 지각 결석에 따른 조치 및 징계수칙을 정해 공지해둔다.
⑩ 수련생 지각 결석에 따른 조치 및 징계수칙을 공정하게 실시한다.
⑪ 무술원 행동강령 위반에 따른 조치 및 징계수칙을 정해 공지해둔다.
⑫ 무술원 행동강령 위반에 따른 조치 및 징계수칙을 공정하게 실시한다.
⑬ 수련생스스로 수업에 대해 만족감을 느끼도록 해야 한다.
⑭ 수련중 스스로 특별한 사람이라고 느끼도록 대해야 한다.
⑮ 수련생이 지도자에 대한 존경심이 생기도록 열과 성의를 다해야 한다.
⑯ 수련생들의 신뢰와 우정을 이용하려 하지 않는다.
⑰ 수련생에게 어떠한 경우에도 부적절한 방법으로 접촉하지 않는다.
⑱ 수련생에게 어떠한 경우에도 자존심에 상처를 주는 말을 하지 않는다.
⑲ 수업은 수련생으로 하여금 땀 흘리고 성취감을 느끼도록 지도한다.
⑳ 무술원 내에서나 밖에서도 지도자나 수련생 모두 예의에 따르도록 생활화한다.

19. 무술원에서 지켜야 하는 예절

① 언제나 먼저 보는 사람이 먼저 인사를 해야 한다.
② 인사는 곧고 바르게 하여 상대방을 인격적으로 최대의 존중을 표해야 한다.
③ 수련장에 들어서면 아무도 없어도 상징마크에 인사해야 한다.
④ 무술원에서는 욕설과 같은 속어 사용을 금지 한다.
⑤ 무술원에서는 떠들거나 소리 내어 크게 웃는 행위를 금지한다.
⑥ 무술원에서는 껌이나 과자, 아이스크림등을 반입해서는 안된다.
⑦ 무술원에서는 술이나 담배를 피우거나 마셔서는 안된다.
⑧ 무술원에 있는 시설물과 기구등에 대하여 주의하고 안전하게 사용해야 한다.
⑨ 볼일이 있을 때를 제외하고는 사무실에 들어가면 안된다.
⑩ 운동기구나 무기를 이용해 혼자 수련하는 경우에는 반드시 허락을 받아야 한다.
⑪ 운동기구나 무기를 이용해 혼자 수련하는 경우 기구나 무기를 제자리에 놓고 자리를 비운다.
⑫ 무술원에서는 지도자의 허락 없이 하급자를 지도해서는 안된다.
⑬ 지도자로부터 배우지 않았다면 무기를 만지거나 수련을 해서는 안된다.
⑭ 무기를 주고받을 때에는 언제나 두 손으로 주고받아야 한다.
⑮ 무기를 소지하거나 이용해 수련할 때에는 다른 수련생과의 충분한 안전거리를 확인한 다음 시작한다.

경호무술의 3원칙

1. 경호무술은 자신의 안전보다 경호대상의 안전을 우선한다.

2. 경호무술은 자신과 지켜야 할 대상 그리고 위험의 존재에 대한 3각구도의 안전구조다.

3. 경호무술은 경호대상에 대한 위험이라는 존재를 시간, 거리, 각도로부터 물리적으로 제거한다.

경호무술의 윤리강령

1. 경호무술인은 스스로를 강건하게 하여 타인을 돕는다.
2. 경호무술인은 신의를 생명과 같이 한다.
3. 경호무술인은 희생을 본으로 삼고 생활한다.
4. 경호무술인은 지혜롭고 명석함을 길러 생활한다.
5. 경호무술인은 감동과 감사의 표현을 생활화 한다.
6. 경호무술인은 창의적인 삶을 생활화 한다.
7. 경호무술인은 예의와 경애로움으로 타인의 인격을 대하도록 한다.
8. 경호무술인은 행복을 갖고자 하기보다는 나누어 행복하도록 한다.
9. 경호무술인은 물질이 아닌 정신이 지배하는 세상을 위해 노력한다.
10. 경호무술인은 인류사회의 평화공존을 위해 노력한다.

경호무술지도자 정신

1. 경호무술 지도자는 배움을 진리로 삼는다.

2. 경호무술지도자는 수련을 생활화한다.

3. 경호무술지도자는 가르침을 은혜롭게 생각한다.

경호무술 지도 목표

1. 전수련생 유단자화

2. 전수련생 개인별 이상실현화

3. 수련생 지도자 양성화

4. 수련생 선수화

5. 수련생 경호직무 전문 직업인화

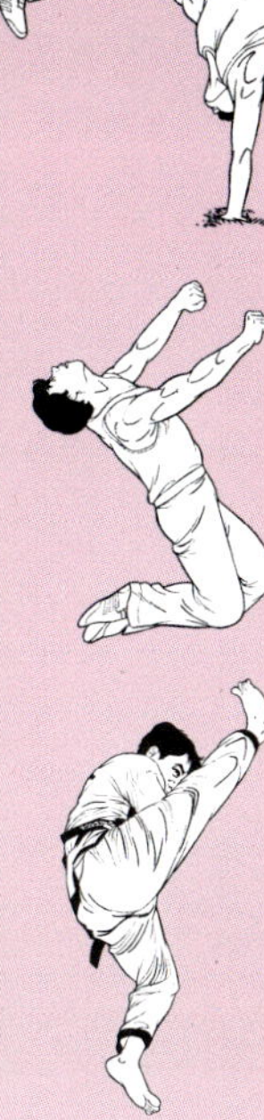

경호무술 지도 방향

1. 교육계획에 의한 지도
2. 수준별 능력에 따른 지도
3. 개인특성에 따른 지도
4. 흥미와 동기유발에 따른 지도
5. 수련종목별 특성에 따른 지도
6. 수련기간을 고려한 지도
7. 시설특성을 고려한 지도
8. 개인동기에 따른 지도
9. 경호무술 지도목표에 따른 지도

경호무술 교육 방침

1. 교재를 이용한 이론지도를 지향한다.
2. 시범식 지도를 지향한다.
3. 영상교육을 지향한다.
4. 참관교육을 지향한다.
5. 교환교육을 지향한다.

경호무술 지도자가 지녀야할 덕목 10계

1. 모든 것을 기초, 기본, 상식에서 시작하라.
2. 배움을 부끄러워 말고, 적극적으로 임하라.
3. 말과 행동을 일치하게 하고 인격도야에 힘써라.
4. 능력을 과신하지 말고, 겸손하라.
5. 사람을 인격적으로 차별하지 말고 예우하라.
6. 스스로에 대하여 프로의식을 가져라.
7. 직업의식과 대표의식을 가져라.
8. 배우는 자에게 자신이 필요로 함에 사명감을 가져라.
9. 힘들고, 어렵고, 더러운 이유로 목표를 버리지 마라.
10. 사랑과 희망과 행복한 삶을 줄 수 있는 선도자가 되도록 하라.

경호무술 지도자의 훈계

1. 생명존중 및 생명보존의 원칙을 관념화하라.
2. 경호실무에 대한 전문지식을 겸비하라.
3. 경호무술 이론에 충실하고 경험을 이론화하라.
4. 경호무술을 호위적 관념에서 끊임없이 연구하라.
5. 기초체력에 충실하라.
6. 기본기술에 충실하라.
7. 시범식 지도를 지향하라.
8. 지도력과 리더쉽을 키워라.
9. 경호무술을 세계화와 역사화에 힘써라..
10. 지도자임을 감사하라.

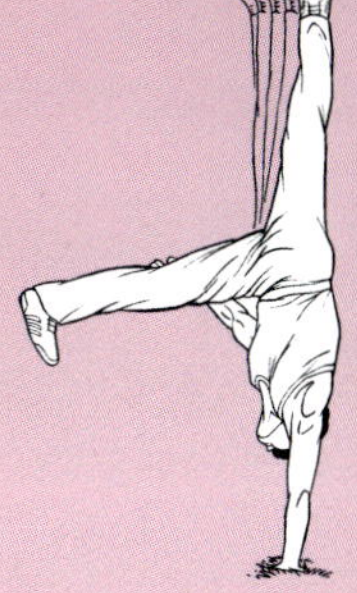

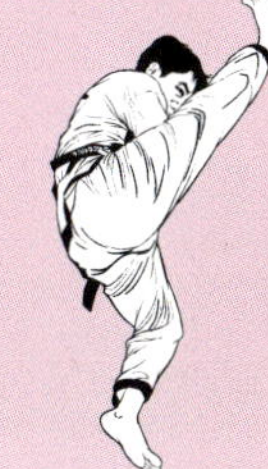

경호무술 지도자 의의

  지도한다라는 것은 모든 지도자들에게 있어 숙제라고 할 수 있다. 그만큼 어려운것이 사람을 지도하는 문제일 것이다. 경호무술은 수련한다 또는 배운다라고 하는 차원과 이를 가르친다라고 하는 차원은 크게 다르다고 생각된다. 무술을 떠나 그 어떤 것도 배우는 것과 가르친다라고 하는 것은 매우 큰 차이가 있으며, 특히, 지도자에게 있어서 소양과 태도, 지도능력면에서 배운다라고 하는 요건과는 다른 것들을 요구한다. 중요한 점은 지도자는 가르치는 사람을 일컬으며, 지식전달자로서 알아야할 최상의 조건을 갖추고 있어야만 한다는 사실이다.
물론 모든 지도자들이 완벽한 상태에서 지도자로서 지도하는 것만은 아니다. 그러나 적어도 수련생들이 필요로 하는 가치 전달을 할 때 비로서 진정한 지도자라고 할 수 있다. 이때 중요한 것은 수련생들이 얼마만큼 경호무술에 대하여 흥미를 느끼고 배우고자 하는 열의를 보이느냐 그리고 배운 것을 얼마만큼 빠른 시간안에 경호무술을 체득할 수 있게 하느냐 하는 것으로서 지식, 기술등을 빠르고 정확한 전달능력을 의미한다고 할 수 있다. 경호무술을 단순히 지도하는 차원이라면 누구든지 가능할지 모른다. 그러나, 앞서 말한바와 같이 육체적, 정신적측면을 초월하여 배우고자 하는 열의에 대한 동기부여와 얼마만큼 빠른시간안에 요구하는 기술수준에 있게 하느냐 하는 것이다.
  따라서, 지도자는 기술수준과 심리조정술등에 대하여 능해야만 하며, 이에 대한 자질을 키워나가야만 한다. 아무쪼록 경호무술 지도자들은 이에 충족할 수 있도록 모두 다 노력해 주길 바란다.

경호무술 지도자의 자질

  지도자가 갖추어야 할 일반적인 자질은 너무나 많은 것들이 요구된다. 어떤 교육이든 지도자로서 갖추어야 할 특별한 소양이 요구된다는 사실은 일반화되어 있다. 합리적인 교육목적과 목표를 위해서는 지도자로서의 올바른 인성과 지도내용에 따른 전문성등이 필수요건이며, 이러한 전문성을 수련자에게 효과적으로 전달할 수 있는 숙련된 능력이 겸비되어야만 한다.
  경호무술은 호신적, 호위적 관점에서 착안 정립된 호위호신무술로서, 자신과 지켜야 할 대상이 존재된 것으로서, 호신적 기술상 범위를 초월하고 생존본능 범위를 초월하여 타인의 생명을 위한 희생정신을 가져야하는 무술로서 한차원 높은 기술과 정신적 요소를 요구하는 매우 어려운 무술이라고 말할 수 있다. 아울러 지도자로서 갖추어야 할 자질 또한 매우 특별하고 높은 수준을 요구한다는 사실이다. 특히, 경호무술 지도자의 언행은 수련생에게 전인적 발달 영향에 크게 미치기 때문에 지도자의 말이나 행동을 포함한 자세, 생활태도등에 크게 유의해야만 한다.

경호무술지도자 정신자세

경호무술지도자는 지도자의 길을 숙명으로 받아들인다.
또한, 배움을 진리로 삼으며, 수련을 생활화하고 수련생들에게 경험을 초월케하며, 타고난 능력을 능가하도록 지도하고, 스스로 지도역량을 기르면서 혼신의 힘을 다한다.

경호무술 지도자상

경호무술지도자상으로서는, 우선 인격도야의 선도자로서 보여야하며, 무술의 권능자로서의 신체능력 겸비 그리고 이를 전승할 수 있는 지도력을 갖추는 것이다. 지도자가 갖추어야 할 일반적인 자질은 너무나 많은 것들이 요구된다.
어떤 교육이든 지도자로서 갖추어야 할 특별한 소양이 요구된다는 사실이 일반화되어 있다고도 할 수 있다. 합리적인 교육목적과 목표를 위해서는 지도자로서의 올바른 인성과 지도내용에 따른 전문성등이 필수요건이며, 이같은 전문성을 수련자에게 효과적으로 전달할 수 있는 숙련된 능력이 겸비되어야만 한다.
경호무술은 호신전, 호위적 관점에서 착안 정립된 호위호신무술로서 자신과 지켜야할 대상이 존재된 것으로서, 호신적 기술상 범위를 초월하고 생존본능 범위를 초월하여 타인의 생명을 위한 희생정신을 가져야하는 무술로서 한차원 높은 기술과 정신적 요소를 요구하는 매우 어려운 무술이라고 말할 수 있다. 아울러 지도자로서 갖추어야 할 자질 또한 매우 특별하고 높은 수준을 요구한다는 사실이다.
특히, 경호무술 지도자의 언행은 수련생에게 전인적 발달영향에 크게 미치기 때문에 지도자의 말이나 행동을 포함한 자세, 생활태도등에 크게 유의 해야만 한다.

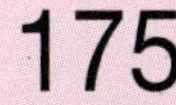

무술 수련이란?

수련이란 일반적 의미로는 정신이나 학문 기술등에 대하여 닦아서 단련하는 것을 가르친다.

무술수련의 참 의미로는 정신이나 학문 기술등에 대하여 단순히 습득하기보다는 숙련의 개념으로서 더 이상 배운다는 것과는 다른 의미를 갖고 있다고 할 수 있다.

즉, 초보적 수련은 배우는 것으로 이해하고, 배우는 경지를 넘어서서는 닦아서 단련하여 숙련하는 것이 된다고 할 수 있다. 따라서, 숙련의 단계에서는 몸과 마음이 모든 것으로부터 자유로와 지게된다. 또한, 경호무술이 지향하는 교육목표는 수련이 된다고 할 수 있으며, 이같은 수련의 결과가 초인적인 현상을 나타나게 되어 수련의 정도에 따라 자신을 물리적위험으로 부터 보호할 수도 있으며, 타인의 위험을 방지할 수도 있다. 또한 순간 또는 찰나에 동요될 수 있는 감정 기복에 대하여 스스로 통제할 수 있는 조정능력을 가질 수 있게 된다.

이와같은 물리적, 심리적 작용능력을 갖기 위한 일련의 무술과정이 수련이 된다. 특히, 무술수련은 단순히 학문적의미나 기술적의미로서의 구분된 수련이 아닌 합목적성 의미로서 매우 훌륭한 심신 수련방법이 된다.

따라서, 무술수련 그 자체로서 만으로도 매우 훌륭한 신체적, 정신적, 기술적, 교육학적 가치등이 고루 갖추어 졌다고 할 수 있다.

무술수련은 앞으로 다가올 미래의 교육에서 가장 비중있는 교육대안으로서 활용될 것으로 확신한다.

경호무술 지도

경호무술지도란 수련생으로 하여금 지도자가 지도활동을 통하여 경호무술에 관한 일체의 내용에 대하여 알기 쉽게 이해시키고, 수련생으로 하여금 스스로 수련정진할 수 있도록 동기부여 시키는 역할을 하는 것이라고 말할 수 있다.

경호무술지도의 실질적 의미로는 경호무술이 지향하는 정신과 기술 이 두가지라고 할 수 있다. 앞에서 말하는 정신은 생명보존의 원칙과 평화주의적 이상이며, 실체적인 정신은 무한인내와 무궁투지라고 할 수 있다.

또한 기술은 창의적 기술진보이며, 이에 대한 제반 기술의 반복적 동작숙달을 통한 수련연마라고 말할 수 있다.

이같은 관점에서 내포하고 있는 이론과 실무적 차원에서 수련생이 갖고 있는 무한한 잠재적 가능성에 대하여 개발될 수 있도록 도와줌으로서 교육적 의미를 부여하고 지도효과를 극대화 할 수 있는 방법론을 실질적으로 사용 가능한 모든 방법을 동원하여 기술지식등을 전달할 수 있도록 하는 것이라고 할 수 있다.

지도의 동기

  지도란 지도자가 수련생에게 대하는 하나의 태도로 볼 수 있다. 그리고 이러한 태도는 그 동기에 따라 조금씩 차이를 보일 수가 있다.

  그러나, 중요한 점은 반드시 그 동기가 상호작용의 형태가 되어야 한다는 점이다. 예를 들어, 수련생이 열심히 하면 지도자가 열심히 하게 된다. 그러나 그 반면에 수련생이 열심히 노력하지 않으면 자연히 지도자도 열심히 노력하지 않게 된다. 이 경우에는 수련생의 태도에 따라 지도자의 태도가 달라지게 하는 동기가 된다는 점을 보여준다. 그러나 지도자는 수련생의 태도에 따라 지도의 동기가 변화되는 식의 태도는 바람직하지 않다.

  지도자는 정해진 공간과 시간속에 있는 수련생을 통제할 수 있는 권한이 있다. 따라서 수련생이 지도자에게 통제될 수 있는 존재일 뿐이라는 점을 깊이 인식할 필요가 있다. 다시말해 어떤 경우에도 수련생이 먼저 지도자에게 자신의 행동을 통해 지도력을 끌어 내려는 노력을 하지 않는다는 사실이다. 지도자 스스로 이점에 대하여 부인할 수도 있겠지만 부인하는 순간 일반적으로 말하는 지도자의 역량 부족이라고 말할 수 있다.

  지도역량을 키우는데 있어서는 지도자 스스로 어떠한 경우라고 하더라도 수련생에게 문제가 있다는 인식에서 벗어나야만 하며, 스스로 적극적이고 의욕적인 지도행동작용에 대하여 다양한 동기작용 소재를 개발하고 축적하는 노력이 선행되어야만 한다.

  일반적인 동기로서는 지도자로서의 사명감, 수련생의 태도변화, 수련생의 수련정진 효과등 유무형적 가치인식이 그 동기라고 할 수 있다.

  어떤 경우라도 지도자는 먼저 수련생들이 따라오도록 유도할 수 있는 동기 소재를 끊임없이 개발하고, 이를 지도시에 유효하게 적용하여 사용할 수 있도록 힘써야만 한다.

경호지식은 경호무술 지도자의 필수

경호무술지도자들은 경호에 대한 전문가적인 지식을 기초로 해야만 한다.
경호를 모르고, 지도하는 것은 단순한 무술에 지나지 않으며, 따라서 진정한 경호무술 지도자가 될 수 없다.

무술지도는 아무나 할 수 있는 것은 아니다. 그러나 경호 또한 아무나 할 수 있는 것이 아니다. 경호는 경호환경에서 오는 여러 특성을 모르고는 경호할 수 없으며, 특성에 맞는 기술없이는 또한 경호할 수 없다.

경호무술이 필자에 의하여 경호실무를 기초로 하여 그 특성에 맞도록 기술체계를 만들었으나, 기술은 원리에 의한 것이고, 원리는 원인 및 동기가 내재된 것들이다.
따라서, 경호지식이 없는 경호무술지도는 올바른 지도가 될 수 없다. 즉, 경호무술 지도자에게 있어 경호지식은 필수다라고 할 수 있으며, 앞으로 모든 경호무술 지도자들은 경호환경에 대한 여러 가지 전문지식을 기초로 지도해야만 한다.

경호무술지도훈

어떤 목표란 반드시 그 대상이 있으며, 목적과 같은 추상적 성격과는 달리 목표는 반드시 실체적인 존재로서 수치나 모양, 시간, 공간등으로 표현될 수 있다.
교육은 따라서 이같은 목표를 두고 지도해야만 한다.

일반적으로 교육이란 경험하지 아니하고는 특정한 행동이나 지식에서 오류하지 않고 익히고 습득할 수 있는 것을 의미한다.

즉, 경험을 통해서 배울 수 있는 것을 경험하지 않고 배울 수 있는 것을 말한다.
따라서, 지도자의 최대 목표는 반드시, 이러한 효과를 바탕으로 해야 하며, 구체적으로 지도자는 수련생들의 목표에 쉽게 다가설 수 있도록 도와주는 직무가 그 목표가 된다고 할 수 있다.

좀 더 사실적으로 표현한다면, 경호무술을 통해 생명존중의식과 평화안정과 같은 사회성 교육의 목표와 신체건강 및 호위호신의 목표등 보다 확실하고 분명한 기준 목표에 다가서게 하는 것이다.

경호무술 지도방법

일반적으로 지도방법이란 배우는 것이 아니라 배우는 사람에게 가르치는 방법을 말한다. 따라서 지도자는 자신의 성장을 목표로 지도하는 것이 아니라 배우는 사람에게 지식의 전달과 기술습득의 성장을 목표로 한다.

무술은 일반적인 교육과는 달리 신체기술의 체득이 목표이기 때문에 또 다른 차원의 지도방법이 동원되게 된다. 예를 들어 지식중심이 아닌 신체운동의 중심이 되는 것들이다.

특히, 지도자는 경호무술의 용어에 맞는 용법을 시범식으로 수련생들에게 보여줌으로서 이해력을 도울 수 있다. 이처럼 지도자가 자신의 기술을 목표로 하는 것이 아니라 수련생의 기술향상을 시키기 위한 방법론적 접근이 초점이 되는 것이다.

경호무술에 대한 지도방법으로서 구분해야 할 몇가지 원칙을 표현한다면 우선 교재의 준비, 이론에 대한 이해, 용어에 대한 용법이해, 기초원리 및 자세에 대한 숙달, 수련체계 및 단계를 고려한 지도계획을 두어야 하며, 초급, 중급, 고급과정에 따른 세부적인 지도계획을 따로이 둔다.

그리고 일별, 주별, 월별 지도계획을 통해 좀 더 구체적으로 세분화하여 수련체계와 각 등급별 수련생들에게 균등한 지도가 이루어지도록 지도계획에 포함한다.

지도형식에서는 이론지도, 시범식지도, 체험지도등으로 나누어 쉽게 수련생이 배울 수 있도록 계획하고, 전개과정은 신체적, 기술적으로 쉬운 것 부터 단계별 힘들고 어려운 것으로 진행하고, 구령과 기합은 항상 크고, 쾌활하게 발성되도록 연습해 둔다.

특히, 가능한 설명은 요점만을 들어내어 용법에 대한 용어 기준으로 쉽고 간결하게 하도록 노력하며, 발음을 명확히 한다.

그러나 지나치게 수련 분위기가 경직되지 않도록 간혹 유머를 섞어서 수련자들에게 흥미를 유발하는 것도 좋다. 서두에 말해두었듯이 설명은 요점만을 들어 간결하게 용법에 대한 용어 위주로 설명해야 하기 때문에 이를 보충할 수 있는 비언어적 커뮤니케이션 즉, 비언어적 표현형식을 많이 사용하도록 노력해야 한다.

예를 들어 눈빛이나 손짓, 발짓 등이 그것이다. 주위가 산만한 수련생을 응시하면 곧바로 정지한다. 자세가 틀린 곳을 손짓으로 가리키면 수련생 스스로 무엇이 잘못된 것인지를 알고 곧바로 바른 자세로 스스로 변환시킨다.

이와같은 지도자의 비언어적 의사전달이 수련생들에게 의식적이든 의식적이지 아니한 것이든 간에 분명한 것은 지도에 있어서 매우 중요한 기능으로서 역활을 한다는 사실이다.

그러나, 이러한 비언어적 의사전달이 일방적으로 수련생에게만 전달되는 것이 아니라 수련생이 지도자에게 전달하는 수단이 되기도 한다는 사실에 대하여 지도자는 인식해야만 한다. 이처럼 지도방법에 있어서 그 효과를 위하여 고려하고 착안하여 행동으로 옮겨야 하는 것들이 많다.

경호무술 수련과정

경호무술은 물리적, 심리적, 학문적, 기술적 요소에 대하여 상호착용케 하여 미용효과, 레져스포츠효과, 호신효과, 호위효과들 다양한 목적을 동시에 얻을 수 있도록 착안된 것이라고 할 수 있다.

그리고, 경호무술 수련과정이란 일정한 시간안에 주어진 효과를 위해 학습형식에 따른 계획과 지도를 통하여 수련생으로 하여금 목적한 것에 대한 효과를 체험하게 하는 학습기회를 수련과정이라고 할 수 있다.

그리고 경호무술 수련과정이란 일정한 시간안에 주어진 효과를 위해 학습형식에 따라 계획과 지도를 통하여 수련생으로 하여금 목적한 것에 대한 효과를 체험하게 하는 학습기회를 수련과정이라고 할 수 있다.

즉, 경호무술은 신체적, 기술적, 정신적, 학문적 영역에 대한 성장과 발달을 돕기 위하여 이론과 기초자세, 준비운동, 기술습득 단계로 나누어 계획하고 초, 중, 고급에 따른 기술 분류와 수련의 방법형식등을 고려하여 지도자가 수련생으로 하여금 수련하기 쉽도록 계획된 것에 대한 수련과정을 말한다.

수련생이란?

경호무술 지도자는 수련생을 돕는 역활자로서 수련생에 대하여 충분한 이해가 요구된다고 할 수 있다.

일반적으로 배우는 사람들 일컬어 교육생이라고도 부르고, 학생이라고도 부른다. 그러나 배우는 사람이라고 칭하여 표현하는 것이 좀더 쉽지 않을까한다. 배우는 것은 모르기 때문에 배운다기 보다는 배우고 싶기 때문에 배운다고 하는 것이 더 정확하며, 알기 때문에 좀 더 정확히 또는 좀 더 확신을 얻기 위한 한 수단이 된다고 할 수 있다.

그러나, 몸으로 체득하여 배워야 하는 경호무술과 같은 문제는 의식을 행동으로 얼마만큼 빠르게 반응케 하느냐하는 숙제가 있다고 할 수 있다.

따라서, 머리로만 해야하는 일반적인 학습과는 또 다른 문제가 있다고 할 수 있으며, 의식을 신체행동으로 옮기는 의식의 장애나 또는 운동신경과 같은 신체장애를 갖고 있는 수련생들은 더욱 큰 부담을 갖고 있다고 할 수 있다.

그러나, 정상적으로 장애가 없는 사람이라고 해도 특별한 능력을 배가시키기 위하여 수련하기 때문에 목표한 능력을 갖기 전까지 부담을 갖는 것은 매 한가지라고 할 수 있다. 다시말해 모든 수련생들은 근본적으로 이같은 문제를 극복하여 해결하고픈 욕구에 의하여 입문한 수련생이라고 할 수 있다.

따라서, 지도자는 수련자에 대하여 어떻게 도울 것인가 하는 숙제를 해결해야만 한다. 다음 단계로는 지도자의 역할은 축소되거나 필요없게 된다. 수련의 본질에 따라 수련생 스스로 갈고 닦아 단련하도록 하는 것이다. 이 사실에 대하여 지도자는 수련생 스스로 인지될 수 있도록 한다.

수련생의 특성

1. 수련생은 일반적으로 초보이다.
2. 신체기능의 차이가 있다.
3. 성별과 연령 그리고 성장과정의 문화에 따라 받아들이는 인식의 차이를 보인다.
4. 수련목적과 목표가 조금씩 다르다.
5. 배우고자 하는 욕구는 동일하다.

경호무술 수련과정의 동기부여

1. 불가능한 것은 없다. 하면된다라는 자신감 부여
2. 배우는 것은 천부적인 능력에 능가할 수 있는 것이다라는 믿음
3. 지도자의 열의있는 태도 유지
4. 수련생에 대한 홍미고려
5. 영상 및 시범식교육을 통한 동기 자극
6. 경호무술이 갖고 있는 이념
7. 경호무술의 탁월한 기술수준의 이해
8. 경호무술이 갖고 있는 사회성 가치 이해
9. 경호무술 본질에 대한 이해와 추구 목표 이해
10. 수련생에 대한 능력평가와 평가결과에 따른 승급, 승단, 부상등 부여

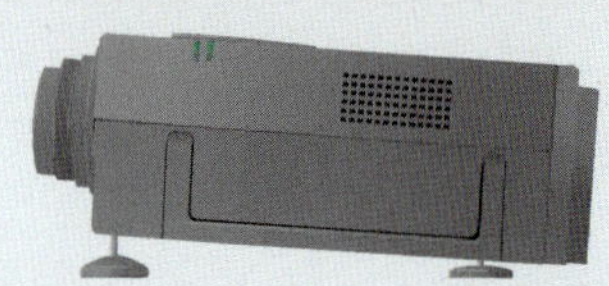

경호무술 수련 환경

 경호무술 수련환경에 있어서 외부적요인이나 내부적원인에 의하여 지도자나 수련생에게 많은 영향을 주게 된다. 지도자의 심리상태에 따른 행동이나 수련생의 심리상태에 따른 행동에서부터 시설이 주는 공간이나 안전성 그리고 무술수련에 동원되는 원복이나 장비등을 포함하여 수련에 미치는 환경은 매우 다채로운 것이 특징이라고 할 수 있다.

 따라서, 수련환경을 고려한 태도나 시설등에 대한 조건등은 갈수록 고도화, 첨단화되면서 지도자나 수련생들에게 큰 영향을 주고 있다.

우선 크게 나누어 살펴보면 외부적 요인에 의한 사회적 환경과 내부적 요인에 대한 물리적 환경을 고려하여 살펴볼 수가 있다.

 먼저, 사회적 환경을 살펴보면 인간관계와 사회성장등으로 다시 구분할 수 있다.

우선 인간관계로는 가정과 수련생, 지도자와 수련생, 수련생과 수련생과의 인간관계에 따른 상호작용으로 인간관계에 의하여 형성되는 환경을 들 수 있으며, 또 하나는 사회성장으로 볼 때의 자아실현 즉, 수련을 통해 무엇을 목적으로 할 것인가 하는 것이다. 즉, 호위호신이냐 아니면 단순체위향상이냐, 레져스포츠로서의 참여냐 아니면 정신적요소이냐 하는 최초의 목적이 큰 영향을 주게 된다는 사실이다.

 다음으로는 내부적 요인에 의한 물리적 환경으로서 크고 좋은 시설, 예를 들어, 공간넓이, 인테리어 시설, 안전성확보의 유무, 통풍, 채광등의 자연성 그리고 샤워실, 명상실, 헬스실등과 같은 보조 및 편의시설과 무술자료(책, 비디오테잎, CD, 스크랩자료등) 준비등이 포함된다고 할 수 있다.

 따라서, 지도자나 수련생에게 보다 효율성있는 경호무술 수련을 위해 지도자는 이같은 내용을 사전에 고려하여 준비하는 것이 매우 중요하다고 할 수 있다.

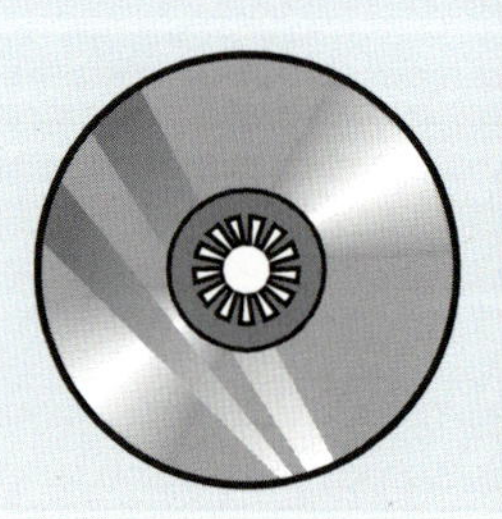

경호무술 교육내용

1. 경호무술 이론

1. 무술의 본 질
2. 무술의 역사
3. 경호무술의 역사
4. 경호실무(경호작용)
5. 창시자의 무술관(철학)
6. 경호무술의 정의, 목적, 정신, 원리
7. 경호무술체계
8. 경호무술 상해예방 및 처치
9. 기초자세, 준비운동, 기초체력, 기초기술, 기술원리
10. 경호관계법

2. 경호무술 실기

1. 기초자세
2. 전환선법
3. 준비운동법
4. 호위발차기법
5. 호위권무형법
6. 호위낙선법
7. 호위호신술법
8. 호위특기술법
9. 호위대련법
10. 호위사격술법
11. 구 급 법(응급처치)

경호무술 이론지도

　일반적으로 무술을 지도하는 지도자들은 이론지도를 하지 않는 경향이 있다. 이같은 경향은 무술이라는 것이 본래 행위 행동하는 것으로 이론을 생략하고 수련생들에게 시각적으로 바로 보여줄 수 있는 표현이 보다 확실한 지식 전달 체계라는 인식에서 비롯되는 것이라고 생각된다.

　물론 이외로도 다양한 이유가 있다. 예를 들어 학교를 가도 교재가 있다. 일반영어학원에 가도 교재가 있다. 그러나 무술원이나 무술도장에 가면 교재가 없다. 이러한 현실은 어디에서 비롯된 것일까? 문제는 무술은 매우 심오하고 깊이가 있는 것으로 다른 학문과는 달리 이론화하기에 어렵다는 관념과 이와는 반대로 무술은 단순한 것이며, 무술은 새로울 것이 없다고 하는데, 그 문제의 인식이 있으며 또한 이로인해 학문적 체계에 대하여 소외시 했던 것으로 풀이된다. 아울러 지도자나 수련생 누구도 교재없이 무술을 수련한다는 것에 대하여 문제인식을 갖지 않았고 이에 대하여 이상하게 생각할 이유도 없었다.

　그러나, 이같은 문제는 무술자체 뿐만 아니라 이를 지도하는 지도자들에게도 무술은 단순히 몸으로 하는 것이다라는 인식만을 심어줌으로서 무술이 갖고 있는 철학이나 운동효과, 기술원리 등에 대한 심오한 깊이와 사회학적 가치등이 제대로 반영되거나 평가받지 못했다. 어떤 학문이든 실무를 기초로 이론화 한 것에 불과한 것이다.

　학문의 가치는 실무를 이론화하는 과정에서 얼마만큼 시행착오를 축소케 했느냐 하는 것이 학문 수준을 가늠할 수 있는 척도가 된다고 할 수 있다.

　무술이 몸으로 표현하는 행위이기는 하나, 그 행위를 보다 효과적으로 표현하게 하려면 일정한 원리에 의하여 시간과 과정 그리고 방법에 따라야 한다. 그러나, 무술을 수련하는 초보자들은 이 원리를 이해하기란 매우 어렵고, 또한, 지도자가 이처럼 원리를 기초로 지도했다고 하더라도 무술을 배우는 수련생들은 구전지도에 의한 기억이 매우 미흡할 수밖에 없기 때문에 따라하기에 어렵다.

　따라서 무술지도에 있어서도 교재사용이라는 측면은 매우 중요하다고 할 수 있다. 무술은 다양한 학문적 측면을 갖고 있다. 심리학적측면, 운동생리학적측면, 범죄심리학적측면, 사회학적측면등 다양한 측면을 동시에 갖고 있다고 할 수 있다. 따라서 경호무술 지도자들은 이와 같은 측면을 고루 고려하여 수련생들을 지도하지 않으면 안된다.

　특히, 경호무술 기술체계에 대한 지도시에는 근력, 지구력, 순발력, 유연성, 평형감각, 반사신경등에 대한 기초이론에 대하여 이해할 수 있도록 지도한 후 기술체계에 대한 이론과 용어 원리등을 체계적으로 학습시킨 후 실기지도를 해야만 지도효과를 배가시킬 수 있다는 사실에 대하여 특히 유의하도록 한다.

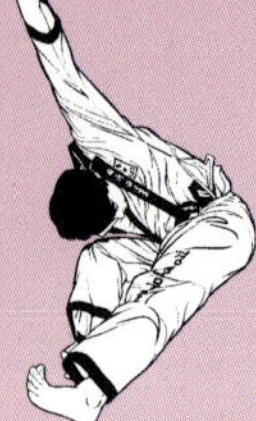

경호무술 실기지도

무술은 아무리 많이 알아도 몸으로 체득하지 못하면 안다고 할 수 없다. 따라서 수련생에게 지도자가 얼마만큼 특성에 맞는 실기지도를 체계적으로 실시하느냐에 따라 수련생의 무술 체득 속도가 달라진다고 할 수 있다. 따라서 지도자의 실기지도는 그 만큼 중요하다고 할 수 있다.

물론 수련생의 운동신경과 체형 그리고 기본적인 정신상태에 따라 지도자의 지도효과가 달라질 수도 있다. 그러나 이같은 점을 포함하여 모든 역량을 포함한 실기지도를 해야 하는 것이 지도자라고 할 수 있다.

실기지도는 육체적으로 격렬하게 해야 하는 특성이 있기 때문에 처음부터 무리한 고난이도 기술을 지도하는 것은 피해야 하며, 또한, 너무 많은 기술을 짧은 시간에 지도하려고 해서는 안된다.

특히, 실기 지도시에는 무술에 대한 특성이나 기술위주로 실기지도하기 보다는 기초체력 및 흥미유발을 유도할 수 있는 실기지도가 바람직하며, 자신도 할 수 있다는 자신감을 불어 넣어 주는 지도가 그 무엇보다도 매우 중요한 요소이다.

또한, 무술 수련생들의 수련수준에 따라 각각에 맞는 기술을 단계 수준별로 높여 지도해야 하며, 일정한 시간을 두고 충분히 익히도록 지도해야 한다.

그러나, 이같은 지도는 말처럼 쉽지는 않다. 그 이유로는, 무술지도 환경상 무급자, 유급자, 유단자 등을 동일한 수련시간에 동시 지도해야만 하는 이유 때문이다.

즉, 시간을 달리 해 무급자, 유급자, 유단자반을 시간이나 공간문제로 인하여 따로 두어 지도가 어렵기 때문이다. 물론 시간이나 공간을 달리한다면 문제될 것은 없으나, 그렇지 못한 경우에는 정해진 시간과 공간에서 각기 다른 무급자, 유급자, 유단자 등이 동시에 수련할 수 있는 내용과 급이나 단 수준에 따른 실기지도를 균형있게 배분하여 지도하는 것이 중요하다고 할 수 있다.

일반적으로 지도시간을 1시간으로 둔다고 할 때, 한시간내 각급 및 단수준에 따라 흥미를 잃지 않고 따라 할 수 있도록 지도한다는 것이 말처럼 쉽지만은 않다.

그러나, 이러한 특성을 고려하지 않고 지도하다보면 자칫 초보자 중심이나 유급자 중심 또는 유단자 중심으로 지도가 흐르기 쉽다. 이렇게 되면 무급자나 유급자 중심으로 실기지도 하게되면 유단자들은 쉽게 흥미를 잃게 되고, 반대의 경우에는, 무급자나 유급자는 너무 힘들어 쉽게 포기하는 경향을 나타내게 되는 단점이 있다. 따라서 일별, 주별, 월별 실기지도 계획과 무급자, 유급자, 유단자별 중점지도 계획을 균형있게 수립하여 지도하는 것이 바람직하다.

그리고 실기지도는 지도자가 수련생들에게 개별적으로 일일이 지도할 수 없기 때문에 실기지도의 효과를 높이는 방법으로 유단자와 유급자 또는 상급자와 하급자로 짝을 지어줘 실기지도의 효율을 높이는 것 또한 중요하다.

상급자는 하급자에게 자신이 배운 것을 하급자에게 가르치며, 자신이 정확하게 배웠는지를 스스로 진단하는 효과와 더불어 자신도 다른 사람에게 가르칠 수 있다는 자신 감등을 갖게 하는 동시 효과가 있으며, 하급자는 정확한 실기를 1대1로 배울 수 있는 계기로 인해 좀더 정확한 동작을 익힐 수 있으며, 상급자와의 신체적 접촉과 직접적인 대화를 통하여 수련원 적응에 도움이 되는 효과를 얻을 수도 있다. 이외로도 시범식 견학교육 효과를 의외로 크게 기대할 수도 있다. 이처럼 실기지도에 있어서 여러 상황을 고려하여 고르게 지도하는 것이 매우 중요하다고 할 수 있다.

경호무술 시범식 지도

'무술은 동작으로 익히는 것이다라고 해도 과언은 아닐 것이다.

아무리 지도자가 뛰어나다고 해도 지도자가 직접 정확한 동작으로 시현한것을 수련생이 보지 못했다면 수련생 스스로 정확한 동작을 지도자의 설명만으로 재현해 내려면 상당한 시간이 소요될 것이다. 따라서 지도자의 시범식 교육은 수련생들에게 매우 큰 영향을 준다는 사실을 알아야만 한다.

따라서, 지도자는 가능한 실기지도시에는 시범식 지도를 지향하는 원칙을 가져야하며, 시범을 보일때에는 정확한 동작을 취하도록 해야 한다. 자칫 잘못된 동작이 구현된다면 이를 잘못 이해하고 수련생들이 받아들일 수 있기 때문이다.

혹시라도 잘못된 동작으로 시범이 이루어졌다면 곧바로 수정하여 재차 시범을 취하여 바로 잡아 주어야만 한다. 시범은 순간 찰나에 수련생들에게 인지되고 각인되기 때문에 쉽게 잊혀지지 않으며 오랜 시간동안 수련생들에게 영향을 주게 된다.

이처럼 시범의 효과는 크다. 따라서 완벽한 시범은 긍정적인 효과가 크지만 부정확한 시범은 오히려 나쁜 영향을 줄 수 있다.

지도자는 어떠한 시범이라도 완벽한 시범이 될 수 있도록 노력해야 하며, 완벽하지 않은 시범에 대해서는 가능한 피하는 것이 좋다.

무술은 수련생 자신이 하는 것이다. 그러나, 지도자가 얼마만큼 역량을 키워나가느냐에 따라서 수련생의 무술수련 역량 또한 크게 달라질 수 있음을 인식해야 한다. 이런 점에서 지도자의 시범식 교육은 가장 효과적이며, 완벽한 지도기법이라고 말할 수 있다.

지 도 시 간

　지도자가 수련생에게 이론실기를 지도하는데 있어서 시간의 분배운영이 지도의 효과를 크게 영향을 주게 된다. 지도시간을 1년, 1월, 1주, 1시간에 따라 각각 다르겠지만, 주어진 기준을어떻게 잡고 지도할 것인가 하는 문제에 따라 지도계획이 크게 달라지게 된다. 우선, 1시간을 지도 계획으로 잡고 지도시간에 대한 운영계획을 수립해야 한다.

　그 다음으로는, 수련생의 기초체력에 따라 운동량을 정하고, 그리고 수련생이 습득할 능력을 고려하여 기술수준에 따라 시간을 나눈다. 전체 1시간을 100%로 놓고 볼때 10% 정신교육, 10%를 준비운동, 10%기초수련, 30% 등급별지도 30%연습 10% 마무리운동 및 체력운동으로 시간 비율을 정하여 실시할 수도 있다.

　이처럼 지도방향, 지도중점, 지도목표에 따라 지도시간 비율을 정하여 지도자가 직접 지도계획을 사전에 수립하여 정해진 시간에 따라 지도하도록 한다.

경호무술 기술지도

　경호무술도 기술체계로 잘 짜여진 무술로서 기초기술부터 고난이도 기술까지 다양하게 구성되어 있다.

　우선, 기초기술중에서는 서기, 막기, 치기, 차기, 꺾기, 던지기, 찌르기, 긋기, 조르기, 제압기 등으로 구분되어 있으며, 전환선법에서부터 호위발차기법, 호위권무형법, 호위낙선법, 호위호신술법, 호위특기술법, 호위사격술법등 분야별 수련체계등으로 세분화되어 그 체계가 정립되어 있다.

　이러한 기술체계를 수련생들에게 이해시키고 기술을 습득케 하는 것이 기술지도라고 할 수 있다. 그러나 모든 지도자들에게 공통된 숙제는 수련생들에게 어떻게 하면 능률적이고 효과적인 방법으로 지도자나 수련생이 동시에 만족할만한 기술지도의 성과를 얻어낼 수 있는가 하는 것이다. 앞서 말한바와 같이 기초부터 수련해야 할 내용과 체득할 소요시간등이 많이 요구되는 경호무술 기술지도는 충분한 시간을 할애하고 잘 편성된 기술지도 계획이 요구된다.

　먼저 기술지도에 있어서 몇가지 착안해야 할 사항을 말한다면 우선 기술지도에 배정된 시간, 지도하려는 기술내용, 기술습득목표, 수련대상 및 특성등에 대하여 고려해야만 한다. 예를 들어 수련대상에 따라 흥미를 갖도록 유도해야 하며, 기술에 대한 이해력과 기술습득의 능력 그리고 기술습득에 필요한 체력 조건등에 대한 능력등을 고려해 기술 지도해야만 된다.

187

　다음으로는 기술지도목표에 따른 목표달성의 유형을 고려해야만 한다. 예를 들어 기술에 대한 이해를 목표로 할 것이냐, 기술에 대한 체득을 목표로 할 것이냐, 숙달된 기술체득을 기초로한 응용능력을 요구하는 목표를 둘것이냐 하는 것에 따라서 목표달성에 대한 유형등을 고려하도록 한다.

　그 다음으로는, 보다 세밀하게 들어가 자세의 형식에 주안점을 둘것이냐, 정확도를 주안점으로 둘것이냐, 아니면 스피드에 주안점을 두어 기술지도를 할 것이냐 하는 것을 설정해야만 한다. 물론 필요에 따라 잘 혼용된 기술지도를 할 수 있겠지만 그래도 주안점을 고려 해 두고 지도하는 것이 보다 능률적인 지도 효과를 볼 수 있다.

　마지막으로 정신요소인 투지나 인내심 그리고 사고분석력 또는 창의력등과 결합된 기술지도를 병행할 것인가등을 결정한 후 결정된 기술지도 방향에 따라 지도하는 것이 바람직하다.

경호무술 수련생 기술 습득과정

　수련생들의 입문단계 및 기술습득 단계를 보면 그 대상에 따라서 다소 차이를 보이는 특징이 있다. 예를 들어 힘들다, 어렵다, 못한다라는 인식에서 시작하는 수련생과 재미있다, 흥미롭다, 하고싶다, 할 수 있다에서 시작하는 2가지 유형으로 나눌 수가 있다. 물론 심리적으로 긍정형과 부정형에 따라서 기술습득의 차이는 크게 나타난다. 그러나 이 같은 현상의 원인은 심리적 원인에 의한것도 있지만, 신체 경험에 의한것도 있다. 따라서 지도자는 수련생에 대하여 개인차를 고려하여 기술지도 방향을 착안하도록 한다.

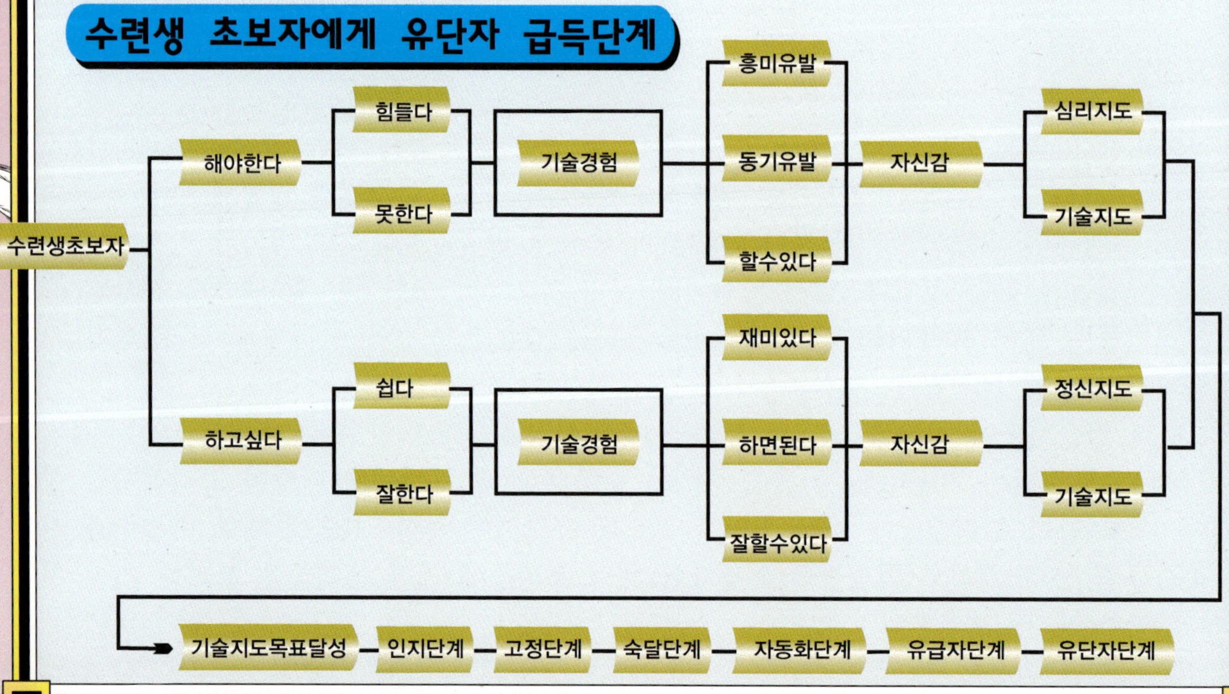

부 정 인 식

　부정인식은 모든 것을 불가능하게 하는 가장 큰 실패의 원인이 된다. 따라서 지도자는 수련생에 대하여 "할 수 있다. 하면된다"라는 긍정적인자세로 전환되도록 기술지도시 계속해 심리지도를 병행하여 자신감을 갖도록 도와주며 기술지도 해야만 한다.

긍 정 인 식

　물론 긍정인식은 기술지도에 있어서 매우 좋은 효과를 얻을 수 있다. 그러나, 기술을 체득하는 과정에서 부상과 같은 사고의 경험은 부정적인 인식의 장애를 발생시킬 수 있다. 따라서 위험하고 무리한 기술지도는 가능한 피하는 것이 좋으며, 낮은 단계부터 높은 단계로 천천히 지도하는 것이 바람직하다.

기술인지 단계

　기술인지단계에서는 수련생이 기술유형을 이해하는 단계로서 수련생 자신이 익혀야 할 기술이 무엇인지 반응을 얻게 된다. 따라서 지도자의 지시나 설명, 시범등에 대하여 집중하게 되므로 지도자의 설명이 매우 중요하다고 할 수 있다.
특히, 초보자일수록 자신이 과거에 경험한 운동형식등에 반응하여 경우에 따라서 지도자의 지시나 설명등을 무시하고 잘못된 학습형식에 따를 수 있다.
지도자는 수련생에 대하여 올바른 지도를 통하여 바른 수련습관을 가질 수 있도록 해야 한다.
바른 수련습관은 잘못된 습관으로 인한 불필요한 수련시간을 허비하지 않을 수 있다.
따라서, 지도시에는 너무 많은 설명이나 요구로 인하여 수련생에게 부담을 주어서는 않되면 반대로 설명을 지나치게 생략하여 올바른 용법을 이해하기 힘들게 해서는 않된다.
이같은 문제에 대하여 지도자가 잘못 지도하게 되면, 수련생에게 경호무술에 대한 기술인지에 어려움을 줄 수가 있다.

경호무술

고정화 단계

  지도자에 의하여 인지된 기술정보를 수련생이 신체운동을 통하여 요구되는 안전성과 체득된 기술에 의하여 점진적으로 실수가 적어지는 단계라고 말할 수 있다.
고정화 단계에서 중요한 것은 스스로 지도자의 설명이나 지시에 의한 기초를 참고하여 완성단계를 목표한 것이다.
그러나 이에 대하여 수련생 스스로 체득하지 못할 경우 지도자가 수련생의 문제가 무엇인지 전문가적인 자세를 갖고 문제를 분석한 다음 문제해결을 도와주어야 한다.

숙 달 단 계

  숙달단계는 지도자로부터 배운 모든 기술에 대하여 실수 없이 수행할 수 있는 단계로서 지도자의 기술지도가 불필요한 단계이며, 수련생 스스로 단련하여 보다 빠르고 힘있는 능력에 이르게 하는 것이다.

자동화 단계

  기술이 단계에 이르게 되면 다른 기술과 연계하거나 응용하여 자신의 신체운동능력에 맞는 기술을 스스로 체득할 수 있다.
즉, 배우는 단계를 초월하여 모든 것을 스스로 사고하고 판단하고 실행에 옮기면서 자신에게 맞는 가장 안정적인 기술습득 단계에 이르러 수행한다.
물론 수련생에 따라 다소 개인차를 보일수는 있겠지만 자동화단계에 이르게되면 대부분의 모든 수련생들은 경호무술을 쉽게 체득해 나가게 되어 있다.

기본자세 지도

　기본자세는 모든 기술에 필요한 기본 원리를 기초로 하여 이루어진 자세로서 반드시 전문화된 기술을 체득해 나아가기 전에 숙달시켜야만 한다.
　기본자세가 숙달되어 있지 않은 경우에는 전문화된 기술 프로그램을 수련생이 이해하기도 힘들뿐만이 아니라 기술을 체득하기에도 힘들다. 부분적으로 기술을 익혔다고 하더라도 다른 기술을 또 다시 익혀 나아가는데 불필요한 시간을 허비할 수도 있으며, 수련생 스스로 쉽게 흥미를 잃고 경호무술 수련을 포기하는 상황에 봉착할 수도 있다.
　일반적으로 수련생들이 기본자세를 배우는 것에 대하여 지루하고 재미없게 느끼며, 기본자세에 대하여 불필요한 인식을 갖기까지 한다.
　가장 큰 이유로는 동작이 단순하고 정적인 자세가 대부분이기 때문이다.
　특히 초보수련생 일수록 기본자세에 대한 중요성을 인식하지 못하기 때문에 지도자들은 이점에 대하여 주의 해야만 한다.
　다시 말해 기본자세는 모든 기술의 기초라는 인식을 수련생들에게 반드시 주지 시켜주어야만 한다는 사실이며, 어떤 경우라 할지라도 기본자세를 초보수련생들에게 반드시 체득케 해야만 한다는 사실이다.

체력단련 지도

　체력은 무술수련에 있어서 가장 중요한 요소 중 하나가 된다. 정신이나 기술에 있어서도 매우 중요한 요소로 작용되며, 지도자들은 수련생들에게 경호무술수련에 필요한 체력조건을 갖추도록 지도를 병행하여야만 한다.
　특히, 기술은 행동이며, 무술에서 요구되는 민첩성과 힘의 작용이 기술의 완성도를 높여준다.
　따라서, 근력, 지구력, 순발력등을 높여줄 수 있는 체력단련 프로그램을 수련시간에 포함시켜 일정한 체력한계까지 끌어 올려 점진적인 증대를 목표로 지도해야 한다. 중요한 점은 수련생들이 기술을 배우는 것과는 달리 흥미를 갖지 않을 수 있다는 문제가 있기 때문에 가능한 수련생들이 흥미를 갖고 지도에 따를 수 있도록 하는 것이 중요하다.
　기초체력증진을 위한 프로그램으로서는 달리기, 점프뛰기, 팔굽혀펴기, 윗몸일으키기 등을 그 예로 들 수 있으며, 지도시간 및 상황을 고려하여 종목이나 횟수를 조정하여 지도할 수 있도록 한다.

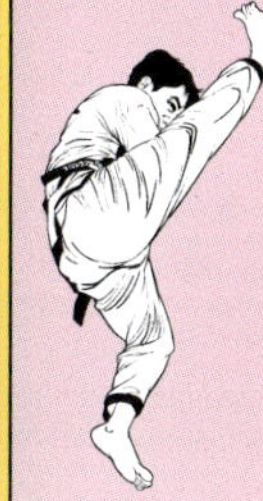

수련생이 수련을 기피할 때

무술을 수련한다는 것은 매우 흥미로운 일이다. 따라서 대부분 무술을 입문하는 경우를 보면 무술에 대한 신비감에 동화되어 입문하게 된다. 예를 들어 무협소설을 읽었다거나 무술영화를 보았다거나 우연히 길에서 격투하는 장면을 보았다거나 하는 것들이 동기가 된다.

무술은 본래 신비한 부분이 많기는 하지만 본인이 원하는 수준에 이르게 하려면 아주 많은 시간을 통해 말로 표현할 수 없는 신체적, 정신적 고통과 고뇌의 시간이 필요하며, 이에 수반되는 노력이 요구되는 과정이 필요하다.

그러나, 이같은 시간과 노력은 수련생에 따라서 극복하기 힘든 과정과 순간으로 놓일 수 있게 된다. 이때 지도자는 수련생이 경험하게 될 어려움을 예지하고 이를 극복하도록 도와주어야 한다. 물론 도와주는 데에도 한계가 있다. 하지만 무술에 대한 환상이나 신비감만을 갖고 시작한 수련생들에게는 시작도 하기 전에 흥미를 쉽게 잃게 되는 경향도 있다. 그러나, 일반적인 경우에는 다음과 같은 2가지 이유가 가장 큰 원인이 된다.

첫째, 지도자에 대한 첫인상이다. 자신이 기대하던 신비한 지도자의 이미지와는 다른데에서 실망하게 된다.

둘째, 역동적이고 고난도의 시범은 역시 자기에게는 불가능한 것이라고 지례단념하게 되는 것이다. 물론 이 두가지 유형 외로도 다른 이유로도 무술을 수련하기를 포기하려고도 한다. 중요한 점은 수련생이 계속 무술을 수련하도록 이끌어 주어야 하는 것이 지도자라고 하는 사실이다. 이유야 어찌되었든 이 세상에 배우는 것치고 쉽지 않은 것이 없고 또한 이세상에 누구를 가르치는 것 또한 쉽지 않는 것이 사실이다. 문제는 수련생에게 스스로 배워야 한다는 동기부여와 할 수 있다는 자신감 부여와 지도자 자신 또한 충분한 동기부여를 시킬 수 있다는 자신감과 절대 포기해서는 안된다는 의지가 무엇보다도 중요하다는 것이다.

수련생들은 배우는 사람이기 때문에 지도자에게 무의식적으로 의지하게 된다. 따라서 몇 번이고, 직접적이고, 간접적인 수단과 방법을 통해 자신에 대한 가능성등을 타진하게 된다. 물론 지도자들이 알 수 있도록 표현하는 경우도 있지만, 그렇지 않은 경우도 있기 때문에 지도자가 순간순간 알아채기란 매우 힘들다. 따라서 지도자는 수련생들에 대하여 매우 긍정적이고, 적극적인 자세로 수련생들을 격려해 줄 필요가 있다. 교육 효과중 칭찬만한 수단도 없다.

이처럼 흥미를 잃지 않도록 끊임없이 수련생들을 배려하며 지도할 때 힘들고 지치거나 흥미와 신비감으로부터 희석되었을 때 수련생 스스로 현실을 직시하고 현실을 이상의 목표로 바꿀 수 있다는 자신감을 불어 넣어 줄 수 있는 것이다.

수련생 수련중 부상시

무술 수련은 매우 위험할 수 있다. 물론 지도자들이 안전을 고려하여 지도하지만 수련생의 방심까지 완벽하게 예방한다는 것은 지도자의 역량 한계일 수 있다. 중요한 점은 이로 인하여 수련생이 부상을 입었을 때 사후 수습을 어떻게 할것이냐 하는 문제다.

우선 사고가 발생되면 부상유형이나 정도를 진단하고 진행하고 있는 수련시간은 조기 종료할지 또는 계속 진행할 것인지 하는 것부터 결정해야만 한다.
부상정도가 아주 가벼운 경우에는 부상을 입은 수련생을 휴식을 취하도록 조치하고 코피나 가벼운 창상 예를 들어 피부표피가 벗겨지거나 한 경우에는 연고나 밴드등으로 감싸 지혈해 준 다음 계속 수련을 한다. 그러나, 의식을 잃거나, 호흡곤란 또는 탈골과 같은 중상인 경우에는 응급처치 후 가까운 의료기관으로 안전하게 후송조치 해야만 한다. 경우에 따라서는 전문 의료 앰브란스 등을 이용하여 추가적인 부상을 예방하도록 조치하는 것이 좋다.

또 하나 중요한 사실은 수련생 부상에 대하여 지도자가 지나치게 흥분하거나 하는 모습을 수련생들에게 보여서는 않된다. 침착하게 수련시간을 조기 종료하고, 다른 수련생에게는 부상수련생은 안전할 것이라는 말도 잊지 말아야 한다. 사고로 인한 수련생의 부상은 당시 목격한 수련생들에게 심리적 충격을 줄 수 있기 때문이다. 따라서, 수련은 물론이고, 무술원 다니는 것조차 수련생들이 기피할 수 있다. 후송조치후 가능한 정확한 후송병원의 상호와 연락처등을 메모한 후 부상자 가족이나 보호자등에 곧바로 전달하도록 해야 하며, 이때 아무리 중대한 부상이라도 부상으로 인하여 후송했다는 사실만을 전달하는 것이 좋다.

경호무술 심사방법

경호무술은 현재 승급과정과 승단과정으로 나누어 심사를 실시하고 있다. 심사라는 절차는 여러 가지 의미가 함축적으로 내재된 것으로 단순히 평가라는 한 과정으로 보기보다는 지도의 연속과정으로 보는 것이 합리적이라고 할 수 있다.

수련생들에게는 심사과정이 평가과정으로만 인식될지는 모르겠으나, 심사과정으로 수련자로 하여금 수련목표를 설정해주는 효과와 평가과정 및 결과를 통하여 자신의 수련수준을 검증하고 합격에 따른 성취감을 불어 넣어 주어 보다 적극적인 자세를 갖도록 하는데 더 큰 목표가 있다고 할 것이다.

따라서, 가능한 평가는 상대성에 의한 평가로 공정성을 기하기보다는 평가자 개인 수준에 따른 냉정한 절대평가기준이 필요하다고 할 것이다. 최근 다른 무술의 승급, 승단, 심사과정을 보면 대부분 합격처리 한다. 면면히 그 이유를 살펴보면 무술 본래의 기술수준을 평가하는 기준보다는 순수 인성교육학적 평가를 그 기준으로 삼는 것이다.

물론 이같은 사실이 문제라고 할 수는 없지만, 그러나, 무술이 갖고 있는 본래의 본질과 교육적 가치가 희석되는 것 같아 아쉽다. 즉, 수련대상을 누구로 삼느냐 하는 것도 중요하고 또한 주교육 목표를 무엇으로 삼느냐하는 문제도 매우 중요하다. 즉, 목표가 무엇이든 간에 소중하지 않은 것은 없다.

다만, 지도자가 무엇을 지향하느냐에 따라서 수련생들에게 각기 다른 결과로 나타난다는 사실이다. 필자가 말하고자 하는 것은 무술원에서는 무술 본래의 교육학적 가치만을 부여해도 원하는 효과를 얻을 수 있다고 생각한다. 심사평가에 대하여 다시 말한다면 합격과 불합격은 분명한 기준으로 가려야만 한다고 생각한다. 오히려 수련생 스스로 심사평가에서 불합격 되었을 때 불합격과 같은 실패를 통해 더 강해질 수 있는 동기를 부여할 수 있다. 그리고 이후 합격을 통해 더 큰 성취감을 느끼게 해 줌으로서 경쟁의식과 투지력을 심어줄 수 있다.

그리고, 합격자에게는 공평한 결과에 대한 성취감과 남보다 나도 잘할 수 있는 것이 있다는 자신감을 불어 넣어 줄 수 있다. 최근에 지도자들이 수련생들이 심사평가 결과로 인하여 심리적으로 크게 상처 받을까 우려하여 실력이 되지 않는 수련생을 승급시키거나 승단을 시켜주는 사례가 크게 늘어난 것 같다.

물론, 당장은 효과가 있을지는 모르겠지만, 이로 인하여, 나약한 인격형성의 소유자가 늘어날 수 있다. 무한 경쟁시대에서 살아남아야 할 강한 정신력이 우리에게 필요로 하며, 이같은 정신을 심어줄 수 있는 교육은 바로 무술이며, 그 몫은 무술지도자들의 몫이라고 생각한다. 따라서 승급심사 및 승단심사는 실력을 기초로 합격유무를 명확히 하는 것이 바람직하다.

초급자부터 지도자까지 평가기준으로 삼는 유형은 다음과 같이 할 수 있다.

평 가 기 준

　기합소리가 얼마나 큰가? 기초체력이 갖추어져 있는가? 자세를 얼마만큼 바르게 하는가? 원리를 얼마나 이해하고 있는가? 수준에 따른 기술을 모두 이해하고 있는가? 응용원리를 이해하고 있는가? 자신감과 투지력을 갖추고 있는가? 경호에 대한 전문성이 있는가? 경호무술의 연구기초가 되었는가? 지도자로서의 이론과 실무가 겸비되었는가? 지도자로서의 바른인성과 리더쉽이 겸비되었는가?

무술원에서의 생활

　무술원은 정신적, 기술적 교육이 이루어지는 교육공간이며, 공간으로서의 생활공간 성격을 갖는 공간이기도 하다. 또한 교육자와 피교육자 또는 피교육자 상호간에 인간적인 삶의 공간으로서 교류하는 곳이기도 하다.
　특히, 일반적인 교육기관과는 달리 무술원은 남녀노소와 그리고 신분에 관계없이 동일한 교육이 이루어지는 곳으로 다양한 계층간의 인적교류로서 흔하지 않는 생활공간으로 상당히 큰 의미를 갖는다. 경호무술은 신체단련을 통한 심신수련과 기술습득을 통한 호위호신능력 그리고 경우에 따라서는 미용적 효과등을 동시에 얻는다.
　그러나, 수련생들을 그 무엇보다도 무술에 대한 본질과 이를 지도하는 스승에 대하여 닮아가려는 욕구와 이를 숭배하려는 잠재의식이 있어, 지도자의 언행에 매우 큰 영향을 받게 되어있다. 따라서, 지도자는 평소에 겸손한 자세로 품행을 단정히 하려는 노력을 해야하며, 모든 수련생이 이를 본으로 삼도록 하는 것 또한 지도자의 역할임을 명심해야 할 것이다. 특히, 지도자는 참 스승의 역할을 통하여 보은의 정성으로 자신을 따르는 수련생을 지도하도록 노력해야 한다.

응급구급법

1 부상과 응급처치

필자는 30년이라는 세월동안 무술을 수련해 왔다. 그러나 무술 수련은 이중 1/3 밖에 하지 않은 것 같다. 필자가 그동안 무술을 수련하면서 가장 많이 고민이 있었다면 그것은 부상이었다.

다시말해 필자의 무술수련 30여년중 10년은 각종 부상에 의하여 무술 수련을 제대로 할 수가 없었던것 같다. 필자가 지금 경호무술책을 개정 출판을 하기 위한 이 순간에도 한달 전 오른쪽 다리 근육 및 인대의 심한 이완에 따른 부상에 의하여 무술수련을 제대로 하지 못하고 있다. 나이가 있어서 인지 부상의 회복속도도 예전과는 달리 느린 것 같아 앞으로는 보다 주의해야겠다는 생각을 해 본다.

필자가 어릴때 일이다. 필자의 어머니께서는 늘 내가 무술을 수련하고 집으로 오면 근육손상 인대파열 골절상등 수없이 많은 부상을 입고 오는 것에 대하여 마음 아파하셨던 기억이 나며, 어머니는 안쓰러우셨던지 여러가지 약을 구해 발라주시고 심한 경우에는 병원에 입원시켜 주셨던 기억이 난다. 이처럼 무술수련과 부상은 내게도 늘 함께 했던 것으로 기억된다. 마음 아파하시는 어머님의 마음과 함께 말이다.

그런데 어느 날 일이다. 필자가 허벅지까지 기브스한 발로 발차기를 하는 모습을 어머니께서 보시고 화를 많이 내시면서 필자가 그동안 무술을 수련하면서 찍어 놓았던 사진첩과 원복(도복)등을 모두 불에 태우시기까지 하셨다. 그래서 필자가 무술 수련하면서 찍어놓은 1982년 이전의 사진은 모두태워져 현재는 전혀 남아있지 않다. 무술수련에 있어서 부상은 어쩌면 불가피한 일일지도 모른다. 부상을 입지 않기 위해 수련 때 아무리 주의를 한다고 해도 고난도의 격렬한 수련을 하다 보면, 끝나고 난 후에야 부상을 아는 경우가 많았던 기억이 난다.

이처럼 자신도 모르는 사이에 입은 근육손상이나 인대파열 그리고 경우에 따라서는 골절상등의 부상을 입었다는 사실을 뒤늦게서야 알곤 했던 기억은 다른 수련생들에게도 있었으리라.

부상은 경우에 따라서는 응급처치가 요구되는 큰 부상이 발생할 수도 있기 때문에 이에 대한 응급처치내용을 중요부분 위주로 몇 가지 소개 하고자 한다.

1) 응급처치

응급처치는 부상자를 전문의료기관이나 가까운 진료소로 이송하기 전에 부상자의 위급한 부상의 정도를 완화하거나, 제2의 부상을 방지하기 위해 꼭 실시해야하는 현장 응급처치 방법이다. 부상 정도가 심할수록 초기 응급처치를 얼마나 잘 받았느냐에 따라 부상자의 사후 회복의 정도, 속도에 현격한 차이를 보이기 때문에 경호무술을 하는 수련생들은 반드시 익혀두도록 한다.

2) 응급처치의 의의

창상의 처치 지혈법, 붕대법, 인공호흡법, 부상자운반법등 정규 의료를 받기까지 이루어지는 모든 것이 응급처치의 범주에 속한다.

3) 응급처치시 주의점

응급처치를 실시하는 사람은 일반적으로 당황하기 쉽고, 처치의 순서를 혼동해서 생명의 위급을 구하는데 경중을 가리지 못하는 경우가 허다하다. 그러므로, 응급처치시는 다음 상황을 유의하여야 한다.

① 사고현장에 도착시 사고원인에 대하여 알기 위해 현장을 주의 깊게 관찰한다.

② 부상자를 불필요하게 이동시키지 말고 반듯이 눕혀 안전한 자세를 취할 수 있도록 해야한다.

③ 상처의 범위 및 형태에 대하여 확인하다.

　㉠ 반사, 반응 또는 의식상태를 점검한다.

　㉡ 기도를 열고 호흡이 있나 보고, 듣고, 만져본다.

　㉢ 심장 기능의 점검을 위해 경동맥 맥박을 조사한다.

　㉣ 출혈이 있나 없나 피해자의 주변을 살펴본다.

　㉤ 머리부위(두개골, 눈, 귀, 코, 입, 목)를 검사한다.

　　ⓐ 눈 : 눈꺼풀을 열어서 동공의 상태가 서로 다른지를 조사한다.

　　ⓑ 귀와 코 : 피나 척수액의 누출을 검사한다.

　　ⓒ 두개골 : 기능저하와 부었는지 검사한다.

　　ⓓ 목 : 척추경부에 기형이 없는지 살펴본다.

4) 응급구조의 주의사항

① 응급처치를 실시하는자는 상처를 보고 홍분이나 긴장을 해서는 안되며, 평소의 숙달한 자신의 기술과 지식에 자신감을 가지고 과감히 처치하여야 한다.

② 부상자에게 환부를 보이지 않는다. 만약 부상자가 자신의 환부를 확인하게 되면 불안감으로 치료에 저항하게 되며, 회복에 대한 희망을 잃고, 쇼크사 할 수 있기 때문이다.

③ 상처에 더러운 손이나 이물질이 환부에 닿지 않도록 하고 항상 청결을 유지한다.

④ 의식이 없는 부상자나 복부 부상자에게 입을 통하여 음식물을 먹여서는 안된다.

⑤ 출혈, 호흡정지, 중독증상 등 유무를 조사하여 부상자의 관리를 철저히 하고 처치순서를 정해야 한다.

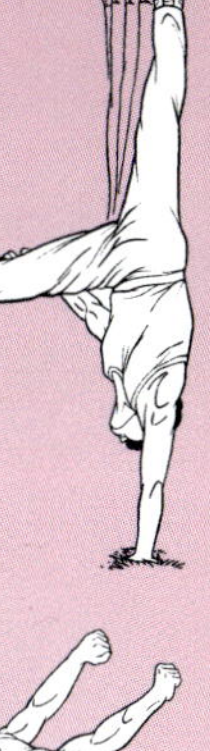

② 일반적인 진단법

1) 부상자 평가

안전상의 이유로 부상자를 움직이지 않는 것이 좋다면 부상자를 발견한 위치에서 부상자의 피해 정도를 파악해야 한다. 만약 수련장에서 사고의 수련생이 있으면 수련생이 앉아 있거나, 누워있는 곳에서 검사한다. 다른 위험이 없다면 부상자를 옮기지 않는 것이 현명하다. 실제의 부상자 검사는 대략 90초쯤 걸리고, 머리부터 발끝의 방향으로 진행된다. 검진은 다음의 단계들을 수반한다.

2) 부상자 반응

부상자에게 말을 걸거나 살며시 흔들리게 어깨를 두들김으로 반응을 검사한다. 부상자가 무반응 또는 혼란을 표시하면 두부 손상의 가능성을 암시한다. 만약 피해자가 분별력이 있고 말을 할수 있다면 그것은 검사 과정을 대단히 쉽게 해 줄 것이다.

3) 기도, 호흡, 순환

기도 개방을 위해 목을 높이고, 호흡을 조사한다. 이때 호흡운동을 보고 만짐으로 관찰한다.

호흡을 조사한 다음 부상자의 경동맥 맥박을 잰다. 호흡운동이나 맥박수가 부족하거나 멈췄다면 매우 위독한 상태이며 회생법을 안다면 소생시키도록 한다. 만약 회생법을 모른다면 구조대원과 즉시 연락이 되어야 한다. 호흡과 맥박이 있을 때는 진단 과정이 계속될 수 있다.

4) 심한 출혈의 검사

심한 피의 손실로 부상자의 옷이 피로 젖어 있거나 주변에 피가 고여 있을 때는 즉시 조치를 취해야 한다. 보통 성인은 5~6쿼터의 피를 그의 순환계 속에 가지고 있다. 성인은 1펀트의 피를 흘려도 상관이 없으나, 1쿼터의 피, 즉 대략 몸 전체의 피공급량의 20% 정도를 손실한다면 생명에 큰 영향을 준다.

5) 머리부위의 관찰

머리 부위의 관찰은 눈, 귀, 코, 입의 관찰을 포함한다. 만약 피해자가 의식이 있으면 동공의 크기를 관찰한다. 동공이 다소 열려졌거나, 커졌으면 피해자는 쇼크 상태에 있을지도 모른다.

만약 동공의 크기가 서로 다르면 두부 손상이 일어났을 가능성이 크다. 외상과 출혈을 일으킬 가능성에 대해서 입을 조사한다. 입 주위의 화상과 구강내의 강한 냄새는 독극물의 섭취를 가리킨다. 입을 조사하는 동안 음식물 토한 것, 빠진 의치등과 같은 오물들을 빠르게 조사한다. 귀와 코를 검사할 때 피와 척수액의 유출을 검사한다. 피나 척수액이 유출되었다면 두부 손상이 있음을 나타낸다. 두부와 두피에 두부외상을 일으킬 덩어리나 압박이 있는지 철저히 조사한다. 동시에 척추경부의 골절이나 탈골을 나타내는 목의 기형이 있는지를 알기 위해 척추경부를 조사한다.

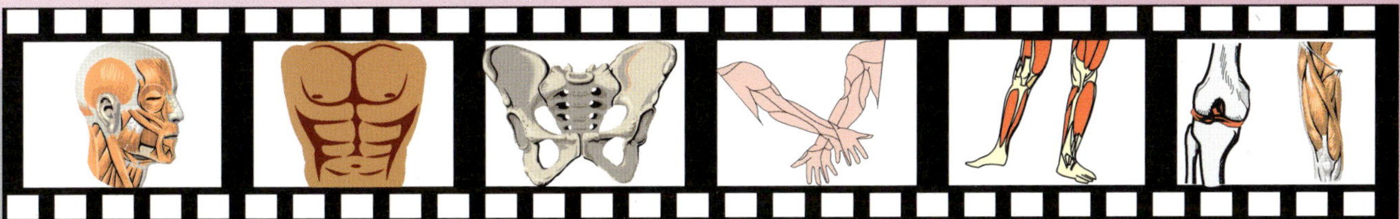

6) 가슴, 팔, 복부의 관찰

　가슴은 갈비뼈로 싸여진 목과 횡경막사이의 몸의 부분이다. 쇄골과 흉골에 기형이 생겼는지 만져보고, 갈비뼈 부위에 덩어리나 기형이 있는지 빨리 확인해본다. 가슴뼈 부위를 좀 더 검사하기위해 갈비뼈의 양쪽을 부드럽게 밀어본다. 만약 '탁' 소리가 들리면 그 소리는 갈비뼈가 부러진것을 나타낸다. 등과 가슴의 척추를 검사하기 위해 한 손은 목의 밑에서부터 아래쪽으로, 한 손은 여러 부분에서 위쪽으로 움직인다. 이 방법에서 척추의 대부분에 대해 피해자의 제한된 운동으로 검사할 수 있다. 양쪽 팔이 기형이나 또는 붓지 않았는지 검사한다. 만약 부상자가 의식이 있으면, 부상자에게 팔, 손, 손가락을 움직이라고 해보고 부상자의 쥐는 강도와 물건을 밀거나 끄는 능력을 시험해본다. 이들 능력이 약하다는 것은 신경의 손상을 가리킨다. 복부는 4부분으로 나누어 검사한다. 배꼽이 4분원의 중심이 된다. 4부분의 각각을 살며시 만져보아 비정상적으로 굳은 덩어리가 있는지 확인한다. 이런 덩어리가 있다면 심한 내부 손상을 나타낸다. 의식이 있는 부상자는 어디가 아프며 얼마나 아픈지를 빨리 말해 줄 수 있을 것이다.

7) 골반의 환상골과 사지의 검사

　골반의 환상골은 갈비뼈와 비슷하게 검사되어진다. 엉덩이와 골반부의 계속적인 내부압축은 이 부위의 안정을 유지한다. 그러나, 이 내부압력으로부터의 '뚝딱' 소리는 골절상을 나타낸다. 아래쪽 사지도 뒤쪽과 마찬가지로 검사한다. 각 다리가 기형이나 부은 곳이 있는지 검사하고, 의식이 있는 부상자에게는 가능하면 다리를 움직이거나 굽혀보라고 하고, 또 물건을 잡아당기거나 밀게 함으로써, 다리의 세기를 검사한다. 이런 능력이 약하다면 사지나 신경에 손상이 있음을 나타낸다. 만약 부상자가 의식이 없으면, 발바닥을 날카로운 물체로 찔러본다. 발의 반사 작용이 없으면 척추손상의 가능성이 높다.

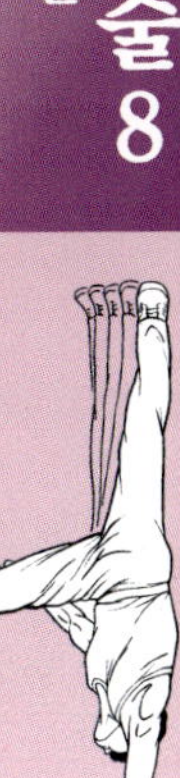

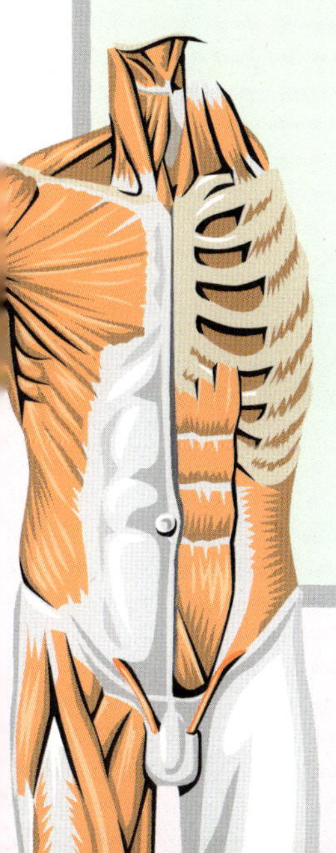

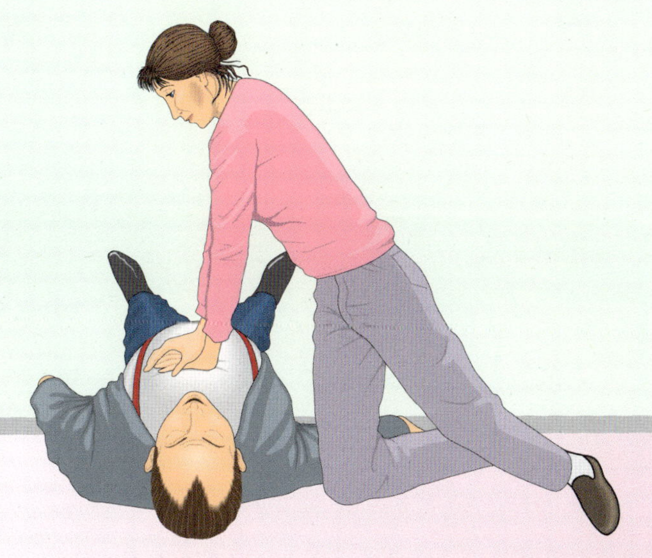

8) 응급처치 구명 4대 요소

지혈, 기도유지, 상처의 보호, 쇼크방지 및 치료

구명 1단계 : 지혈

지혈에는 직접 압박법, 국소 거양법, 지혈대사용법이 있다.

구명 2단계 : 기도유지

부상자를 눕혀 놓고 기도가 개방되도록 목 뒤쪽에 받침을 넣어주고, 턱이 위로 행하도록 유지시킨 다음, 이물이나 점액을 구강 내에서 제거하고 만일 부상자의 호흡이 곤란하게 되면 즉시 인공호흡을 실시한다. 비강 및 구강이 인후부와 일직선이 되도록 하여 기도를 개방한다.

구명 3단계 : 상처보호

구급용 압박붕대 또는 속옷 등을 이용하여 외부로부터 상처를 보호한다. 즉, 먼지 및 세균의 침입을 막고, 손상의 악화를 방지한다.

구명 4단계 : 쇼크방지 및 치료

① 쇼크란 상해, 출혈, 탈수, 심인성, 과민성 반응, 세균에 의한 내독소, 신경 기능장애, 대혈관 내 혈류장애, 내분비 기능장애 및 중독등에 의해서 조직대사에 필요한 산소 결핍으로 인한 현상이다.

② 부상당한 후 어느 시간까지는 쇼크가 발생하지 않으므로, 사전에 쇼크에 대한 예방 및 치료를 해야한다.

상처보호방법(예)

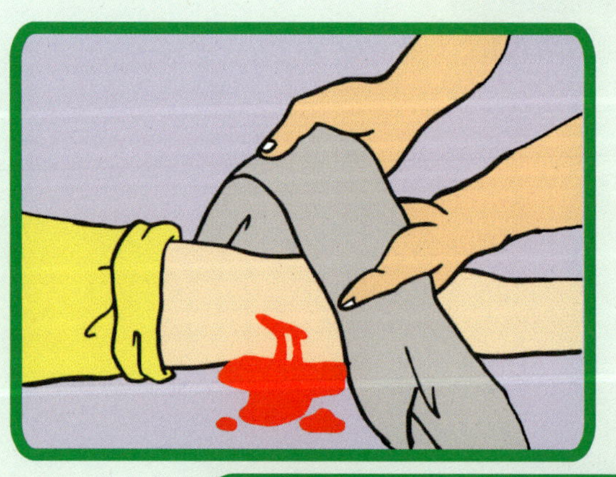
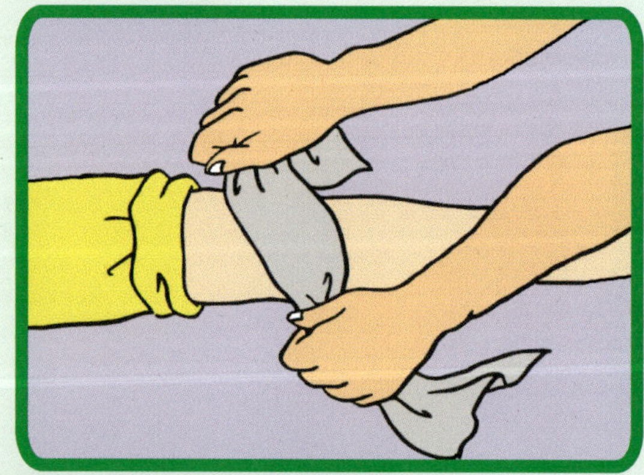
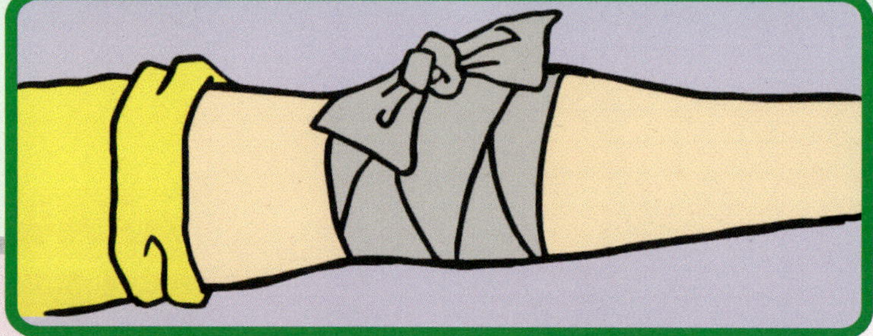

9)부상자 의식 확인

의식이 있는지 없는지는 우선 소리를 질러본다. 의식이 있으면 응답을 하므로 이럴 때에는 계속해서 안심시키는 말을 하면 좋다. 응답이 없으면 의식이 없다고 생각해야 한다. 그러나 의식이 없어도 기력 상실로 대답할 수 없는 경우도 있을 수 있다.

① **가벼운 상태**

주위의 움직임에 흥미가 없고, 멍하며, 부르면 즉시 반응은 하지 않지만 무엇인가 대답이 가능하다.

② **조금 심한 상태**

주위에 대해 전혀 무관심하고, 흥분하여 수족을 움직이며, 심하게 누르면 단호하게 거절한다. 또 헛소리를 하기도 한다.(반혼수상태)

③ **의식이 미친 피해의 정도를 알기 위하여 아픔을 유도하는 수도 있다.**

④ **응답이 없다고 해서 몸을 함부로 다루어서는 안된다.**

⑤ **호흡기능으로 확인**

가슴이 위 아래로 움직이고 있는가를 육안으로 확인하고, 확실하지 않을 경우에는 코나 입에 손바닥 또는 불을 대어 내쉬는 숨을 감지해 유무를 확인한다.

㉠ 호흡이 없다 : 호흡 정지

㉡ 심하게 헐떡거린다 : 기도 폐쇄나 심부전증

㉢ 호흡할 때마다 선혈 혈형 기포 : 폐 장애

⑥ **맥박을 짚어 확인 한다.**

맥박은 심 기능의 지표이다. 정상적인 맥박수는 성인 1분간 60~80회이고, 어린이가 80~100회이다. 맥박은 일반적으로 수근에 있는 경동맥에서 맥을 짚어보는 것이 효과적이다.

㉠ 맥박이 없다 : 심장 정지

㉡ 빠른 추세 : 공포, 고혈압

㉢ 빠르나 미약 : 쇼크(충격)

⑦ **외견상 표피손상 및 골절 확인**

외견상 변형되었거나 뼈끝이 나와 있으면 골절이 심한 상태이고, 부었거나 움직이고 접촉할 때 심한 통증이 있을 때는 골절되었을 우리가 있다고 판단해야 한다. 동공은 심장이나 중추신경계 상태의 지표가 된다. 좌우 동공의 윤곽이 규칙적으로 같은 크기로 빛에 반응하는 것이 정상이다.

㉠ 산동 : 의식장애

㉡ 축동 : 중추신경계 장애, 약재사용

㉢ 무동 : 두부외상, 뇌졸중

ⓐ 원칙적으로 상처 부위는 출혈 및 부기를 방지해야 하므로, 상처부위를 높여준다.

ⓑ 긴급히 처치하지 않으면 생명을 빼앗기게 되는 부상자 즉 호흡정지, 대 출혈 중독등의 부상자로 우선순위로 응급처치 해야 한다.

❸ 인 공 호 흡

1) 인공호흡 의의

인공호흡이란 여러가지 원인에 의하여, 일시적으로 호흡이 정지되어, 가사 상태에 있는 경우로 이때 외부로부터 부상자의 흉곽을 강제적으로 압축과 확장을 거듭하여, 호흡을 되살아나게 하거나, 또는 인공적으로 공기를 불어넣는 방법으로 호흡기능을 회복시켜 소생하게 하는 방법이다. 생명은 혈액속의 산소와 신체 세포속의 영양분과의 결합으로 발생하는 에너지에 의존한다. 모든 세포는 산소가 부족하면, 단시간이내에 생명을 잃게 된다. 특히, 뇌 세포는 약 4분간 산소의 공급이 그치면 기능을 상실하나, 호흡이 정지되어도 몇 분간은 심장이 뛴다. 이러한 가사 상태에서 인공호흡을 실시하면, 호흡이 회복되어 생명을 구할 수 있다. 그럼에도 불구하고, 인공호흡에 관한 지식이 없거나 훈련이 되지 못하면 소생할 수 있는 가사자의 생명을 구하지 못하는 불행을 초래하게 된다.

2) 인공호흡의 요령

① 초를 다투어 즉각 실시할 것(산소결핍으로 소생하더라도 뇌손상이 예상된다)

② 부상자의 입안에 있는 오물을 제거할 것(음식물과 구강내 가스분출로 매우 역겨움이 있다.)

③ 기도 폐쇄를 방지할 것(음식물의 역류현상으로 기도가 막힌다.)

④ 부상자 스스로의 힘으로 호흡할 수 있을 때까지 중지하지 말고 계속 실시할 것

3) 인공호흡의 종류

(1) 구강대 비강법

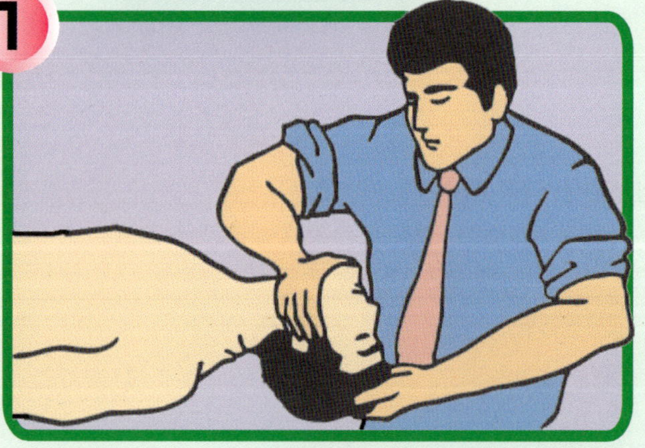

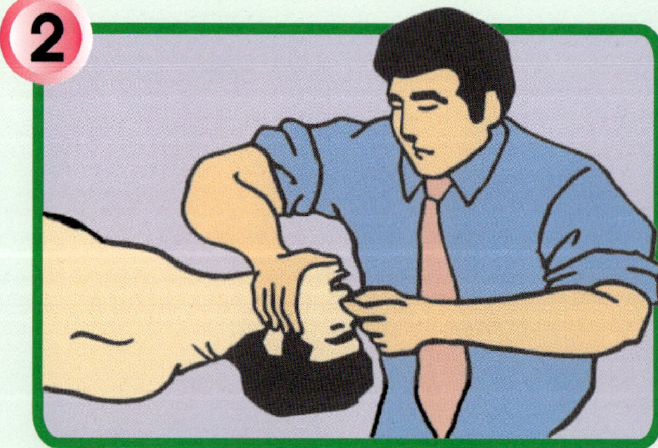

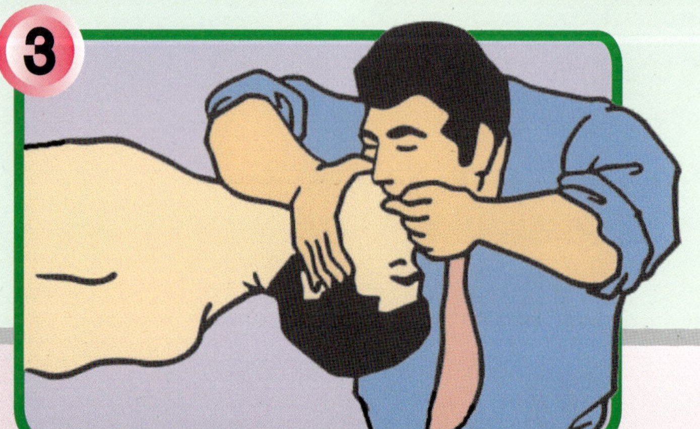

(2) **구강대 구강법**

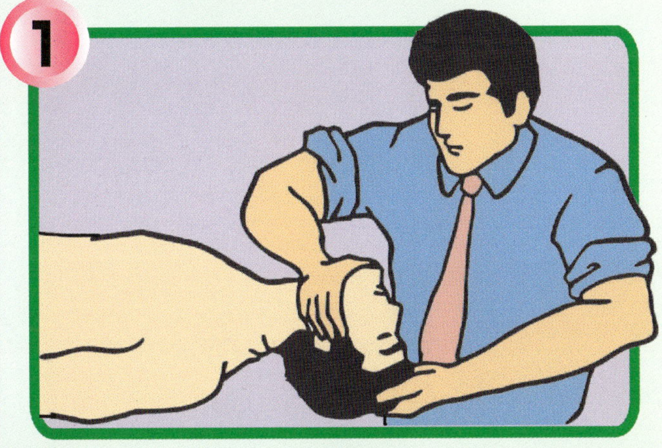

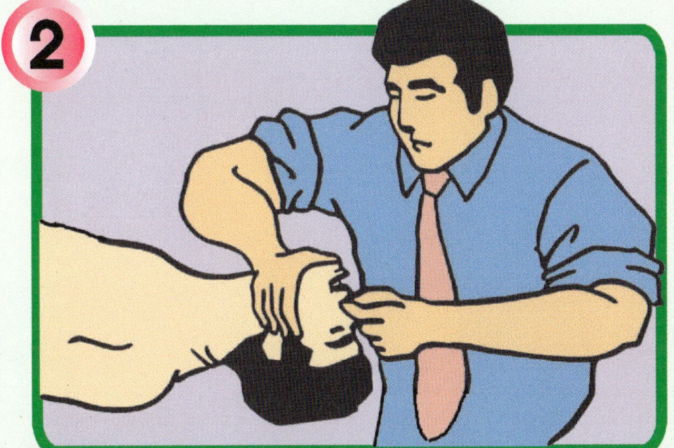

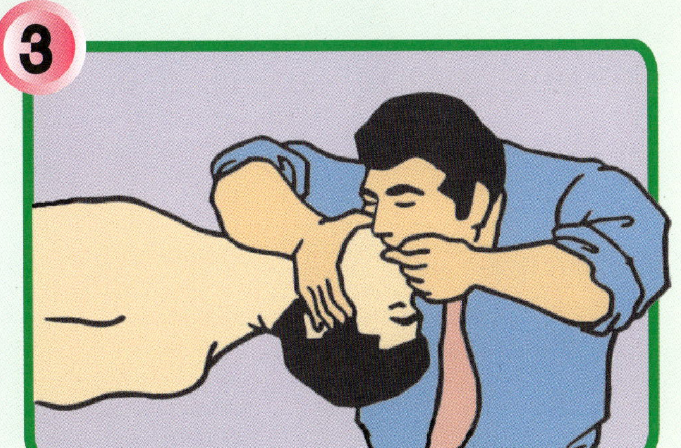

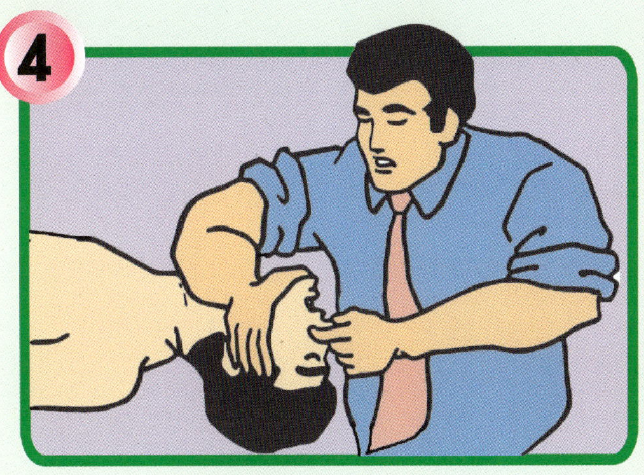

(3) **흉부압박 상지거상법**

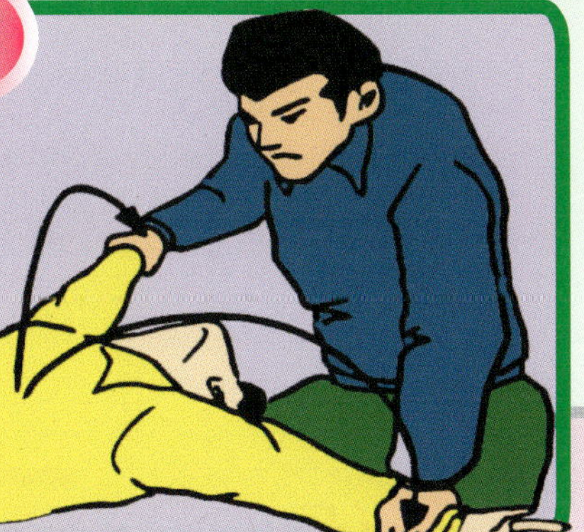

(4) 등압박 상지거상법

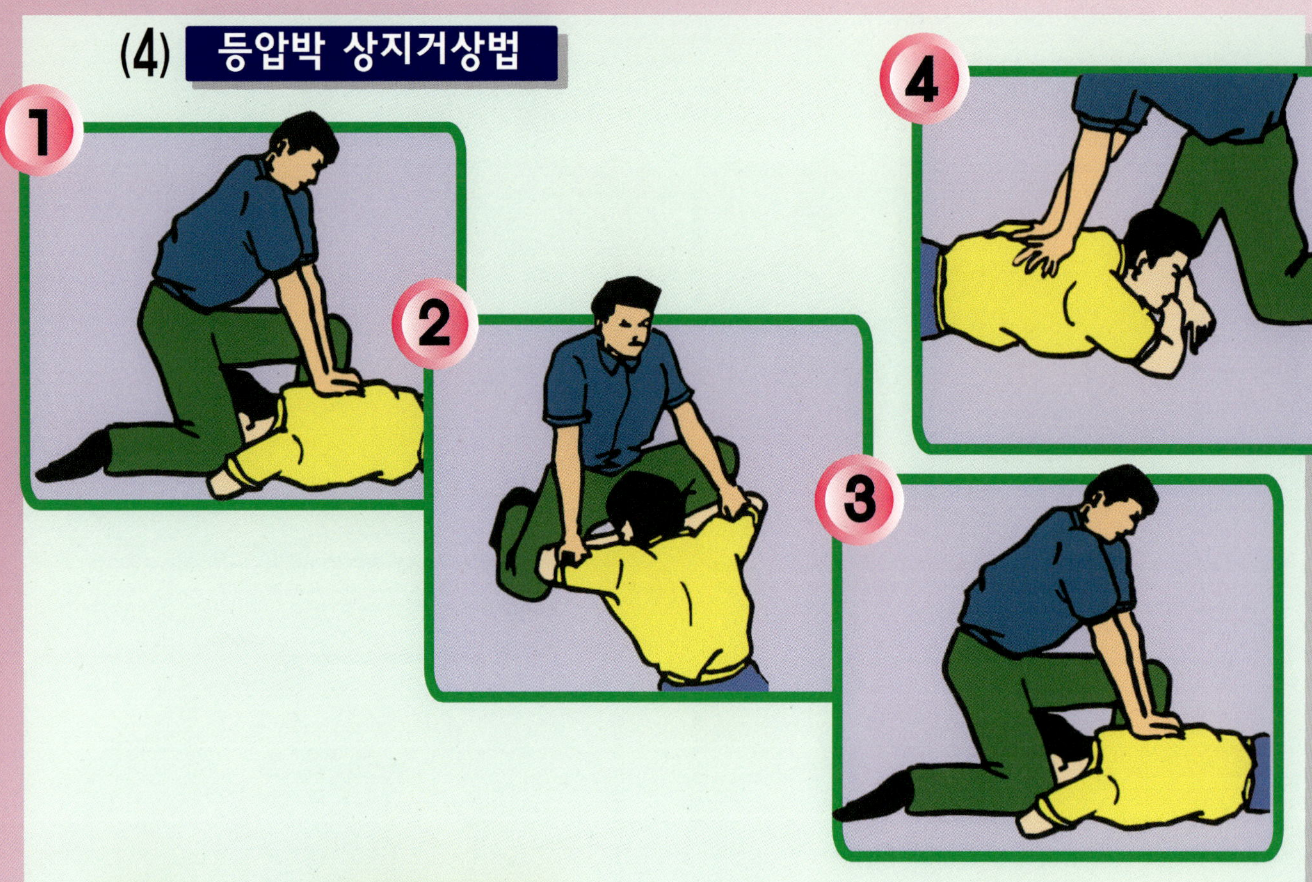

4) 부상유형에 따른 처치

　오늘날의 응급처치는 부상의 역사만큼이나 아주 오랜 역사를 갖고 있다고 할 수 있다. 또한 응급처치 방법 또한 실로 수없이 다양하다. 그러나 경호무술에서는 이렇게 수많은 응급처치 방법중에서도 가장 보편적이고, 일반적으로 사용되고 있는 RICE : Rest(안정) Ice(얼음찜질) Compression(압박) Elevation(환부 높임) 처치법을 중심으로 소개하고, 부상유형에 따른 처치방법등을 소개하고자 한다.

(1) 안정(Rest)

　부상부위를 무리하게 움직이게 되면, 통증이나 부증(浮症 : 의학, 부종이라고도 함), 출혈등의 위험이 있으며 경우에 따라 제2의 상처를 유발할 수 있기 때문에, 부상자의 심신안정을 취하도록 한다.

(2) 얼음찜질(Ice)

　부상부위를 차게 해주면 혈관이 수축해서 부증(붓기, 부종), 내출혈, 통증 등을 억제하는 큰효과가 있다. 따라서 가능한 얼음이나 차가운 물을 이용하여 환부에 대어주고 뜨거운 햇볕에 부상자가 노출되지 않도록 나무그늘 등을 이용한다.

(3) 압박(Compression)

　부상부위를 압박붕대나 테이프로 압박해주면, 내출혈이나 부증을 억제하여 통증이 완화된다. 특히 또 다른 제2의 부상을 예방할 수 있다.

(4) 환부높임(Elevation)

　부상부위를 심장보다 높게 해주면, 혈액이 손상 부위까지 순환하는 것을 억제할 수 있으며, 부증, 내출혈, 통증등을 크게 낮출수 있다.

4 부상 부위별 치료법

피부 외상없이, 피하조직이 손상된 상태로 통증, 부종, 출혈 등의 현상이 동반된다.

1)부위별 부상

(1) 두부(頭部)

5분 이상 의식이 회복되지 않고, 구토, 손발 저림, 불규칙적인 호흡, 경련, 일단 의식을 차렸다가 다시 의식 저하를 일으킬 때에는 두부 내출혈이나 골절의 가능성이 있으므로, 그 장소에서 섣불리 이동하지 말고 부상자를 하늘을 보게 하고 눕힌 다음, 입안에 있는 이물질을 제거하고 몸을 따뜻하게 해준 다음 이후 전문 의료기관에 신속히 연락을 하여 이송하도록 해야한다.

(2) 안구(眼球)

안구는 많은 신경이 집중되어 있어 경미한 부상이라도 시력장애나, 시야결손, 안구운동장애 등의 후유증을 가져올 수 있으며 심할 경우에는 실명 또는 의식장애를 동반 할 수도 있다. 따라서 안구의 부상시에는 맑은 물 등을 이용하여 눈을 세척한 다음 청결한 거즈등을 이용하여 눈을 가려 놓는다. 그리고 전문 의료기관으로 이송 할 때까지 안정을 취하도록 조치한다.

(3) 관절(貫節)

관절의 기능은 다양한 몸놀림에 따라 다양한 굴신이 가능하도록 그 기능을 갖고 있다. 그리고 각 관절을 중심으로 신체의 안정된 균형을 위해 근육이 집중되어 있으며 근육과 인대 그리고 신경등이 다른 부위와 달리 신축성이 크게 요구된다.

무리한 근신전 운동이나 무리한 근력운동 무리한 각도유지 무리한 순발력 운동등은 각 관절에 가장 먼저 무리가 온다. 따라서 부상 또한 가장 많이 입는 부위 또한 관절부위이며 일반적으로 나타나는 부상의 유형을 보면 근육파열, 인대파열, 삠, 탈구, 탈골과 같은 부상등으로 나타나며 대부분의 경우 부상이 동반해 나타나는 경우가 많다. 따라서 동반된 부상에 따라서 응급처치를 해야하며 과도한 통증을 유발하며 무리한 응급처치는 피해야한다.

(4) 근육(筋肉)

근육은 뼈 인체를 둘러쌓고 있는 피부내의 조직으로써 모든 움직임의 운동기능을 관장하는 기능이다. 이 근육기능은 운동신경과 자율신경에 의하여 반응되며 반응의 정도 형태에 따라서 부상을 입을 수 있으며 거의 대부분이 내외상의 부상에 근육파열의 부상을 동반하는 경우가 일반적이다. 따라서, 가장 많은 부상의 형태가 근육부상이라고 할 수 있다. 이 같은 근육의 부상은 생명에는 크게 위협받지 않기 때문에 그리 염려할 필요는 없다. 그러나, 통증이 심할 수 있기 때문에 병원 후송 전까지는 얼음 등으로 찜질해 주면 통증을 완화해 줄 수 있다.

(5) 인대(靭帶)

인대는 모든 관절의 굴신 운동에서 그 역활을 크게 하고 있다. 인대는 근육을 기능과 유사하나 생김새는 전혀 다르다. 일종에 뼈마디와 뼈마디를 잇는 관절사이에 줄로 이어져 있으며 손으로 관절부위를 손으로 만겨보면 만겨지기도 한다. 이 인대는 평소에도 크게 신전되어 있다. 만약 인대가 끊어진다면 신전된 인대가 수축되어 사람마다 차이는 없겠지만 십분의 일로 축소된다. 인대의 부상은 골절에서 느낄 수 있는 통증보다. 배가 높으며 운동반응에서도 배는 차이가 난다. 즉 골절상에서 느낄 수 있는 통증보다 높다.

인대의 부상은 내상으로 외상과 달리 부상자 본인 외로는 그 심각성을 느낄 수 없다. 그러나 시간이 흐르면서 크게 부어 오르는데 이것을 보고 근육파열이나 관절의 삠 증상 또는 골절 등으로 오인하는 경우가 많다. 따라서 환부를 무리하게 만지거나 하는 경우가 많은데 이 경우에는 절대 안정을 유지하며 환부를 만지거나 해서는 안된다.

5 부상의 유형

1) 골절(骨折)

우리인체의 기본구조는 뼈조직에 의하여 이루어져 있다. 그리고 각각의 뼈 관절마다 그 기능을 갖고 있다.(비골, 하악골, 쇄골, 늑골, 척추, 경추, 골반, 상박, 골주관절, 전박골, 수골, 하지골절) 그러나 이 같은 관절이 외부의 직접적인 충격을 받거나 또는 그 원인에 의한 충격으로 골절될 수 있다. 즉, 골절은 뼈가 부러지거나 금이 간 것을 말하며, 고난도의 무술수련등이 주요 원인이며, 특히 호신술이나 호위낙선법등의 수련중에 뼈가 여러곳이 동시에 부러질 수 있다. 나이든 사람의 뼈는 젊은사람의 뼈보다 더 잘 부러진다.

(1) 골절의 종류

단순골절 : 단순히 뼈에만 금이 간 상태

복잡골절 : 뼈가 부러졌을 뿐만 아니라 다른 신체조직의 손상을 겸하고 있는 상태이다. 복잡 골절에서는 창상이 감염될 위험성이 있고, 또 큰 동맥의 손상으로도 과도한 대출혈의 위험성이 높다.

(2) 처치방법

단순골절 : 의사나 구급차가 오고 있는 중이라면 되도록 부상자를 움직이지 말아야 하며 복잡 골절이 되지 않도록 골절부위를 고정시킨다.

복잡골절 : 의사나 구급차가 오고 있는 중이라면 부상자를 움직이지 말아야 하며, 출혈이 있으면 직접 압박법으로 지혈 시켜준다.

(3) 응급처치시 주의사항

① 부목은 가볍고 단단해야 하며 골절된 뼈보다 긴 것을 사용하고, 천은 부드러운 것으로 싸서 사용하도록 한다(피부 보호).

② 부상자를 운반할 때에는 완전처치후에 운반하도록 한다.

③ 부러진 뼈를 맞추거나, 밀어 넣으려 하지 말아야 한다.

④ 뼈를 움직이지 않게 고정해야 하며, 2차 충격 방지를 위해 노력해야 한다.

⑤ 골절 처치 후 30분 간격으로 관찰하며, 혈액순환이 되도록 정기적으로 느슨하게 해준다.

(4) 응급처치법

가. 뇌진탕 및 두개골 골절

머리를 맞던가 땅 바닥에 부딪히면 뇌에 손상을 받아 뇌진탕을 일으킬 수가 있다. 뇌의 손상은 일반적으로 두개골 골절보다 더 위중하다. 머리에 손상이 골절인가 또는 뇌진탕인가는 응급처치원으로서는 구별할 수 없는 일이나 그 처치방법은 같다. 뇌진탕은 머리를 세게 부딪혔을 때 잠시 의식을 잃은 상태를 말한다. 만약 이때 의식불명의 상태가 오래 계속되면서 뇌에 어떤 중대한 변화 즉 뇌좌상이나 뇌출혈이 생긴 탓이므로, 신중히 다루며 반드시 의사의 진단을 받도록 하여야 한다. 일시 의식불명이 회복되었다가 다시 의식불명에 빠지는 일이 있으며 끝내 소생하지 못하는 수도 있다.

● 증 상

머리가 터지거나 혹은 의식이 없어진다. 그리고 심한 경우에는 귀, 코 혹은 입으로부터 그다지 심하지 않은 출혈이 있다. 양쪽 눈동자의 크기가 같지 않으면 반신불수 상태가 되기도 한다. 처음에는 이런 여러가지 증상이 거의 나타나지 않으나, 뇌출혈에 의한 압박이 가중됨에 따라 증상이 악화된다.

● 응급처치

얼굴색이 창백하지 않으면 부상자의 머리와 어깨를 약간 높혀 안정되게 눕힌다.
체온유지를 위해 잘 덮어 주어 보온에 힘쓴다. 의식이 없으면 음료를 주지 말아야 한다. 머리에 상처가 있으면 상처를 보호하고 조심하여 병원으로 이송한다.

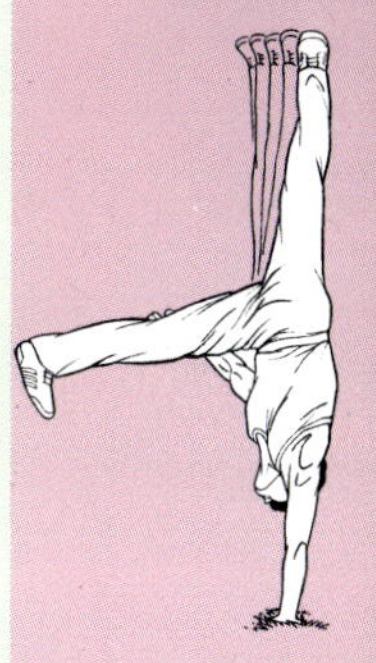

나. 비골 골절

● 증 상

코가 아프며, 부어 오르고 출혈이 있어 발견하기 쉽다.

● 응급처치

부목을 대지 말고 코에 상처가 있으면 소독된 거즈를 대고 붕대로 묶어준다. 코가 기형이 될 염려가 있으므로 병원에 가도록 한다.

다. 하악골 골절

● 증 상

턱을 움직이면 아프고, 아랫니, 윗니가 맞지 않기 때문에 부상자는 음식물을 삼키거나 말을 하기가 곤란하다. 입이 벌어져 있고 침을 흘린다.

● 응급처치

머리자체를 부목으로 이용한다. 손바닥을 턱밑에 대고 아래턱을 조심스럽게 올려서 아랫니를 윗니에 맞춘 다음 그대로 붕대나 삼각건으로 아래턱밑을 받쳐서 머리에 묶어 준다. 부상자가 토하면 즉시 붕대나 삼각건을 풀어준다. 부상자를 병원에 보내도록 한다.

① 쇄골 골절

- **증 상**

  골절의 일반적인 증상이 나타난다. 쇄골을 손끝으로 만져보면 대부분의 경우 부러진 뼈끝이 만져지며 부상자는 부상당한 쪽의 팔을 어깨 위로 처들지 못하고 부상당한 쪽 팔을 밑으로 늘어뜨리면 어깨가 다른편 어깨보다 낮아진다.

- **응급처치**

  부상당한쪽 팔의 손이 팔꿈치보다 약간 높게 하여 반대쪽 애깨에 대고 삼각건으로 묶은 후, 다시 팔 전체가 몸에 붙게 삼각건으로 묶어준다

② 늑골 골절

- **증 상**

  부상자는 기침 또는 심호흡을 할 때 골절된 부분에 심한 아픔을 느낀다. 부상자는 일반적으로 얕은 호흡을 한다. 골절된 부분을 만지면 아프고 저리며 부상자는 골절된 부분에 손을 대어 심호흡을 피하고자 노력한다. 만약 부러진 늑골이 폐를 찔렀으면 기침을 할 때에 거품기가 있는 선홍색의 피가 담에 섞여서 나온다.

- **응급처치**

  폐에 자창을 입었으면 골절에 대하여는 아무런 처치도 하지말고 겨드랑이와 가슴을 부상자가 호흡을 쉽게 할 수 있을 정도로 고이고 눕혀 안전을 취하게 한다.

③ 척추 골절

척추골절은 척추의 탈골을 동반하는 수가 있다. 이 탈골로 척수가 압박 또는 단절 된다. 척추손상을 잘못 처치하면 신체마비 등 불구가 되든지 또는 생명을 잃게 된다. 대개의 경우 척추골절 부상자를 병원까지 운반하는 도중에 그 취급이 부적당하여 상태를 악화시키는 예가 많다.

- **증 상**

  만약 부상자가 의식이 있으면 어디가 아프다고 말할 것이다. 목 또는 등의 아픔이 유일한 증상일 경우도 있다. 응급처치원이 척추골절의 의심이 있는 부상자에게 그의 손가락 또는 발가락을 움직여보라고 하여 마음대로 자기의 손가락을 움직이지 못하거나, 응급처치원의 손을 단단히 잡지 못하거나, 손가락은 움직이나 발가락을 뜻대로 움직이지 못하면 요추내의 척추가 손상된 것이다.

- **응급처치**

  충격을 예방하고 척추에 대한 그 이상의 손상을 막기 위한 응급조치를 한다. 어떠한 경우에라도 척추골절이 의심되는 부상자는 일으켜 앉히거나 세우거나 걷게 하여서는 안되며, 음료수를 먹이기 위하여 그의 목을 높이는 것조차도 하지 말아야한다. 이러한 운동은 척추를 더 손상시키고, 마비나 죽음의 원인을 만들기 때문이다.

만약 경추, 흉추 및 요추에 동시에 손상이 있으면 경추 손상의 처치방법으로 처치한다. 경추, 흉추 및 손상의 처치는 언제나 튼튼한 전신부목위에 바로 눕히고, 필요한 부분에 고임을 대고 삼각건으로 잘 고정시켜야 한다. 전신부목으로 문짝이나 또는 적어도 폭이 35cm 이상이고 길이는 발에서 머리에 이르고도 10cm 가량 남을 만큼 긴 목판을 사용하되 천 같은 것으로 잘 감아서 사용한다. 부상자는 똑바로 또는 엎어진 자세로, 때로는 옆으로 구부러진 자세로 발견된다. 응급처치원은 그 때그때의 형편에 따라서 각각 적절한 처치를 한다.

부목이 준비되면 부목을 부상자의 몸에 평행되게 가깝게 가져다 놓고 부상자를 부목위에 옮겨 놓기 전에 부목 밑에 삼각건을 미리 걸쳐놓아 부상자를 부목위에 옮겨 놓은 후에 필요 이상으로 부상자를 움직이는 일이 없도록 한다. 또 허리가 놓을 위치에 작은 고임을 대어 허리를 받치도록 한다.

마. 상지의 골절

① 상박골 골절

●증 상

대개 골절의 일반적 증상이 나타난다. 특별한 증상으로 견관절(어깨관절)의 운동을 할 수 없게 된다.

●응급처치

주관절의 ㄱ자로 구부리고 어깨로부터 부관절에 이르는 길이의 부목을 잘짜서 바깥쪽에 대고 삼각건을 부러진 뼈 위쪽에 하나, 아래쪽에 하나씩 대고 부목을 잘 묶어준다. 삼각건으로 팔걸이를 만들어 목에 걸어 준다. 삼각건으로 팔 전체를 가슴에 묶어 고정시킨다. 겨드랑이를 고여주고 만약 부목을 구할 수 없으면 삼각 건으로 전박을 끌어 올려 팔 전체를 가슴에 붙이고 붕대를 감아 움직이지 않도록 고정시킨 다음 병원으로 보낸다.

② 주관절 골절

●증 상

대개 주관절(팔꿈치) 골절은 팔을 구부리고 넘어질 때에 생기며, 6~12살 사이의 어린이들에게서 흔히 일어난다. 증상으로는 먼저 관절 부위가 붓고 아파서 팔을 폈다 구부렸다 할 수 없게 된다.

●응급처치

부상자가 팔을 편 자세로 있으면 겨드랑이를 많이 고인 다음, 겨드랑이에서 손가락까지에 이르는 부목을 손바닥 쪽에 대어 준다. 주관절이 구부러진 채로 있는 부상자를 발견하면, 팔에 무리가 가지 않게 끌어올리고, 쇄골골절의 경우와 같이 그 팔을 동체에 대고 삼각건으로 고정시킨다. 구부러진 주관절을 무리하게 펴려고 해서는 안된다.

③ 전박골 골절

- **증 상**

  전박의 뼈 한개 또는 두개가 다 부러지는 수가 있다. 두개가 다 부러지면 골절의 일반적증상이 나타난다. 한개만 부러졌을 때나 또는 손목 뼈마디가 부러졌을때라도 그 부분을 잘 움직이지 못하는 수가 있다.

- **응급처치**

  응급처치원이 부목을 준비할 동안 부상자를 바로 눕히고, 팔을 그의 가슴 위에 올려 놓은 자세가 제일 좋다. 주관절로부터 손가락 끝에 이를 만큼 긴 부목 두개를 잘 짜서 한개는 손바닥쪽에 다른 한 개는 손등쪽에 대고, 두개 이상의 삼각건으로 묶어 고정시킨 다음, 손을 주관절보다 약 10cm 정도 높이고 손바닥이 가슴쪽을 향하게 하여 넓은 붕대로 팔을 끌어올려 고정시킨다. 이때 대용부목으로 잡지, 신문지, 골판지, 플라스틱 자등 현장에서 얻을 수 있는 것을 사용한다.

④ 수골 골절 또는 좌상

- **증 상**

  기계나 목재 그 밖의 물체에 눌려 피부가 손상되고 손 뼈가 부러지는 일이 있다. 아픔과 마비가 중요한 증상이다.

- **응급처치**

  헝겊으로 싼 부목을 전박의 중간으로부터 손가락끝까지 닿게 손바닥 쪽으로 대어준다. 붕대를 너무 단단히 감지 말고, 손끝이 주관절보다 약 10cm 정도 높고 손바닥이 안쪽을 향하도록 팔걸이를 한다.

⑤ 지골 골절

기계를 다루다가 또는 자동차의 문을 닫을 때에 흔히 일어날 수 있으며, 그 밖에도 야구나 배구 등 운동을 할 때에도 일어난다.

증 상

보통 골절의 증상이 나타난다.

응급처치

생명이 위험한 것은 아니나, 잘 낫지 않으며, 나아도 모양이 흉해지기 쉽고, 손가락으로 하는 일에 지장을 가져오는 일이 있으므로, 곧 병원에 보내어 치료를 받게 한다. 응급처치를 한 다음 손상된 손을 붕대로 끌어올려 어깨에 묶어주는 것이 좋다.

바. 하지골절

① 대퇴골 골절

대퇴골은 인체에서 제일 긴 뼈이며 보통 상당한 폭력에 의하지 않고는 부러지지 않으나, 나이든 사람들은 떨어지거나 넘어질 때 골절되는 수가 있다.

- ●증 상

이 골절은 확인하기 곤란할 때가 많다. 대퇴부에 손상을 입은 후, 부상자가 바로 누워서 땅바닥으로부터 발뒤꿈치를 들지 못하면 대퇴골이 부러진 것으로 의심한다. 흔히 발은 바깥쪽으로 비틀어져 땅바닥에 놓이고, 그 발을 혼자 힘으로는 바로 세우지 못하는 때가 많다. 가관절(假關節)이 생기던가 다리가 짧아지거나 혹은 기형이 되고 부러진 곳으로부터 말단부는 마비되는 수가 있다. 부상자는 절대 일어서서는 안된다. 이 골절은 상지나 하지의 다른 어떠한 골절보다도 한층 더 심한 충격이 일어난다.

- ●응급처치

겨드랑이에서 발에 닿고도 남는 길이의 부목과 적어도 7개의 삼각건을 준비한다.

한 사람이 한 손으로 발뒤꿈치 밑을, 또 한 손으로 발을 잡고 천천히 하지를 바른 자세로 돌려 조금 끌어당겨 그대로 붙잡은 후에, 응급처치원은 7개의 삼각건을 부상자의 허리, 무릎 및 발목 밑으로 넣은 후 부목 위에 일정한 간격으로 놓는다. 3개의 붕대로 부목의 윗부분과 허리부분을 단단히 묶고 나머지 4개로 부목과 부상당한 하지를 묶는다. 이때 같은 모양의 좀 짧은 부목을 대퇴골 안쪽에 대고 붕대로 묶으면 구부러지는 것을 방지 할 수 있다. 만약 삼각건이 하나 더 있으면 부상한 하지를 다른 다리에 붙여 묶어서 더 튼튼하게 할 수도 있다. 부목이 없을 경우에는 양다리 사이를 잘 고인 후에 양쪽 다리를 합쳐서 붕대로 묶어준다. 충격에 대한 응급처치를 한다.

② 슬개골 골절

- ●증 상

이 골절은 구르던가 부딪히는 경우에 생기며 슬개골을 만져보면 대개 뼈의 갈라진 부분을 만질 수 있다. 그 밖에 골절의 일반적인 증상이 있다.

- ●응급처치

적어도 넓이가 10cm 이상이며 허리에서 발뒤꿈치까지 닿는 충분히 긴 부목을 헝겊으로 잘싸서 곧게 편 다리의 밑쪽에 댄다. 무릎과 발뒤꿈치는 고임을 대고, 붕대하나는 슬개골 바로 위에 또하나 그 바로 아래에 돌려 묶고, 다른 2개의 붕대로 다리와 부목을 단단히 묶는다. 무릎이 부어오르기 쉬우므로 둘러 싸매지 말고 남겨둔다. 만약 부목이 없으면 베개나 담요로 대용할 수도 있다.

③ 하퇴골 골절

- ●증 상

무릎과 발목 사이에서 뼈가 한개 혹은 두개가 부러진 것을 말하며, 만약 뼈 두개가 다부러졌을 때에는 대개 골절의 일반적인 증세가 나타나나 한개만 부러졌을 때면 기형이 별로 나타나지 않고, 또 발목 바로 위의 골절은 염좌로 잘못 알게 되는 수가 있다.

- ●응급처치

발 끝을 힘있게 잡아 올려 그 밑에 베개나 담요를 집어넣고 무릎 위로부터 발끝까지 미치는 부목을 담요나 베개 위에다 대고 붕대를 감는다. 부목이 없으면 양다리 사이에 부드러운 물건을 고이고 손상입지 않은 다리에 묶어 고정시킨다.

④ 발목 골절

● 증 상

무거운 물체가 발등에 떨어지거나, 발등에 굴렀을 때 생기며 골절의 일반적 증상이 나타난다.

● 응급처치

발 전체를 베개 위에 올려놓고 붕대를 감는다. 만약 베개가 없으면 발 뒤축으로부터 무릎 바로 아래까지 닿는 두개의 부목을 싸서 양쪽에 하나씩 대고 묶는다.

2) 탈구(脫臼)

탈구직·간접 타격으로 발생 뒤틀림 등 물리적인 힘(고에너지의 작용)의 작용에 의해 정상적인 위치를 벗어남으로 발생 생명을 위협하진 않으나 신경과 혈관을 압박하므로 응급을 요하는 경우가 있다. 골격을 지지하는 인대와 관절낭의 손상 탈구가 가장 많이 발생하는 부위는 수지관절, 견관절, 주관절, 고관절, 족관절 등이다.

● 증 상

통증 또는 압통 부종 반상출혈(멍) 마찰음(CREPITUS) 근육경련 정상적인 움직임의 상실등으로 그 증상을 알 수 있다.

● 탈구 현상

① 관절의 심한 변형

② 관절부위의 부종

③ 관절부위 통증과 운동시 통증의 악화

④ 정상적인 관절운동의 소실

⑤ 관절부위의 촉진시 심한 압통

⑥ 혈액순환 불가능해질 뿐만 아니라 이로 인한 감각 및 운동기능의 상실

● 응급처치법

－부상자를 앉게 한 다음 팔을 가슴을 지나 반대쪽으로 가게 하며 각도는 가장 편한 위치로한다.

－걸대를 이용해 목에 건다,

－가슴과 팔 사이에 부드러운 패드를 넣어 준다.

－뼈를 다시 집어넣으려고 하지 말 것.

－마취가 필요할 수 있으므로 아무것도 먹거나 마시게 하지 말 것.

－부상자를 앉은 자세로 병원으로 이송한다.

3) 염좌(捻挫) 겹질림, 삠 현상

염좌란, 관절을 지지해주는 인대가 외적인 타격을 받거나 관절의 정상운동범위를 벗어나 이완이 되거나 혹은 위축되는 것으로 인대에 손상을 입게 되면 보통 삐었다고 하는 것이다. 발생 부위는 주로 발목 관절이 많고, 그 외 손목, 무릎, 어깨, 손가락, 발가락 등 인체의 모든 관절에서 발생한다. 염좌가 발생하면 통증과 함께 부종이 오며, 관절내의 모세혈관의 파열로 인한 피하출혈반(멍)이 생기고 관절의 운동장애를 유발하게 된다. 염좌의 정도를 인대손상 상태에 따라 3가지로 구분할 수 있다.

1도 염좌 : 인대가 경미하게 늘어난 정도를 말하며 관절의 기능에는 지장이 없고 통증도 별로 심하지 않다.

2도 염좌 : 인대에 부분적 파열이 일어난 것으로, 운동중에 흔히 발생되는 발목 염좌의 경우 2도 염좌가 많은 편이다. 인대가 매우 약해진 상태이므로 관절을 계속해서 사용하면 완전 파열이 일어나는 수도 있다. 부분 파열된 인대가 원상 회복되려면 치유기간이 약 2-3주가 소요된다.

3도 염좌 : 인대의 완전파열을 의미한다. 파열된 부분은 정상 위치에서 이탈한 상태이므로 수술하여 3-5주일의 고정기간이 필요하다.

● 증 상

초기 증상은 움직이거나 무게를 실을 때 통증이 생긴다. 발목이 붓는다.

● 응급처치

– 먼저 부상자를 쉬게 하고 안정을 취하게 하며 발목을 가장 편안하게 안정시킨다.
– 얼음찜질을 한 후에 탄력붕대를 감아 움직이지 않도록 단단하게 붕대로 정하고 두꺼운 패드로 발목을 싸고 감는다.
– 염좌된 관절을 심장부위보다 높게 한다.
– 부상 직후라면 부종을 줄이기 위해 얼음찜질 등으로 열을 식힌다.

4) 창상(創傷, Wounds)

창상은 신체의 조직이 손상된 상태로서 주로 피부나 점막이 손상된 상태를 말한다. 외부로부터 받은 힘, 작용의 상황, 기물의 형상 및 성질의 여하에 따라 여러가지로 분류된다. 창상의 처치요점은 청결하게 다루되 소독한 뒤 붕대를 감으며 될 수 있는 한 출혈을 적게 하여 안정시키는 일이다.

● 창상의 종류

찰과상 – 긁힌 상태로 출혈이 낮으나, 세균감염 가능성이 높다.
절 창 – 베인 상태로 출혈이 많으며, 세균감염 가능성이 낮다.
자 창 – 찔린 상태로 출혈이 비교적 적으며, 세균감염 가능성은 높다.
열 창 – 뜯겨진 상태로 출혈이 적으며, 세균감염 가능성이 높다.

● 응급처치

– 출혈이 적을 때 : 감염예방, 소독된 드레싱
– 출혈이 많을 때 : 직접압박법, 지압법, 지혈대 사용법

215

예컨대 타격 , 투석 등에 의해 일어나는 것으로, 부딪혀 생긴 모든 상처가 이에 속한다. 피부에는 손상이 없으나 피하출혈이 있어 부어 오른다. 암자색을 나타내며 동통이 있다. 머리의 타박에서는 뇌진탕 등을 일으켜 일시적으로 의식을 잃기도 한다. 배부위의 타박에서는 내출혈 등을 일으켜 위험에 빠질 수도 있다.

● **응급처치**

환부에 얼음찜질을 하며 환부를 위로 오게 하여 안정을 시킨다(ice therapy). 출혈의 흡수를 피하기 위한 더운찜질은 동통이 경감된 뒤에 한다. 처음부터 더운물 찜질(hot compress)을 하는 것은 금물이다.

날카로운 기물, 예컨대 나이프칼, 유리조각, 파편등에 의해 발생된다. 혈관이 절단되어 출혈이 많고 다른 신경과 힘줄이 절단되는 경우도 있다. 상처입구를 강하게 눌러서 지혈시키고 상처가 큰 경우 봉합하면 흠집이 크게 남지 않는다. 절창은 출혈 및 동통이 심하다.

● **응급처치**

소독·지혈하여 붕대를 감는다. 상처구멍이 큰 경우에는 봉합을 요하기도 하는데 반창고로 상처구멍을 좁히는 것으로 그칠 수도 있다.(butterfly buzzer)

● 멸균된 드레싱으로 덮고 탄력붕대로 절단부위 전체를 교차로 감싼다.
● 만약 압박붕대로 출혈이 멈추지 않으면 지혈대를 사용할 수 있다.
 (지혈대 사용은 가급적 피한다.)

● 부상자 이송시 절단부위를 찾아 함께 병원으로 이송(재접합, 수술시 일부활용)
● 생리식염수나 무균드레싱에 싸서 비닐주머니에 넣어 봉한 후 얼음과 물을 넣은 용기나 주머니에 담아 가져간다.(절단 부분이 얼음에 직접 닿지 않게 한다. 그냥 얼음만을 사용해서는 안되고, 드라이 아이스는 절대 사용을 금한다.)
● 4~6시간 이내에 접합수술이 가능하도록 절단부위 보관 및 신속한 이송이 중요하다.

칼, 바늘, 못, 가시, 유리조각 등에 찔려서 발생한다. 상처는 작지만 깊고 그 속에는 나무조각이나 유리조각이 들어 있는 경우도 있다. 찌른 물체를 제거한 후 물체가 원형대로 있는지를 잘 관찰하는 것이 중요하다. 물체를 무리하게 뽑으면 큰 출혈을 일으키게 되고, 또 상처를 더 크게 만들 수도 있으므로, 상처 부위를 움직이지 않게 보존하여 치료를 받도록 한다. 녹슨 못에 찔려 상처가 좁고 깊어 치료약이 상처의 깊은 부위까지 미치지 못하는 경우는 파상풍이 발생하기 쉽다. 이런 때는 상처구멍을 넓게 하는 수술을 하고 파상풍 예방주사를 맞아야 한다.

• **응급처치**

상처에 세균간염 등이 쉬우므로 소독된 생리 식염수나 식염수가 없을 때에는 흐르는 맑은 물 등으로 깨끗하게 씻어낸다. 이때 다소 출혈이 되어도 무방하다. 출혈이 계속되면 3% 과산화수소를 솜에 적셔 압박하여 피를 멎게 하고 마이신연고를 바르고 가제로 덮는다. 이때 얼음이나 찬물찜질을 요하는 경우가 많다.

찰 과 상

심한 마찰에 의해 일어나는 것으로서 피부만의 창상이며 모든 찰과상이 이에 속한다. 동통도 가볍고 모세관 출혈이 약간 있는 정도이다. 상피가 피하조직으로부터 벗겨져 수포를 만들기로 한다.

• **응급처치**

상처부위를 청결하게 하여 소독, 붕대를 한다. 수포를 터뜨리지 말고 치유시킨다.

만약 수포가 크다면 소독침으로 구멍을 뚫어 물을 빼내고 꺼풀을 남겨 창면을 보호한 채 붕대를 감는다. 상피가 벗겨진 경우에는 붕산연고 등을 바른다. 동통이 있으면 얼음찜질(cold ice compress)를 한다.

5) 출혈(出血)

출혈은 외부의 충격원인에 의한 것이 일반적이다. 우리 인체는 수많은 혈관이 있으며 이 혈관을 통해 인체에 필요한 영양공급을 해주는 역활을 담당한다. 특히 혈액에는 인체에 필요한 꼭 필요한 산소등이 포함되어 있어 과도한 출혈은 부상자의 안전에 커다란 위험이 될 수 있다.

• **증 상**

우선 외관상 출혈증상을 확인할 수 있다. 그러나 의복을 입고 있는 경우에는 순간 확인이 안 될 경우도 있으며, 내상에 의한 출혈인 경우에는 출혈 여부를 알기 어렵다. 그러나 경우에 따라서는 눈, 코, 입, 귀 등을 통해 출혈이 보이기도 한다.

• **응급처치**

심리적 안정과 보온조치한 후, 호흡을 편안하게 (조이는 옷을 풀어 준다)

외출혈시에는 즉시 지혈, 상처의 드레싱 실시한다.

지 혈 법

국소거양법 : 출혈부위를 심장보다 높게 한다. (혈류량↓→출혈량↓→지혈효과↑)

직접압박법

① 먼저 상처에 이물질 확인 (ex : 유리)

② 출혈 부위에 거즈나 깨끗한 천을 두껍게 대고 손바닥으로 누르거나, 붕대를 단단히 감는다.

③ 상처가 파인 경우 상처 부위에 직접 거즈를 밀어 넣고 누른다.

지 압 법 출혈부위에서 가장 가까운 상부 동맥을 뼈에 대고 눌러서 지혈하는 방법.

지 혈 점 측두동맥, 안면동맥, 쇄골하 동맥, 상박동맥, 대퇴동맥, 요골·척골동맥, 총경동맥.

지혈대 사용법

① 목적 : 팔, 다리의 심한 동맥출혈시 사용.(최후의 수단으로 사용)

② 주의사항

- 폭이 5cm 이상 되는 띠가 좋다.

- 단단히 묶는다.(맥박이 뛰지 않을 정도로)

- 2시간 이상 사용하지 않도록 한다.

⇒ 10~15분마다 풀어준다.(단, 생명에 지장이 없는 경우)

 통증과 부종 현상이 발생하고, 염좌, 탈구, 골절 등 접질림 이후에 오는 증상은 상황에 따라 천차만별이다. 일단, 변형이나 후유증이 발생하지 않도록 즉시 간단한 응급처치를 시행한 이후에 가까운 의료기관에서 전문적인 치료를 받도록 한다. 우선 RICE 처치법으로 간단한 응급처치를 끝낸 상태에서 부목 등을 사용하여 삔 부위를 고정시켜준다. 전문가의 도움 없이 부상자를 섣불리 운반하려 들다가는 더 큰부상의 위험을 초래할 수도 있으니 주의를 요한다.

 이상으로 운동과 부상에 따른 응급처치 방법에 대해 알아보았다. 단, 여기서 소개한 내용은 부상에 따른 응급처치에 대한 요령으로, 더 큰 부상(2차 부상)을 당하기 전에 현장에서 할 수 있는 간단한 응급처치에 국한되어 있다는 것을 기억하기 바란다. 응급처치가 끝났으면 즉시 의료기관에 연락하여 의사의 치료를 받도록 하고, 부상자의 상태에 따라 적절한 후속조치를 받기 바란다.

(1) 지혈대 사용법

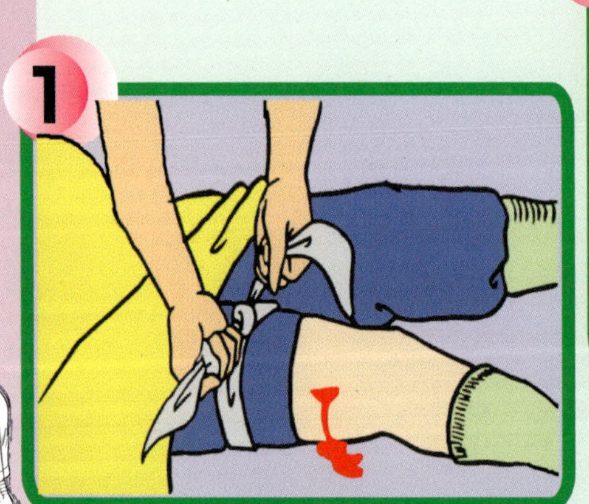

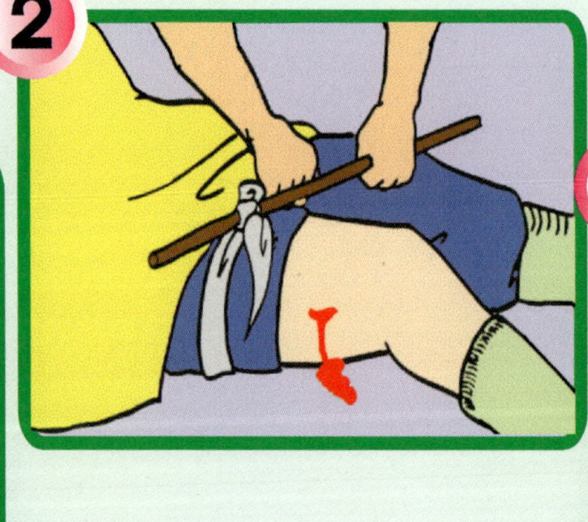

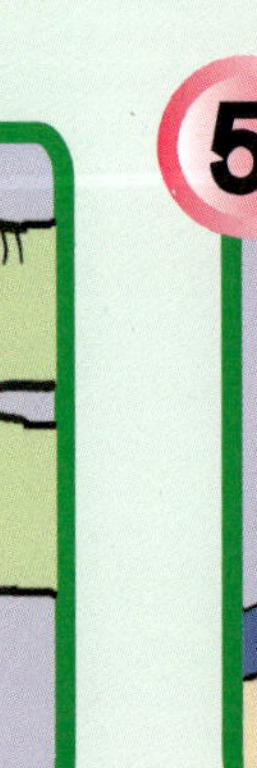

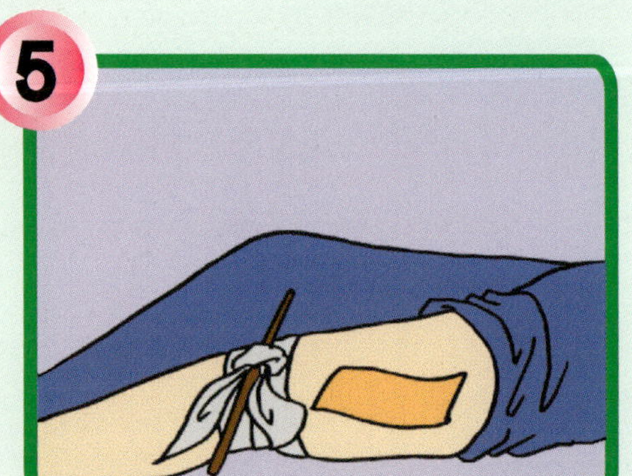

(2) 지 압 법

안면동맥
지압법

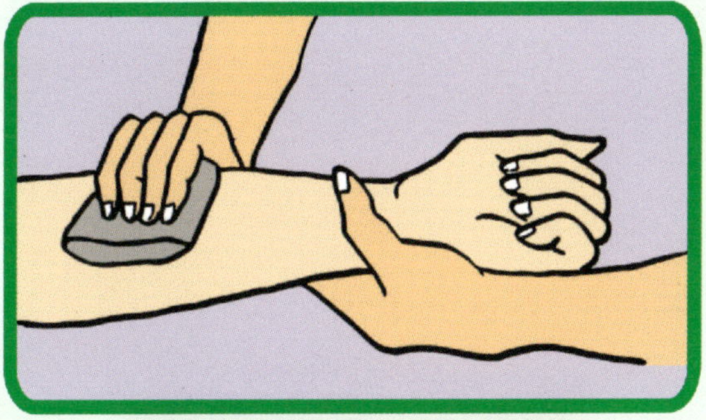

직접압박 지압법 1

측두동맥
지압법

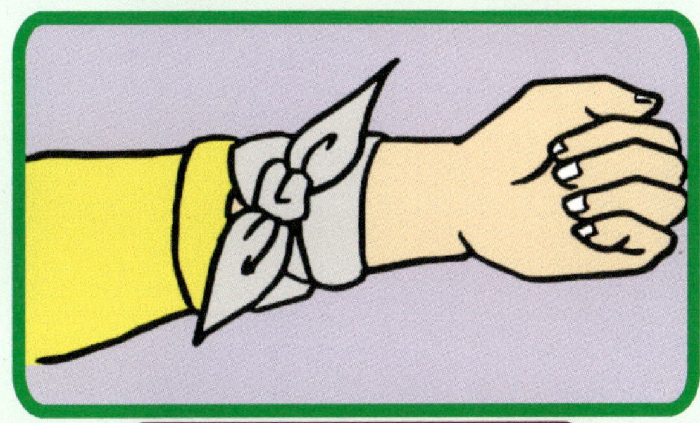

직접압박 지압법 2

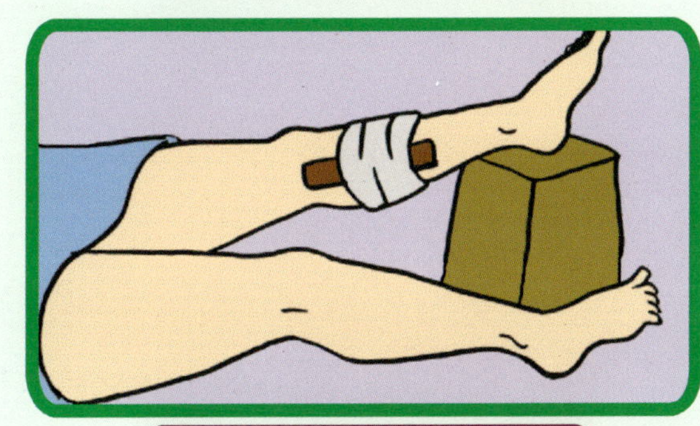

국소계양 지압법

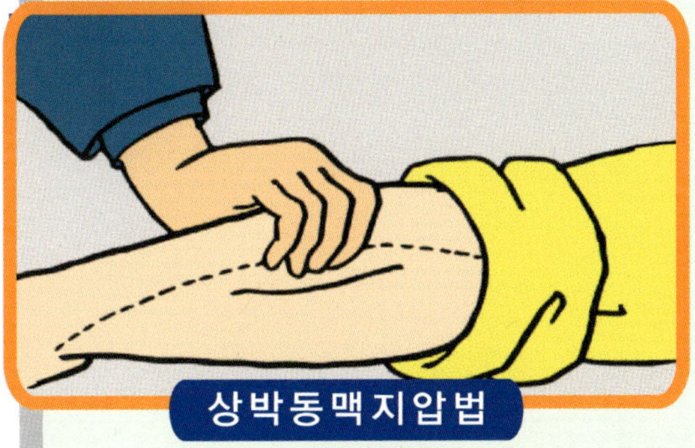

상박동맥지압법

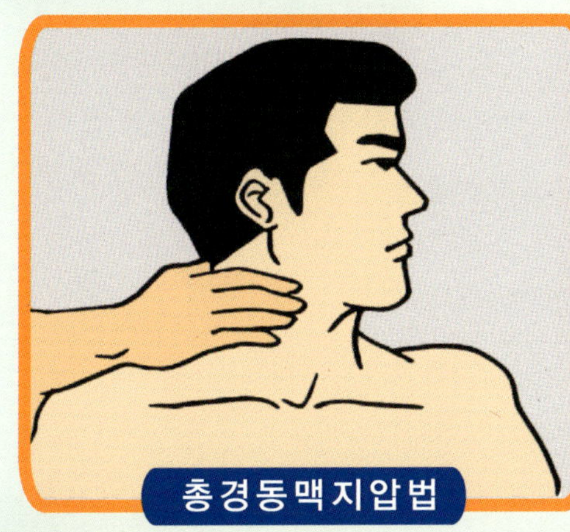

총경동맥지압법

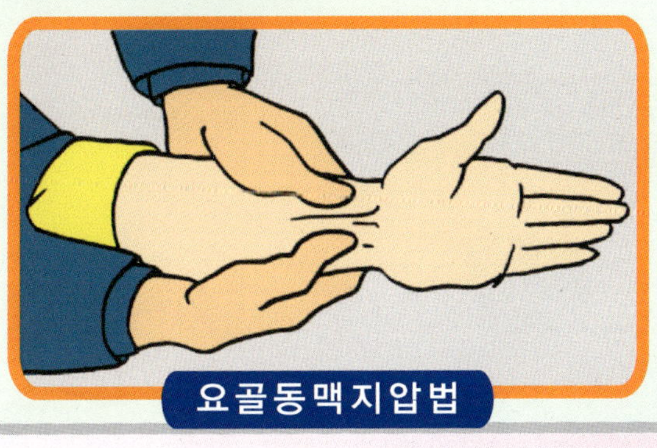

요골동맥지압법

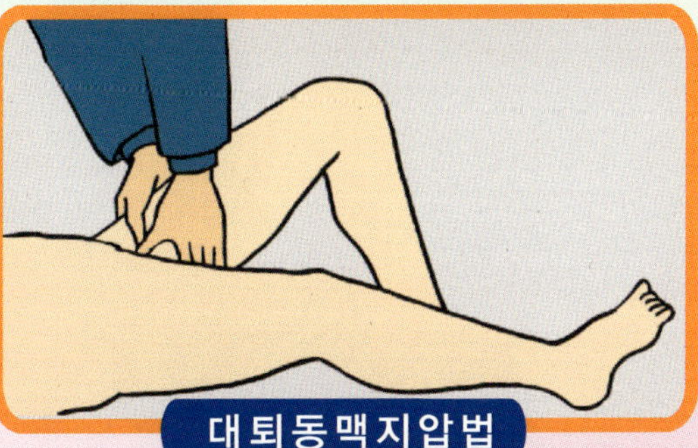

대퇴동맥지압법

6 부목(Splinting)

부목은 모든 골절, 탈구, 염좌부상자는 부상자의 생명이 급박하게 위험하지 않는 한 움직이기 전에 부목 고정을 하여야 한다. 이러한 부목 고정의 장점은 다음과 같다.

- 골절편의 이동이나 관절의 전위, 연조직 손상을 방지하여 동통을 줄인다.
- 근육, 척수, 말초신경, 혈관의 손상을 방지한다.
- 골절단에 의한 피부 열상을 방지한다.
- 부목 고정은 폐쇄성 골절에서 개방성 골절로의 이행을 방지하는 것이다.
- 혈관 압박으로 원위부 혈류가 차단되는 것을 방지한다.
- 출혈을 방지한다.

1) 부목 고정의 일반적인 원칙

① 대부분의 경우에서 골절이나 탈구가 의심되는 부위의 피복을 모두 제거하여 개방창, 변형, 부종, 출혈반 여부를 관찰할 수 있도록 한다.

② 손상 원위부의 순환기능 상태(맥박과 모세혈관 재충혈)와 신경기능 상태(감각과 운동)를 검사하고 기록한다. 또한 부상자가 병원에 도착 할 때까지 신경순환 상태를 계속 주시한다.

③ 모든 상처는 부목을 대기 전에 마른 무균 붕대로 덮어준다.

④ 원칙적으로 부목고정을 하기 전에는 부상자를 움직이지 않는다.

⑤ 골간 골절이 의심될 때에는 반드시 골절부 상, 하의 관절을 각각 부목으로 분리하고 정하도록 한다.

⑥ 관절 내부 혹은 주위의 손상시 손상관절 상, 하의 뼈를 반드시 부목으로 고정하도록 한다.

⑦ 국소 압박을 막도록 모든 부목에는 패드를 댄다.

⑧ 부목을 댈 때에는 손상된 사지의 운동을 최소화시키고 완전히 고정될 때까지 손상부위를 지지하기 위해 손으로 잘 받친다.

⑨ 장골의 골간 골절시 심하게 변형된 경우에는 조심스럽게 일정한 도수 견인을 하여 부목에 잘 맞도록 사지를 일직선으로 맞춘다.

⑩ 견인 도중 변형된 사지가 일직선으로 잘 펴지지 않으면 변형된 위치 그대로 부목을 댄다.

⑪ 척추 골절이 의심된 경우에는 효과적인 기도가 유지될 정도로만 변형을 교정한 후 부목을 댄다.

⑫ 의심될 때에는 언제나 부목을 댄다.

(2) 부목 사용법

① 고정부목은 부상자의 전신 또는 신체 일부분을 움직이지 않게 하기 위하여 사용하며 대개 부목으로는 목판을 쓰나 비상시에는 신문지, 잡지, 담요나 베개와 같은 물건을 대응할 수도 있다.

② 부목은 골절된 뼈의 양쪽 관절 너머까지 걸칠 만큼 긴 것을 사용한다. 부목은 안쪽에 헝겊을 고여서 피부가 상하지 않도록 하며, 부목의 질은 가볍고도 단단한 것이 좋다. 부목으로 쓸 목판은 부목을 대는 신체부분 만큼 넓은 것이 좋다.

③ 견인부목은 단순골절, 복잡골절을 가릴 것 없이 대퇴골 골절에 사용된다. 견인부목으로 발을 끌어 당겨, 부러진 뼈끝을 튼튼하고도 확실하고 유순하게 끌어당긴다. 그러나 이 부목을 쓰는데 예외가 있다. 즉 복잡골절 때 부러진 뼈끝이 피부를 뚫었을 때 그 부러진 뼈끝을 본래의 위치에 가져가기 위하여 견인부목을 사용해서는 안된다. 이런 경우 응급처치 자는 고정 부목을 사용하여 처음 발견하였을 때의 상태대로 둔다.

윗팔(상완)이 다쳤을 때

아래팔(요골/척골)

팔꿈치를 구부린 자세

윗팔 : (상완골)

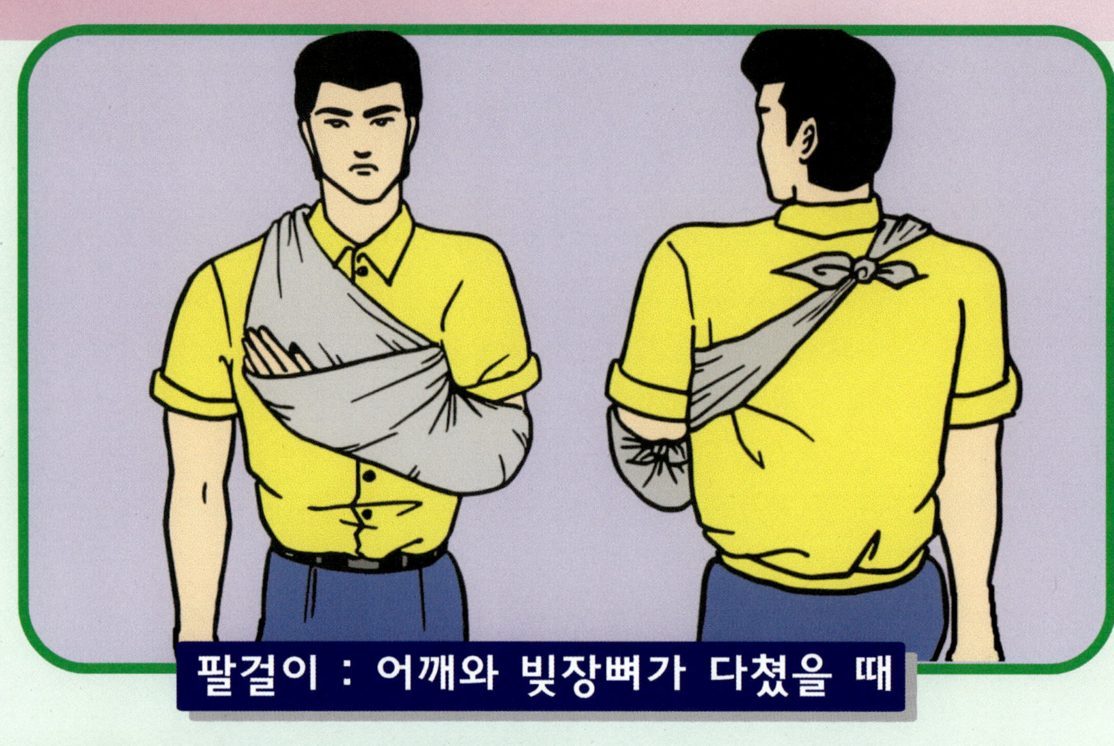

팔걸이 : 어깨와 빗장뼈가 다쳤을 때
무릎을 구부린 자세 
하퇴부(무릎 아래, 경골/비골) 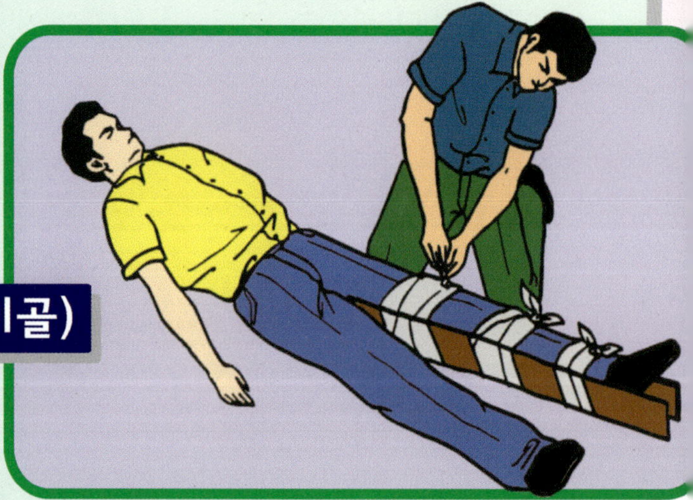
대퇴부(무릎 위, 대퇴골)

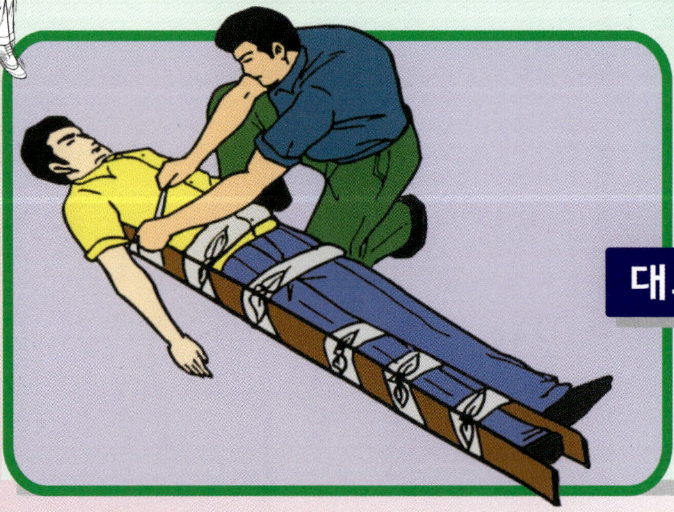

7 응급처치 후 조치사항

(1) 의사, 구급차, 가족에게 연락(통보)

언제, 어디서, 누가, 어떻게(부상,급병)되었는가를 순서있게 정한다. 의사에게 연락되었을 때에는 부상자의 상태를 실시한 응급처치 등을 알리고, 다음 처치에 대한 지시를 받는다 상대를 확인한 후 자신의 성명(신원)을 밝히고, 부상자의 상태 및 후송 상황을 간단히 알려준다. 수화자 보다 전화를 먼저 끊어서는 안된다.

(2) 협력자를 구한다.

응급처치를 혼자서 전부 하기는 힘들다. 협력자를 찾아서 연락, 운반, 군중 정리 및 응급처치를 도움 받는다.

8 운 반 법

응급처치를 마친 부상자를 안전하고 신속하게 병원으로 후송하는 것이 생명을 살릴 수 있는 길이다. 온갖 힘을 기울여 응급처치를 실시함으로서 소생시킬 수 있는 부상자라 할지라도 운반을 잘못하여 상처를 악화시키거나 생명을 더 위급하게 하는 경우도 있다.
부상자가 아무리 위급한 부상자라도 아래와 같은 운반법을 익혀 유사시 한 생명이라도 더 구할 수 있는 운반기술을 익혀야 한다.

(1) 1인 운반법

업치기법, 업기법, 어깨법, 부축법, 안기법, 들것에 의한 법, 담요로 끌기법

업치기법

업기법

어깨법

부축법

안기법

들쳐업기법

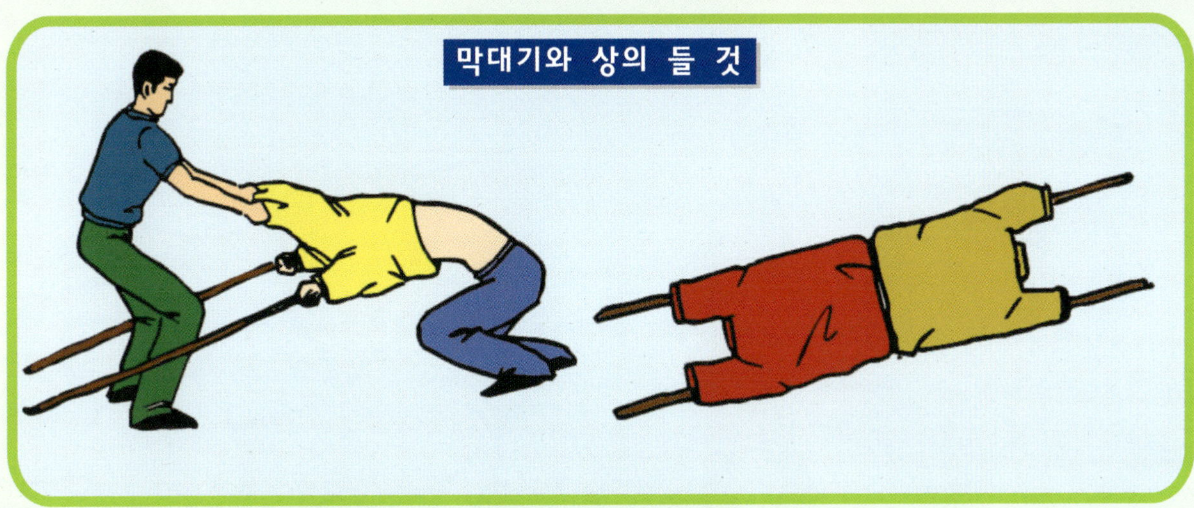

(2) 2인이상 운반법

2인 받들기법, 2인 부축법, 기마 타기법, 의자 운반법, 요대 끌기법, 3인 운반법

경호무술

2인 부축법

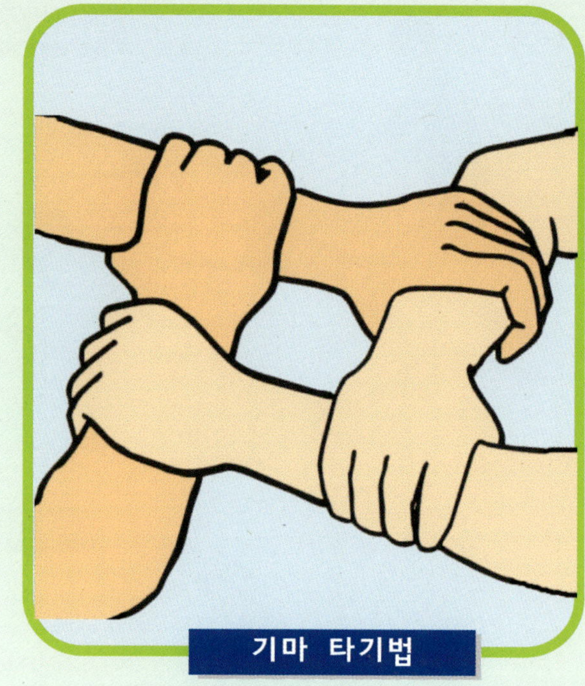

기마 타기법

3인 운반법

3인 운반법

3인 운반법

전통무예진흥법

전통무예진흥법

[제정 2008.3.28 법률 제9006호]

제1조(목적) 이 법은 문화적 가치가 있는 전통무예를 진흥하여 국민의 건강증진과 문화생활 향상 및 문화국가 지향에 기여함을 목적으로 한다.

제2조(정의) 이 법에서 사용하는 용어의 정의는 다음과 같다.

1. "전통무예(「문화재보호법」에 따라 중요무형문화재로 지정된 무예종목을 포함한다)"란 국내에서 자생되어 체계화되었거나 외부에서 유입되어 국내에서 독창적으로 정형화되고 체계화된 무(武)적 공법·기법·격투체계로서 국가적 차원에서 진흥할 전통적·문화적 가치가 있다고 인정되는 것을 말한다.
2. "전통무예지도자"란 학교, 직장, 지역사회 등에서 전통무예를 가르치는 자를 말한다.

제3조(전통무예진흥의 기본계획 수립 등)

① 문화체육관광부장관은 전통무예의 체계적인 보존 및 진흥을 위하여 전통무예에 관한 종합적인 기본계획(이하 "기본계획"이라 한다)을 수립·시행하여야 한다.

② 기본계획에는 다음 각 호의 사항이 포함되어야 한다.

1. 전통무예진흥의 기본방향
2. 전통무예진흥을 위한 조사·연구 등에 관한 사항
3. 전통무예육성종목 지정 및 지원에 관한 사항
4. 전통무예지도자의 교육·양성에 관한 사항
5. 전통무예의 교류·협력 및 대회 개최 등에 관한 사항
6. 전통무예진흥에 필요한 재원의 확보 및 효율적인 운용방안에 관한 사항
7. 그 밖에 전통무예의 진흥을 위하여 필요한 사항으로서 대통령령으로 정하는 사항

제4조(국가 및 지방자치단체의 책무)

① 국가 및 지방자치단체는 기본계획에 따라 전통무예의 진흥을 위한 각종 시책을 수

립·시행하여야 한다.

② 국가 및 지방자치단체는 국민의 자발적인 전통무예활동을 장려·보호 및 육성하고, 이를 위하여 필요한 시설의 설치, 인력과 조직의 확보 및 예산의 지원 등 여건을 조성하여야 한다.

제5조(전통무예단체의 육성) 국가 및 지방자치단체는 전통무예의 진흥을 위하여 전통무예단체를 육성·지원하여야 한다.

제6조(전통무예지도자의 육성 등)

① 문화체육관광부장관은 전통무예의 진흥을 위한 전통무예지도자의 육성과 자질향상을 위하여 필요한 시책을 강구하여야 한다.

② 전통무예지도자의 종류, 등급, 자격기준, 연수, 검정 및 자격부여 등에 관하여 필요한 사항은 대통령령으로 정한다.

부칙

이 법은 공포 후 1년이 경과한 날부터 시행한다.

전통무예진흥법 시행령

[제정 2009.3.25 대통령령 제21365호]

제1조(목적) 이 영은 「전통무예진흥법」에서 위임된 사항과 그 시행에 필요한 사항을
규정함을 목적으로 한다.

제2조(전통무예진흥의 기본계획)
① 「전통무예진흥법」(이하 "법"이라 한다) 제3조제2항제7호에서 "대통령령으로 정하
  는 사항"이란 다음 각 호의 사항을 말한다.
  1. 전통무예육성종목의 지정 기준 및 절차에 관한 사항
  2. 전통무예단체의 육성·지원 방향에 관한 사항
  3. 그 밖에 전통무예의 진흥에 관한 사항
② 문화체육관광부장관은 법 제3조에 따른 기본계획을 수립하였을 때에는 특별시장·광역시
  장·도지사·특별자치도지사 및 시장·군수·구청장(자치구의 구청장을 말한다)에게 이
  를 통보하여야 한다.

제3조(전통무예지도자 등급 등)
① 법 제6조제2항에 따라 전통무예지도자의 등급은 1급과 2급으로 구분한다.
② 1급 전통무예지도자는 다음 각 호의 어느 하나에 해당하는 사람으로서 문화체육관광부장관
  이 정하여 고시하는 자격 검정에 합격하고 연수 과정을 이수한 사람으로 한다. 다만, 「문
  화재보호법」에 따라 무예종목의 중요무형문화재 보유자로 인정된 사람은 전통무예지도자
  1급 자격을 취득한 것으로 본다.
  1. 2급 전통무예지도자 자격을 취득한 후 신청종목의 선수 경력이나 지도 경력이 2년
    이상인 사람
  2. 제1호에 규정된 사람과 같은 수준 이상의 자격이 있다고 문화체육관광부장관이 인
    정하는 사람
③ 2급 전통무예지도자는 다음 각 호의 어느 하나에 해당하는 사람으로서 문화체육관광부장관이

정하여 고시하는 자격 검정에 합격하고 연수 과정을 이수한 사람으로 한다. 다만, 「문화재보호법」에 따라 무예종목의 중요무형문화재 전수교육 조교로 인정된 사람은 전통무예지도자 2급 자격을 취득한 것으로 본다.

1. 다음 각 목의 어느 하나에 해당하는 교육기관에서 문화체육관광부장관이 정하여 고시하는 과목과 학점을 이수한 사람
   가. 「고등교육법」 제2조에 따른 학교
   나. 「평생교육법」 제2조제2호에 따른 평생교육기관
2. 문화체육관광부장관이 정하여 고시하는 전통무예단체에서 자격증을 취득한 사람
3. 「문화재보호법」에 따른 무예종목의 중요무형문화재 전수교육 이수증을 취득한 사람
4. 제1호에 규정된 사람과 같은 수준 이상의 자격이 있다고 문화체육관광부장관이 인정하는 사람

제4조(전통무예지도자의 자격 검정 등)

① 전통무예지도자의 자격 검정 및 연수는 문화체육관광부장관이 실시한다. 다만, 문화체육관광부장관이 필요하다고 인정하는 경우에는 「고등교육법」 제2조에 따른 학교 또는 체육단체·전통무예단체를 지정하여 자격 검정 및 연수를 실시하게 할 수 있다.

② 제1항 단서에 따라 자격 검정 및 연수를 실시하는 기관의 장은 문화체육관광부장관의 승인을 받아 자격 검정 및 연수에 필요한 비용의 일부를 자격 검정 또는 연수를 받으려는 사람에게 부담하게 할 수 있다.

③ 제1항에 따른 자격 검정 및 연수와 자격증의 발급 등에 필요한 사항은 문화체육관광부장관이 정하여 고시한다.

부칙

이 영은 2009년 3월 29일부터 시행한다.

창시자 무예수련 일대기

창시자 무예수련 일대기

1. 유년시절 무예입문기

초등학교 시절

나는 1967년 6월 25일 생으로 충남 홍성 은하 금국리 상하국 이라는 시골마을에서 태어났다. 무예를 처음 접하게 된 것은 막내 작은 아버지(장재설)께서 선산 묘자리에서 매주 한번씩 태권도를 면소재지에서 있는 학생들을 대상으로 가르칠 때 알게 되었으며, 내가 초등학교 입학하던 1973년으로(당시 내 나이 7세) 기억된다. 그때 기억으로는 지금 있는 품세도 체계적으로 배우지 않았던 것 같고, 거의 정권지르기와 발차기 몇 개가 전부였고 도복도 없었다. 작은아버지(그때는 막내 삼촌이라 부름)만 하얀 도복을 입고 수련생들은 대부분 평상복이었고, 일부는 츄리닝을 입고 수련했다.

당시에는 발차기와 대련 위주로 수업이 진행된 기억이 많다. 삼촌은 중학교를 졸업하고 서울에 올라가 경리학원을 다니시며, 태권도(당수도)를 배우셨다고 함. 이후 광업을 하시는 조부께서 광산개발을 본격화 하시면서 고향으로 돌아오셨고, 광산에서 총무, 인사, 경리일을 하시면서 주말에 광산에 일하는 사람들과 주로 면소재지 사람들을 대상으로 태권도를 지도하시게 된 것이다. 그래서 나도 자연스럽게 7세가 되는 해에 태권도라는 무예에 첫 입문하게 되었다.

그러나, 내가 초등학교 5학년 때 조부께서 하시던 광산을 매각 하면서 우리 집은 충남 아산(온양)으로 이사하게 되면서 태권도를 하지 못하게 되었으나, 다행이 집 바로 옆이 이순신장군 사당인 현충사가 있어 드넓은 잔디위에서 태권도를 혼자 하게 되었다 (작은아버지께서는 한국전력에 취업후 현재 캡스의 전신인 한국보안공사에 근무하시다가 지금은 중견기업인 구구건설임원으로 계신다).

중학교 시절

그러던 차에 중학교 1학년을 입학하면서 온양읍내로 중학교를 다니게 되었다. 다행이 온양읍내에 있는 남산에 위치한 유도도장에 입관해 유도를 10개월 정도 배울 수 있었다. 그러나 회비와 승단비가 부담이 되어 그만두게 되었고, 바로 옆에 있는 헬스클럽(무료로 운영되는 곳)에 중학교 3학년 때까지 다녔으며, 이곳에서 만난 형이(이름이 기억나지 않음)천안에서 검도도장을 다니고 있어서 그 형으로부터 검도를 1년 이상 배운 것으로 기억된다.

고등학교 시절

그리고 1982년 고등학교를 입학하면서 합기도장을 다니던(유원호-현재 기무사령부 간부로 복무 중) 친구에 의하여 합기도 통일관(이00 관장님- 아산 음봉이 고향이신데 지금은 무엇을 하시는지 알 수 없음)이란 곳을 따라가 입관했으나 장마철에 지하도장에 물이 차 1년 만에 폐관하는 바람에 더 다닐 수가 없었다. 이후 고등학교 2학년 때 학교 앞에 태권도장이 다행히 생겨 홍종억(현재-한국도로공사 근무중)이라는 친구를 따라가 충무태권도장(박태순 관장님-현재 온양상록회 일을 하시고 있음)입관하게 되었다. 그러나 태권도로만 만족하지 못하던 차에 쿵푸도장에 다니던(김철호- 현재 육군 2군사령부 간부로 근무중)친구를 또 따라가 입관해 태권도 도장과 쿵푸도장을 함께 다니게 되었다. 그러던 중 류제혁(현재-현재 기무사령부 간부로 복무중)이라는 친구가 합기도장을 다닌다기에 따라 갔다가 합기도정도관(박준섭관장님-현재 유통업에 종사하시고 있음)에 입관하여 도장 3곳을 동시에 다니는 생활을 고등학교 졸업할 때까지 하게 되었다. 당시에 나는 새벽5시에 일어나 1시간정도 달리기를 하고 학교에 갔고 하교 후에는 회비를 마련하기 위해 경향신문 석간지를 돌렸다. 그리고 태권도장으로 합기도장으로 쿵푸도장으로 돌아다니며 무예를 익혔다. 당시에는 1시간 30분씩 수업이 진행되었기 때문에 4시간 30분을 한 셈이다. 수련이 끝나 집에 돌아오는 시간이 자정이 되곤 했다.

2. 군 복무시절

이후 1985년 9월 13일 군 입대를 육군 부사관(단기직업군인)으로 가게 되었고, 6개월 군사훈련과정을 마치고 1986년 3월에 수도군단 708특공대(경호부대)에 배속되어 태권도와 특공무술을 군복무를 마치던 1990년 2월 28일까지 하게 되었다. 처음 배속된 부대에서 나는 간부와 사병들에게 태권도를 가르쳤고, 특공무술을 군에서 배워 특공무술을 같이 가르쳤다. 그러던 중 86서울아시안게임에 대한 경호작전임무를 우리부대가 부여받게 되면서 경호작전에 필요한 직무교육과 경호무술을 연구하는 계기가 되었다. 그리고 이같은 연구는 88서울올림픽까지 이어지게 되었다. 이때 대통령경호실 연무관에서 무술사범으로 계시던 장수옥 선생님을 처음 뵙게 된 것으로 기억한다. 이때 인연으로 지금까지 교류하며 지내고 있다.

나는 군 생활에서도 하계 동계 극한훈련 중에도 항상 군장에 도복을 챙겨 다녔고 숙영지에서 도복을 입고 발차기와 같은 운동을 쉬지 않고 했다. 천리행군을 마치고 부대에 복귀한 나는 도복을 곧바로 갈아입고 연병장에서 무예를 했다. 지금은 육군 대령으

로 예편한 손명조 대령, 도재일 대령께서 이런 나를 매우 좋아 하셨고 지금은 그 인연으로 가끔 만나기도 한다. 그리고 많은 조언도 해주시고 있다.

3. 무예고수를 찾아서

그리고 전역이후 무예에 심취한 나는 더 넓은 무예계에 입문하고 싶어 당시에 무예계의 원로이신 장수옥, 명재남, 박금실, 이용복, 송재철 선생님들을 직접 찾아가 무예를 직접 배우기를 청했고, 몇 분은 상당한 시간을 할애해 이론과 실기를 가르쳐 주셔서 무예를 익히는데 크게 도움이 되었다.

나는 내가 익힌 무공과 무력이 얼마나 되는 것인지 알수가 없어서 평소에 많이 궁금해 했었다. 그리고 내가 무예를 익히는 방법이 잘못된 것은 아닐까 하는, 의문도 갖고 있었다. 그렇기 때문에 무예원로 분들을 모두 열거하지는 못했지만 많은 무예원로님들을 나름 찾아다녔다. 그리고 지리산에서 수련하시던 선배(고등학교 때 만난 선배님- 고 조성원총재)님이 있었다, 그 선배님 또한 무예를 심취해 지리산수련을 스스로 청해 토굴 생활하면서 무예를 연마하셨다. 여러 도사님들과 친분을 나누시고 교류하며 생활하시는 것을 유일한 낙으로 삼으셨던 분이며, 2003년경 본인이 창시한 화랑검법을 보급하기위해 사단법인 한국화랑검법협회를 창설했던 것으로 기억한다. 그러나 지리산에서 안타깝게도 작은 사고로 4년 전에 운명하셨다. 나는 이 선배님을 인사차 지리산에 찾아갔다가 여러 도사님들로부터 의미 있는 좋은 말과 술기들을 잠깐 듣고 경험한 기억이 있다. 특히 그 분들이 갖고 있는 무예철학에 대해 뜻 깊은 감명을 받았다.

그리고 지금도 택견무형문화재 보유자 정경화선생님, 특공무술 장수옥총재님, 24반무예임동규총재님, 선무도 설적운문주님, 정도술 안호해총재님, 기천문 박사규문주님 회전무술 명재옥총재님, 차력 오동석회장님, 국선도박진후 총재님들을 모시고 전통무예원류 적통자라는 모임을 통해 당면한 무예현안문제와 우리의 무예적 가치를 보존하고 후대에 전통적 문화적 가치가 있는 무예를 알리기 위한 노력을 하고 있다.

특히, 무예종목간 기술체계와 철학에 대한 교류를 통해 우리무예에 대한 수준을 높이고 종목 간 화합을 통해 우리무예발전을 위해 노력중이다. 참여하는 분들이 나를 제외하고 대부분 60세 이상 고령이 되셨고, 70세 이상 되신 분도 계신다. 이처럼 연로하시고 건강까지 악화되는 관계로 대외활동이 점차 어려워지시고 있는 것이 매우 안타깝다. 그래서 이 분들이 남기신 말들을 나중에 글로 엮어 그 분들의 철학과 생활상을 남겨 후대의 우리 무예인들에게 귀감이 되도록 하고 싶다.

이렇듯 이 세상 누구든 살아가면서 부모나 스승 친구 동료로부터 그리고 책에 나오는 역사 인물들에게까지 시대와 공간을 뛰어넘어 누군가로 부터 큰 영향을 받게 되며, 그 때문에 누군가는 인생에 큰 전환점이 되기도 한다. 그중에서도 스승은 맨토로서 가장 큰 영향을 주게 된다. 나 또한 훌륭한 여러 무예스승님과 무예원로님들을 만나 가르침을 받았기에 오늘날 경호무술을 창시할 수 있었다고 생각한다.

237

이러한 훌륭한 분들을 만나게 되면서 경호무술 철학과 나 개인의 철학을 개념화 할 수 있었다. 경호무술의 철학은 생명존중이다. 그리고 내 삶의 철학은 내가 나를 믿지 않는데 그 누가 나를 믿어주겠는가? 하는 것이다. 누구나 힘들고 어렵고 고통스러운 일에 대해서는 피하려들고 또한 안되는 이유를 찾아 자기합리화와 정당화를 시킨다. 한마디로 자기 자신을 스스로 속이게 되는 것이다.

절권도 창시자 무술영화배우 이소룡은 자기철학을 이렇게 표현했다. 어떤 경우에도 형체를 갖지 마라 물처럼 변화될 수 있어야한다고 했다. 컵에 물을 부으면 컵 모양이 되고 병에 물을 부우면 병 모양이 되고 주전자에 물을 부우면 주전자가 될 수 있는 그런 사람이 되어야 한다고 했다. 이소룡의 대표적인 스승으로는 엽문 이라는 사람으로 알려졌는데 중국인에게는 우상과 같은 존재로서 존경 받는 인물이다. 이처럼 스승은 외적으로 표현되는 기술뿐만이 아니라 정신적 철학까지 그 영향을 주게 된다.

4. 경호무술원창업과 지도보급

1986년부터 군 복무 중에 연구를 시작한 경호무술은 독창성을 갖는 무예로서 완성도를 높이기 위해 집중연구하고 기술체계에 대한 표준화에 어느 정도 만족할 만한 수준이 되었다고 판단해 무술원 창업을 결심하게 되었다. 당시로서는 보통도장들이 상상할 수 없는 도장규모와 시설을 갖추었다고 자부한다. 한마디로 어디에 내놔도 자랑할 만 했다. 1991년 12월(사업자등록번호: 216-95-04418/등록일: 1992년 3월 18일) 국제경호아카데미를 개업해 경호무술, 태권도, 합기도, 에어로빅, 헬스, 경호교육을 겸한 사업을 서울특별시 중랑구 신내동에서 시작하게 된 것이다. 신내동은 신내동 택지 개발지구로서 신도시였다.

이곳 도장에서 무예수련생만 300명이었으며, 당시 잘되는 태권도장들이 100명 내외의 수련생이 있었을 때였으니까, 규모가 제법 컸다고 할 수 있었다. 당시 이 여세를 몰아가기 위해 도장 프랜차이즈사업을 시도 했으나 창업희망자가 없어 뜻을 이루지 못해 지금도 아쉬움이 크다. 그러나 다행히 경호와 경호교육사업에 관심을 갖는 사람들이 많아 국내는 물론 미국지부까지 사업을 확장하는데 성공을 거두게 되었다. 그러나 아쉽게도 여러 경험부족으로 사업을 축소해야 했다.

이후, 경호무술프랜차이즈사업을 통해 세계적인 무술브랜들을 만들기 위해 호키태권도로 유명한 고 김진호대표를 공식적으로 자문위원으로 모시고 사업방법등에 관련하여 많은 자문을 얻을 수 있었다. 그래서 경호무술 로고와 캐릭터 등을 개발 하는 등. 체계적으로 준비 하는 계기가 되었고, 적어도 이제는 프랜차이즈 사업개념을 무엇인지 이해하는 수준이 되었다. 1994년 경호사업이 본 괘도에 오르면서 태권도, 에어로빅, 헬스클럽 사업등 다종목 사업을 차례로 정리하면서 1998년 경호무술 프랜차이즈 사업에 집중해 지금에 이르게 되었다.

1992년부터 보급한 경호무술은 매우 성공적이었다. 앞서 설명한 것처럼 수련생이 300

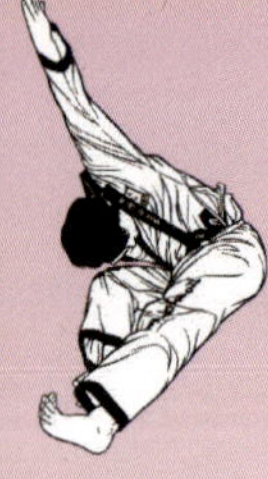

명이 되었으니 대 성공이었다. 이렇게 성공할 수 있었던 것은 태권도와 합기도에서는 볼 수 없었던 무적공법기법격투체계에 대한 기술체계가 정형화되어 가르치고 배우기 쉽기 때문이다. 그리고 용어 또한 용법에 맞는 알맞은 용어로 인하여 무예에 대한 이해력이 높아져 무예습득에 탁월한 효과가 있었다. 당시만 해도 대부분의 무예들이 기술체계와 수련체계 용어체계에 대한 정형화가 안 되어 있어서 대부분 지도관장이나 사범과 같은 전문가가 아니면 무예를 이해하기 힘들어 스스로 생각하기 보다는 무조건 따라 배우는 형태였다.

이 같은 결과는 성인 수련 층을 확보하는데도 적중했다. 그런데 더욱 놀라운 것은 현업에 종사하는 나보다 나이 많은 관장님들이 일반 수련생으로 등록하는 사례까지 생겨 여기에 자신감이 붙은 나는 경호라는 타이틀로 세미나와 연수과정을 만들어 경호무술 보급을 본격화 하게 되었다. 1994년에는 24명이나 되는 적지 않은 관장님이 참여해 주셨다. 그리고 3개월 500시간으로 진행하는 연수과정을 매월 모집해 2011년 현재까지 무려 116기까지 진행해 왔다.

연수과정에 참여하는 사람들은 모두가 무술고단자로서 나름 자부심이 대단한 분들이다. 이중에는 전, 현직 사범이나 관장님도 있고, 대학 강사와 교수도 있으며, 정부기관에서 무술을 지도하는 분과 국가대표선수출신도 있다. 일명 주먹세계에서 생활하던 사람도 있었다. 어떻게 보면 내가 지금까지도 무예를 쉬지 않고 열심히 할 수 있었던 것은 바로 이 분들 때문이 아닐까 하는 생각이 든다.

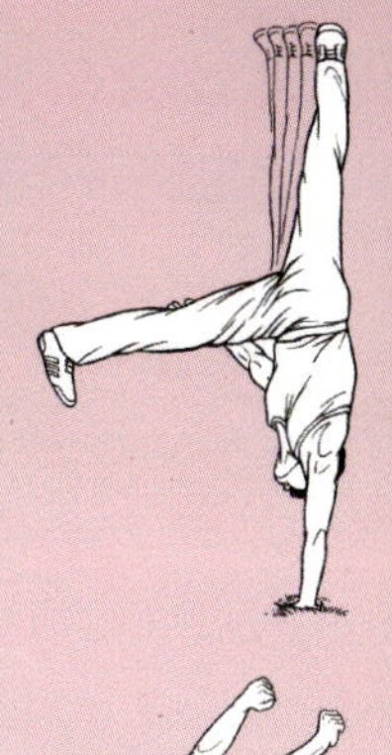

5. 존경받는 사부가 되기 위한 노력

적어도 나는 무예에서 만큼은 그 누구에게도 지고 싶지 않았다. 지금 이글을 쓰는 이 순간 내손바닥과 손가락에 염증이 심하고 인대가 늘어나 많이 부어있으며, 엉덩이가 벗겨져 피가 흐른다. 그리고 팔과 몸통이 온통 멍들어 있다. 근육과 살이 찢어지는 고통을 참으며 지금도 무예 수련을 게을리 하지 않는다. 나는 무예수련을 누구보다도 열정적으로 했다. 그 누가 시켜서 한 것도 아니었기 때문에 거의 미친 듯이 할 수 있었다. 태권도, 유도, 검도, 합기도, 쿵후, 특공무술, 택견을 배우고자 했던 것도 여러 무예를 섭렵하고 싶었기 때문이다. 그러나 나는 요즘 무예인들과 같이 고단자는 아니었다. 단증은 합기도단증만을 승단했다. 이외에도 활법, 천도선법, 단학 등을 조금씩 배웠다.

나는 무예를 너무 좋아하는 나머지 무예를 심하게 하면서 부상이 끊이질 않았다. 그러던 중 손목이 심하게 탈구된 적이 있었는데 부모님께서 걱정을 많이 하셨다. 그런데 일주일 뒤 가지 말라는 도장에 나가 이번에는 다리골절이 되었고 이에 부모님은 또다시 크게 상심하게 되었다. 그런데 학교도 못가는 상황에서 기브스를 한 발로 발차기를 하게 되었고 이를 본 어머님께서 내가 제일 좋아 하는 도복과 그동안 무예를 하면서 찍이놓았던 앨범사진을 내가보는 앞에서 모두 태우셨다. 물론 도장회비도 주지 않으셔서 나는 이후로 도장회비를 만들기 위해 각종 아르바이트를 하지 않으면 안 되었다.

그래서일까. 나는 2년 전에 서울대학교병원에서 두 다리에 대한 대수술을 4번이나 해야 했다. 담당의사 말이 반월성연골이 없고 위아래 연골 또한 많이 닳아 수술이 불가피한 상황이라고 했다. 그나마 견딜 수 있었던 것은 근육이 잘 발달되어 평균의 사람들보다 견딜 수 있었을 것이라고 담당의가 말했다. 나는 수술 전부터 평소에도 무릎이 매우 큰 통증을 느끼곤 했다. 경우에 따라서는 무릎관절이 빠져 여간 고생한 것이 아니었다. 하지만 무예를 수련하는 사람으로서 이것도 참지 못하면 되는가 싶어 병원을 다니지 않고 심하게 무예를 한 것이 결과적으로 큰 병이되고 말았다. 현재 재활 중으로 비교적 수술경과는 좋은 것 같다.

6. 경호무술을 우리의 전통적·문화적 유산으로 남기기 위한 노력

당시 무예에 흥미를 갖고 있던 나는 나의 특기적성을 살려 직업선택을 위해 1991년 12월 국제경호아카데미를 창업한(당시 내 나이24세) 나는 무예가 나의 천직이고, 경호무술 보급이 나의 운명이라고 직감하고 군 생활 때부터 연구했던 경호직무에 관한 내용을 집필하기로 마음을 먹고 경호무술에 대한 무적공법기법 격투체계에 대한 기술체계 표준을 위해 학문적 이론을 연구하여 1994년(당시 내 나이 27세) 경호실무 책을 공식적으로 첫 출판을 하게 되었으며, 2011년까지 거의 20여 년간 경호무술에 관한 논문과 책을 30여 편 발표해 왔다.

현재는 국제경호아카데미와 국제경호협회, 한국경호무술진흥회를 통해 경호무술 보급에 노력중이며, 보안경호경비회사와 세계적인 글로벌 기업 삼성 현대그룹과 종교계의 종교재단 경호팀 그리고 정부기관 경찰청연수원과 국군정보사령부 수도방위사령부 헌병특별경호부대를 57사단 경호기동부대를 포함해 관계직무기관에 경호무술을 지도보급하고 있다.

7. 끝맺음

그동안 전통적인 무예에 대한 사회인식은 영웅숭배의 풍조가 있고 가공인물이나 신화 전설까지 인용하여 무인을 신의 경지에 이르게 하고, 마치 누구든 무예를 익히면 도인이나 신선이 될 수 있다고 믿게 하기도 한다. 이 같은 이유는 각 문파 유파 선무사를 신선이나 도인 명인으로 꾸며내어 자신들의 무예가 더 강하고 특별하다고 강조하기위해 과장하여 꾸며진 것이다.

현대에 와서는 영화나 소설에서 수많은 내용이 가미되고 가공이 더해져, 마치 종교적 철학을 넘보게 하는 수준에 이르게 한 무예도 있다. 그래서 무예를 통해 초자연적인 능력을 가질 수 있다고 믿게 하기도 한다. 다시 말해 신미적 이상을 갖게 하여 역사와 신화의 인물이 되고 자신과 만물이 하나 되는 초사유적인 환상적 경지에 이를 수 있다고 하는 무예까지도 등장하고 있는 것이다.

그래서 내린 결론은 무예는 그 본질로 회복해야한다고 믿게 되었으며, 무예에 대한 허구를 바로잡고 허상을 기초로 이상주의를 표방하는 무예를 경계하여 모든 무예인들이 바르게 무예를 이해하고 익힐 수 있도록 하고 싶다.

나는 적어도 오늘(내 나이 45세)까지 하루 평균 3~4시간씩 거의 하루도 빼놓지 않고 운동하고 있으며, 하루 최고기준으로 윗몸일으키기 600개, 팔굽혀펴기 800개 턱걸이 500개, 평행봉 60개를 한다. 그리고 스트레칭을 옆으로 일자 벌리기 앞뒤로 벌리는 교차 벌리기 등을 100% 완벽하게 할 수 있도록 현재까지 유지하고 있다. 옛날에 액션영화배우로 유명한 이소룡이 발차기를 2천회씩 했다고 해, 나는 2만 번을 발차기한적 도 있으며, 그리고 현재 윗몸일으키기 14,824회의 기네스기록도 보유하고 있다. 최악의 경기종목이라는 수직마라톤과 철인삼종경기 그리고 산악구보 경기 등에 참여한 경험도 갖고 있다.

내가 이렇게 운동하는 또 하나의 이유와 행태는 잊고 싶은 기억 때문이다. 내가 특공대에서 복무중일 때 군단 태권도 대회를 준비 중에 대련연습 중 상대를 하마터면 죽일 뻔 했던 기억이 있고(결국 대회에 나가지 않음)또한 제자(천대호-당시 중학교 3학년)와 대련 중 또 한번 중상을 입혀 죽일 뻔 했던 기억이 있어 늘 잠재되어있는 두려움이 나에게 있다. 그래서 그 이후로는 시범식 대련도 거의 하지 않는다.

1973년 무예에 입문한 이후 40여 년간 무예와 함께한 나는 언제나 행복했고 또 힘들고 어렵고 고통스러운 순간마다 언제나 나에게 힘과 희망을 안겨준 것이 무예이다. 그래서 나는 무예를 사랑하게 되었다. 나는 앞으로도 무인으로서 살기를 원하고 있으며, 또한 무예인으로서 죽기를 원한다. 나에게 기회가 허락된다면 그동안 나의 경험을 통해 얻은 무예 가치를 무예를 수련하고 있는 전 세계 모든 수련생들에게 전하고 싶고, 내가 창시한 경호무술을 보급하고 싶다. 그리고 우리의 얼과 혼이 깃든 우리전통무예 발전을 위해 기여하고 싶다.

경호무술 20년사

경호무술의 태동

警護武術

1986

‖ 경호무술의 태동

연구개발

● 연구시초

대한민국 건국 이래 최대의 국제행사인 86아시안게임
경호작전임무를 부여 받아 투입될 장병 경호교육훈련 프로그램을 준비하던 중에 필요한
매뉴얼을 독자적으로 연구개발하게 된 것이
경호무술 창시의 시작 이였음.
이후 88서울올림픽 경호작전임무를 또다시 맡게 되면서
더욱더 심도 있는 연구개발이 이루어짐.

⇩ 창시자<뒤줄 왼쪽에서 두 번째>

● 육군 수도군단 708특공대(경호부대) 근무
   <1985.9.13~1990.2.28>

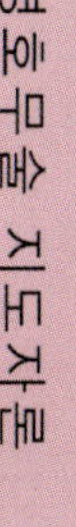

<창시자 군 복무중 무예수련 사진>

247

‖ 경호무술의 정립과 보급 시초(1990 ~ 1991)

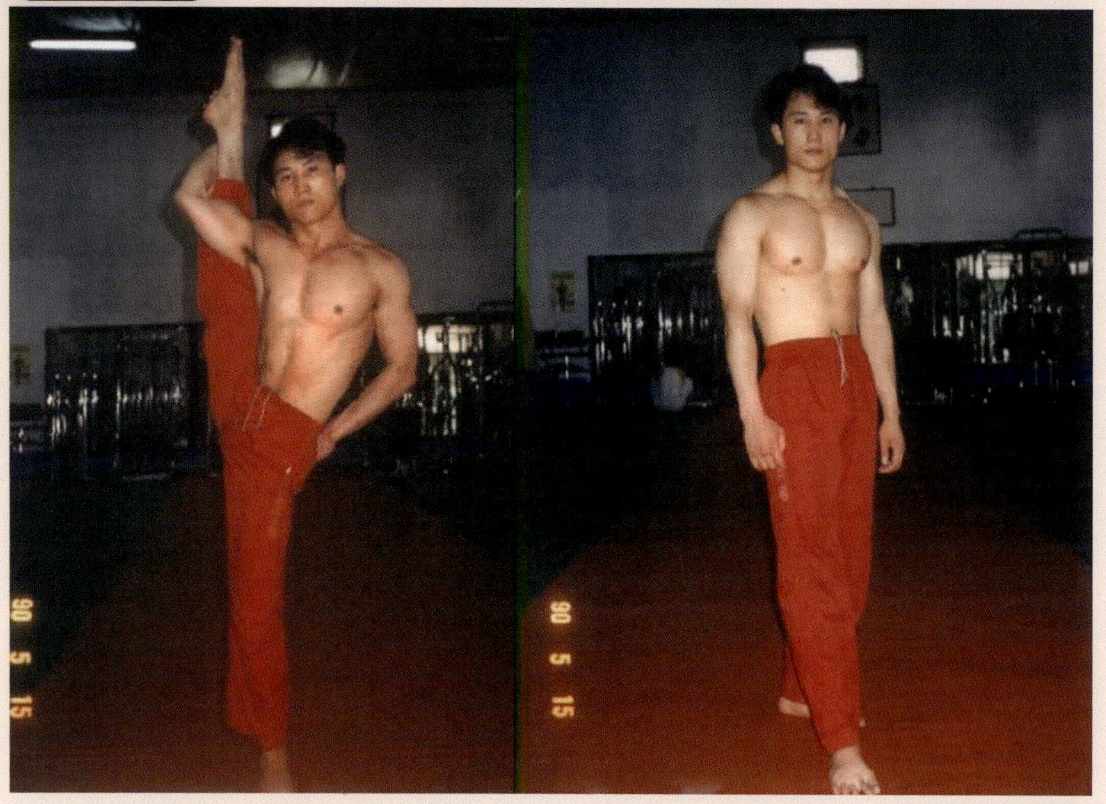

88서울올림픽 이후 경호산업의 발전이 예상되자 경호관련 사업을 결심하고 사회에 나와 본격적으로 준비하며 군에서 연구한 경호실무와 경호무술의 완성도를 높이기 위해 집중 연구를 통해 체계 정립과 표준화를 위해 노력하는 한편 더욱더 무술에 심취되어 당대 무예고수로 알려지신 장수옥, 명재남(1999 작고), 박금실, 이용복 선생님을 직접 찾아가 무예를 배우기를 청하였고 몇분은 상당한 시간을 할애하여 무예의 이론과 실기를 가르쳐 주셔서 무예를 이해하는데 크게 도움이 되었다.

전역직후 63빌딩계단 수직 마라톤 참가 입상(63빌딩) ●

● 윗몸일으키기 기네스 기록수립(14,824회) - 스위스그렌드호텔

⇓ 무대중앙에서 윗몸일으키기를 하고 계시는 창시자

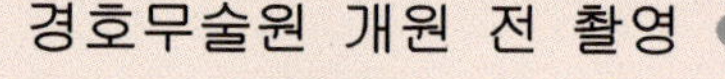

경호무술 보급 20년

警護武術

1992 ~ 1996

epoch
SINCE 1992.

Ⅱ 창시자, 국제경호협회 설립<한국경호무술진흥회 전신>

- 1992년 2월 16일 (현재까지 경호전문가그룹 직능단체로 활동)
- 국제경호협회 이론 및 실기 교과로 경호무술 채택(경호자격제도, 경호교육훈련)
- 경호원교육훈련과정(3개월 240시간) 교본 완성

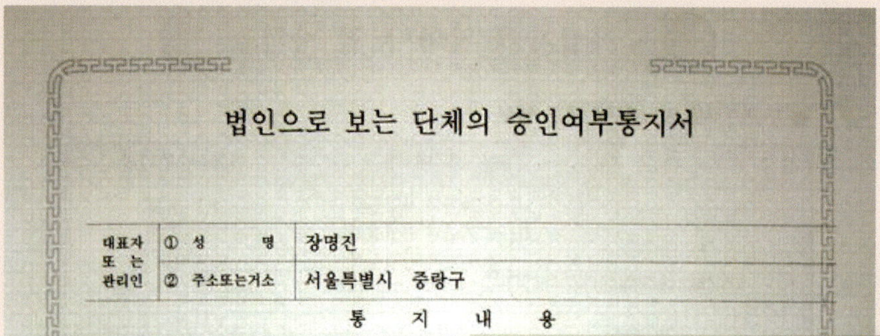

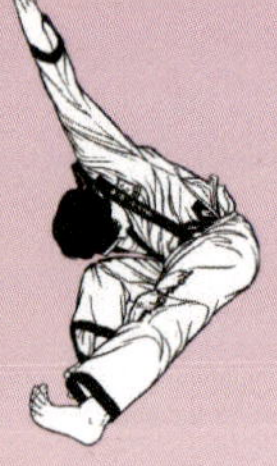

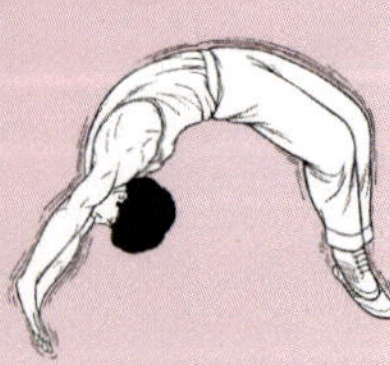

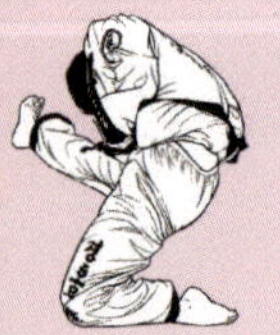

법인으로 보는 단체의 승인여부통지서

대표자 또는 관리인	① 성 명	장명진
	② 주소또는거소	서울특별시 중랑구
통 지 내 용		
③ 단체의 명칭		국제경호협회
④ 주사무소 소재지		서울특별시 중랑구
⑤ 결성 년월일		1992 년 2 월 16 일
사 업	⑥ 고유사업	경호
	⑦ 수익사업	
법인으로 보는 단체의 승인여부	■ 승인	⑧ ■ 고유번호 204-
		⑨ □ 법인세법 제111조의
	□ 불승인	⑩ □ 국세기본법 제13조제2
		⑪ □ 국세기본법 제13조제2
		⑫ □ 국세기본법 제13조제2

국세기본법 제13조제2항 및 동법시행

위와 같이 통지합니다.

08년

동대문

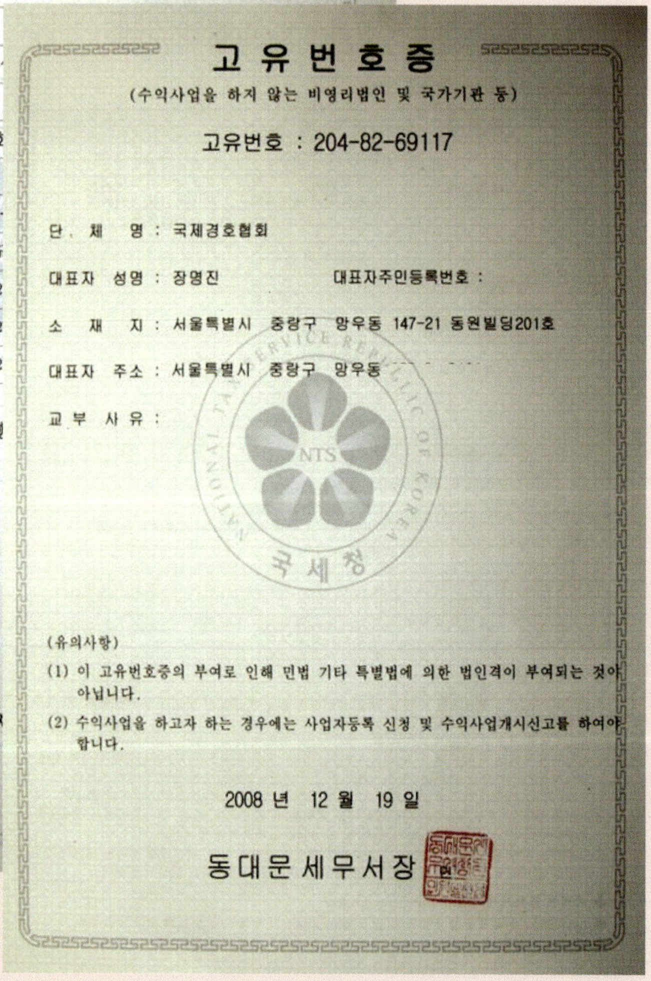

고 유 번 호 증

(수익사업을 하지 않는 비영리법인 및 국가기관 등)

고유번호 : 204-82-69117

단 체 명 : 국제경호협회

대표자 성명 : 장명진　　대표자주민등록번호 :

소 재 지 : 서울특별시 중랑구 망우동 147-21 동원빌딩201호

대표자 주소 : 서울특별시 중랑구 망우동

교 부 사 유 :

NATIONAL TAX SERVICE REPUBLIC OF KOREA
NTS
국세청

(유의사항)

(1) 이 고유번호증의 부여로 인해 민법 기타 특별법에 의한 법인격이 부여되는 것이 아닙니다.

(2) 수익사업을 하고자 하는 경우에는 사업자등록 신청 및 수익사업개시신고를 하여야 합니다.

2008 년 12 월 19 일

동대문세무서장

창시자, 국제경호아카데미 개원 II

epoch
SINCE 1992.

사 업 자 등 록 증
(부가가치세 면세사업자)

등록번호 : 216-95-04418

상   호 : 국제경호아카데미

성   명 : 장명진   주민등록번호 :

개업 년월일 : 1992 년 03 월 21 일

사업장소재지 : 서울특별시 중랑구 신내동 472-3

사업의 종류 : 업태 서비스   종목 교육컨설팅 , 체육관 (경호무술
제조   출판업

교 부 사 유 : 정정

공동 사업자 :

- 국제경호아카데미 개원(개원 후 한자리에서 현재까지도 계속사업을 하고 있다)
  - 국제경호협회 경호자격과정 경호교육 및 경호무술 교육사업 시작
  - 1991년 12월 서울특별시 중랑구 신내동에 최초 경호무술원 개원
  - 경호교육사업, 경호무술, 태권도, 합기도, 에어로빅을 겸한 사업 시작
  - 1998년부터 장명진경호무술원 프랜차이즈 사업시작

2008 년 10 월 02 일

동대문세무서장

epoch 1992年

‖ 1991년 국제경호아카데미 개원 ~ 2011 현재까지 유지

● 개원 당시(초기) 내부전경 　　　　　　　⇧ 창시자 집무실

<1991년 12월 개원하여 2011년 현재까지 운영되고 있음>
서울특별시 중랑구 신내동 472-3 선룡빌딩

●● 2011년 현 내부전경

국제경호아카데미 Ⅱ

epoch
1993年

● 경호원교육훈련과정(3개월과정)
●● 국제경호아카데미 사무실에서

255

‖ 경호교육 MBC보도

창시자, 경호실무(경호무술포함) 출판 Ⅱ

epoch
1994年

● 경호실무 출판 - 저작권등록번호:제C-2005-000737호
(1994.11.15 국제경호협회출판사 출판등록:제18-49호)
●● 제7장 경호호신무술
●●● 권총방어술

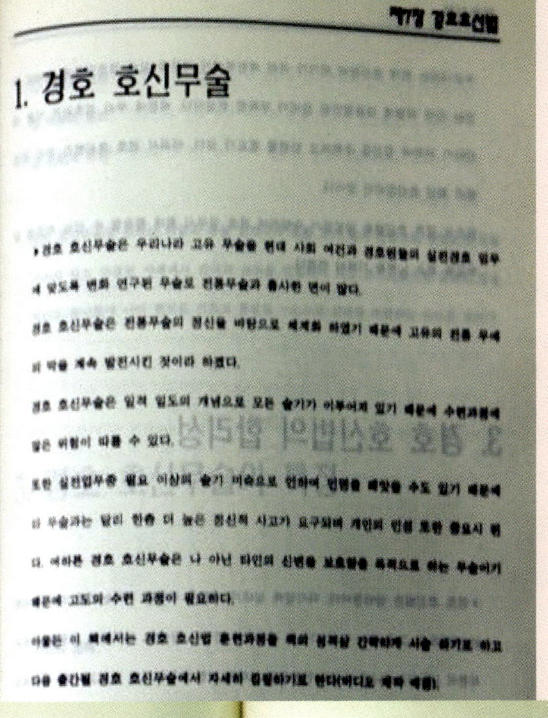

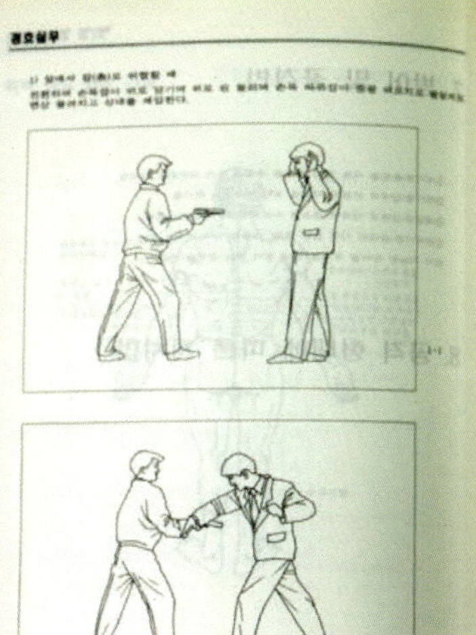

epoch

1994年 ‖ 창시자, 중앙회 사무소 개소

○

○○

○○○

◆ 창시자 집무실 ◆
<서울시 중랑구 망우동 357-18 2층 전관, 1994년 11월부터 ~ 2005년 12월>

◆ 소강의실(회의실) ◆   ◆ 대강의실 ◆

◆ 사무직원 사무실 ◆

epoch
1994年

경호무술
지도자론
8

사 회 단 체 본 부 신 고 증

1. 신고번호 : 제504호

2. 단체의 명칭 : 국제경호협회

3. 대표자 성명 : 장 명 진

4. 사무소의 소재지 : 서울시 중랑구 신내동 472-3
선룡빌딩

5. 조직연월일 : 1994년 9월 27일

6. 신고연월일 : 1994년 9월 29일

  사회단체신고에 관한 법률 제3조 및 동법시행령 제3조의
규정에 의하여 위와 같이 사회단체의 설립을 신고하였음을
증명함.

1994 년 9 월   일

서 울 특 별 시 장   (인)

ll 국제경호아카데미 세미나

260

● 대한 검찰 신문

● 국제경호협회 일간지 광고

‖ 전국지부 실무자 연수

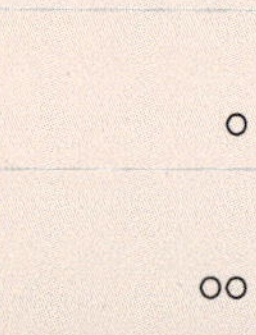

● 창시자 경호무술 실무자연수 창시자 강의

●● 경호무술 실무자연수(지부장 및 연수실무자 대상)

경호교육훈련 연수 II

epoch
1995年

● 경호전문교육수료식
●● 경호무술 교육과정

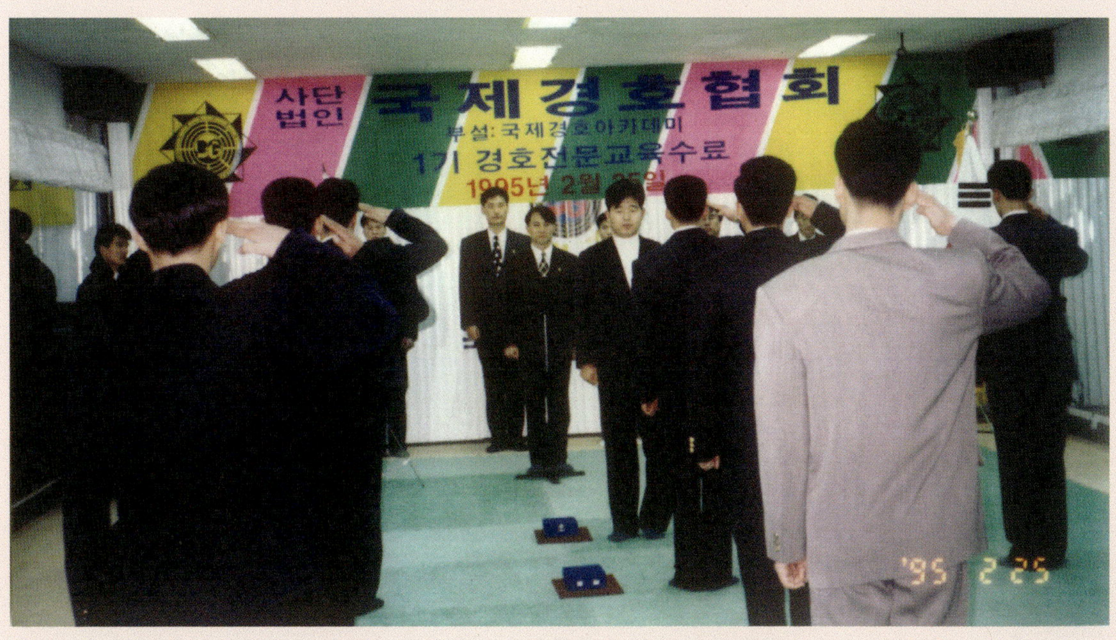

Ⅱ 청소년선도 및 학교폭력 예방 활동

● 국제경호협회 경무회 사회봉사단 활동(전국27개 지부)

●● 스포츠서울 활동 보도

epoch **1996年**

창시자, 경호무술 인터넷 사이버강의 실시 Ⅱ

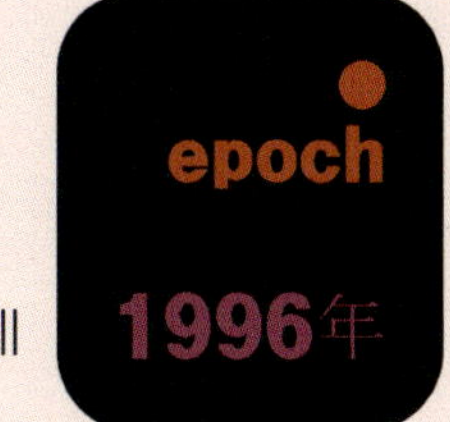

- ● 국제경호협회&국제경호아카데미 관련업계 최초 홈페이지 개설
- ●● 회원제 경호무술 사이버강의 실시 <www.ibga.co.kr>
- ●●● 경호무술 교본 문자 및 영상 강의 수록

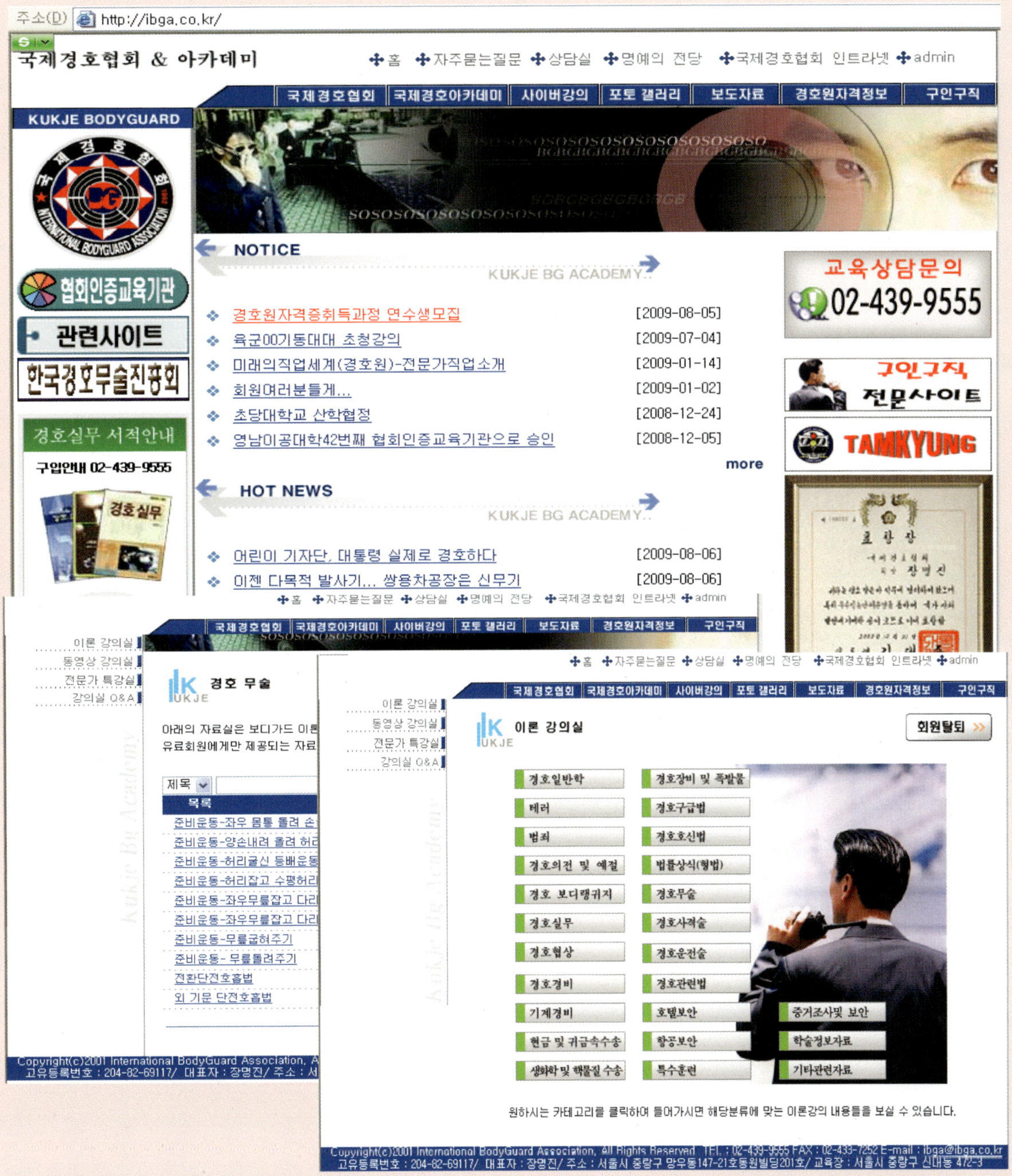

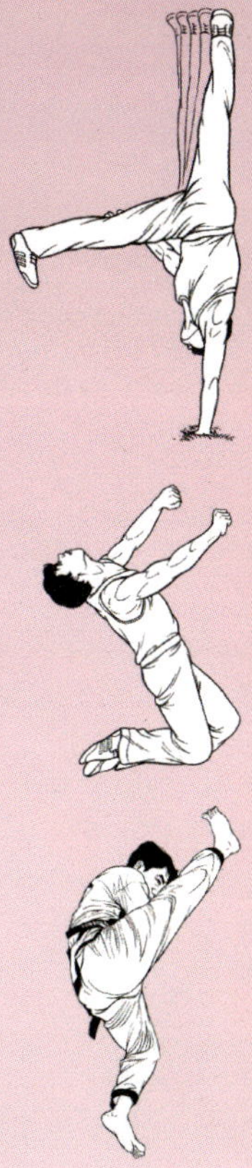

epoch
1996年 ‖ 창시자, 경호실무(경호무술포함) 개정 출판

- ● 경호실무 개정판<1996.11.5> - 법연출판사(등록 : 제10-1307호)
- ●● 제9장 경호호신법(경호무술 편)
- ●●● 해제역제압, 경호대상포위 탈출법

oo

o ooo

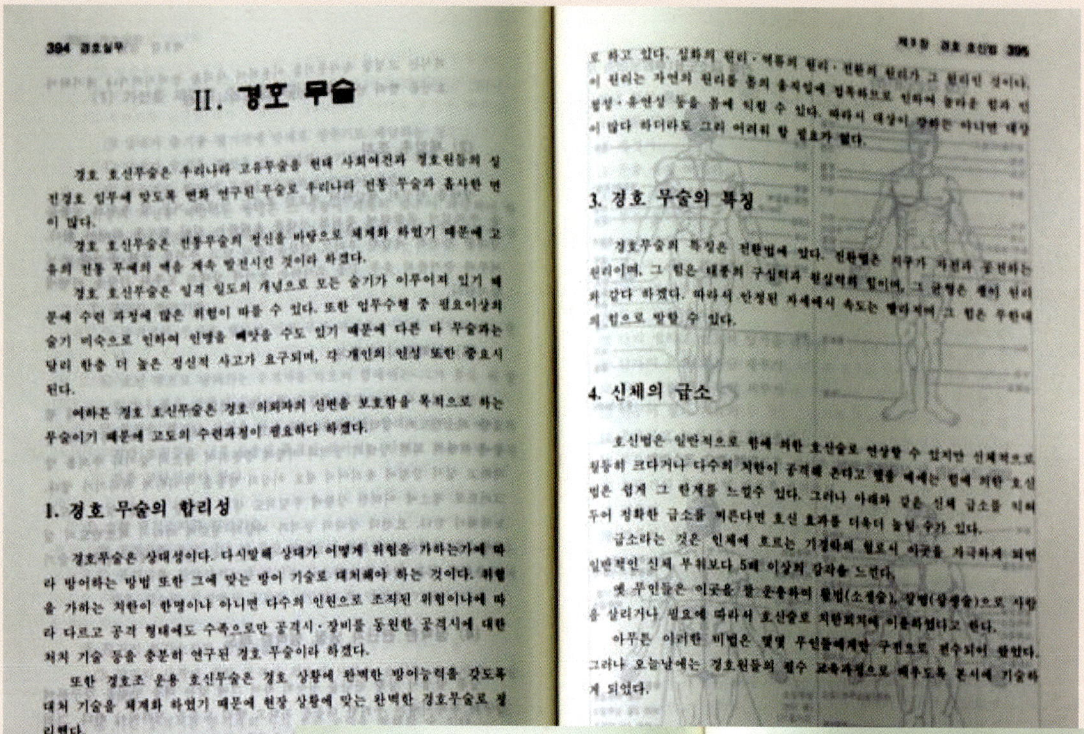
394 경호실무

II. 경호 무술

경호 호신무술은 우리나라 고유무술을 현대 사회여건과 경호원들의 실전경호 업무에 맞도록 변화 연구된 무술로 우리나라 전통 무술과 흡사한 면이 많다.

경호 호신무술은 전통무술의 정신을 바탕으로 체계화 하였기 때문에 고유의 전통 무예의 맥을 계속 발전시킨 것이라 하겠다.

경호 호신무술은 일격 필도의 개념으로 모든 술기가 이루어져 있기 때문에 수련 과정에 많은 위험이 따를 수 있다. 또한 업무수행 중 필요이상의 술기 미숙으로 인하여 인명을 빼앗을 수도 있기 때문에 다른 타 무술과는 달리 한층 더 높은 정신적 사고가 요구되며, 각 개인의 인성 또한 중요시 된다.

어떠튼 경호 호신무술은 경호 의뢰자의 신변을 보호함을 목적으로 하는 무술이기 때문에 고도의 수련과정이 필요하다 하겠다.

1. 경호 무술의 합리성

경호무술은 상대성이다. 다시말해 상대가 어떻게 위험을 가하는가에 따라 방어하는 방법 또한 그에 맞는 방어 기술로 대처해야 하는 것이다. 위험을 가하는 치한이 한명이나 아니면 다수의 인원으로 조직된 위험이냐에 따라 다르고 공격 형태에도 수족으로만 공격시·장비를 동원한 공격시에 대한 처치 기술 등을 충분히 연구된 경호 무술이라 하겠다.

또한 경호조 운용 호신무술은 경호 상황에 완벽한 방어능력을 갖도록 대처 기술을 체계화 하였기 때문에 현장 상황에 맞는 완벽한 경호무술로 정리했다.

2. 경호 무술의 원리

제9장 경호 호신법 395

로 하고 있다. 십화의 원리·역동의 원리·전환의 원리가 그 원리인 것이다. 이 원리는 자연의 원리를 몸의 움직임에 접목하므로 인하여 놀라운 힘과 민첩성·유연성 등을 몸에 익힐 수 있다. 따라서 대상이 강하든 아니면 대상이 많다 하더라도 그리 어려워 할 필요가 없다.

3. 경호 무술의 특징

경호무술의 특징은 전환법에 있다. 전환법은 지구가 자전과 공전하는 원리이며, 그 힘은 태풍의 구심력과 원심력의 힘이며, 그 균형은 팽이 원리와 같다 하겠다. 따라서 안정된 자세에서 속도는 빨라지며 그 힘은 무한대의 힘으로 발할 수 있다.

4. 신체의 급소

호신법은 일반적으로 힘에 의한 호신술로 연상할 수 있지만 신체적으로 월등히 크다거나 다수의 치한이 공격해 온다고 했을 때에는 힘에 의한 호신법은 쉽게 그 한계를 느낄수 있다. 그러나 아래와 같은 신체 급소를 익혀두어 정확한 급소를 찌른다면 호신 효과를 더욱더 높일 수가 있다.

급소라는 것은 인체에 흐르는 기혈과의 혈로서 이곳을 자극하게 되면 일반적인 신체 부위보다 5배 이상의 감각을 느낀다.

옛 무인들은 이곳을 잘 운용하여 활법(소생술), 살법(살생술)으로 사람을 살리거나 필요에 따라서 호신술로 치한퇴치에 이용하였다고 한다.

아무튼 이러한 비법은 몇몇 무인들에게만 구전으로 전수되어 왔었다. 그러나 오늘날에는 경호원들의 필수 교육과정으로 배우도록 본서에 기술하게 되었다.

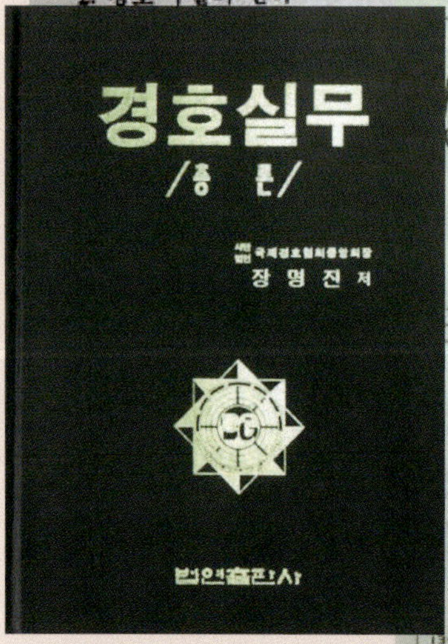

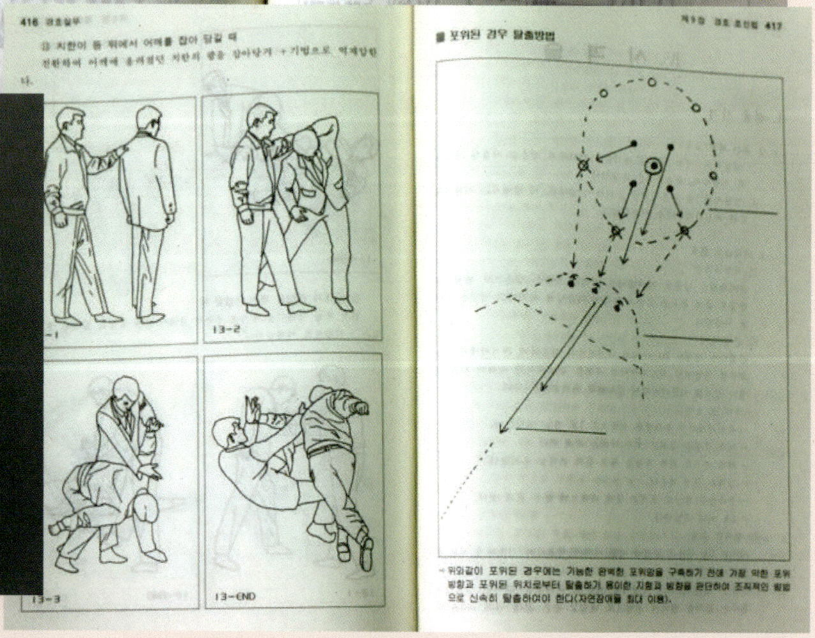
416 경호실무

② 치한이 등 뒤에서 어깨를 잡아 당길 때

제9장 경호 호신법 417

■ 포위된 경우 탈출방법

→위와같이 포위된 경우에는 가능한 완벽한 포위망을 구축하기 전에 가장 약한 포위 방향과 포위된 위치로부터 탈출하기 용이한 지형과 방향을 판단하여 조직적인 방법으로 신속히 탈출하여야 한다(자연장애물 최대 이용).

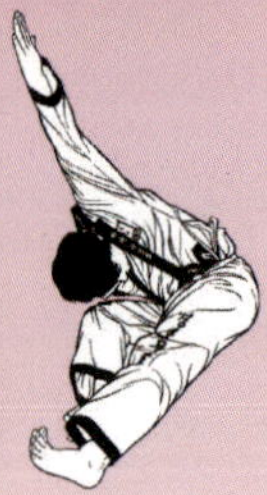

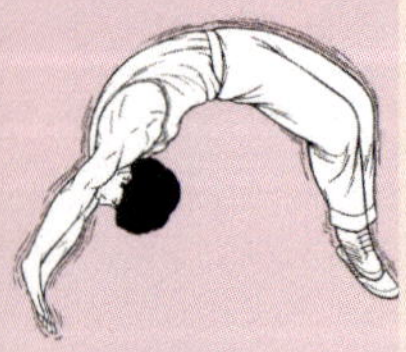

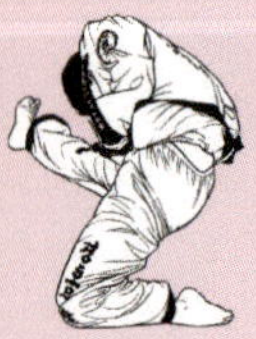

창시자 경찰청허가 최초 경호회사 법인 설립 II

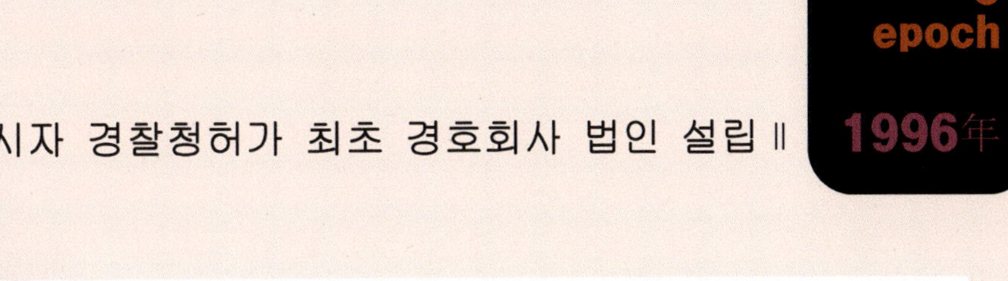

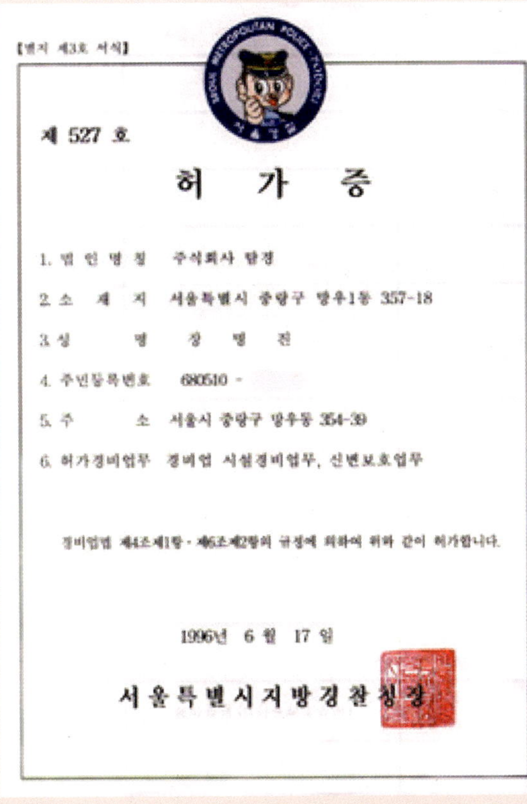

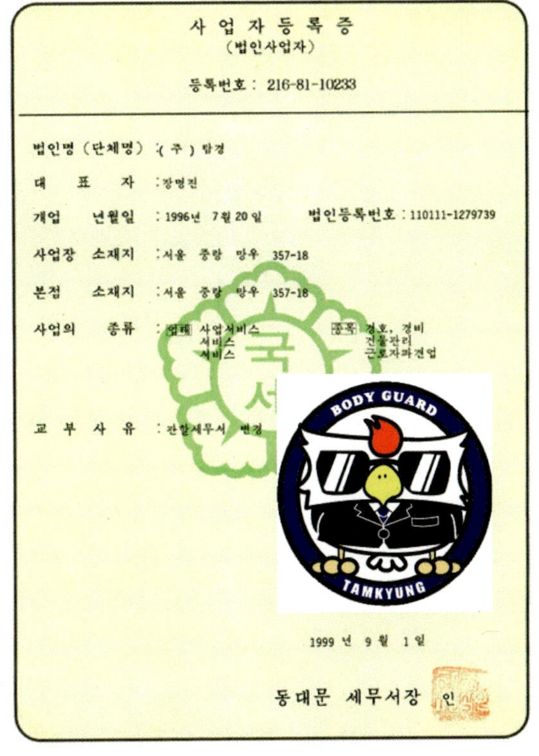

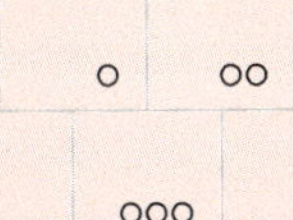

● 경찰청경호허가증(1996년 6월 17일) 제527호

●● 주식회사 탐경 사업자등록증(법인사업자 216-81-10233)

●●● 주식회사 탐경 회사 홈페이지 구축(1996년 업계최초)

epoch

1996年 ‖ 청소년선도 및 학원폭력예방 사업

● 학원폭력상담실 사업운영 회의(학원폭력상담 콜센타 전국 23개 지부 참여)
●● 학교폭력추방호신술 무료강습
●●● 학교폭력추방호신술 무료강습 홍보

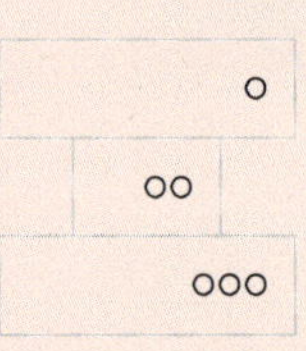

언론 보도 Ⅱ

epoch
1996年

- 무술신문 보도
- 스포츠서울 보도

- 현대방송(HBS) 여성범죄 예방
  경호무술 치안퇴치호신술 보도

캐나다
렉처에마

에마씨가 거주하고 있는 경기 리의 한 주택 옥상에서 경호무술 차기동작을 연습하고 있다.

푸른눈의 '보디가드 처녀'

벽안의 캐나다 처녀가 한국의 경호술에 반해 최초의 '외국인 보디가드'가 됐다.

심리학 석사이기도 한 25살의 랙처 에마씨는 최근 국제경호협회 (회장 장명진) 용인지부에서 '경호원 과정'을 마치고 외국인으로서는 최초로 경호원 자격증을 얻어냈다.

에마씨가 한국을 찾은 것은 지난해 3월. '고요한 아침의 나라'의 무도인 태권도를 배우기 위해 경기도 용인의 용인대를 찾았다. 태권도학과 박장기조교 (29)

태권도에 반해 한국온 심리학 석사
외국인으론 첫 자격증… "한국경호술 NO1"

의 도움으로 경기도 용인시 신갈리에 ㅁ 도 수업에 들어갔다.

1년만인 지난 2월 태권도 2단을 거뜬히 캐나다로 돌아갔다. 한국의 무도에 반했 캐나다에서 우연히 '한국의 경호술'를 심 문기사를 읽게 됐다.

한국행을 결심했다. 신문에 보도된대. 제경호협회를 찾았다. 그곳에서는 태권 던 용인대의 박조교를 만난다. 박조교는 회 용인지부장이었다.

3월부터 또 본격적인 경호수업에 들ㅇ 무술, 경호실무, 응급처치 등 경호원의 전 월만에 무난히 해냈다.

"캐나다에서 한국의 경호술을 널리 전 "언젠가는 다시 한국으로 와 동양의학 (한 우겠다"고 말했다. 〈홍

武術新聞　1996년 8월 26일 월요일　【 8 】

일본서 경호세미나
국제경호협회 주최

사단법인 국제경호협회 및 특수훈련경호 세미는 제1회 국제인력구조 나를 일본 고속한다 라에서 지난 8일부터 17일까지 개최했다.

21세기 국제인이 되는길
사범은 지구촌의 지도자다

무술연수안내

警護武術

1997 ～ 2001

‖ 보안경호경비회사 위탁 신임교육

● 경비업법 교육의무교정에 의한 경호원신임교육기관 지정(경찰청)
●● 보안경호경비회사 위탁 신임교육 경호무술 지도

성범죄 예방 활동 ‖

epoch
1997年

● 성범죄 예방을 위한 경호 및 호신술 교육(동해지부)
●● 성범죄 예방 활동 스포츠조선 보도

국제경호협산하 (주)탐경

"바캉스 보디가드가 필요한 사람은 오세요."

경호전문업체가 올 여름 피서지에서 여성들을 대상으로 무료 보디가드 대행 서비스를 실시한다.

국제경호협회 산하 (주)탐경 대표 장명진씨는 "피서철에 빈발하는 성범죄를 예방하고 올바른 피서문화 정착을 위해 보디가드 대행 업무를 실시키로 했다"며 "여성이나 학생들을 대상으로 호신술 세미나도 개최할 예정"이라고 밝혔다.

이 회사가 보디가드 무료 봉사 서비스를 펼칠 곳은 오는 11일 개장 예정인 동해안의 옥계 해수욕장과 서해안의 대천해수욕장.

우선 두 곳을 시범 운영해 반응이 좋을 경우 다른 해수욕장과 계곡 등 유명 피서지로 경호 업무를 확대

"피서지 여성 안심하라"

무료 보디가드 서비스

옥계-대천해수욕장서 시범운영

실시한다는 계획이다.

해수욕장에서 경호업무를 대행할 보디가드는 1개 피서지에 10명 정도.

이들은 2개조로 나눠 1개조는 백사장이나 해상 감시를 맡고 또다른 1개조는 민박집이나 야영지 등을 돌며 방범 순찰에 나서게 된다.

무술 유단자인 이들은 여성을 귀찮게 쫓아다니는 치한이나 술에 취해 성희롱을 하는 짓궂은 남성들을 접근하지 못하도록 철통같이 방어한다는 계획.

또 고객의 안전을 위해 인명구조 자격증까지 취득했으며 만일의 사태에 대비, 스쿠버 장비까지 마련해 놓은 상태다.

대표 장씨는 "피서지에서의 성범죄는 여성들의 지나친 과다노출과 술김에 충동적으로 벌이는 우발적인 범행이 대부분"이라며 "한적한 곳을 혼자 지나거나 밤늦게 인적이 없는 곳을 다니는 것은 피하는 것이 성범죄를 예방하는 한 방법이 될 것"이라고 조언했다.

강병원 기자

경호무술

‖ 보도 및 서비스표, 업무표장 등록

32   1997년 7월 1일 화요일   L I F E

"진정한 프로 보디가드의 대부"

장명진 국제경호협회회장

하는 장면이 나온다. 이 두 편의 영화를 통해 그동안 잘 알려지지 않았던 보디가드의 세계가 일반에게 알려지기 시작했다.

그런데, 두 영화의 주인공으로 톰 크루즈나 케빈 코스트너보다 보디가드 임무를 더 잘 해내는 「산토끼인 보디가드」가 있다. 사단법인 국제경호협회의 장명진 회장이 바로 그다. 잘 생긴 얼굴에 운동으로 다져진 몸매를 가진 장회장은 세계합기도대회의 초대챔피언이다.

영화 「사선에서」와 「보디가드」는 보디가드의 세계를 실감나게 그리고 있다. 「사선에서」는 대통령을, 「보디가드」에서는 유명가수를 몸을 날려 방어

법 등 거의 모든 무술분야에서 4~5단의 실력을 갖추고 있다.

장회장은 경호원이라는 직업의 전문화를 꾀인보호.경호 관련 제도개선 등을 위해 지난 92년 국제경호협회를 창설했다. 미국 중국 베트남 등이 회원국으로 가입했고 최근에는 핀란드와 뉴질랜드 말레이지아도 회원국 신청을 받아놓은 상태다. 우리나라가 태권도의 종주국인 것처럼 경호에 있어서도 명실상부한 종주국으로 자리매김하고 있는 것이다. 그는 중국 길림성 연길시 보안학교 명예교수직도 겸하고 있다.

현대 우리나라에는 한국체육대와 용인종합대, 한서대에 경호학과와 안전관리학과가 설치되어 경호학이 정식학문으로서 자리잡았으며 5백여명의 학생들이 보디가드로서의 꿈을 키우고 있다. 다, 후배 양성을 위해 장회장은 한서대에 매주 출강하고 있다. 국제경호협회 부설기관인 국제경호 아카데미를 통해서도 2백여명의 경호원을 배출했다. 국제

△국제경호협회 부설 국제경호 아카데미 출신 경호원들이 「롤라」의 팬사인회 경호를 서고 있다.

경호 아카데미에서는 경호실무를 비롯해 테러 및 범죄, 경호 바디랭귀지, 호신술 등 8개 과목을 3개월에서부터 12개월에 걸쳐 가르치고 있다. 이러한 교육 프로그램은 지난 94년 국내최초로 발간한 「경호실무」를 바탕으로 이뤄지고 있다. 그는 앞으로의 계획에 대해 "국제경호협회의 활동을 더욱 강화해 국가의 위상을 높이는 동시에 청소년 선도활동과 학원폭력근절활동 등 사회봉사활

동도 더욱 활성화 하겠다"고 말했다.

"보디가드가 되기 위해서는 끊임없는 자기수련과 절차탁마가 있어야 한다. 남을 위해 자기를 희생할 줄도 알아야 한다. 무엇보다도 투철한 책임감과 사명감이 있어야 한다"는 경호론을 펴는 그의 힘있는 주장에서 「진정한 프로」란 무엇인가를 기자는 생각해야 했다.

연락처 439-9655

〈천승한 기자〉

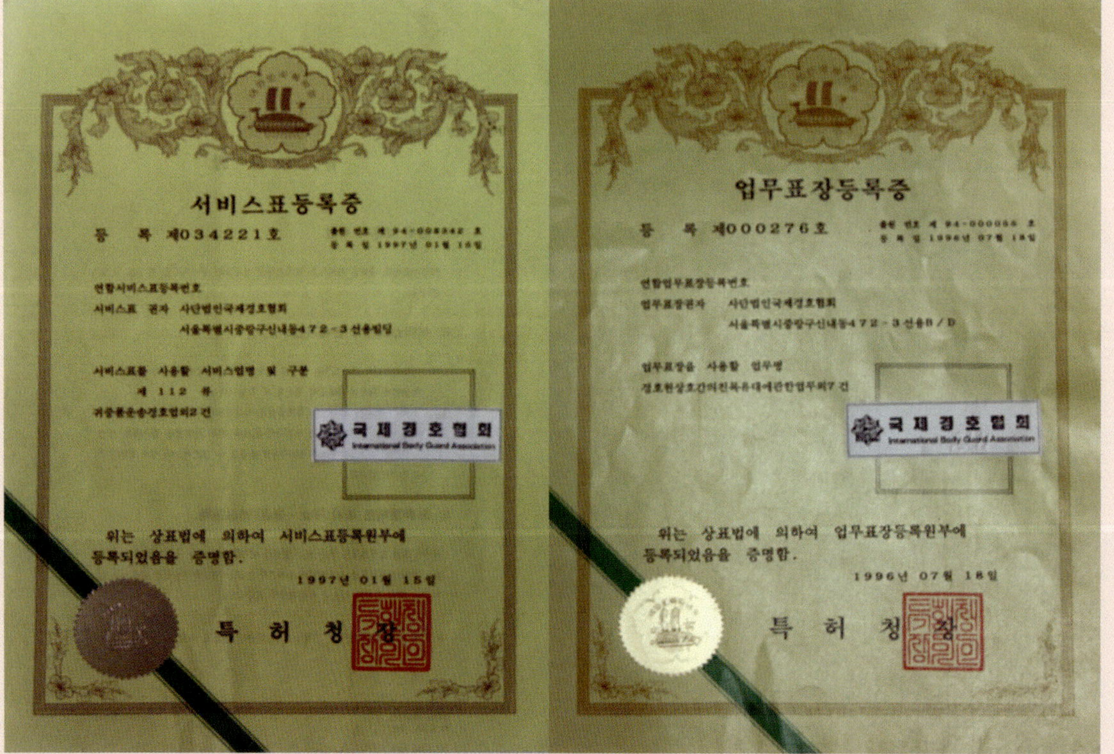

서비스표등록증

등 록   제034221호

출원번호 제94-008842호
등록일 1997년 01월 15일

연합서비스표등록번호
서비스표 권자   사단법인국제경호협회
서울특별시중랑구신내동472-3 선흥빌딩

서비스표를 사용할 서비스업명 및 구분
제 112 류
귀중품운송경호업외2건

국제경호협회
International Body Guard Association

위는 상표법에 의하여 서비스표등록원부에 등록되었음을 증명함.

1997년 01월 15일

특 허 청 장

업무표장등록증

등 록   제000276호

출원번호 제94-000055호
등록일 1996년 07월 18일

연합업무표장등록번호
업무표장권자   사단법인국제경호협회
서울특별시중랑구신내동472-3 선흥B/D

업무표장을 사용할 업무명
경호현상호간허인복유대여관한업무외7건

국제경호협회
International Body Guard Association

위는 상표법에 의하여 업무표장등록원부에 등록되었음을 증명함.

1996년 07월 18일

특 허 청 장

매일경제 보도 II

1998년 12월 24일 목요일　매일경제

업

헬로잡 네트워킹 신규과정 개설 학원

VIP경호·보안실무 인력 육성

국제경호아카데미

'한국 최고의 보디가드를 배출한다.'

국제경호아카데미(원장 장명진)는 94년 처음으로 교육생을 배출한 이후 1000여 명의 전문 보디가드를 배출한 경호전문학원이다.

경호원이란 더 이상 단순한 물리적 수단만을 필요로 하는 곳이 아니라 전문화·다기능화하면서 비서경호원 의전경호원 매니저경호원 가이드경호원 등으로 파화돼 가고 있다.

이 때문에 21세기 유망직업으로 젊은층으로부터 환영을 받고 있다.

장명진 원장

더욱이 국내외 치안환경이 변하면서 선진국형 방범산업이 활성화할 것으로 보여 전망이 밝은 편이다.

경호·보안실무 과정의 교육은 초·중·고급 3단계로 나뉘어져 있으며 본인이 원하는 기간에 자유롭게 교육받을 수 있다.

3개월을 기준과정으로 하며 하루 4시간, 주 5일 강의로 진행된다.

교육내용은 경호이론 경호실무 경호보디령귀지 경호무술 의전 테러 및 범죄 범죄상식 등이며 경호예절과 같은 소양교육도 진행된다.

교육이 끝나면 국제경호협회가 실시하는 경호자격시험에 응시할 수 있는 기회가 부여된다. 최근에는 자격증 취득자가 늘어나면서 VIP경호 경호회사 경비회사 보안회사 등 자격증 소유자에 대한 수요가 다양하다.

자격조건은 무엇보다도 외국여행에 결격사유가 없어야 하며 나이는 최소 18세 이상 고졸 이상의 학력을 소지해야 한다. 남자는 170㎝ 이상, 여자는 162㎝ 이상의 키이어야 하며 무술유단자여야 한다. 그러나 무술유단자가 아닐 경우 그에 상응하는 실력이 있으면 인정된다.

무술고단자나 군·검·특수부대 출신이나 외국어에 능통한 자는 우대된다.

수료생들의 주장은 "케빈 코스트너가 따로 없다, 우리가 전문 보디가드다"로 집약된다. (02)439-9555

epoch 1999年 ‖ 창시자, 경호실무(경호무술포함) 개정3권 출판

● 경호실무 개정 3판<1999.3.20>
●● 제10장 경호호신법(경호무술 편)
●●● 호위호신술 권총방어법–권총탈취법

446 경호실무   경호호신법 447

경호실무총서 ◆

경호
실무

용인대학 강사
국제경호협회 회장

장명진 편저

방연출판사

제 10 장 경호 호신법

I. 경호호신법
II. 경호무술
III. 호 신 술
IV. 사 격 술
V. 방어 운전법

대기업경호팀 경호무술 교육 II

epoch
1999年

● J제약사 경호팀 경호무술 지도

●● 스포츠조선

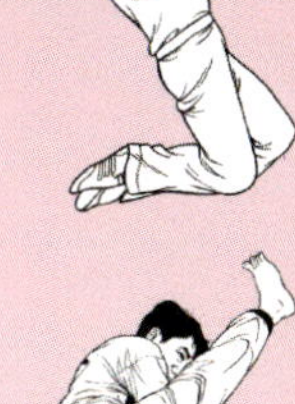

epoch
2000年

‖ 창시자, 김대중 대통령 청와대 접견

● 직능경제인단체 대표자(경호무술) 대통령 초청 접견

↑ 창시자, 맨 앞줄 좌측 첫 번째

경호무술 프랜차이즈 디자인 및 캐릭터 개발 II

- ● 경호무술 낱말 대표상표(경호무술체)
- ●● 장명진경호무술원 프랜차이즈 상표(상호)

경호무술　경호무술
경호무술　경호무술

epoch 2000年

‖ 경호무술 마스코트 하리 & 하라 캐릭터

캐릭터 명은 하리&하라로 명명되었으며 실존 인물들을 형상화 한 것이다.또한 하리&하라는 실제로도 경호무술 고단자 이기도 하다. 경호무술이란 자신을 포함하여 가족 이나 사랑하는 사람들을 지켜주는 호위호신무술로 형제의 우애를 상징적으로 표현하였다.

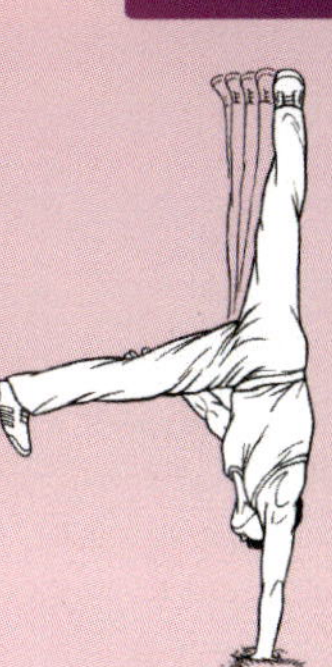

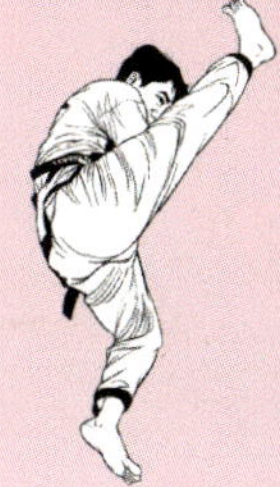

경호무술 마스코트 하리 & 하라 캐릭터 II

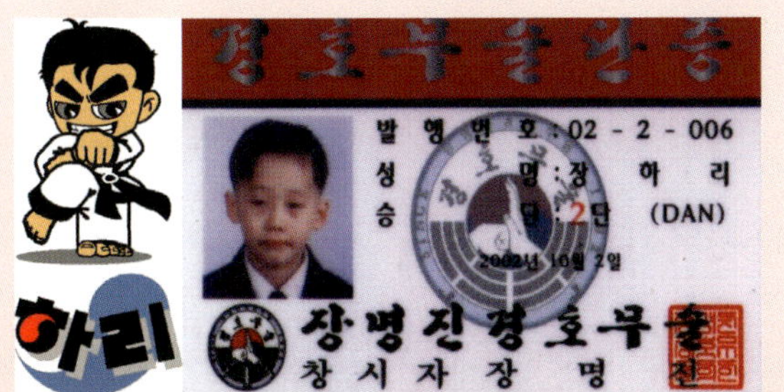

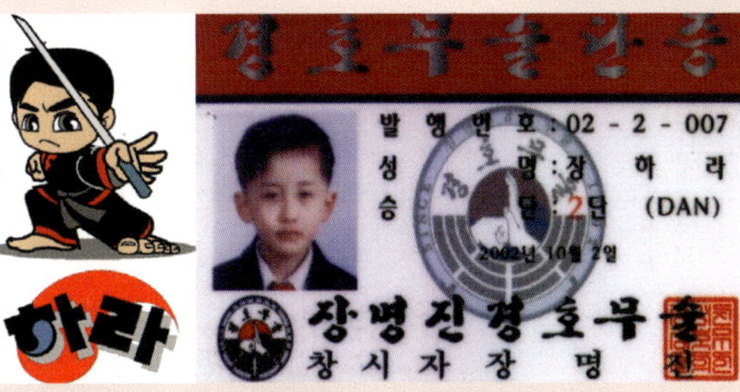

경호무술 캐릭터 실물 하리&하라 경호무술 3단 승단 기념

경호무술 8
지도자론

● 유행통신 국제경호아카데미 교육과정 보도

보호받는 여자는 싫다!

경호원 채은정

언제부턴가 경호원이란 직업이 학생들 사이에서 인기를 얻게 되었다. 경호원이란 의뢰인을 위험 속에서 보호해야 하는 임무를 수행하는 사람. 보통은 검정색 양복을 입고 선글라스를 쓴 큰 아저씨들을 생각한다. 그러나 그 속에서 당당히 한몫을 해내는 여자가 있다. 최은정, 그녀에게 물었다. 경호원이란?

어떻게 시작했나?

경호원은 어떤 직업?

여자 직업으로서 경호원은 어떤가?

경호원의 수입은?

경호원이 되려면 어떤 준비를 해야 하나?

대학교 경호전공학과 경호무술전공 교과인증 II

- 선문대학교 국제무도학부 창시자초청 특강
- ●● 대학 인증교육기관 인증서(11′ 현 45개 대학인증)
- ●●● 선문대학교 국제무도학부 경호전공 경호무술 지도

경호무술 8
지도자론

2001年 ‖ 창시자, 경호실무(경호무술포함) 개정4권 출판

● 경호실무 개정 4판<2001.6.20>
●● ISBN:89-8337-096-3

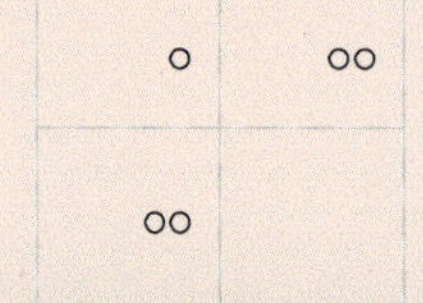

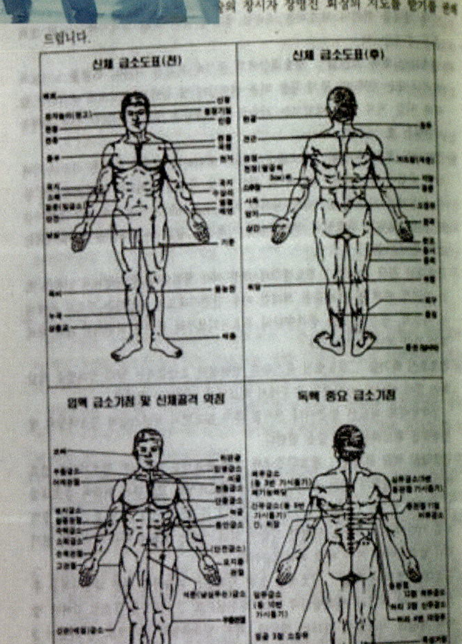

286

epoch 2001年

언론 보도 ‖

● 애꼴 국제경호아카데미 교육과정 보도

행사장에서 더 빛나는 보디가드 되기 ― 국제 경호아카데미

여성경호원이 뭘까?
남성만 경호원을 하던 시대는 지났다! 강인하면서도 여성스러운 면모로 사람들에게 부드러운 모습을 보여주면서 더욱 인기 만점! 대개 경호원은 의뢰가 들어오면 의뢰인을 각종 위험으로부터 보호하는 일을 하게 된다. 24시간 동안 항상 곁에 있으면서 보호해주는 것. 또한 의뢰인의 어려운 점이나 고민 등을 들어주는 카운슬러의 역할도 수행해야 한다.

여성경호원이 되려면? 소득은 얼마나 될까?
경호아카데미를 수료하고 나면 1백% 취업 추천을 받을 수 있다. 학원에 등록하는 즉시 회원으로 전산 관리되기 때문에 지속적으로 추천을 해준다. 또한 보안업체의 보안승무원으로 일할 수도 있다. 보수는 대략 1백50만~2백만원 정도이고 경력이나 능력에 따라 보수는 천차만별이다.

VIP 경호는 우리가 책임진다!
국제 경호 아카데미
청와대나 고위 국회의원, 국내 경비 회사 등 다방면 수료생들이 진출해 있어 권위를 자랑한다. 오래된 역사만큼이나 질 높은 교육, 현장실습을 실시하고 있는 곳으로도 유명하다. 수업은 3급, 2급, 1급으로 나뉜 경호원 자격시험에 맞춰 각 급수에 꼭 맞는 이론과 실기 수업으로 나뉘는데 이외에도 국가에서 실시하는 경비지도사 자격증 시험에 대비한 강의도 있다.
경호원은 의뢰인을 보호하는 직업이므로 자격요건이 까다롭다. 여자인 경우 키는 1백62cm 이상이어야 하고 태권도나 무술 유단자일수록 유리하다. 그리고 외국어에 능통한 사람도 우대한다.

수업내용이 궁금해!
이론 13과목, 실기 16과목으로 나뉘는데 이론은 경호의 개념부터 시작해 테러, 범죄, 경호의전, 경호보디랭귀지, 법률 상식 등 경호실무를 다루는 내용을 배운다. 실기는 경호술을 기본으로 의뢰인에 대한 예절, 서 있거나 걷는 자세, 말하는 자세 등을 가르친다. 월·수·금요일은 실기교육, 화·목요일은 이론교육을 한다.

수업시간 초급, 중급, 고급 과정으로 나뉘며 각 3개월 과정이 기본. 수업은 매주 화요일(A반 오후 10시30분~12시30분, B반 오후 2시30분~4시30분)
수업료 3개월 과정 2백40만원(교육료 1백80만원, 자격증 평가비 20만원, 경호협회 가입비 24만원, 협회 연회비 12만원 등)
위치 망우 사거리에서 신내 인터체인지 방면 50m
문의 02-433-9555
(http://www.ibga.co.kr)

어떻게 해야 전문가가 된다!
강인한 체력과 정신력은 필수!
국제 경호아카데미 강사 이광남
경호원은 의뢰인의 안전을 책임지는 일인 만큼 강한 체력과 정신력을 요구해요. 요즘은 겉으로 보이는 모습만으로 선일하는 사람들이 많은데 위험한 생각이에요. 혹독한 훈련이 있기 때문에 끈기가 있어야 교육과정을 모두 마칠 수 있어요. 자신을 컨트롤하는 능력이 뛰어난 사람이 훨씬 유리하죠. 항상 긴장하는 자세로 생활하는 습관을 길러 몸에 배이도록 하는게 중요해요.

나는 이렇게 경호원이 되었다!
섬세함과 꼼꼼함을 장점으로 살리세요!
경호원 채은정 (경력 3년차, 탑경 소속)
흔히 무술 유단자나 운동선수 등 체격이 좋고 힘이 센 사람만이 할 수 있다고 생각하기 쉽지만 사실 여성만이 가지고 있는 섬세함이 필요한 경우가 많아요. 아무래도 사람을 상대하고 안전을 지키는 일이기 때문이죠. 부드러운 모습으로 의뢰인을 대하면 훨씬 편안하게 생각하거든요. 이외에도 강인한 체력과 쉴없이 자기 개발을 하는 것도 중요합니다.

警護武術

2002 ～ 2006

epoch

2002年

‖ 창시자, 경호무술 홈페이지 개설

● 장명진경호무술 홈페이지 구축 jmjmoosul.co.kr <2002년 개설 ~ 현 유지>

epoch
2002年

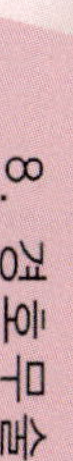

경호무술 학술세미나 발표 Ⅱ

● 국제경호협회(한국학술진흥재단 학회등록) 학술세미나 경호무술발표(리베라호텔)

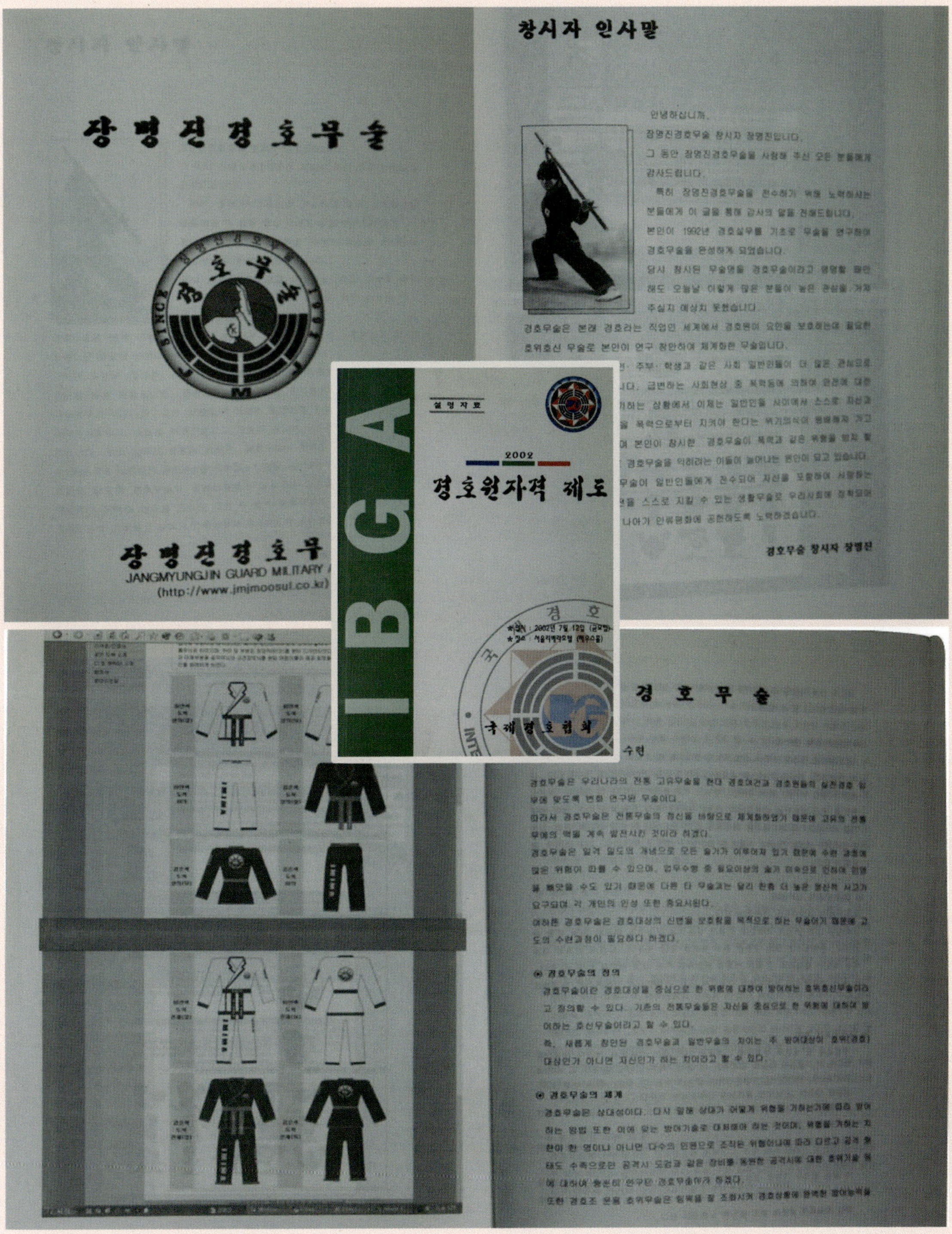

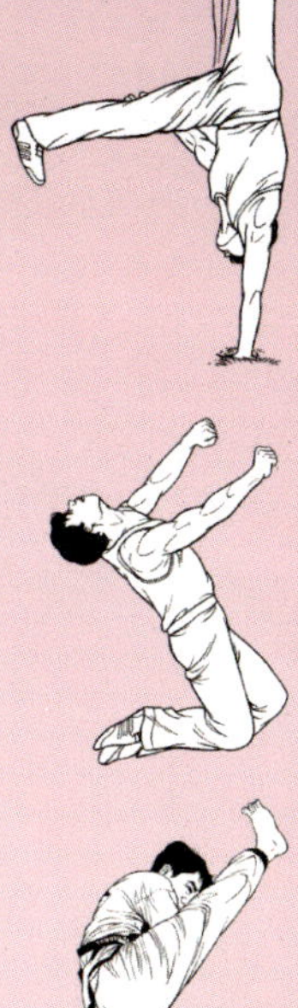

‖ 2002 한일월드컵 코리아서포터즈 공식후원단체

2002한일월드컵 전국경기장 안전관리 및 자원봉사 활동 Ⅱ

● 경기장 안전관리 및 자원봉사 활동
●● 전국 지원 및 인증교육기관 참가

경호무술 8
지도자론

epoch
2002年

‖ 창시자, 대통령표창 수상

● 경호직무 및 경호무술 연구개발 보급을 통한 경호산업발전 공적
<경호무술 보급을 통한 국민체력증진 및 민생치안안정에 기여>

창시자, 시큐리티 잡 114 홈페이지 구축 Ⅱ

epoch 2002年

- securityjob114.co.kr
- 회원취업지원

경호무술 8
지도자론

epoch
2002年 ‖ 뉴스매거진

● 뉴스매거진 보도

국제경호협회

경호(警護)는 가치를 부여하는 전문 서비스
전문산업·인력화로 성장토록
법률과 재정적 지원 필요

장명진 국제경호협회회장 주요학력

경호(警護) - 경계(警戒)하고 보호(保護)한다.

삼복더위 7월 하순- 우리나라 경호분야를 개척해온 장명진 국제경호협회 회장을 찾는다. 반가운 미소로 우리 일행을 맞는다. 마치 사무실이 대학교수 연구실 같이 각종 경호관련 서적들로 가득하다.

「경호의 직무분야는 광범위하고 그 중요성이 날로 증대되고 있습니다. 경호는 전문 서비스 직종으로 변호사, 의사와 같이 자유권, 생명권 그리고 재산권을 보호해 주는 것입니다. 따라서 경호는 가치를 부여하는 전문 서비스라는 사회적 인식이 필요하고, 서비스를 받는 쪽이나 직무를 수행하는 전문 인력도 그런 공통적인 성격을 가졌을 때 이 분야는 발전한다고 봅니다」라고 경호의 중요성을 강조한다.

초창기 경호에 대한 일반의 인식이 부족할 때 이 분야에 발을 디뎌, 발전을 위해 헌신해 온 장회장은 「경호라면 보통 보디가드를 생각하는 사람이 많지만, 경호란 경계하고 보호한다는 뜻으로 경찰과 군인도 이에 속하여 있어 우리나라에 500만명이 있는 것으로 추산한다」고 논리 정연하게 말한다.

「저희 국제경호협회는 전세계에서 처음으로 경호업무에 관한 단체를 설립하고 학문적 체계를 만들었으며 특히 우리나라는 유일하게 경호에 관한 대학교 학위 과정을 가지고 있습니다」라고 소개한다.

끝으로 경호는 신생된 직무분야이고 사회적 인식이 부족하고 열악하기 때문에 개인이나 단체가 육성해 가는데 어려움이 있다고 말하고 「정부가 이에 대한 관심을 갖고 전문 인력화, 전문 산업으로 성장할 수 있는 법률적·재정적 지원이 필요하다」고 강조했다. 새로운 직능분야인 경호에 대한 인식과 중요성을 절감하는 인터뷰였다.

대담: 황현웅 본지 부사장
hhwwin@hanmail.net

- 올해 역점으로 추진하고 계시는 협회 업무에 대해 소개해 주시겠습니까

국제경호협회

보통 경호라고 하면 보디가드를 생각하는 사람들이 많지만, 경호란 경계하고 보호한다는 뜻입니다. 그렇게 직무를 따져 보면 경찰과 군인 역시 경호업무를 하는 사람들이죠.

현재 경호 직무분야에 종사하는 사람이 우리나라에 최소 50여만명이 있는 것으로 추산하고 있습니다. 우선 7만여명 정도의 경찰과 15만명 정도의 군인, 또 민간 경비업법에 의해 업무를 수행하는 사람이 10만여명, 청원경찰법에 의해 임용된 사람이 7만여명, 그 외에도 이런 법률에 속하지는 않지만 일부 인사들을 경호하는 사람들까지 합치면 그 수를 넘기는 것은 너무도 당연합니다. 그런데 사회적으로 경호에 대한 지식기반이 없기 때문에 업무를 수행하는 사람들마저도 정체성을 찾지 못하고 있는 실정입니다.

따라서 국제경호협회는 이에 대한 사회적 인식을 높이고, 업무를 수행하는 사람도 자신의 정체성을 찾고 자신의 일에 긍지를 가지며, 더 나은 능력을 쌓을 수 있는 기반을 만들어 주는 데 노력을 다하고 있습니다.

국제경호협회는 전 세계에서 처음으로 경호업무에 관한 단체를 설립하고, 학문적 체계를 만들었으며, 특히 우리나라는 유일하게 경호에 관한 대학교 학위과정을 가지고 있습니다. 유관학과까지 포함하면 현재 60여개의 대학에 경호 관련 커리큘럼이 들어가 있기도 합니다. 물론 아직까지도 외국의 것이면 다 좋은 줄 아는 사람들이 있어 높은 수준의 교육을 하지 못하고 있는 곳도 있습니다. 이는 자신이 직접 조사 연구하지 않고, 다른 것을 모방하려는 심리에서 벗어진 오류일 것입니다.

예를 들자면 경비업법에 의해 경비지도사 제도를 도입했는데, 현재 외국에는 인증제도로 되어 있는 것을 우리나라에는 국가 고시제도로 도입을 했습니다.

일본의 경우 경호업무나 경비업을 개인도 할 수 있게 되어있고, 직무수행능력이 탁월하고 리더십이 있는 지원을 경비지도사로 선임하면 그 사람은 법률이 정하고 있는 직무 교육만 인수하면 되는 것입니다. 그러니 회사는 능력을 갖춘 인재를 얻게 되고, 자격증을 가진 사람도 어디서든 일을 할 수 있게 되었죠.

하지만 우리의 경우는 법인이 아니면 경비업을 할 수 없게 되어있습니다. 또 불특정 다수를 대상으로 국가가 시험을 치르고 그 시험만 통과하면 경비지도사 자격을 줍니다. 따라서 그 직무에 종사해 보지 않은 사람, 신체적 조건이 맞지 않는 사람, 능력이 없는 사람 등이 그 자격을 갖출 수 있게 되는 것입니다. 결과적으로 자격증을 가진 사람은 많은데 회사에서는 쓸 사람이 없다는 얘기가 되는 것이죠.

- 단체를 이끌어 가시다보면 안고 있는 현안이 많으시리라 사료됩니다. 해결 방안과 그리고 관련부처에 대한 건의사항에 대해 말씀해 주십시오.

우선 현실적으로 가장 필요한 것이 법률과 재정적 지원일 것입니다.

경호라는 부분이 우리나라에서는 신생된 직무분야이기 때문에 사회적 인식이 부족하고 열악한 것이 사실입니다. 이런 것들을 어떤 개인이나 단체가 육성해 나간다는 것은 역량의 한계가 있다고 봅니다. 그래서 정부가 이에 대한 관심을 갖고 전문 인력화 또는 전문 산업으로 성장할 수 있는 법률적, 재정적 지원을 해 주었으면 하는 바램이 있습니다. 특히 교육시설이 교육훈련, 기술개발 등에 필요한 재정을 지원해 줄 수 있는 여건이 마련되어야 한다고 생각합니다.

현재 다른 직무분야의 경우 교육시설에는 조금이라도 지원을 받을 수 있는 법률이 마련되어 있는 것으로 알고 있는데, 우리 경호분야 역시 그 범주 안에 포함이 되면 재정적 지원을 받을 수 있을 것입니다.

국가의 재정 지원을 받는 대학교 역시 학생들을 교육함에 있어서 우리 경호아카데미에 위탁교육을 요청해 오고 있는 것이 현재의 실정입니다. 다시 말하면 우리 아카데미의 교육이 그 만큼 앞선 교육을 하고 있다는 것이고, 또 대학의 입장에서는 우리 협회의 교육기관으로의 인증을 받으려는 노력입니다.

국제경호인협회에는 인증교육기관 제도라는 것이 있는데, 이 인증여부를 받으려면 국제경호인협회에서 규정하고 있는 것이 현재의 실정입니다. 또 인증서를 받은 교육기관에서 교육을 받은 학생만이 국제경호협회에서 시행하는 경호 자격증 시험에 응시할 수 있습니다.

우리 국제경호협회는 국제화, 세계화하는 것을 목표로, 국제 표준으로까지 추진하려고 준비하고 있습니다. 막연히 말로만 준비하는 것이 아니라 지혜롭게 국제 사회변화의 매 리다임에 변승해 주도적인 역할을 할 수 있도록 정부가 뒷받침해주어야 한다고 생각합니다.

- 우리는 국제화, 개방화 등 치열한 국제환경에 살아가고 있습니다. 국제간의 정보교환 등 협력 방안에 대해 부탁드립니다.

사실 아직까지 국제경호협회와 같은 성격을 가진 단체가 없습니다. 우리 협회의 경우 그 고유의 직무를 수행하고 있는 사람들이 회원으로 구성되어 있지만, 국내외 모두 우리와 실적이 다른 경영자들로 이루어진 단체가 대부분입니다. 따라서 어떤 방법으로 다른 단체와 협력을 해 나가고 있다고 고민하고 있습니다.

- 민화협을 통한 남북화해와 평화통일

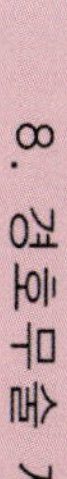

쎄시 II

Ⅱ 창시자, 경호무술 단행본 출판

● 경호무술 단행본 표지

●● 경호무술 출판(<2003.8.10>국제경호아카데미. 505 page)
ISBN:89-954410-0-3 저작권등록:제C-2005-000737-2호

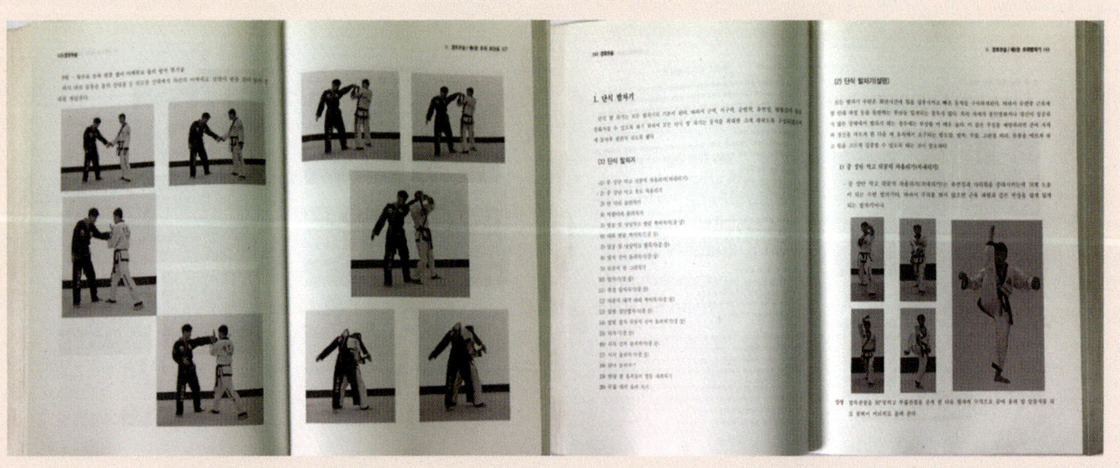

통합 웹데이터베이스 NHN업무협정, 경호실무 개정판 II

- ● 경호실무 개정 출판 (ISBN:89-8337-096-3)
- ●● 창시자와 체결한 지정간행물 웹데이터베이스 제작 계약서

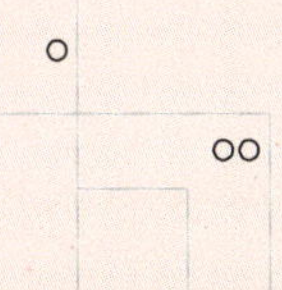

제 10 조 (해석 및 관할법원)

1) 이 계약에 명시되지 아니한 사항이ㅣ
의하며 합의에 이르지 못할 경우 ㅈ
2) 이 계약에 대한 소의 관할법원은 서

이 계약을 증명하기 위하여 계약서·
날인하여 이를 1통씩 보관한다.

2003 년

"갑" 국 제 경 호 협 회

회 장 장 명 진 (印)

"을" 경기도 고양시 일산구 백석동 1141-2
유니테크빌 909호
한국학술정보(주)
대 표 채 종 준 (印)

제 작 계 약 서

"갑"과 "을"은 아래와 같이 상호계약한다.

제 1 조 (목적)

1) "갑" (저작자)은 제2조의 대상 저작물을 DIGITAL 형태로 전환하여 이를 광
디스크 (Optical Disc), CD(Compact Disc) 등의 컴퓨터용 기록매체에 수록 출판할
권리 및 전송권을 "을"(제작자)에게 양도하고 "을"은 이를 양수한다.
2) "갑"과 "을"은 이 계약 및 저작권법을 신의 성실의 원칙에 입각하여 상호 준수하며
이행한다.

제 2 조 (제작대상물)

저작자명 : 국제경호협회
자 료 명 : 1.협회지
2.기타 협회지정 간행물
(자료는 창간호부터 계약 종료시까지의 발행분으로 한다.)

제 3 조 (제작권설정)

1) "갑"은 "을"에게 제작권을 설정한다.
2) "을"은 이 계약에서 정한 바에 의거 제2조의 대상물을 1조 1항의 기록매체에
수록 출판할 권리를 가진다.
3) "갑"은 제2조의 대상물의 복제권을 목적으로 한 질권이 설정되어 있지 않음을
보증한다.
4) "을"은 "갑"의 동의 없이 제작권을 제3자에게 양도하지 아니한다.

제 4 조 (제작권의 범위)

1) 아래 각 1호를 제작권의 범위로 하고 이를 "을"의 소유로 한다.

1. 제2조의 대상물의 광디스크, CD 등 컴퓨터용 기록매체에 수록 출판 유통 등에
관한 행위 (유통은 컴퓨터 통신에 의한 유통 즉, 전송권을 포함한다.)
2. 제1호의 제작물의 판매, 유통

epoch
2003年 ‖ 창시자 초청 삼성그룹 경호팀 위탁교육

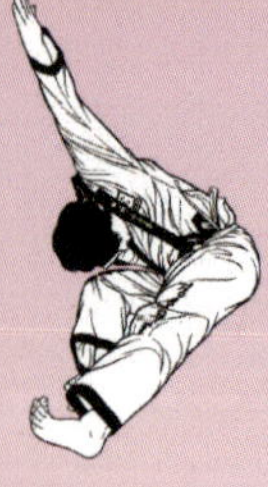

epoch
2003年

창시자, 경호무술 연구논문 발표 Ⅱ

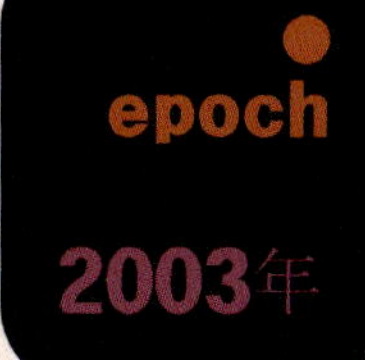

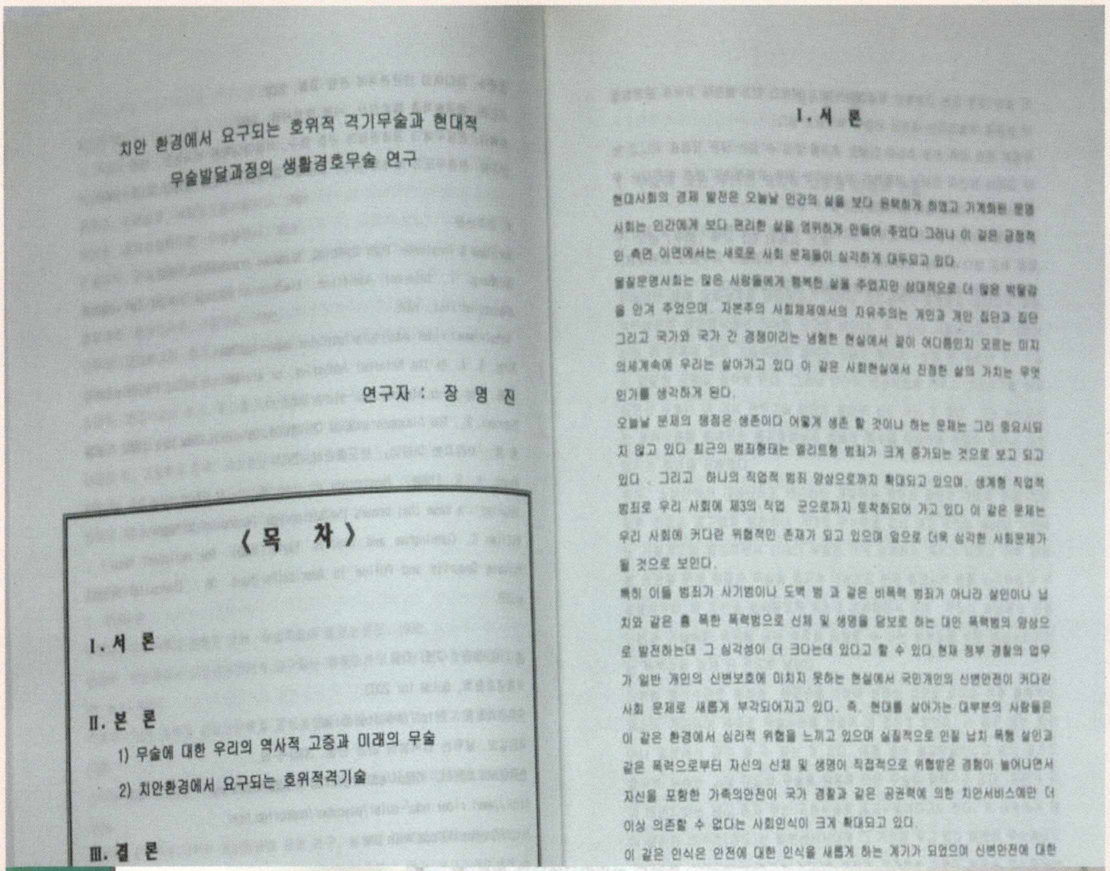

치안 환경에서 요구되는 호위적 격기무술과 현대적 무술발달과정의 생활경호무술 연구

연구자 : 장 명 진

〈목 차〉

Ⅰ. 서 론

Ⅱ. 본 론

1) 무술에 대한 우리의 역사적 고증과 미래의 무술

2) 치안환경에서 요구되는 호위적격기술

Ⅲ. 결 론

Ⅰ. 서 론

현대사회의 경제 발전은 오늘날 인간의 삶을 보다 윤택하게 하였고 기계화된 문명사회는 인간에게 보다 편리한 삶을 영위하게 만들어 주었다 그러나 이 같은 긍정적인 측면 이면에서는 새로운 사회 문제들이 심각하게 대두되고 있다.

물질문명사회는 많은 사람들에게 행복한 삶을 주었지만 상대적으로 더 많은 박탈감을 안겨 주었으며. 자본주의 사회체제에서의 자유주의는 개인과 개인 집단과 집단 그리고 국가와 국가 간 경쟁이라는 냉혹한 현실에서 끝이 어디쯤인지 모르는 미지의세계속에 우리는 살아가고 있다 이 같은 사회현실에서 진정한 삶의 가치는 무엇인가를 생각하게 된다.

오늘날 문제의 쟁점은 생존이다 어떻게 생존 할 것이냐 하는 문제는 그리 중요시되지 않고 있다 최근의 범죄형태는 엘리트형 범죄가 크게 증가되는 것으로 보고 되고 있다 . 그리고 하나의 직업적 범죄 양상으로까지 확대되고 있으며, 생계형 직업적 범죄로 우리 사회에 제3의 직업 군으로까지 토착화되어 가고 있다 이 같은 문제는 우리 사회에 커다란 위협적인 존재가 되고 있으며 앞으로 더욱 심각한 사회문제가 될 것으로 보인다.

특히 이들 범죄가 사기범이나 도박 범 과 같은 비폭력 범죄가 아니라 살인이나 납치와 같은 흉 폭한 폭력범으로 신체 및 생명을 담보로 하는 대인 폭력범의 양상으로 발전하는데 그 심각성이 더 크다는데 있다고 할 수 있다 현재 정부 경찰의 업무가 일반 개인의 신변보호에 미치지 못하는 현실에서 국민개인의 신변안전이 커다란 사회 문제로 새롭게 부각되어지고 있다. 즉, 현대를 살아가는 대부분의 사람들은 이 같은 환경에서 심리적 위협을 느끼고 있으며 실질적으로 인질 납치 폭행 살인과 같은 폭력으로부터 자신의 신체 및 생명이 직접적으로 위협받은 경험이 늘어나면서 자신을 포함한 가족의안전이 국가 경찰과 같은 공권력에 의한 치안서비스에만 더 이상 의존할 수 없다는 사회인식이 크게 확대되고 있다.

이 같은 인식은 안전에 대한 인식을 새롭게 하는 계기가 되었으며 신변안전에 대한

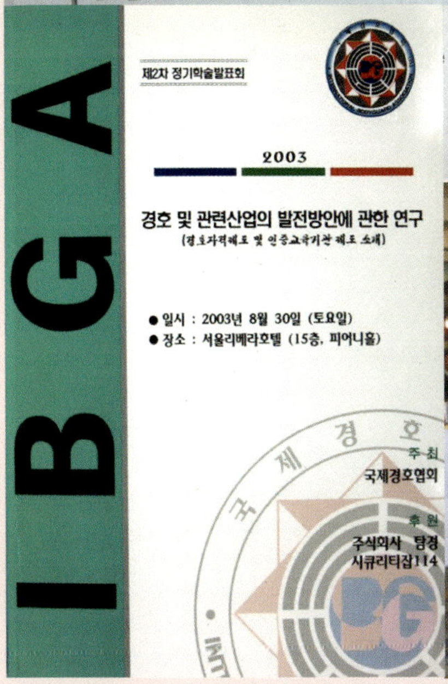

IBGA

제2차 정기학술발표회

2003

경호 및 관련산업의 발전방안에 관한 연구

(경호자격제도 및 인증교육기관 제도 소개)

● 일시 : 2003년 8월 30일 (토요일)

● 장소 : 서울리베라호텔 (15층, 피어니홀)

주최 국제경호협회

후원 주식회사 탑경 시큐리티잡114

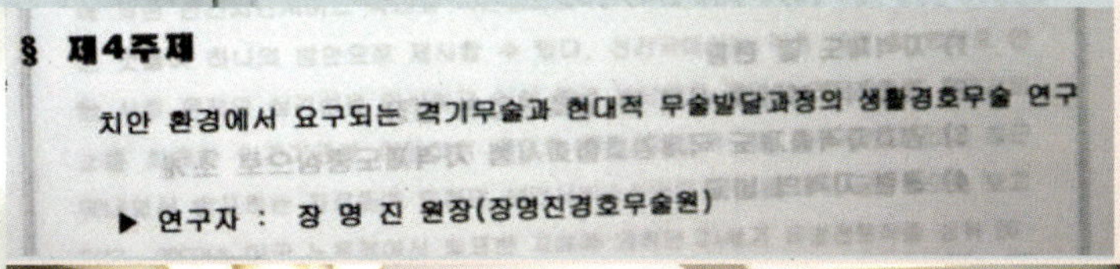

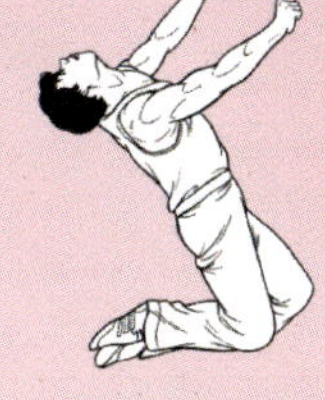

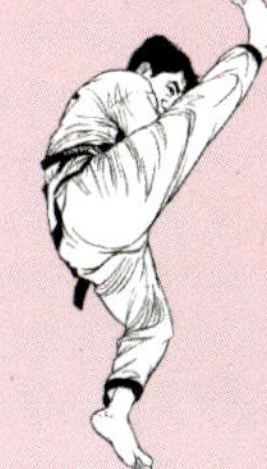

제4주제

치안 환경에서 요구되는 격기무술과 현대적 무술발달과정의 생활경호무술 연구

▶ 연구자 : 장 명 진 원장(장명진경호무술원)

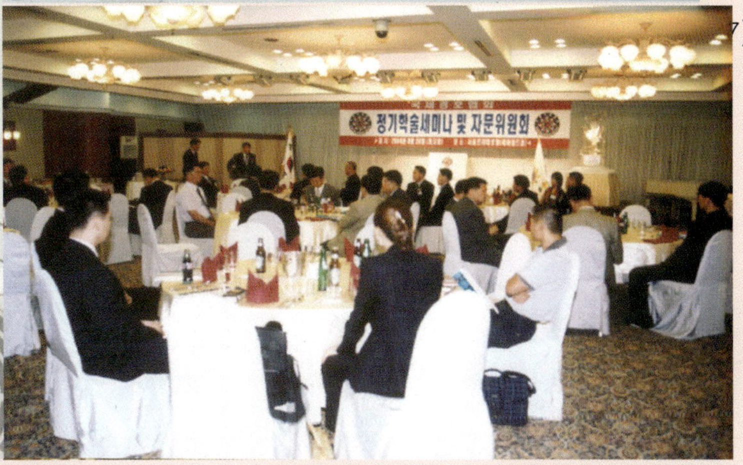

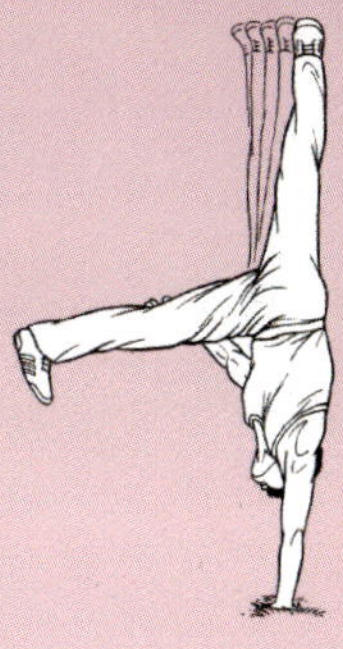

‖ 교육 및 시범

● 관악구청소년센터 청소년 강좌
  경호무술 강의

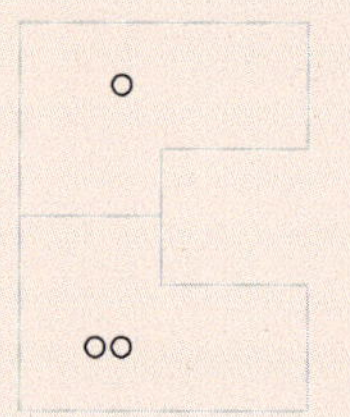

●● 어린이 날 기념 경호무술 시범
   용산전쟁기념관

세미나, 자격증 박람회 Ⅱ

● 경호무술세미나(지원 및 교수) 및 국제경호협회정기학술세미나 참가(연구논문발표)

● 취업교육 및 자격증정보 박람회 참가(노동부–코엑스)
  (경호무술자격제도 및 경호자격제도 정보참가)

‖ ITV 충전100 건강을 잡아라! 경호무술 편 방영

● ITV(경인방송), 스스로를 지켜라! 범죄예방법 및 치안퇴치술법

● 경호무술시범단 장명진경호무술원과 스튜디오서 경호무술 시범

epoch
2003年

SBS 위기탈출 수호천사, 경호무술 편 방영Ⅱ

● 경호무술시범단 지하철 성추행 예방 및 귀가길 치안퇴치술법 시범 및 지도

305

Ⅱ 창시자 세계일보 보도

NAVER 경호무술창시자 [검색] 상세검색

- 방송/통신
- 경제/IT
- 인터넷신문
- 스포츠/연예
- 지역지

[엄현준의 기네스열전]윗몸 일으키기 1만4824회 장명진씨 세계일보 2003.08.04 (월) 오후 8:15
정확히 알 수는 없었지만 그의 말에서 자신의 무술에 대한 자신감을 읽을 수 있었다. 하기야 그는 "경호무술"의 창시자이기도 하다. 하나의 무술을 만들어 내기 위해서는 당연히 여러 무술에 대한 뛰어난 실력이...
네이버 관련기사 보기

세계일보 www.segye.com

엄형준의 기네스 열전 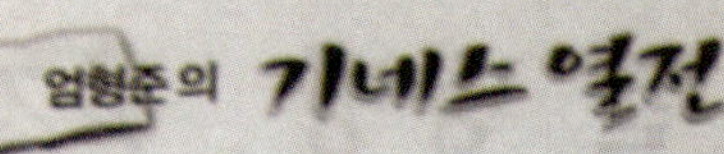 | 윗몸 일으키기 1만4824회 장명진씨

"틈나는 대로 걷는게 최고의 운동"

1990년 스위스그랜드호텔. 7000, 7001, 7002…… 카운트는 계속되고 방울처럼 얼굴이 등 매트와 마찬가지로 일어나는 모든 부위에서는 피가 흘러내렸다. 한국기네스협회 관계자들의 걱정과 만류에도 불구하고 장명진(36·국제경호협회장)씨는 자신과의 싸움을 계속했다. 10시간쯤 흘렀을까. 윗몸일으키기 1만4824회의 기네스 기록을 세운 장씨는 눈꺼풀이 무거워진다. 그저 잠을 자고 싶다는 생각이 들 뿐이었다.

지난 3일 인터뷰에서 장씨는 보통사람이라면 한번도 하기 힘든 역기 들고 윗몸일으키기 시범을 보여줬다. 장씨가 보여준 엄청난 괴력과 끈기는 무술과 함께한 장씨의 삶을 대변해 주는 듯하다.

6살때부터 무술로 체력단련

장씨는 뼈가 굵은 무도인이며 동시에 우리나라에 경호업무를 널리 퍼뜨린 주인공. 격기무술을 한 작은아버지의 영향으로 장씨는 여섯살 때부터 무술을 배우기 시작했다. 하지만 자신이 무도인이나 경호원이 되리라고는 생각하지 않았다. 장씨는 모든 것이 너무나 자연스럽게 이뤄졌다고 말한다. "무술을 직업과 연관해 생각해 보자는 않았습니다. 그런데 어느날 보니 무술이 제 생활의 일부분이 되어 있었습니다. 경호원이라는 직업도 21세기는 성장할 가능성이 높은 사업이 뭔가 내가 말 하는 게 무엇인가를 생각하다 보니 자연스럽게 시작하게 된거죠."

장씨의 예측은 정확하게 들어맞았다. 1990년 장씨가 경호사업을 시작할 때만 해도 우리나라에 경호업체다운 경호업체는 한 곳도 없었다. 하지만 지금은 200군데가 넘는 사설경호업체가 성업 중이다.

하지만 자연스러웠던 직업 선택만큼이나 장씨의 인생이 술술 풀렸던 것은 아니다. "경호원을 옛날에는 깡패라고 했거든요. 대문에 경호업을 사업한다고 해서 사직동팀에 뭐런가와 함께 들어갔습니다. 당시만 해도 사설경호에 대한 인식이 희박했고, 경호원

◇장명진씨가 35kg짜리 역기를 들고 윗몸일으키기를 하고 있다. /김창길기자

이라는 호칭도 대통령 경호팀에서나 사용할 수 있는 특별한 용어였다.

경호업 12년만에 1인자로 '우뚝'

장씨는 경호원으로 활발하게 활동하던 시절, 유명 정치인과 연예인들의 일거수일투족을 함께했다. "그들과 생활하다 보면 그들의 가치기준이 뭔지 알게 됩니다. 그들은 자신의 경호를 맡기면서도 경호원들을 경계합니다. 자신들의 치부를 너무 잘 알게 되기 때문이죠." 장씨는 좀더 구체적인 예를 들어달라는 기자의 질문에 "모든 것을 표현한다면 경호회사에 누가 믿고 일을 맡기겠습니까. 경호원은 뛰어난 무술실력만큼 입

이 무거워야 합니다"라며 그 이상은 말을 하지 않았다.

척박한 환경에서 경호업무에 뛰어들었던 장씨는 힘든 일들도 많이 겪었지만 결코 좌절하거나 후회하지 않고 외길을 걸어온 덕에 이제는 경호분야에서 일인자로 인정받는다. 그가 집필한 '경호실무' 교재는 현재 24개 대학 경호 관련 학과에서 교재로 사용되고 있다.

너무 바쁘게 살아 취미없어

그렇다면 장씨의 무술 실력은 어느 정도일까. "무술의 고수인가 아닌가를 몇 단(段)인가로 평가하지 말아 주십시오.

다." 장씨의 실력을 정확히 알 수는 없었지만 그의 말에서 자신의 무술에 대한 자신감을 읽을 수 있었다. 하기야 그는 '경호무술'의 창시자이기도 하다. 하나의 무술을 만들어 내기 위해서는 당연히 여러 무술에 대한 뛰어난 실력이 담보된

난 걷기다. "저는 차를 타는 대신 걸어 다닙니다. 한번에 힘을 발산하는 운동보다 꾸준히 에너지를 소모하는 운동이 효과가 좋은데 그런 점에서 걷기는 참 좋은 운동입니다." 항상 바쁘게 살아온 그여지는 사실 별다른 취미가 없다.

"운동을 할 수 있는 시간도 부족합니다. 그래도 시간이 나면 책을 좀 읽지만. 사실은 요즘은 아이들하고 놀아주기도 바빠요." 두 아이의 아빠이기도 한 장씨의 아이들 사랑은 끔찍하다. 자신이 개발한 경호무술의 캐릭터 이름도 아이들의 이름을 따 '하리' '하리'라고 붙였다. "두 아이 이름을 붙여 부르면 장하리라죠"라며 흐뭇한 웃음을 짓는 장씨. 시종 진지한 표정으로 인터뷰에 임하던 장씨도 아이들 이야기를 하자 웃음이 나는 모양이다.

/여론독자부기자
ting@segye.com

8 2003년 4월 15일 월요일 제 1 호 회원사 소식

화제의 회원사

국제경호협회 장명진회장

국제적 명성 인정받은 경호단체

세계 본부 한국에 위치 … 국제 표준화, 제반제도 정비 충실히 진행

국제 경호 아카데미를 설립해 전문 경호원을 양성하고 있는 장명진 회장

> 장 회장은 무술에도 능한 고수로 1992년 경호실무를 기초로 한 호위호신무술인 경호무술을 창안 창시하고 일반인들에게 널리 보급해 사회일반인들이 스스로 자신에게 필요한 신변보호 요령을 익히도록 해, 안전한 사회를 이루는 붐을 조성하는데 공헌하고 있다.

경호원자격증 취득은 어떻게

‖ 창시자 경호무술 개정 출판

● 경호무술 책 출판<2004.10.5>

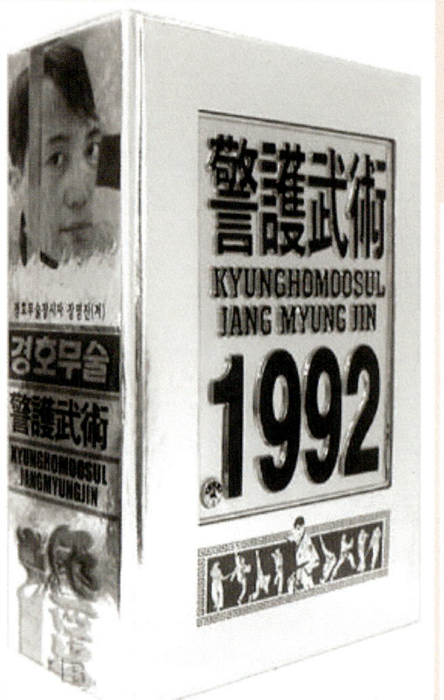

ISBN : 89-954410-1-1
저작권등록번호 : 제C-2005-000738-2호

창시자 직접 창안, 정립, 저술, 시연, 제작, 출판
1,704p, 7.5kg, 230*310, 올컬러, 사진2만컷 경호
무술의 무적공법기법격투체계를 학문적으로 집대성함

충주세계무술축제 홍보 참가 Ⅱ

경호무술 8
지도자론

● 충주세계무술축제 경호무술 홍보 참가<제5회부터 제12회 매년 참가>

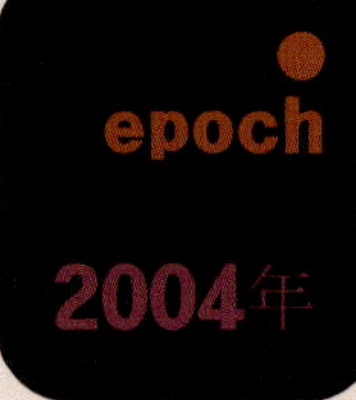

Ⅱ 세계태권도대회 홍보 참가

● 대전엑스포 세계태권도대회 경호무술 홍보 참가

진주국제대학교(총장: 강경모)는 국제경호협회(협회장: 장명진)와 지난 8월 28일 서울 국제경호협회 본관 3층에서 양 기관의 교류협력 조인식을 가졌다. 자문위원을 비롯한 교수 30여명과 경호 관련 기관장 50여명이 참석한 이날 행사에서 진주국제대학교는 국제경호협회 정관 제26조 제2항에 의거, 지난 달 국제경호협회로부터 경호 지정교육기관으로서 인증된 바 있어서 인정식도 겸했다.

진주국제대학교는 향후 일반 시민들을 위한 경호 관련 각종 교육과 진주국제대학교 학생들의 경호원자격증 취득교육을 위탁·수행할 수 있게 되었다. 총장을 대신하여 참석한 경찰·복지행정학부(학부장 : 허영희 교수)는 국제경호협회 교육 자문위원으로 위촉되었는데, "이번 교류협력 및 경호 지정교육기관 인증으로 경찰·복지행정학부를 비롯하여 본교 학생들이 소정의 교과목 이수와 자격 검증을 거쳐 경호사 자격증을 취득할 수 있는 기반이 마련되었다"며 경호원 양성의 의지를 밝혔다.

지방대학의 학생들이 취업과 관련하여 전공을 살릴 수 있는 자격증을 원하고 있는 상태에서 이번 진주국제대학교와 국제경호협회간의 교류협력 및 경호지정교육기관 인증식은 중요한 의미를 가진 것으로 평가되고 있다.

경남일보

경호무술

‖ 창시자 경호자격규정집, 경호실무 출판

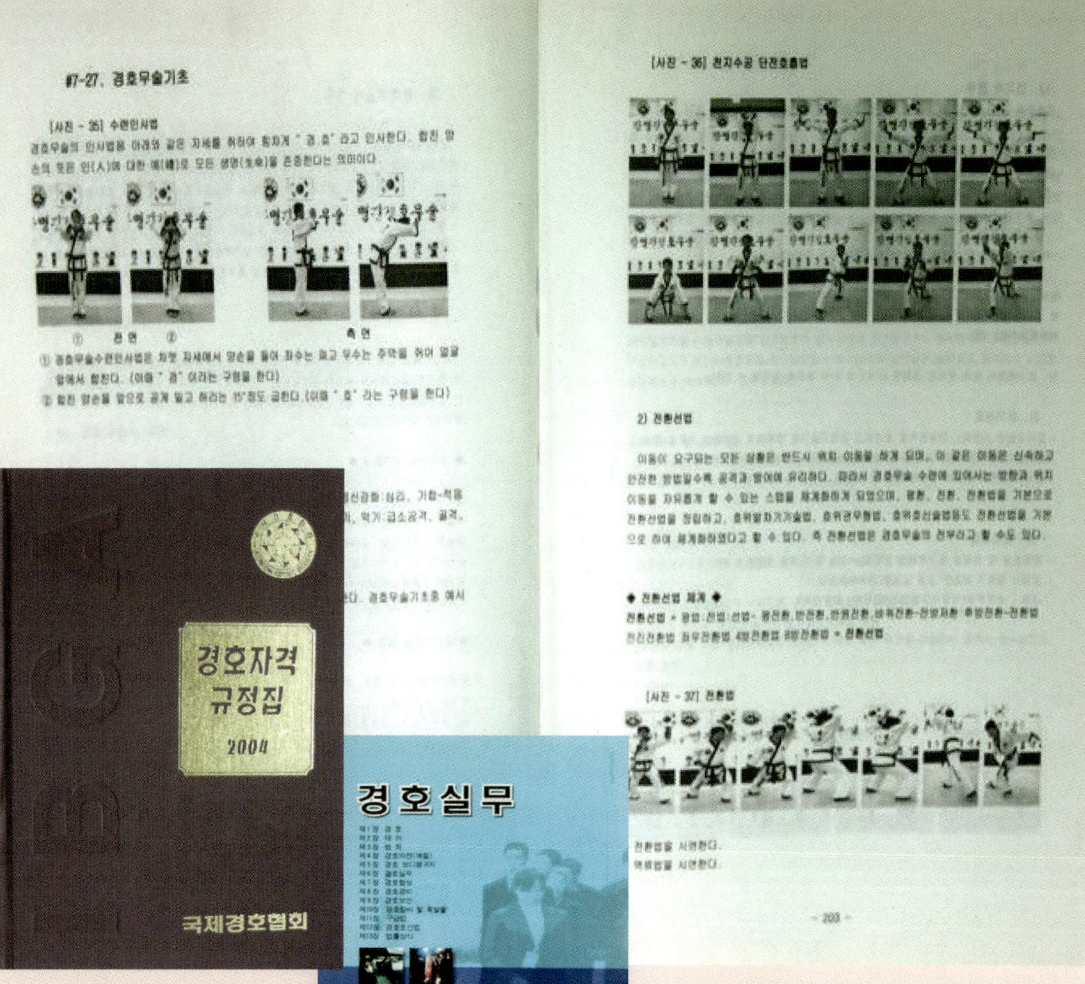

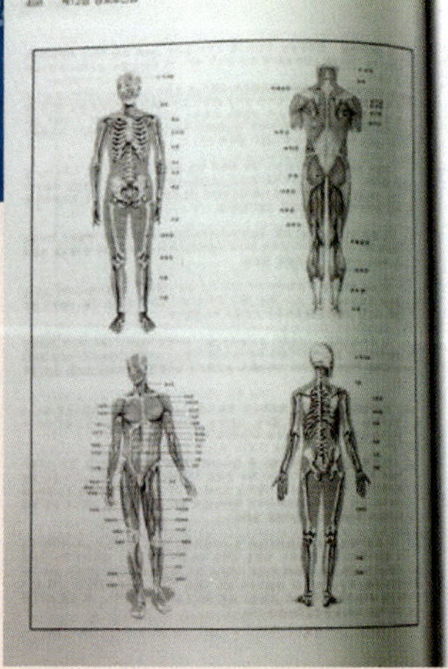

- 경호자격제도규정집 출판<04.8.18>
  저작권등록번호:제C-2005-000739호
  ISBN:89-954410-2-X
- ●● 경호자격 경호무술실기시험 규정
- ●●● 경호실무 개정판출판<04.2.7>
  ISBN:89-85272-95-0

전국경호원자격시험 실기 평가관 파견 II

● 경호원자격시험 실기 자격평가관 파견(2001년 부터)

● 2004년 통합시험 파견

● 2004년 선문대학교 시험 파견

● 2005년 경동정보대학 시험 파견

● 2006년 통합시험 파견

● 2007년 통합시험 파견

● 2008년 통합시험 파견

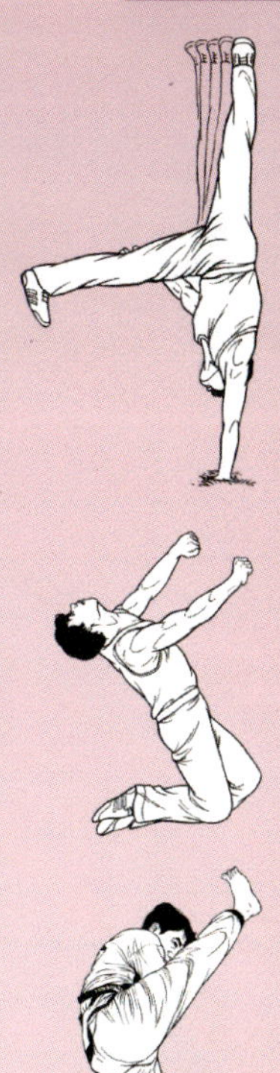

‖ 경호자격시험 경호무술 실기평가

판매가 : 250,000원

· 크   기 : 가로 230mm×세로 310mm×두께 100mm
· 페이지 : 총 1,704page(칼라판/사진 : 12,000장 수록)
· 특   징 : 무술분야 국내외 최초 및 최대 규모의 내용
　　　　　경호책(경호실무)의 원저자 저술
　　　　　경호무술 창시자 직접 저술 및 시연
· 은빛 양장 입체제본의 영구보존판

"누구나 이 책 한권으로 무술 고수가 될 수 있다."
" 천기(天氣)누설, 그 무술비법을 공개하다."

「경호무술」책 활용법

· 지도자를 위한 교육연구 교재
· 무술고수를 위한 소장도서
· 무술수련자를 위한 학습서
· 경호직무분야 종사자를 위한 자기계발서적
· 경호학과 / 무술(도)학과 학생을 위한 연구서
· 사랑하는 이를 위한 선물용 도서

「경호무술」주요내용

· 창시자 무술관
· 기초수련법
· 전환선법
· 준비수련법
· 호위발차기법
· 호위권무형법
· 호위낙선법
· 호위호신술법
· 호위특기술법
· 호위사격술법
· 호위대련법
· 경호무술 지도자론

저 자 : 경호무술 창시자 장 명 진

사회활동 : 現 한국안전교육학회, 한국경호경비학회, 한국협상학회 회원 / 운영위원, 국립경찰대학교 수사보안연수소 강사(인질협상/경호전략),
중화인민공화국 연길시 공안국 보안전문 대학교 명예교수, 現 장명진 경호무술원원장, 現 국제경호협회 회장, 現 국제경호아카데미 원장,
現 주식회사 탑경 대표이사, 現 시큐리티잡 114 대표이사, 現 한국경비협회 자문위원,
現 제10기 민주평화통일자문위원회 자문위원(대통령), 現

주요저서 / 논문 : 「경호실무」(1994~2004 개정 7쇄), 경호산업 문제
훈 · 포상 / 기타 : 대통령표창(2002년 신지식인 선정), 한국을 움직이

구입문의 : 02)496-0407 / 02)439-9555
홈페이지 : www.ibga.co.kr / www.jmjmoo

JOONGBOO 문화

🌧 대전 24.1℃

🔓 독자투고　🔓 전체기사　🔓 의회에 바란다

| 뉴스 | 스포츠.연예 | 포토 | 피플 & 피플 | 사설/칼럼 |

사설 | 이진영칼럼 | 국장석에서 | 중

문화 / Culture

출판-경호무술

국제경호협회 장명진 회장이 경호실무에서의 노하우와 무술에 대한 연구결과를 총 망라해 담은

국제경호협회 장명진 회장이 경호실무에서의 노하우와 무술에 대한 연구결과를 총 망라해 담은 '경호무술' 신개정판을 내놓았다. 이번에 출간된 경호무술은 총 1천704페이지에 수록된 사진만도 1만2천장에 달하는 대작이다. 특히 책의 전 페이지가 칼라로 구성돼 있어 장면 하나하나가 더욱 생생하게 다가온다는 평이다. 놀라운 것은 책에 실린 사진 모두가 장 회장이 직접 시연했다는 사실이다. 뿐만 아니라 무술창시는 물론 저술에서부터 편집, 기획, 제작 등의 역할을 혼자서 해내 주위를 놀라게 하기도 했다. 책에는 경호무술의 기초와 기본적인 단계로부터 중급과 고급의 기술이 체계적으로 정리, 구성돼 있다. 또한 관련분야의 이론적·학문적 연구서와 기술서가 부족하다는 점을 감안, 연구교재로서 활용될 수 있도록 집필돼 있다. 무엇보다 저자는 가능한 초보자도 책을 통해 쉽게 보고 따라할 수 있도록 하는 한편 지도자들의 용법에 맞는 용어를 사용하는 등 지도의 용이성과 지도력 향상을 위한 부분도 배려했다. 책의 주요내용은 기초수련법, 전환선법, 준비수련법, 호위발차기법, 호위권무형법, 호위낙선법, 호위호신술법, 호위특기술법, 호위사격술법, 호위대련법, 경호무술 지도자론 등이다. 값 25만원. 강경묵기자/soha@joongboo.com

GUARD MILITARY

경호무술

'경호무술 A에서 Z까지' 책으로 전수

국제경호협회장 장명진씨(37)가 쓴 〈경호무술〉(국제 경호아카데미)은 경호에 관한 백과사전이다. 기초 수련법에서 호위호신술·호위사격술 등의 구체적인 무술 수련 방법, 경호무술 지도자론에서 국내 대학의 경호 관련 학과에 관한 정보까지 망라되어 있다.

장씨는 여섯 살 때 작은아버지로부터 무술을 배우기 시작해, 지금까지 태권도·쿵푸·전통 무술 등 여러 무술을 익혔다. 그는 1992년 국내 최초로 사설 경호업체를 설립한 사업가이기도 하다. 12년 전에는 윗몸 일으키기를 10시간 동안 1만4천8백24회나 계속해 〈기네스북〉에 올랐다. 그가 집필한 책들은 현재 전국 24개 대학의 경호 관련 학과에서 교재로 사용되고 있다.

이번에 펴낸 〈경호 무술〉은 10년 전 낸 초판을 새롭게 보완한 것. 1천7백쪽에 책 무게만 7.5kg에 달해, 책 자체만으로도 거의 '무기' 급이다. 장씨는 책에 실린 1만2천장의 사진에 모델로 출연해 각종 무술 동작과 '묘기'를 직접 시연했다.

안철홍 기자

epoch
2004年

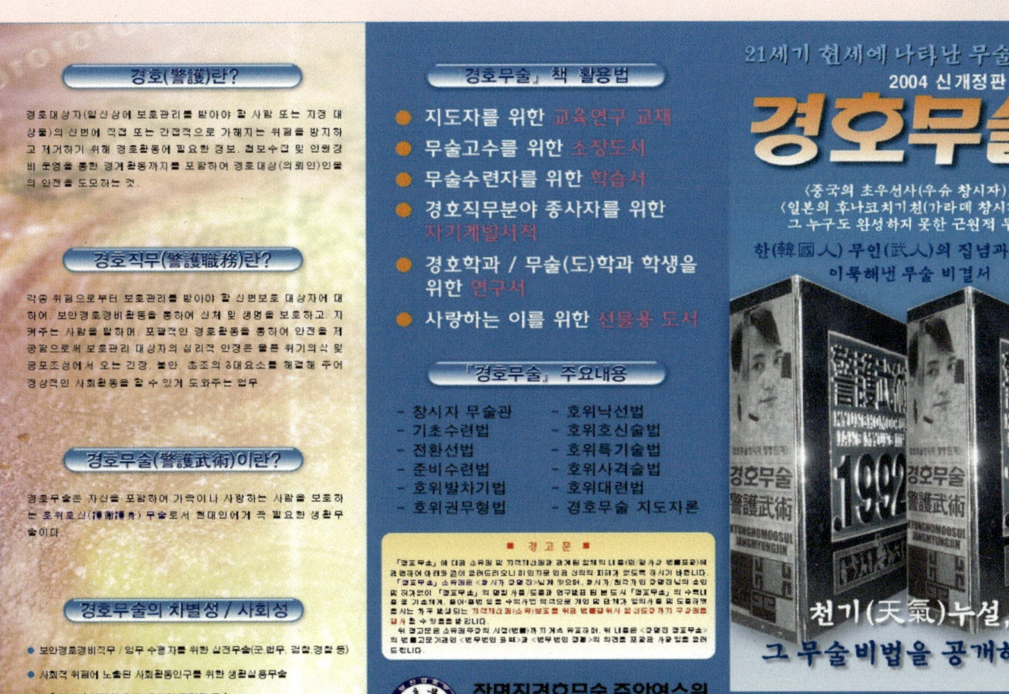

창시자 / 원작자 인사말

지식문명의 오늘날 우리사회는 인간중심에서 지식과 물질중심 사회로 변모하였고, 다시 인간중심사회로 변모하고 있다.

공식대로 경제대공황 이후 세계의 열강인 영국, 미국, 일본 그들에게 기사도정신, 사무라이, 사무라이정신과 같은 무인정신이 있었다. 한 무술을 통하고 있는 사람을 위하는 수 있는 통합체로서 안전한 사회가 다음으로부터 맞추면서 이룰 수 있는 것으로 그 분집 각 태도 필요한 것이다. 필기는 이러한 모든 사람들에게 무술수련을 비롯 함에 있다.

필기는 우리 후대에 올곧은 무술 문화를 유산으로 물려줄 수 있는 무술에 맞도록 노력하면서 필기를 계기로 전통이라는 이름만이 우선되기 보다는 진통성 아래 새무술 개발된 보다 새롭고 우수한 것 무술문화를 이룰 수 있어야 가능성을 밝힌다.

필기는 이 책에서 「경호무술」, 한 호위호신의 개념과 원리로 소개하며 가능한 한 쉽게 책을 통해 설명 보고 따라할 수 있도록 추구하였고, 아울러 기도 기술이 몸에 익힐 수 있도록 지도에 담아있다 지도한 방식을 취해 노력하였다.

— 「경호무술」 머리말 중에서 —

창시자 / 원작자 약력

■ 학력사항 / 강의활동
- 국민대학교 경기대학원 졸업(경기학 석사)
- 동국대학교 행정대학원 공안행정과정 수료
- 고려대학교 경영대학원 최고경영자과정 수료
- 現 국제경호대학교 수석보안연구소 경기사(안전경비, 경호견학)
- 現 중앙대학교대학원 연일시 경호무술 보안전문대학교 명예교수

■ 사회활동
- 現 한 국민안전교육학회, 한국경호경비학회, 한국경상학회 회원/운영위원
- 現 장명진 경호무술학원 원장
- 現 국제경호아카데미 원장
- 現 사)우리사회 원형 대표이사
- 現 사)관리단지 114 대표이사
- 現 한국뉴델리협회 신문로클럽 위원
- 現 제 16기 민주평화통일자문위원회 자문위원(대통령)
- 現 UN 세계평화지도자연합회 운영위원(한국본부이사)

■ 주요저서 / 논문
- 「경호실무」(1994~2004 개정 7쇄)
- 경호업 보험분석과 발전방안에 관한 연구논문 외 다수

■ 표 · 포상 / 기타
- 대통령표창(2002년 신기인상 수상)
- 한국무예명인 인물 경기(1999년 종합입문)
- 핫셋멀오기기 기네스기록 보유(14,608여회)

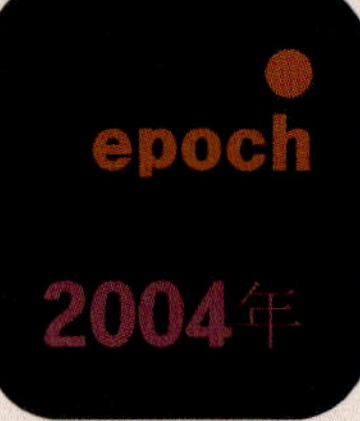

epoch
2004年

Ⅱ 스포츠투데이

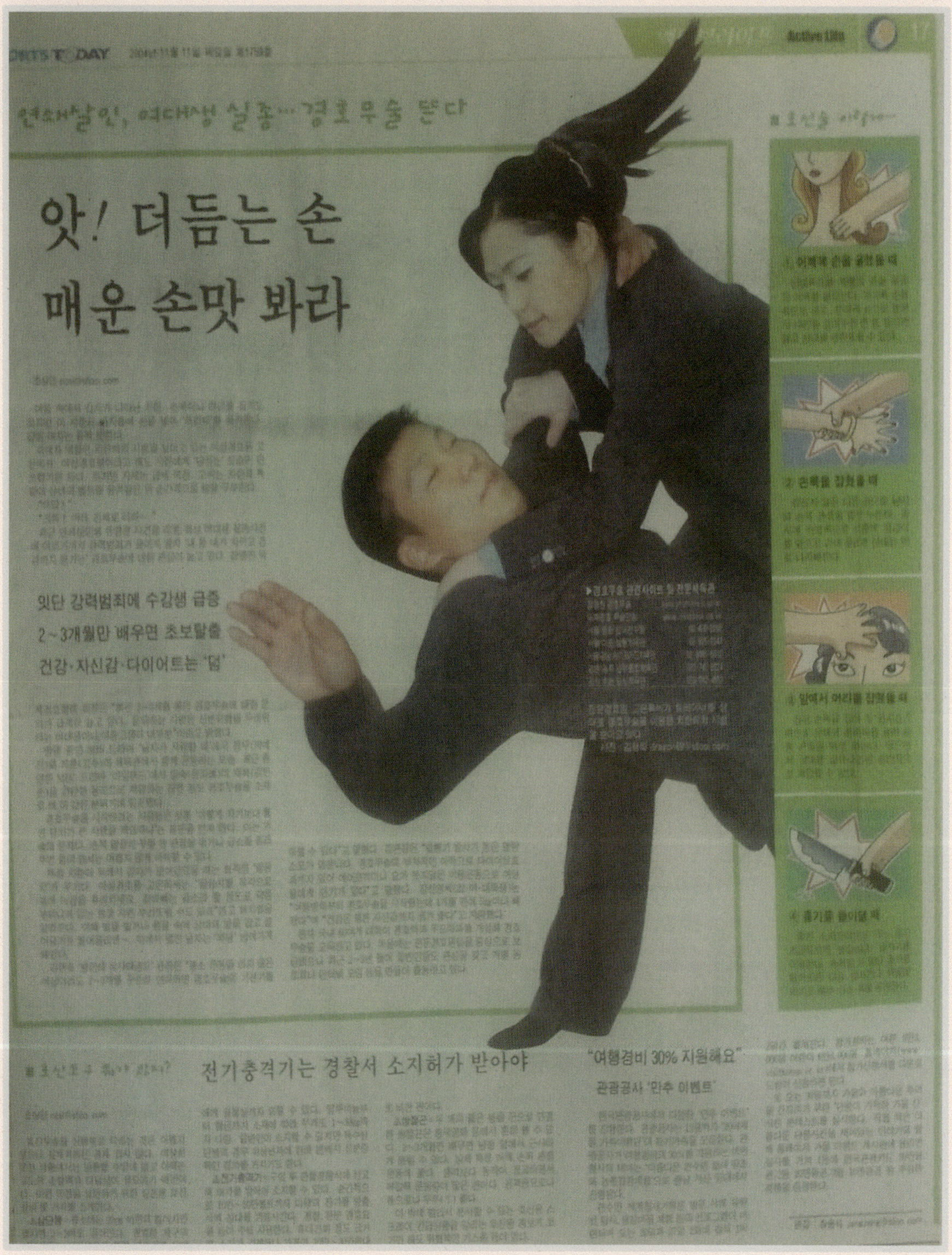
SPORTS TODAY

연쇄살인, 여대생 실종…경호무술 뜬다

앗! 더듬는 손 매운 손맛 봐라

잇단 강력범죄에 수강생 급증
2~3개월만 배우면 초보탈출
건강·자신감·다이어트는 '덤'

전기충격기는 경찰서 소지허가 받아야

"여행경비 30% 지원해요"

관광공사 '만추 이벤트'

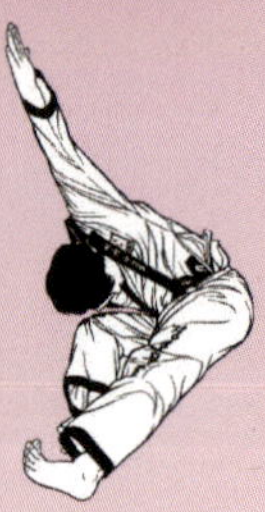

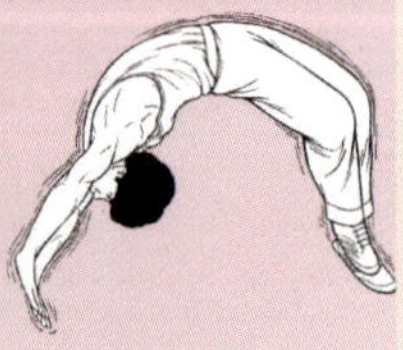

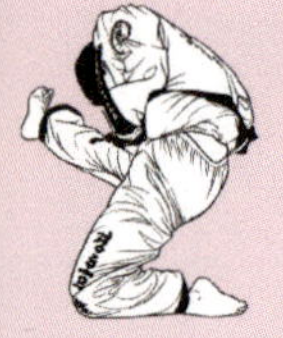

epoch
2005年

국방부 직업보도교육과정 개설 II

● 육군본부 경호전문가양성 지원

●● 국방부 직업보도교육과정개설
　　경호무술(실무) 교수자원양성
　　경호,경찰,군사학과 취업 지원

자격취득 / 교육과정 안내

▶ 국제경호아카데미

전문 경호원 양성관련 자격취득 전문기관

과 정		교 육 일 정	교 육 비	비 고
경호원 자격취득과정	1급	수 시	243만원	3개월
	2급	2, 5, 8, 11월경	333만원	3개월
	3급	3, 6, 9, 12월경	554만원	5개월
경호사		수 시	300만원	3개월

＊ 교육문의 : 02)439-9555
＊ 홈페이지 : www.ibga.co.kr

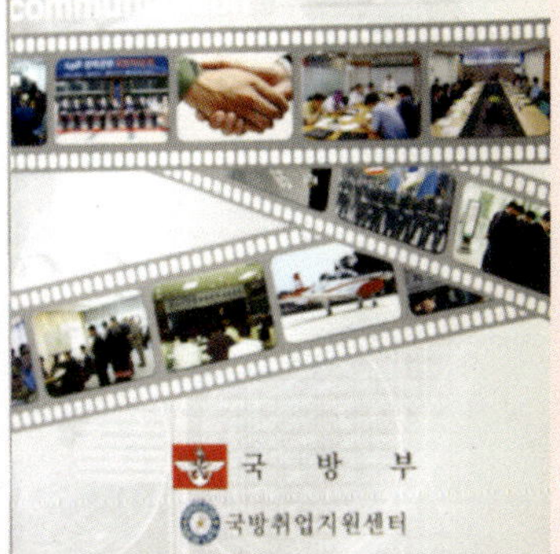

‖ 창시자초청 특강 대구미래대학

창시자 보유 지식재산권 II

● 경호무술 저작권 등록증

등 록 증

1. 등 록 번 호　　　제 C-2005-000738 호

2. 저 작 물 의　　　경호무술(kyung ho moosul)
　 제 호 및 종 류　　어문저작물

3. 저 작 자 성 명　　장명진

4. 등 록 연 월 일　　2005.02.28

5. 등 록 권 리 자　　장명진(680510-1466921)
　　　　　　　　　　서울 중랑구 망우동 354-39호 501호

6. 등 록 부 문　　　저작권 등록(저작자성명, 창작연월일, 맨처음공표연월일)

7. 등 록 사 항　　　성명 : 장명진, 창작 : 2004.08.10, 공표 : 2004.10.05

8. 이 하 여 백

저작권법에 의하여 위와 같이 저작권등록부에
등록되었음을 증명합니다.

2005 년 03 월 02 일

저작권심의조정위원회 위원장

● 경호실무 저작권 등록증
●● 경호자격규정집 저작권 등록증
●●● 경호직무능력표준 저작권 등록증
●●●● 경호자격증 저작권 등록증

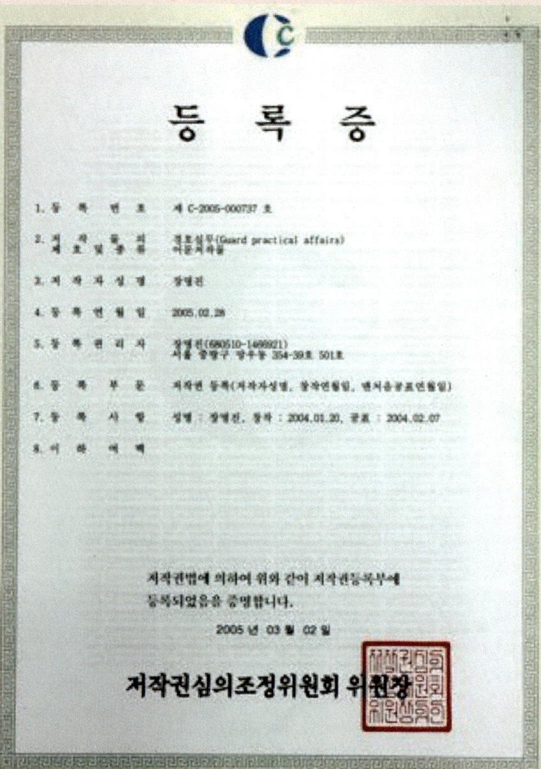

등 록 증

1. 등 록 번 호   제 C-2005-000737 호
2. 저작물의 제호 및 종류   경호실무(Guard practical affairs) 어문저작물
3. 저 작 자 성 명   장영진
4. 등 록 연 월 일   2005.02.28
5. 등 록 권 리 자   장영진(680510-1466921) 서울 중랑구 망우동 354-39호, 501호
6. 등 록 부 문   저작권 등록(저작자성명, 창작연월일, 맨처음공표연월일)
7. 등 록 사 항   성명 : 장영진, 창작 : 2004.01.20, 공표 : 2004.02.07
8. 이 하 여 백

저작권법에 의하여 위와 같이 저작권등록부에
등록되었음을 증명합니다.

2005 년 03 월 02 일

저작권심의조정위원회 위원장

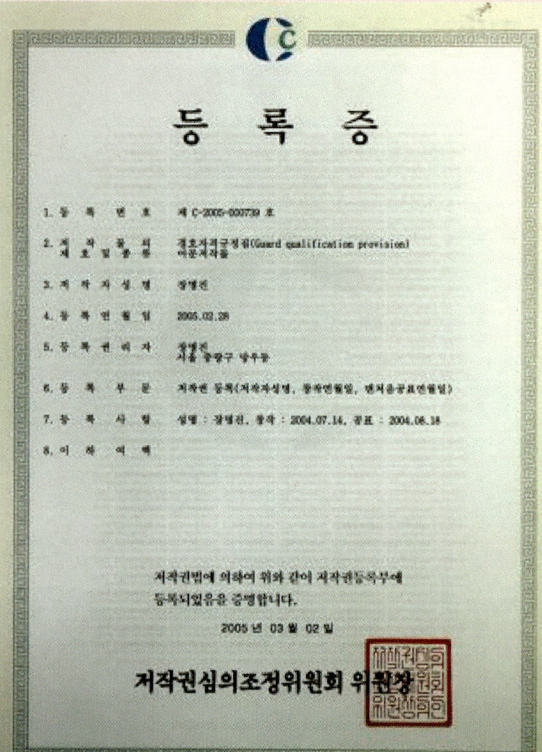

등 록 증

1. 등 록 번 호   제 C-2005-000739 호
2. 저작물의 제호 및 종류   경호자격규정집(Guard qualification provision) 어문저작물
3. 저 작 자 성 명   장영진
4. 등 록 연 월 일   2005.02.28
5. 등 록 권 리 자   장영진 서울 중랑구 망우동
6. 등 록 부 문   저작권 등록(저작자성명, 창작연월일, 맨처음공표연월일)
7. 등 록 사 항   성명 : 장영진, 창작 : 2004.07.14, 공표 : 2004.08.18
8. 이 하 여 백

저작권법에 의하여 위와 같이 저작권등록부에
등록되었음을 증명합니다.

2005 년 03 월 02 일

저작권심의조정위원회 위원장

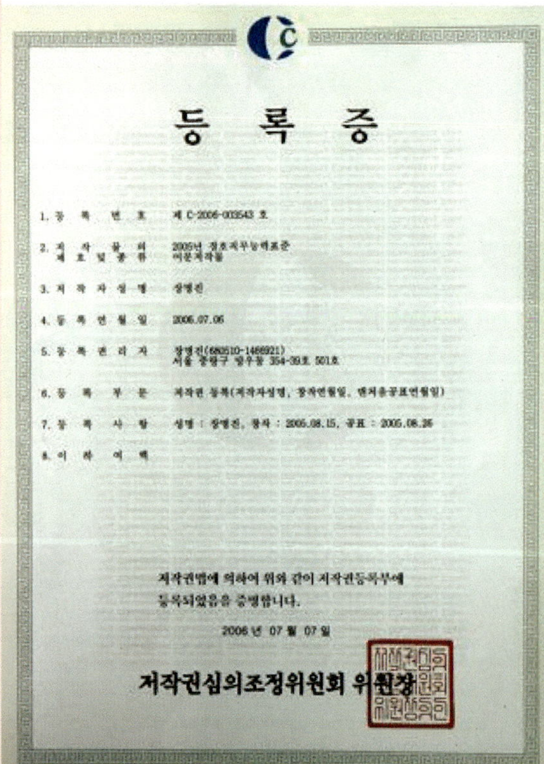

등 록 증

1. 등 록 번 호   제 C-2006-003543 호
2. 저작물의 제호 및 종류   2005년 경호직무능력표준 어문저작물
3. 저 작 자 성 명   장영진
4. 등 록 연 월 일   2006.07.06
5. 등 록 권 리 자   장영진(680510-1466921) 서울 중랑구 망우동 354-39호, 501호
6. 등 록 부 문   저작권 등록(저작자성명, 창작연월일, 맨처음공표연월일)
7. 등 록 사 항   성명 : 장영진, 창작 : 2005.08.15, 공표 : 2005.08.26
8. 이 하 여 백

저작권법에 의하여 위와 같이 저작권등록부에
등록되었음을 증명합니다.

2006 년 07 월 07 일

저작권심의조정위원회 위원장

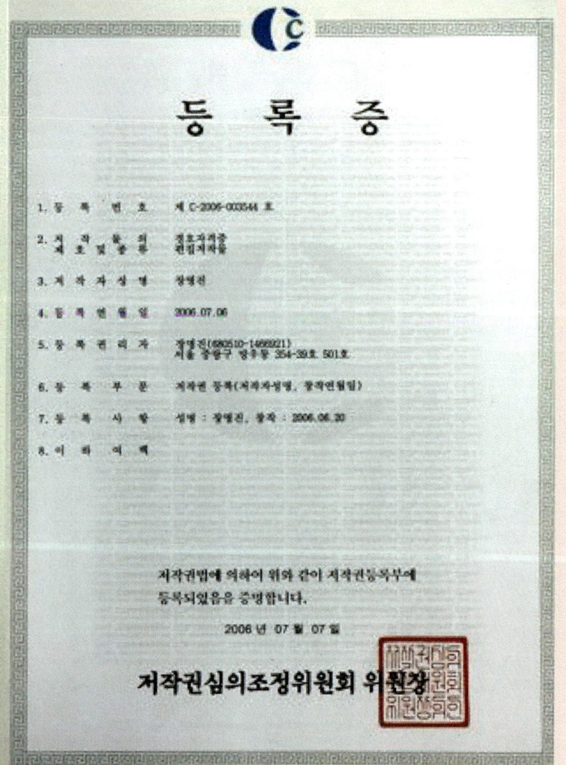

등 록 증

1. 등 록 번 호   제 C-2006-003544 호
2. 저작물의 제호 및 종류   경호자격증 관리시스템
3. 저 작 자 성 명   장영진
4. 등 록 연 월 일   2006.07.06
5. 등 록 권 리 자   장영진(680510-1466921) 서울 중랑구 망우동 354-39호, 501호
6. 등 록 부 문   저작권 등록(저작자성명, 창작연월일)
7. 등 록 사 항   성명 : 장영진, 창작 : 2006.06.30
8. 이 하 여 백

저작권법에 의하여 위와 같이 저작권등록부에
등록되었음을 증명합니다.

2006 년 07 월 07 일

저작권심의조정위원회 위원장

두산백과사전 등재 II

EnCyber 두산백과사전

백과사전 [백과사전 ▾] 경호무술 [SEARCH] [상세검색]

○ 검색결과 리스트로 돌아가기　　　　　　　　　　　　　　조회수 : 516

경호무술 ｜ 警護武術

경호실무를 기초로 무술을 연구·창안 하여 기술체계를 정립한 우리나라의 창시 무술이다. 자신을 포함한 경호대상에게 가해진 위험이나 공격으로부터 신체와 생명을 보호하는 호위호신무술로 1992년 창시되었다.

'호위하여 지킨다'는 뜻으로 경호(警護)와 무술(武術)의 합성어이다. 자신을 포함하여, 자신이 보호해야 할 경호대상에게 위험이 존재하거나 물리적 공격이 가해졌을 경우, 공격자를 효과적으로 무력화하여 제압하는 호위호신무술이다.

1992년 장명진(張明鎭)이 경호실무를 기초로 창시하였으며 호위호신개념으로 창안·연구·개발한 무술이다. 경호직무수행자 및 일반 사회인이 체력을 쌓고 자신 및 가족 등을 보호할 수 있는 패밀리(family)무술로 보급되고 있다. 경호무술은 태권도, 유도등과 같이 두 선수가 맞붙어 승부를 가리는 경기형식이 아닌 혼자 또는 팀, 가족 단위로 공격자의 위협으로부터 자신을 방어하고 경호대상을 보호하는 호위호신(護衛護身)무술이라는 점이 가장 큰 특징이다.

1994년부터 경호무술의 문헌이 정립되기 시작했으며, 2004년 발간 된 〈경호무술〉에는 경호무술의 기술체계가 집대성되어 있다.

epoch
2005年

‖ 네이버 백과사전 등재

NAVER   경호무술   ▼   검색

통합검색 | 사이트 | 웹문서 | 지식iN | 블로그 | 카페 | 이미지 | 동영상 | 사전 | 뉴스 | 더보기▼

● 전체   ○ 백과   ○ 영어   ○ 영영   ○ 국어   ○ 일본어   ○ 한자   ○ 용어

백과사전 항목   1-5 / 6건

경호무술 [警護武術] 네이버 백과사전
자신을 포함한 경호 대상에게 가해진 위험이나 공격으로부터 신체와 생명을 보호하기 위한 호위호신무술. '호위하여 지키
는 무술'이라는 뜻으로 경호(警護)와 무술(武術)의 합성어이다. 자신을 포함하여, 자신이 보...

경호무술 위키백과
경호무술(警護武術)는 호위호신무술로서1992년에대한민국에서장명진(張明鎭)이 창시했다. [1]창시자에 따르면 경호무술
이란 자신을 포함하여 경호대상에 대하여 가해져오는 각종 공격 및 위험요소로부터...

장명진 위키백과
장명진(張明鎭,1967년6월 25일~)은경호무술창시자로 대한민국의 경호 전문가이다.사단법인 한국경호무술진흥회 회장
이다.1990년윗몸일으키기 1만4824회로 기네스 기록(스위스그랜드호텔.한국기네스협회)...

NAVER 백과사전

사전홈 영어사전 영영사전 국어사전 한자사전 일본어사전 중국어사전 백과사전 용어사전 의약학사전

백과사전 ∨   경호무술   ▼   검색

참조항목   백과사전 홈 > 생활과 레저 > 레저와 스포츠 > 스포츠 > 기타 스포츠
・ 호신술
                       경호무술 [警護武術]

★ 인기 검색어   ⬇ 내블로그담기 ⓘN 지식iN에 질문하기 ◉ 이의제기 🖨 인쇄하기
1 세종
2 대제학   ✅ 요약
3 인플레이션
4 유효숫자   자신을 포함한 경호 대상에게 가해진 위험이나 공격으로부터 신체와 생명을 보호하기 위
5 춘분   한 호위호신무술.
6 등고선
7 분리과세
8 마이크로미터   ▣ 본문
9 절구
10 프랑스   '호위하여 지키는 무술'이라는 뜻으로 경호(警護)와 무술(武術)의 합성어이다. 자신을 포함
                   하여, 자신이 보호해야 할 경호대상에게 위험이 존재하거나 물리적 공격이 가해졌을 경우,
                   공격자를 효과적으로 무력화하여 제압하는 것을 요체로 하는 호위호신무술이다.

                   1990년대부터 경호직무 수행자 및 일반 사회인이 체력을 쌓고 자신과 가족 등을 보호할 수
                   있는, 이른바 '가족무술(家族武術)'로 보급되고 있다. 경호무술은 태권도나 유도처럼 두 선
                   수가 맞붙어 승부를 가리는 경기형식이 아닌, 혼자 또는 팀이나 가족 단위로 공격자의 위협
                   으로부터 자신을 방어하고 경호대상을 보호하는 무술이라는 점이 가장 큰 특징이다.

                   1992년 장명진(張明鎭)이 경호실무의 노하우와 경호무술의 기술체계 등을 정리한 《경호

창시자 경호직무능력표준(경호무술표준시안) 개발 Ⅱ

epoch 2005年

● 경호직무능력표준<2005.8.26, 483page> 장명진 원작
●● ISBN:89-954410-6-2, 저작권등록 : 제C-2006-003543호

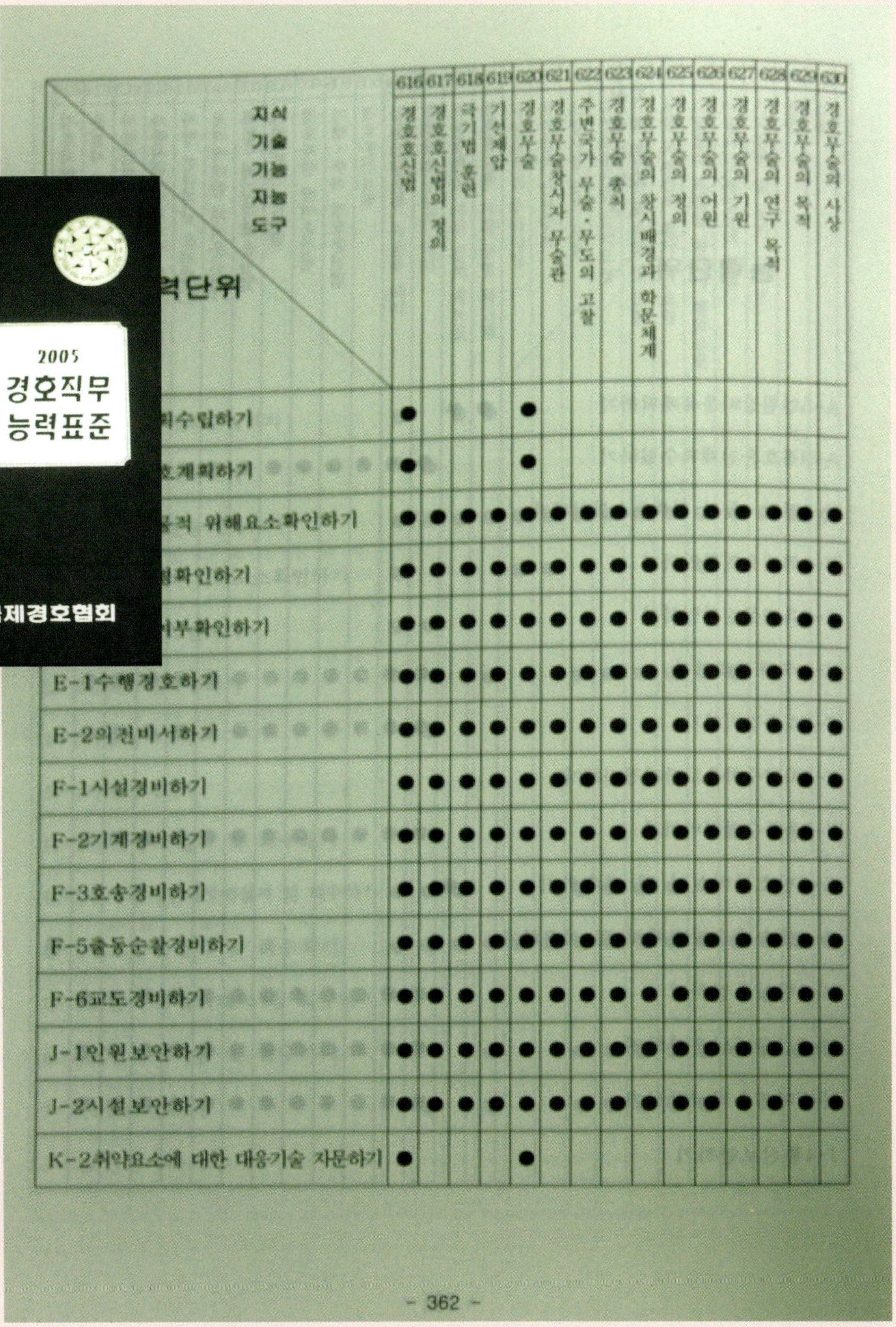

경호무술 8
지도자론

지식·기술·기능·도구 / 능력단위	616 경호호신법	617 경호호신법의 정의	618 국기법 훈련	619 기선제압	620 경호무술	621 경호무술창시자 무술관	622 주변국가 부술·부도의 고찰	623 경호무술 총치	624 경호무술의 창시배경과 학문체계	625 경호무술의 정의	626 경호무술의 어원	627 경호무술의 기원	628 경호무술의 연구 목적	629 경호무술의 목적	630 경호무술의 사상
…수립하기	●				●										
…경호계획하기	●				●										
…목적 위해요소확인하기	●	●	●	●	●	●	●	●	●	●	●	●	●	●	●
…확인하기	●	●	●	●	●	●	●	●	●	●	●	●	●	●	●
…여부확인하기	●	●	●	●	●	●	●	●	●	●	●	●	●	●	●
E-1 수행경호하기	●	●	●	●	●	●	●	●	●	●	●	●	●	●	●
E-2 의전비서하기	●	●	●	●	●	●	●	●	●	●	●	●	●	●	●
F-1 시설경비하기	●	●	●	●	●	●	●	●	●	●	●	●	●	●	●
F-2 기계경비하기	●	●	●	●	●	●	●	●	●	●	●	●	●	●	●
F-3 호송경비하기	●	●	●	●	●	●	●	●	●	●	●	●	●	●	●
F-5 출동순찰경비하기	●	●	●	●	●	●	●	●	●	●	●	●	●	●	●
F-6 교도경비하기	●	●	●	●	●	●	●	●	●	●	●	●	●	●	●
J-1 인원보안하기	●	●	●	●	●	●	●	●	●	●	●	●	●	●	●
J-2 시설보안하기	●	●	●	●	●	●	●	●	●	●	●	●	●	●	●
K-2 취약요소에 대한 대응기술 자문하기	●				●										

epoch
2005年 ‖ 경호자격시험 경호무술 실기출제

● 경호원자격검정 문제집(경호무술출제)
●● ISBN:89-954410-4-6, 저작권등록 : 제C-2006-003544호

실기과목 - 6. 경호무술

< 경호무술 (호위호신무술) >

경호실무 실기시험 실습과목

	과 목	
1	경호의전	
2	경호보디랭귀지	
3	경호장비	
4	수행경호	
5	경호사격	
6	경호무술	▶ 호위낙선법(기본) ▶ 호위특기술(보디품스와맷기법 : 일치기법) ▶ 락탄방어법 ▶ 긴급피난술
7	개인 특기무술	▶ 개인수련무술 및 운동 (예 : 태권도, 검도 등)
8	구 급 법	▶ 환자운반법
9	기초체력 테스트	▶ 팔굽혀펴기 ▶ 윗몸일으키기 ▶ 거위뛰기 ▶ 무릎 차올리기 ▶ 서전트 점프

전국경찰행정학생연합회 무술대회 후원 Ⅱ

● 전국경찰행정학생연합회 무술대회 후원(서남대학교)

●● 전국경찰행정학생연합회 무술대회 참가 취업설명회 개최(서남대학교)

경
호
무
술

‖ MBC 내 친구들의 세상

● 경호무술 캐릭터 실존인물 하리&하라 MBC 내 친구들의 세상 출현

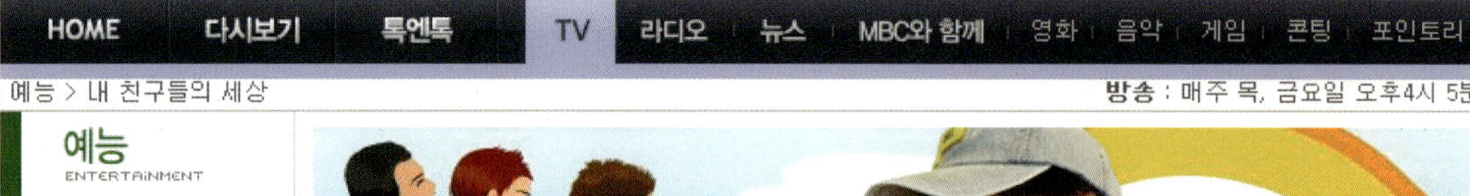

MBC 네 꿈을 펼쳐라 II

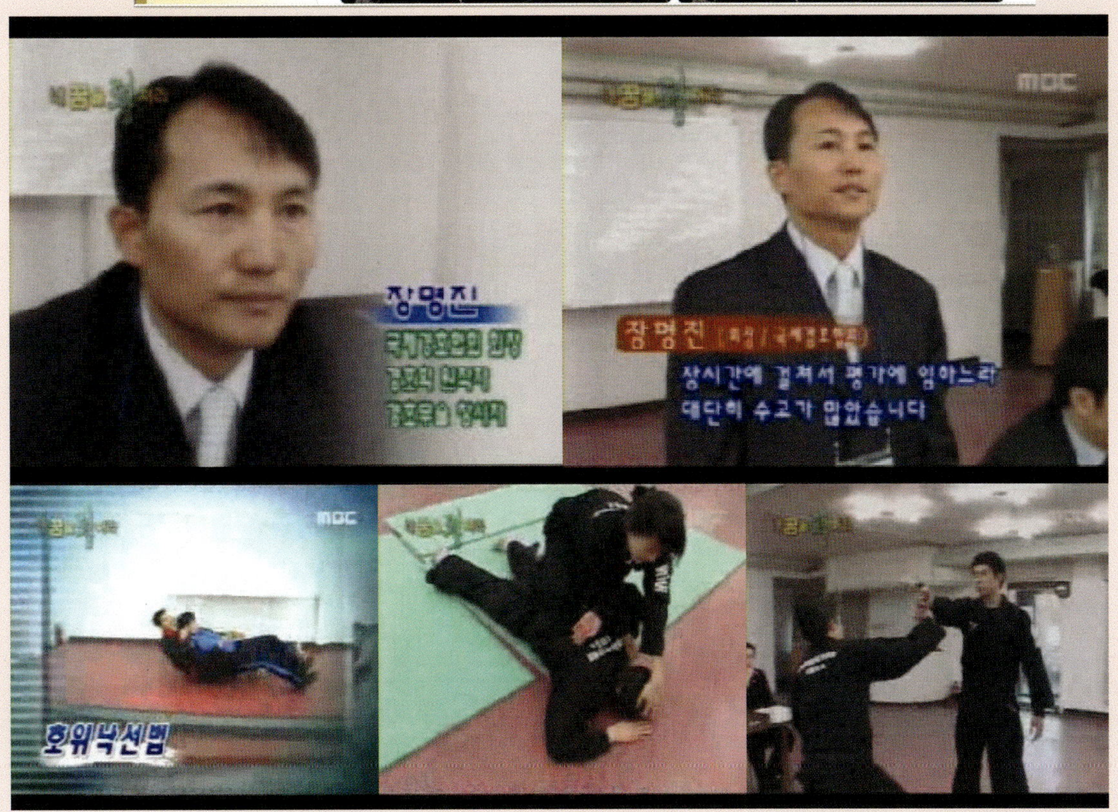

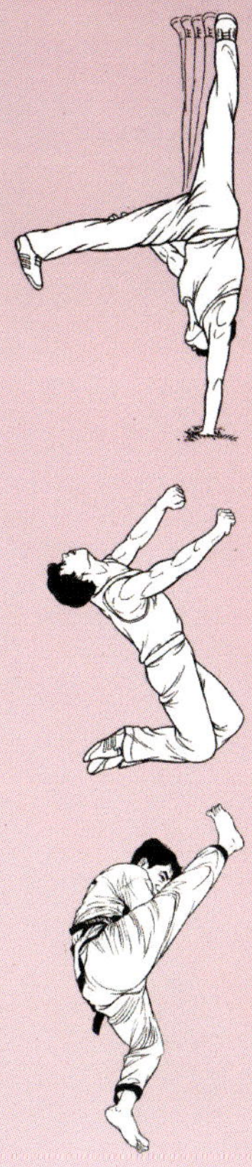

epoch

2005年 ∥ MBC 네 꿈을 펼쳐라

무토미디어 Ⅱ

epoch
2005年

대한민국 대표무술 신문

MOOTO
World Martial Arts Territory
미디어

제33호 4월 15일 금요일 http://www.mooto.com

경찰무도현주소

① 간부교육/무도교육 없고 생활체육
② 경찰청/객관적 평가기준 모호
③ 합기도/객관성 결여 경찰 무도 배제위기

긴급진단

창시무술을 알고 있는가?

우리나라의 무술에서는 창시무술이라는 단어가 매우 생소한 단어 이다. 이는 우리나라의 무술 대부분 고대의 역사에 의례,전통,계승된 무술 인식과 관념이 지배적이기 때문일 수도 있다. 이러한 전통무술, 계승을 표방하는 무술들의 역사(기원,창시자,어원)는 거의 비현실적인 것들이 많아 어디까지가 사실이고 믿어야 할지는 쉽게 판단하기 어렵다. 다만 이러한 주장에 대하여는 개인들의 판단에 맡기기로 하고 현시대의 창시무술로 알려진 무술과 무술소유권에 대하여 기술 하고자 한다.

창시법의 창시무술로 분리... 자신 및 경호대상을 보호하는 호위호신무술로 장명진(현장명진경호무술원원장)선생에 의해 창시된 경호무술. 1993년 한민족의 새로운 무술로 명재남(고국제연맹국사)선생에 의해 창시된 한기도. 1996년 형식과 격식을 타파하고 가장 효과적인 공격으로 상대를 제압하는 ...을 함축한 새로운 유술 (현대한공권유술협회 ... 사범에 의해 창시된 ..., 2001년 용인대학교 ...소를 중심으로 무도 ... 5개 학과 교수들이 ... 전공 분야 기술을 ...만든 용무도등이 대표적인 창시무술들이다.

이들 창시무술은 이미 국내 및 세계각국에 보급 되고 있기도 하다. 현재로서는 창시자가 무술의 소유권을 가진 창시무술은 경호무술,공권유술등을 들 수 있다. 이 무술들의 특징은 창시자가 직접(저술시연) 무술의 기술체계를 성문화하여 지적재산(소유)권을 확보 하였다는 점이다. 항상성과 명확성을 확보 하고 기원, 역사, 창시자, 어원 등을 문헌화 하였다. 물론 특공무술과 용무도는 창시자가 여러명이다 보니 어느 한개인이 창시자의 권리를 주장하기 어렵다.

한기도는 창시자가 한기도에 대한 기원, 어원, 기술체계등을 정립하여 문헌화하지는 못하였다. 즉, 창시자가 직접 무술에 대한 기술체계를 집대성하여 성문화 한 책 등 무체재산권인 저작(지적)재산권을 확보한 가운데 창상성과 명확성을 지니고 있다면 창시자에게 그 무술의 소유권을 인정할 수 있는것 이다. 물론 지적재산권을 확보한 창시자의 단체에 자연소유권이 있는경우도 있다. 이는 일본과 중국의 무술이 정체성과 역사성을 문헌화 한것을 살펴보면 이해가 될 수 있을 것이다. 우리나라의 경우 전통무술에 대한 국민적 관심에 비해 기원과 역사 창시자에 대한 문헌적 근거가 없어 무술에 소유권이 있다는것을 아무도 인식 하지 못했던 부분이다.

(거대한산맥/tbga)

1992년 경호실무를 기초로 자신 및 경호대상을 보호하는 호위호신무술로 장명진(현장명진경호무술원원장)선생에 의해 창시된 경호무술.

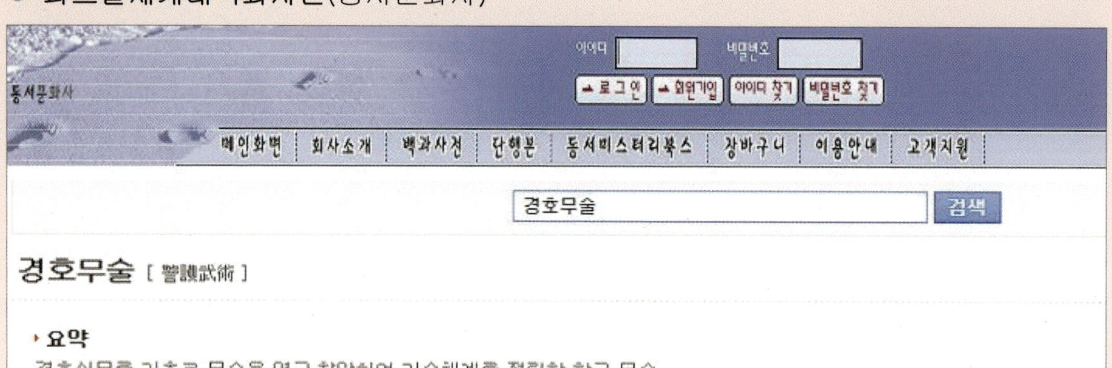

● 파스칼세계대백과사전(동서문화사)

경호무술 [警護武術]

▸ 요약

경호실무를 기초로 무술을 연구·창안하여 기술체계를 정립한 한국 무술.

▸ 본문

경호실무를 기초로 무술을 연구·창안하여 기술체계를 정립한 한국 무술이다. 어원은 <호위하여 지킨다>는 뜻으로 경호와 무술의 합성어이다. 자기 자신은 물론 자신이 보호해야 할 경호대상에게 위험이 존재하거나 물리적 공격이 가해졌을 때, 공격자를 효과적으로 무력화하여 제압하는 호위호신술의 하나이다.

경호직무수행자·일반사회인이 체력을 쌓고 자신 및 가족 등을 보호할 수 있는 무술로 보급되고 있다. 경호무술은 태권도, 유도 등과 같이 두 선수가 맞붙어 승부를 가리는 경기형식이 아닌 혼자나 팀, 가족 단위로 공격자의 위협으로부터 자신을 방어하고 경호대상을 보호하는 호위호신무술(護衛護身武術)이라는 점이 가장 큰 특징이다.

1992년 장명진(張明鎭)이 경호실무에 기초하여 호위호신무술로 창안·연구·개발하였다. 그 뒤 1994년부터 경호무술의 문헌 정립이 본격적으로 이루어져, 2004년 발간된 《경호무술》에서 그 기술체계가 집대성되었다.

●● 브리태니커백과(브리캐니커코리아)

경호무술

警護武術

외부의 공격으로부터 경호대상을 보호하기 위한 호위(護衛) 무술.

경호무술은 경호대상을 보호하는 데 필요한 실전무술이다. 경호 상황에서는 외부의 공격에 대해 개인별·조별·팀별 등으로 조직적으로 대처해야 하며 특수한 상황에서도 자유롭고 민첩하게 대응해야 한다. 또한 흉기, 자동차 등과 같이 각종 장비를 이용한 공격 형태도 많이 나타나므로 이에 대처하기 위한 특수한 경호기술도 필요하다. 경호무술은 이와 같은 경호상황에 필요한 무술을 체계적으로 성립한 것이다.

경호무술은 자신을 보호하기 위한 목적도 있지만 경호대상을 호위하며 외부의 공격으로부터 지키기 위한 무술이다. 과거에는 경호원들이 익힌 태권도·합기도·유도·검도 등 다양한 무술을 경호업무에 활용해왔다. 그러나 각종 사건과 사고가 많아지고, 대통령이나 요인에 대한 경호 이외에 민간 차원의 경호 수요가 늘어나 경호 환경이 많이 달라지면서 경호무술도 체계적으로 성립되고 있다.

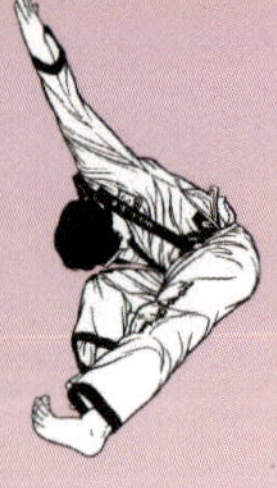

창시자 중앙사무소 이전 II

⇑ 창시자 집무실 ◆

<2006년 3월 이전>

서울시 중랑구 상봉동
중랑우체국 BD / 6층

◆ 중앙사무소 내외부 전경 ⇓

경호무술 8
지도자론

333

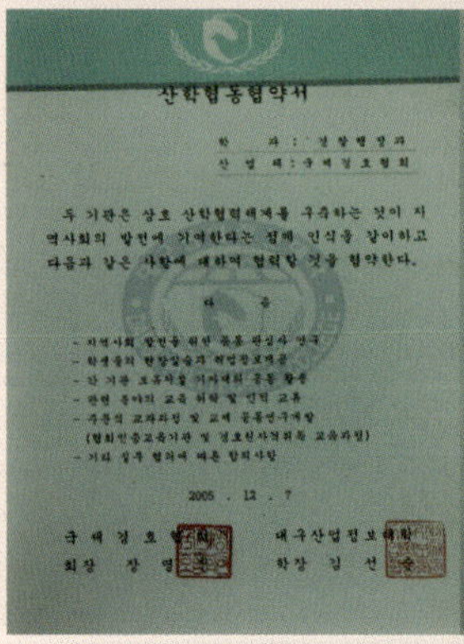

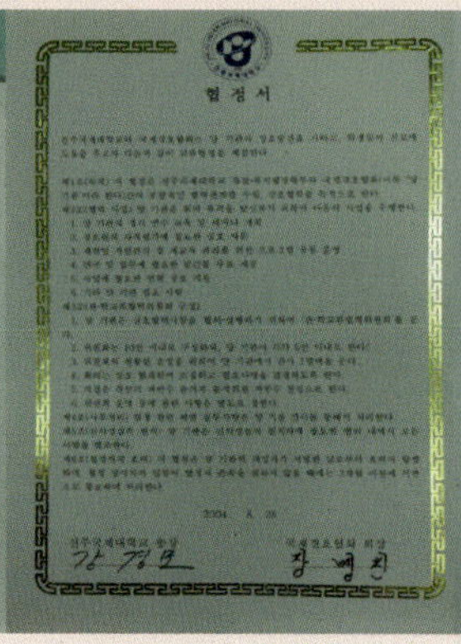

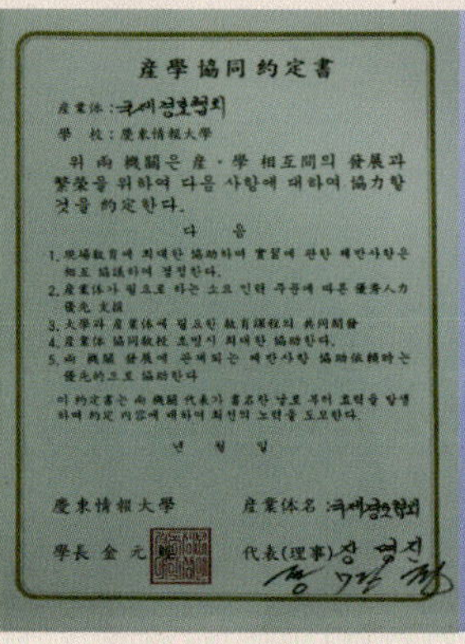

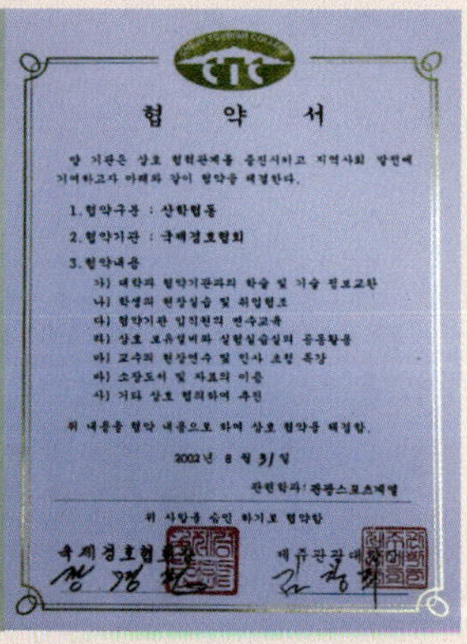

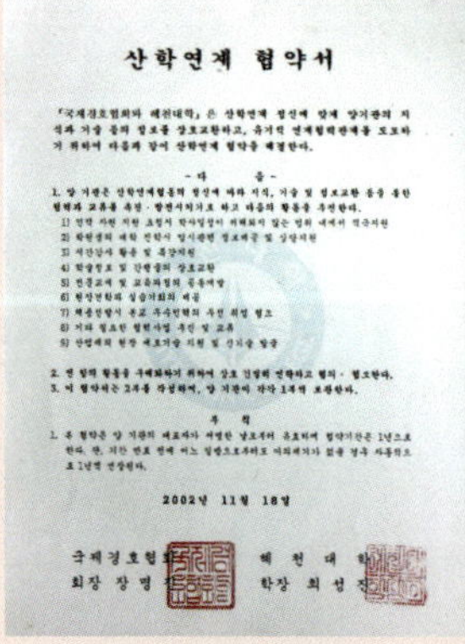

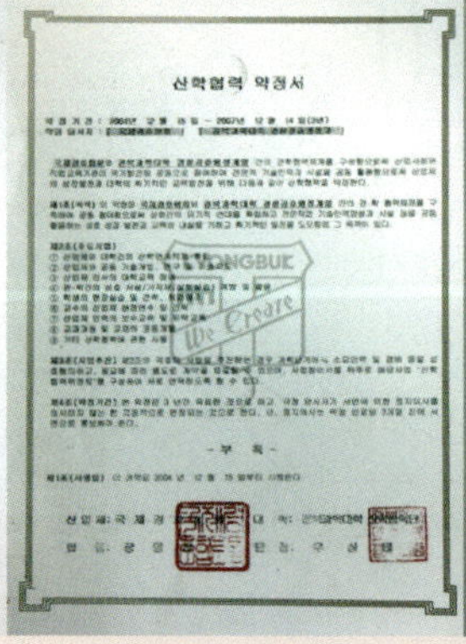

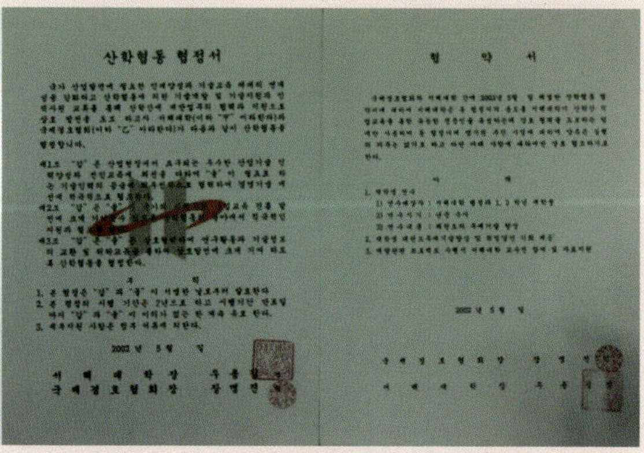

창시자 초청 특강 초당대학교 Ⅱ

epoch
2006年

경호무술 8
지도자론

경호학과/경찰행정학과/사회체육학과

epoch

2006年 ‖ 대학 위탁교육

● 대구미래대학 경찰경호학과 경호무술 지도

●● 서라벌대학 경호학과 경호무술 지도

●●● 선문대학교 국제무도경호학부 경호무술 지도

창시자 월간 신동아 보도 Ⅱ

동아닷컴 · 동아일보 · 동아누리 · 매거진 · 도깨비뉴스 · 동아eTV

dongA.com 新東亞   통합검색

매거진홀ㅣ여성동아ㅣ**신동아**ㅣ주간동아ㅣ비즈니스리뷰ㅣ과학동아ㅣ어린이과학동아ㅣ어린이동아

· 기획 특집
· 심층집중취재
· 정치
· 사회
· 경제

스마트 인포 ㅣSMART INFO   ▶ 리얼 클릭문의

· 이유문지X 사망시→3억일시지급, 무조건!   · 노르웨이산 오메가3 파격가격
· 메리츠화재 알파플러스보험 3년간100% 10월부..   · 9월 변경 메리츠화재 100% 알파의료실비보험
· 메리츠화재 의료실비보험 신상품출시   · 펜션, 콘도 무료증정행사!!

2006.11.01 통권 566 호 (p258 ~ 275)   🖶 프린트하기 ː ✉ 메일보내기

[심층취재]

은밀하고 부드러운 제압, 경호무술의 세계
차고 때리기보다 꺾고 넘어뜨리기, 웬만하면 몸으로 막아서라!

조성식 동아일보 신동아 기자 mairso2@donga.com

- ● 공격당하면 경호대상자 몸 낮추는 게 급선무
- ● 화려한 발차기는 금물, 단순한 기술로 승부
- ● 회전하고, 꺾고, 던지고, 밀어내고, 엎어뜨려라
- ● 흉기 공격은 쳐내지 말고 막아야
- ● 외상(外傷) 남기는 주먹보다 손등, 손목, 팔굽 활용

경호무술 창시자로 자임하는 장명진 원장.

윗몸일으키기 세계기록 보유자

9월29일 서울 망우동에 있는 국제경호협회를 찾았다. 협회 사무실에서 만난 장 원장은 곱상한 귀공자 형이었다. 키는 178㎝쯤 될까. 외모만 봐서는 도저히 무술고수 같지 않았다. 인터넷 동영상에 담긴 그의 화려한 무술동작이 의심스럽기까지 했는데, 그것이 오판이라는 것을 깨닫는 데는 30분이 채 걸리지 않았다.

장 원장은 윗몸일으키기 기네스 세계기록 소유자다. 1990년 스위스그랜드호텔에서 한국기네스협회 관계자들이 지켜보는 가운데 10시간 동안 윗몸일으키기를 했다. 매트에 붉은 물이 스며들었다고 한다. 엉덩이와 발꿈치 등 매트에 닿는 신체부위에서 피가 흘러 나왔기 때문이다. 1만4824회.

7세 때부터 무술을 시작해 태권도 유도 검도 등 안 해본 무술이 없다는 장 원장. 어느 정도 경지에 오르면서 무술이론에 대한 갈증에 시달렸다고 한다.

"무술은 문화이자 철학입니다. 그런데 제가 각종 무술을 연구해보니 무술철학에 맞는 기술체계와 이론체계가 제대로 정립돼 있지 않은 거예요. 동작에 딱 맞는 용어도 없고. 그래서 저는 경호무술을 창안하면서 새로운 무술용어를 많이 개발했어요. 발차기를 예로 들면, 기존 무술에서는 두 번 연속해 하는 발차기에 대한 용어가 없어요. 저는 이것을 '복식 발차기'라고 이름붙였어요. 또 앞차고 옆차는 것은 '이방복식 발차기', 좌우 발을 바꿔가며 두 번 차는 것은 '좌우복식 발차기'라고 규정했습니다."

장명진경호무술원 장명진 원장의 이단 옆차기 시범.

침입자가 칼로 공격하자 경호대상 자(기자)의 상체를 감싸 누르면서 뒤차기로 반격하는 장명진 원장.

장명진 원장이 경호대상자를 넘어 뜨리면서 발등 반달 내려직어차기 로 반격하고 있다.

장 원장은 1992년 국제경호협회를 창설하면서 '경호호신무 술'이라는 무술교본을 펴냈다. 1700쪽에 이르는 이 책의 제 목은 1994년에 '경호무술'로 바뀌었다. 무술의 역사에서부터 경호무술의 일반이론과 기술체계, 경호사격술, 경호무술 지 도자론에 이르기까지 방대한 내용이 담겨 있다. 그가 말하는 경호무술은 어떤 것인가.

"학계에 계신 분들이 경호무술의 개념을 태권도나 유도 검도 합기도 등을 경호환경에 맞도록 변형한 무술로 정립했는데, 저와는 관점이 다릅니다. 물론 경호무술에 기존 무술 동작이 섞인 것은 부인하지 못합니다. 하지만 그런 관점에서는 다른 무술도 마찬가지입니다. 어떤 무술의 독자성을 평가하는 기 준은 어떤 원리를 통해 어떤 결과를 얻어내느냐입니다. 즉 태권도는 스포츠용, 특공무술은 살상용, 경호무술은 경호용 이라는 거죠.

장명진 원장의 두 발 벌려 높이차기. 장명진 원 장이 펴낸 '경호무술', 국내 최초 최대의 경호무 술 교본으로 알려져 있다.(작은사진)

경호무술은 경호상황에 맞는 실전무술이자 방어 개념의 호 위무술입니다. 경호대상을 보호하는 것이 목적이니만큼 예 상치 못한 공격에 맞서는 다양한 방어기술이 필요하죠. 일반 무술의 경우 칼이 들어오면 막는 게 우선입니다. 하지만 경 호무술에서는 피하는 게 상책입니다. 경호대상을 보호해야 하기 때문이죠. 이는 어떤 무술에도 없는 경호 무술만의 특징입니다."

장 원장이 경호무술의 핵심 기술로 꼽는 것은 발의 움직임(스텝)과 방향 전환이다. 경호대상이 움직이는 방향과 침입자의 공격방향에 따라 몸의 방향과 위치를 자유자재로 바꾸는 것이다. 그는 "경호무술에서는 방향 전환과 위치 이동을 하면서 발차기를 한다"는 말을 하면서 자리에서 일어나 시범을 보였다. 앞발을 중심축으로 삼고 전후좌우로 춤추듯 유연하면서도 빠르게 몸 방향을 바꿨다.

춤추듯 유연하게 방향 바꿔라

손 공격도 일반 무술과 차이가 있다. 주먹 대신 손등과 손목, 팔굽으로 가격한다. 과잉방위 시비를 의식해 타격대상에게 외상의 흔적을 남기지 않기 위해서다. 물론 파괴력은 주먹 못지 않다는 게 장 원장 주장이다. 장명진경호무술에는 내손목굽, 외손목굽장, 배팔굽 등 일반 무술에는 없는 용어가 많다.

발차기의 다양한 기술을 얘기하다가 그가 자리에서 다시 일어나 구두를 신은 채 뒤꿈치 차올리기 시범을 했다. 일자(一字)로 쭉 올라간 발이 키를 훌쩍 넘어 발바닥이 천장을 향하고 바닥에 디딘 다른 발의 뒤꿈치 가 들리지 않는 걸 보면서도 그의 무술실력에 대한 의구심이 사라지지 않는다면 이상한 일일 것이다.

警護武術

2007 ~ 2011

Ⅱ 2007 서비스산업 취업박람회

● 2007 서비스산업 취업박람회
　<경호무술원창업, 경호회사창업, 경호자격취득, 경호원 및 경호무술지도자 취업>

● 경호직무 및 경호무술 연구개발 보급을 통한 경호산업발전 공적
<경호무술 보급을 통한 국민체력증진 및 민생치안안정에 기여>

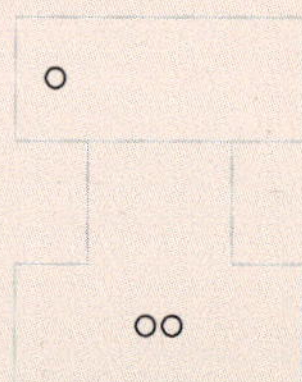

∥청소년 전문직업 · 진로 상담

● 수원청소년수련원

●● 안성종합고등학교

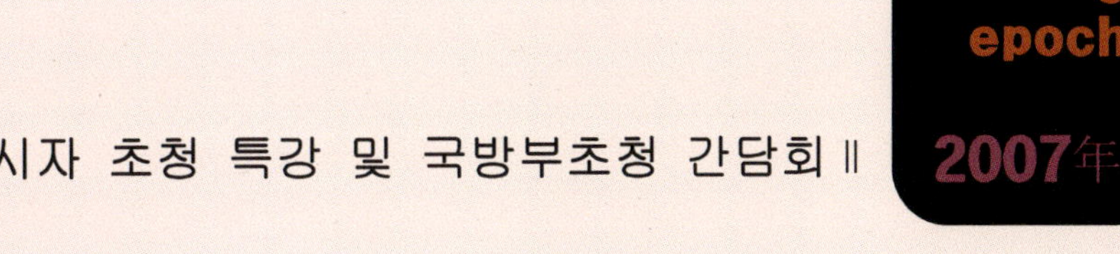

창시자 초청 특강 및 국방부초청 간담회 Ⅱ

● 현대해상 방호직, 창시자 초청 강의(경호무술 및 경호직무)

●● 국방취업정보센터(국방부) 창시자 초청간담회
　　<경호무술원창업, 경호무술전공학과 교수자원양성, 경호무술지도자자격연수 등>

‖ 주요 포털사이트 백과사전 등재

야후! | 도움말 | 로그인

통합검색 **백과사전**

경호무술   [검색]

| 통합사전 | 영어사전 | 일어사전 (NEW) | 백과사전 | 국어사전 | 한자사전 | 용어사전 |

경호무술 (警護武術)   단어장에 추가

요약

● 야후 백과사전

설명

경호실무를 기초로 무술을 연구·창안하여 기술체계를 정립한 한국 무술이다. 어원은 〈호위하여 지킨다〉는 뜻으로 경호와 무술의 합성어이다. 자기 자신은 물론 자신이 보호해야 할 경호대상에게 위험이 존재하거나 물리적 공격이 가해졌을 때, 공격자를 효과적으로 무력화하여 제압하는 호위호신술의 하나이다.

경호직무수행자·일반사회인이 체력을 쌓고 자신 및 가족 등을 보호할 수 있는 무술로 보급되고 있다. 경호무술은 태권도, 유도 등과 같이 두 선수가 맞붙어 승부를 가리는 경기형식이 아닌 혼자나 팀, 가족 단위로 공격자의 위협으로부터 자신을 방어하고 경호대상을 보호하는 호위호신무술(護衛護身武術)이라는 점이 가장 큰 특징이다.

1992년 장명진(張明鎭)이 경호실무에 기초하여 호위호신무술로 창안·연구·개발하였다. 그 뒤 1994년부터 경호무술의 문헌 정립이 본격적으로 이루어져, 2004년 발간된 《경호무술》에서 그 기술체계가 집대성되었다.

Paran 사전   모든 인터넷사전을 한번에 찾는 즐거움

| 사전 홈 | **백과사전** | 국어사전 | 영어사전 |

전체 ▾   경호무술   [검색]

경호무술 [警護武術]

⋮ 예술 > 운동·레저생활 > 무예, 투기

●● 파란 백과사전

요약

경호실무를 기초로 무술을 연구·창안하여 기술체계를 정립한 한국 무술.

본문

경호실무를 기초로 무술을 연구·창안하여 기술체계를 정립한 한국 무술이다. 어원은 〈호위하여 지킨다〉는 뜻으로 경호와 무술의 합성어이다. 자기 자신은 물론 자신이 보호해야 할 경호대상에게 위험이 존재하거나 물리적 공격이 가해졌을 때, 공격자를 효과적으로 무력화하여 제압하는 호위호신술의 하나이다.

경호직무수행자·일반사회인이 체력을 쌓고 자신 및 가족 등을 보호할 수 있는 무술로 보급되고 있다. 경호무술은 태권도, 유도 등과 같이 두 선수가 맞붙어 승부를 가리는 경기형식이 아닌 혼자나 팀, 가족 단위로 공격자의 위협으로부터 자신을 방어하고 경호대상을 보호하는 호위호신무술(護衛護身武術)이라는 점이 가장 큰 특징이다.

1992년 장명진(張明鎭)이 경호실무에 기초하여 호위호신무술로 창안·연구·개발하였다. 그 뒤 1994년부터 경호무술의 문헌 정립이 본격적으로 이루어져, 2004년 발간된 《경호무술》에서 그 기술체계가 집대성되었다.

주요 포털사이트 백과사전 등재 II

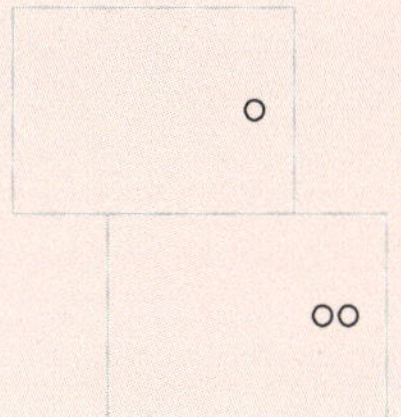

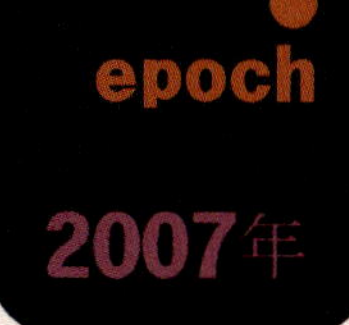

● 다음 백과사전

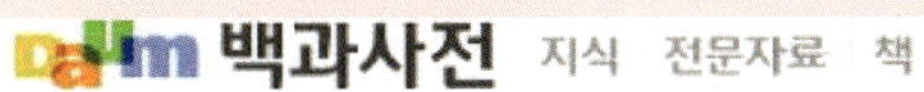

Daum 백과사전 지식 전문자료 책

사전 홈 | 백과 | 문화원형 | 영어 | 국어 | 한자 | 일어 | 중국어 | 단어장 | 지식공유프로젝트

공지 자연생태 동영상 제공   백과사전 ▼   경호무술   ▼   검색

인쇄하기
출처: 브리태니

경호무술

백과사전
UNITED DICTIONARY

전문용어사전
· IT용어사전
· 전문용어 대역사전

위키백과
· 지식 공유 프로젝트
· 한국어 위키백과
· 영어 위키백과

인기태그
그리스 신화 이집트 신화 영국의 군주 **영국의 옛 식민지** 대한민국의 세계유산 애플컴퓨터 한국의 독립운동가 **천**

외부의 공격으로부터 경호대상을 보호하기 위한 호위(護衛) 무술.

경호무술은 경호대상을 보호하는 데 필요한 실전무술이다. 경호 상황에서는 외부의 공격에 대해 개인별·조별·팀별 등으로 조직적으로 대처해야 하며 특수한 상황에서도 자유롭고 민첩하게 대응해야 한다. 또한 총기, 자동차 등과 같이 각종 장비를 이용한 공격 형태도 많이 나타나므로 이에 대처하기 위한 특수한 경호기술도 필요하다. 경호무술은 이와 같은 경호상황에 필요한 무술을 체계적으로 성립한 것이다.

경호무술은 자신을 보호하기 위한 목적도 있지만 경호대상을 호위하며 외부의 공격으로부터 지키기 위한 무술이다. 과거에는 경호원들이 익힌 태권도·합기도·유도·검도 등 다양한 무술을 경호업무에 활용해왔다. 그러나 각종 사건과 사고가 많아지고, 대통령이나 요인에 대한 경호 이외에 민간 차원의 경호 수요가 늘어나 경호 환경이 많이 달라지면서 경호무술도 체계적으로 성립되고 있다.

경호무술은 '도(道)'를 강조하거나 자기자신을 보호하기 위한 호신(護身) 개념의 무술이 아니다. 자신과 타인을 보호하기 위해 외부의 공격을 방어하고 제압하며 경호대상을 지켜야 하는 적극적인 대응에 필요한 무술이다. 또한 위급한 상황에서는 경호원 자신의 생명을 담보로 해야 하기 때문에 희생정신을 필요로 한다.

●● 네이트 백과사전

NATE 사전   ○ 통합 ◉ 사전   백과사전 - 경호무술   ▼   검색

사전홈 | 백과사전 | 영어사전 | 영영사전 | 국어사전 | 한자사전 | 일어사전 | 중국어사전 | 용어사전

경호무술 [警護武術]   인쇄하기

외부의 공격으로부터 경호대상을 보호하기 위한 호위(護衛) 무술.

경호무술은 경호대상을 보호하는 데 필요한 실전무술이다. 경호 상황에서는 외부의 공격에 대해 개인별·조별·팀별 등으로 조직적으로 대처해야 하며 특수한 상황에서도 자유롭고 민첩하게 대응해야 한다. 또한 총기, 자동차 등과 같이 각종 장비를 이용한 공격 형태도 많이 나타나므로 이에 대처하기 위한 특수한 경호기술도 필요하다. 경호무술은 이와 같은 경호상황에 필요한 무술을 체계적으로 성립한 것이다.

경호무술은 자신을 보호하기 위한 목적도 있지만 경호대상을 호위하며 외부의 공격으로부터 지키기 위한 무술이다. 과거에는 경호원들이 익힌 태권도·합기도·유도·검도 등 다양한 무술을 경호업무에 활용해왔다. 그러나 각종 사건과 사고가 많아지고, 대통령이나 요인에 대한 경호 이외에 민간 차원의 경호 수요가 늘어나 경호 환경이 많이 달라지면서 경호무술도 체계적으로 성립되고 있다.

경호무술은 '도(道)'를 강조하거나 자기자신을 보호하기 위한 호신(護身) 개념의 무술이 아니다. 자신과 타인을 보호하기 위해 외부의 공격을 방어하고 제압하며 경호대상을 지켜야 하는 적극적인 대응에 필요한 무술이다. 또한 위급한 상황에서는 경호원 자신의 생명을 담보로 해야 하기 때문에 희생정신을 필요로 한다.

epoch

2007年

● 주한러시아대사관·문화체육관광부추천
러시아국영방송 무술다큐 창시자 방영

Ⅱ 창시자 러시아 국영방송 방영

창시자와 진흥회 경호무술 위임 약정체결 Ⅱ

● 공증인가 등부 2008년 제1546호(창시자와 진흥회 경호무술 약정계약체결)

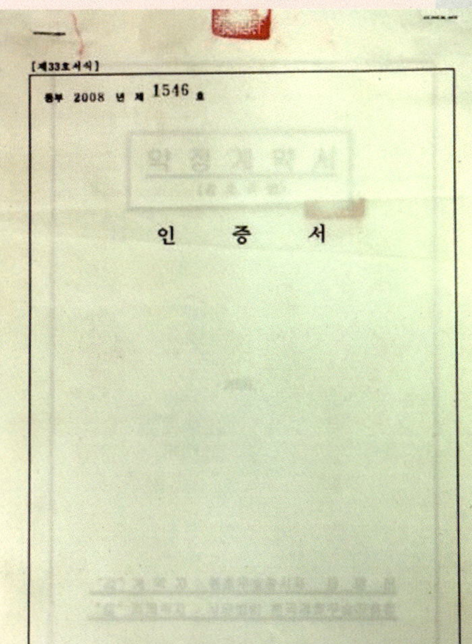

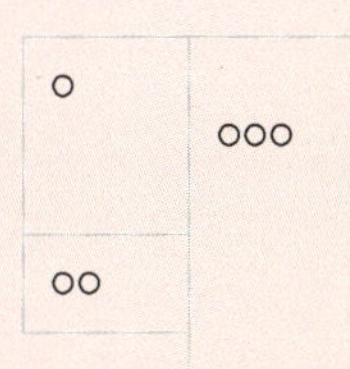

약정 계약서

이 약정 계약서는 경호무술을 통한 전통무예를 진흥하여 국민의 건강증진과 문화생
활 향상 및 문화국가 지향에 기여하고, 독창적으로 정형화되고 체계화된 무적공법,
기법, 격투체계로서 전통무예진흥법 입법취지에 부합하도록 체계적인 전승제도를
확립하고 무분별한 유사단체의 활동, 특히 수익사업부분에 대한 법률적 권리행사를
통한 적극적인 대응체제를 갖는데 있다.
계약자 경호무술창시자 장영진, 피계약자 사단법인 한국경호무술진흥회 두 당사자
간의 사이에 경호무술창시자가 갖고 있는 법률적 권한을 위임받고 또한 경호무술에
대 수익사업승인 조건으로 일정액을 유상 지급하는 계약을 체결한다.

용어의 정의

갑 "을"

계약자 경호무술창시자 장영진을 "갑" 이라 칭하고, 피계약자 사단법인 한국경호무술
진흥회를 "을" 이라 칭한다.

위임사업

사단법인한국경호무술진흥회 정관 보칙 제43조(위임사업) 본회의 필요한 사업 중
창시자에게 그 권리가 있는 사업에 대해서는 창시자로부터 그 권한을 위임받아 시
행한다.

경호무술

경호무술은 장영진선생에 의하여 경호실무를 기초로 연구 창안하여 독창적으로 정
형화되고, 체계화된 무(武)적 공법, 기법, 격투체계로서 학문적으로나 기술적으
로, 정서적으로도 인정됨(국내외유명백과등재:두산백과, 파스컬백과,위키백과등)
경호무술정의, 자기자신을 포함하여 경호대상에 대하여 가해져 오는 공격으로부
터 신체 및 생명을 보호해주는 호위호신 무술임

증언서

을" 은 "갑" 의 권리에 대하여 2008년 9월 20 일 현재 법률적인 모든 관계를
확하게 이해하고 있으며, 여기에 표시되지 않은 내용은 사단법인한국경호무술진
흥회가 모두 확인 한 것들로 이후 잘못 해석되어 이해한 문제라도 "을" 의 과실로
하며, 여하한 이유로도 법률적으로 "갑" 에게 책임을 묻지 않으며 일체 면제
함 동의하면서 이 약속과 쌍방 계약을 고려하여, 다음과 같이 약정 계약한다.

법상 경호무술에 대한 그 권리(경호무술 상표사용
록권)가 있는 "갑" 으로부터 "을" 이 수익사업을
" 이 갖고 있는 권리침해 및 침범시 법률적 권리

제43조(위임사업)본회의 필요한 사업중 경호무술 창시자에게 그 권리가 있는 사업
에 대해서는 창시자로부터 그 권한을 위임받아 시행한다.

부 칙

①(시행일) 이 정관은 주무관청이 허가한 날로부터 시행한다.

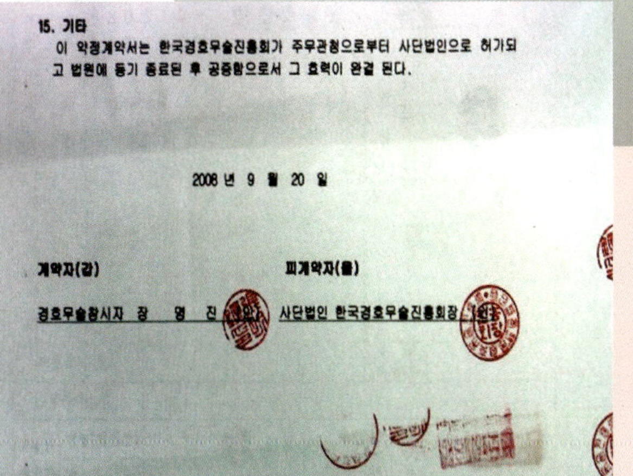

15. 기타
　이 약정계약서는 한국경호무술진흥회가 주무관청으로부터 사단법인으로 허가되
고 법원에 등기 종료된 후 공증함으로서 그 효력이 완결 된다.

2008 년 9 월 20 일

계약자(갑)　　　　　　　　　　　피계약자(을)

경호무술창시자 장 영 진　　　　사단법인 한국경호무술진흥회장

●● 진흥회 정관 제43조(위임사업)

●●● 약정계약서 원본대조(스캔)

∥ 창시자 진흥회 별도법인 전환

● 창시자 위임계약에 따른 비영리 사단법인 설립(법인설립허가증)
●● 고유번호증(사업등록증)

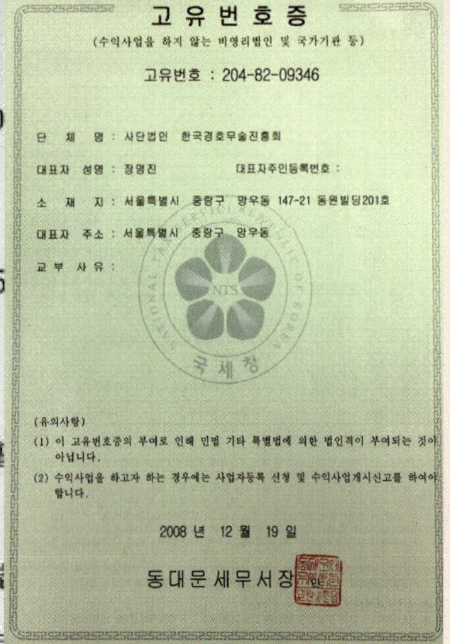

제2008- 12 호

법인설립허가증

□ 법 인 명 : 사단법인 한국경호무술진흥회
□ 소 재 지 : 서울특별시 중랑구 상봉동 116-20
□ 대 표 자

　성 명 : 장 명 진
　주 소 : 서울 중랑구 망우동 354-39 5

주민등록번　　　　　****

□ 허가조건

1. 법인의 설립목적 달성과 목적사업의 원활
   및 정관의 제 규정을 준수하여야 함

2. 다음 각 호에 해당된다고 인정될 때에는 법

　가. 정관변경 허가 없이 기본재산을 임의로
　나. 정관변경 허가 없이 수익사업을 행하는 경우
　다. 정당한 이유 없이 설립허가를 받은 날로부터 6월 이내에 목적
　　　사업을 개시하지 아니할 때

민법 제32조 및 문화관광부 및 문화재청 소관 비영리법인의 설립 및 감독에
관한 규칙 제4조의 규정에 의하여 위 비영리 체육법인의 설립을 허가합니다.

2008년 8월 11일

서울특별시장

고유번호증
(수익사업을 하지 않는 비영리법인 및 국가기관 등)

고유번호 : 204-82-09346

단 체 명 : 사단법인 한국경호무술진흥회
대표자 성명 : 장명진　　　대표자주민등록번호 :
소 재 지 : 서울특별시 중랑구 망우동 147-21 동원빌딩201호
대표자 주소 : 서울특별시 중랑구 망우동
교 부 사 유 :

(유의사항)
(1) 이 고유번호증의 부여로 인해 민법 기타 특별법에 의한 법인격이 부여되는 것이
　　아닙니다.
(2) 수익사업을 하고자 하는 경우에는 사업자등록 신청 및 수익사업개시신고를 하여야
　　합니다.

2008 년 12 월 19 일

동대문세무서장

기획재정부 공익성기부금 대상단체 지정 II

● 사)한국경호무술진흥회 공익성기부금 대상단체로 지정(기획제정부 공고 제2008-157호)

번호	대상단체명	소관부처	지정일	지정기간
1314	(사) 기후변화에너지대책포럼	기획재정부	2008-12-30	2013-12-31
1315	(사) 국제외교안보포럼	외교통상부	2008-12-30	2013-12-31
1316	(사) 한국로하스협회	환경부	2008-12-30	2013-12-31
1317	(사) 한국-라오스 친선협회	외교통상부	2008-12-30	2013-12-31
1318	(사) 국제환경개발연대	외교통상부	2008-12-30	2013-12-31
		노동부	2008-12-30	2013-12-31
		노동부	2008-12-30	2013-12-31
		서울시 체육진흥과	2008-12-30	2013-12-31
1331	(사) 한국경호무술진흥회	서울시 체육진흥과	2008-12-30	2013-12-31
1332	(사) 아시아경제공동체재단	외교통상부	2008-12-30	2013-12-31
1333	(사) 한국여성장애인연합	보건복지가족부	2008-12-30	2013-12-31
1334	(사) 전국모범운전자연합회	경찰청	2008-12-30	2013-12-31
1335	(재) 새정책연구소	경제정책국	2008-12-30	2013-12-31
1336	(재) 다음세대재단	문화체육관광부	2008-12-30	2013-12-31
1337	(재) 서재필기념회	문화체육관광부	2008-12-30	2013-12-31
1338	(재) 엄홍길휴먼재단	서울시	2008-12-30	2013-12-31
1339	(사) 한국가톨릭의료협회	보건복지가족부	2008-12-30	2013-12-31
1340	(재) 서비스포피스	행정안전부	2008-12-30	2013-12-31
1341	(사) 한구석밝히기실천운동본부	행정안전부	2008-12-30	2013-12-31
1342	(사) 한국미래포럼	행정안전부	2008-12-30	2013-12-31
1343	(사) 신천년새생활국제협회	행정안전부	2008-12-30	2013-12-31
1344	(사) 소리나눔	보건복지부	2008-12-30	2013-12-31
1345	(사) 몽양여운형선생기념사업회	국가보훈처	2008-12-30	2013-12-31
1346	(사) 대한의열단기념회	국가보훈처	2008-12-30	2013-12-31
1347	(사) 동천남상목의병장기념사업회	국가보훈처	2008-12-30	2013-12-31

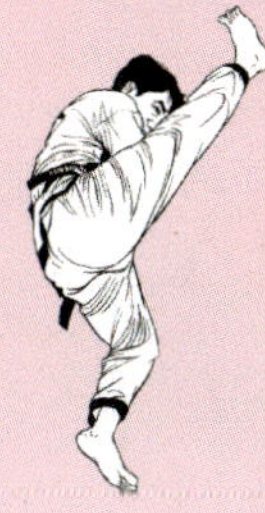

Ⅱ 진흥회 법인 출범식

● 한국경호무술진흥회 법인 출범식 기념<전국 지원장들과 함께>

●● 사단법인 한국경호무술진흥회 출범식 행사

epoch
2008年

● 수도방위사령부 초청 창시자 부대 방문해 박정이사령관 접견

●● 수도방위사령부 초청 창시자 헌병단 특별경호대 방문해 경호무술시범 참관

epoch
2008年

‖ 창시자 경호부대 초청 경호무술시범 참관

● 헌병특별경호대 특수임무대원들의 경호무술 시범

●● 육군본부 정훈공보처 보도자료

수도 서울 안전 우리가 지킨다 !”

수방사 헌병 특수임무대 '대테러 및 재해재난구조 작전' 시범 실시

육군수도방위사령부는 5월 14일(14:00) 헌병단 연병장에서 사령관(중장 박정이) 주관으로 수도권 대테러 대비 및 재해재난구조 임무수행 상태를 점검하는 특수임무대의 작전시범을 실시한다.

이번 시범은 각종 테러위협에 대비하여 대테러작전 수행능력을 점검하고, 예기치 못한 국가적 차원의 재해재난과 관련된 일반 재해재난구조 임무를 체계화하기 위한 것이다.

이날 시범은 합참, 육군본부, 육군수사단 등 군의 대테러 업무담당관과 국정원, 경찰, 소방방재청(119구조대), 국제경호협회 등 유관기관 관계자와 장병 등 1,000여명이 참관한 가운데 진행된다.

epoch
2008年

해외 대표부 승인 II

● 브라질대표부장, 아르헨티나대표부장, 창시자, 아르헨티나북부지부장

경호무술 8
지도자론

●● 아르헨티나 대표부장
TAJES FRANCISCO OSCAR

●●● 브라질대표부장
NUNES LUIZ CEZAR

●●●● 아르헨티나북부지부장
HEEINZ JORGE ANIBAL

epoch

2008年 ‖ 산학협력 약정

● 초당대학교와 산학협력 약정

산학협력 약정서

사단법인 한국경호무술진흥회와 초당대학교 경호비서학과는 산학협동차원에서 상호협력 지원하며, 사단법인 한국경호무술진흥회는 시설 및 연구·개발등에 대하여 초당대학교 경호비서학과에 편의를 제공하고 사단법인 한국경호무술진흥회는 보유하고 있는 연구인력, 시설 및 위탁교육등 상호발전을 위해 제공할 수 있는 제분야에 대하여 적극지원 협력함을 목적으로 다음과 같이 약정서를 체결한다.

1. 사단법인 한국경호무술진흥회와 초당대학교 경호비서학과는 다음과 같은 분야에서 상호협력지원한다.
   가. 연구시설, 연구인력, 공동연구개발에 관한 사항.
   나. 기술개발, 정보분석 및 기업경영진단, 지도 등에 관한 사항.
   다. 실험실습 및 사내제...
   라. 기타 필요하다고 인...

2. 사단법인 한국경호...
   신뢰를 바탕으로 본 산...
   서에서 지정하지 않은...
   협의 결정하도록 한다.

3. 사단법인 한국경호...
   을 체결한 날로부터 산...
   국경호무술진흥회와...
   협력을 유지하기 어렵...
   다.

2...

사단법인 한국경호무술진흥회   초 당 대 학 교

회 장 장 명 ○○○   총 장 최 ○○○

경호무술세미나 II

↑ 창시자 앞줄 정중앙

● 2008 전국경호무술세미나<전국지원장 대상>

Ⅱ 충주세계무술축제 홍보 참가

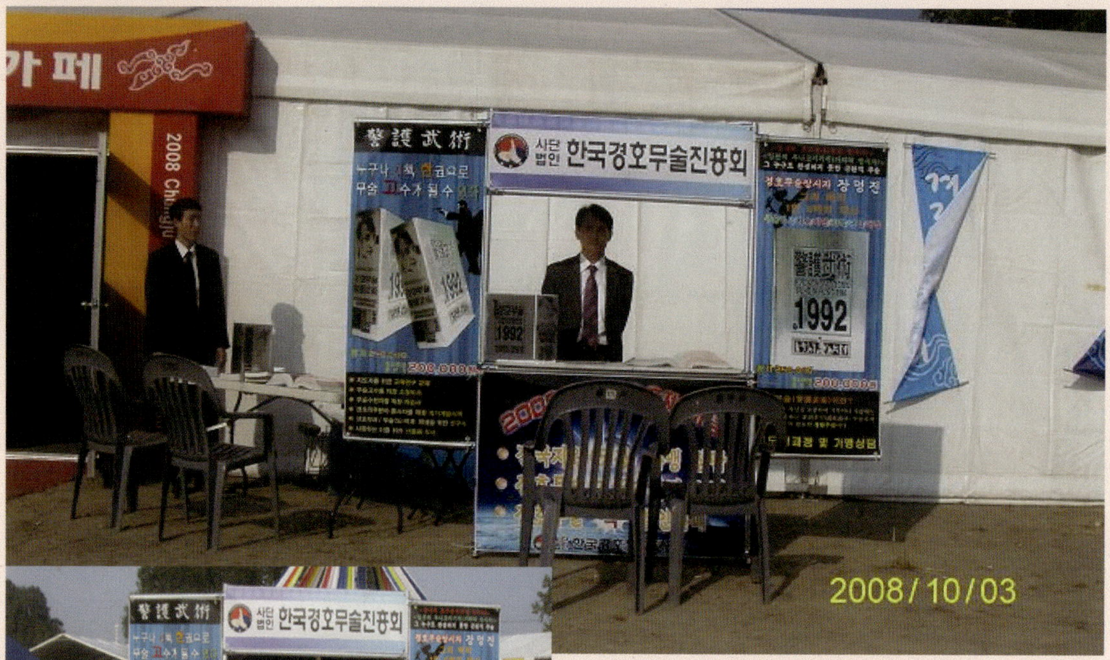

● 제11회 세계무술축제 홍보 참가

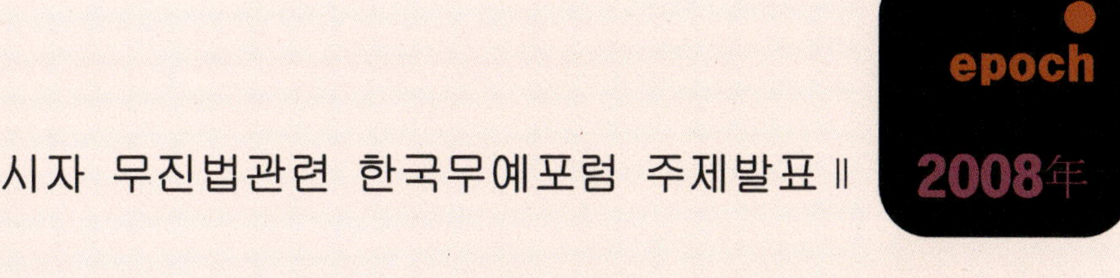

창시자 무진법관련 한국무예포럼 주제발표 II

창시자 우측에서 2번째 ⇑

● 창시자, 한국무예포럼 전통무예육성종목 지정의 선정기준과 방법 주제발표

●● 창시자, 경호무술 전통무예진흥법에 의한 지정이란 주제로 발표 및 토론

357

Ⅱ 무예 세미나 참가

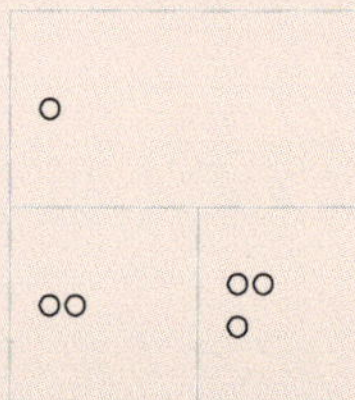

● 전통무예진흥과 무술올림픽 창건 세미나(국회의원회관)
　<전통무예진흥법 대표발의자 이시종국회의원과>

●● 한국무예포럼 창립기념식(국회)
　<포럼 창립 회원단체가입>

●●● 2008 충주세계무술축제 세미나(충주시)
　<선문대학교 최종균교수와>

창시자 경호무술 책 무예연구자료로 무료기증 II

● 전통무예연구자에 경호무술책 무료기증<전통무예진흥과 무술올림픽 창건 세미나>

94년부터 경호무술, 경호실무 책 무료증정
무예단체 경호무술, 경호실무 500권 기증
청소년도서센터 경호무술 책 300권 기증
대학도서관 500여권 기증
대학 관련전공학과 교수 1,000여권 기증
태권도진흥재단 경호무술책 및 자료 기증
세계무술박물관 경호무술책 및 자료 기증
군부대,경찰청,대통령경호실,국회경비실,국무
총리실경호팀 등 경호직무기관 1,000여권 기증

경호무술

‖ 창시자 경호무술책 무예연구자료로 무료기증

● 전통무예연구자에 경호무술책 무료기증<2008 충주세계무술축제, 학술세미나 기념>

●● 전통무예연구자에 경호무술책 무료기증<제3회 한국무예포럼 기념>

위키백과사전 등재 II

경호무술 8
지도자론

문서　토론　편집 0　역사

위키백과
우리 모두의 백과사전

찾기

[　　　] [가기] [찾기]

둘러보기
- 대문
- 사용자 모임
- 요즘 화제
- 최근 바뀜
- 임의 문서로
- 도움말
- 기부 안내

도구모음
- 여기를 가리키는 글
- 가리키는 글의 바꿈
- 특수 문서 목록
- 인쇄용 문서
- 고유링크
- 이 문서 인용하기

경호무술

위키백과 – 우리 모두의 백과사전.

경호무술(警護武術)는 호위호신무술로서 1992년에 대한민국에서 장명진(張明鎭)이 창시했다.[1]

창시자에 따르면 경호무술이란 자신을 포함하여 경호대상에 대하여 가해져오는 각종 공격 및 위험요소로부터 신체 및 생명을 보호해주는 "호위호신무술"로 정의된다.[2]

목차 [숨기기]
1 요약
2 경호무술의 어원
3 경호무술의 특징
4 주석

요약 [편집]

경호무술은 창시자에 의해 경호실무(창시자는 경호전문가로 최초의 경호학전문서인 《경호실무》의 원작자이기도 하다.)를 기초로 호위호신무술을 연구하여 기존에 없는 새로운 무술을 독창적이고 정형화되어 체계화된 무술체계, 즉 무(武)적 공법,기법,격투체계 등을 갖춘 무술로 창시되게 되었다.

경호무술의 어원 [편집]

경호무술(警護武術)은 "호위하여 지킨다"는 뜻으로 경호(警護)와 무술(武術)의 두 단어를 합성한 합성어이다. 경호무술이란, 다시 말해 경호원(자신)이 보호해야할 경호대상에게 위험이 존재하거나 경호대상에 대한 신체 및 생명에 대하여 물리적 공격위험으로부터 기술적으로 공격자를 무력화 하여 제압할 수 있는 호위호신무술(護衛護身武術)이란 뜻으로 무술명을 창안(創案)하여 창시자가 경호무술이라 명명하게 된 것이다.

(1) 경호 (警 경계할 경 護 호위할 호)

　경호란 경호대상자(의뢰자)의 신변에 직접또는 간접적으로 가해지는 신체및 생명위험을 방지하고, 제거하기 위해 경호활동에 필요한 정보,첩보수집 및 인원,장비운영을 통한 경계활동까지를 포함하여 경호대상의 안전을 도모하는 것을 말한다.

(2) 무술 (武 굳셀 무 術 꾀 술)

　무술이란 일반적으로 손,발등의 신체부위 또는 무기를 이용하여 공격해 오는 적을 분쇄하여 무력하게 하거나, 제압할 수 있는 싸움, 격투기술을 말한다.[3]

경호무술의 특징 [편집]

경호무술은 1992년경호실무(警護實務)를 기초로 호위호신개념으로 연구,창안,개발하여 창시된 무술이다. 경호직무수행자 및 일반 사회인이 체력을 쌓고 자신 및 사랑하는 사람,가족 등을 보호할 수 있는 패밀리(family)무술로 보급되고 있다. 경호무술은 태권도, 유도등과 같이 두 선수가 맞붙어 승부를 가리는 경기형식이 아닌 혼자 또는 팀,패밀리(가족) 단위로 공격자의 위협으로부터 자신을 방어(防禦)하고 경호대상(가족, 지켜주고싶은이)을 보호(保護)하는"호위호신(護衛護身)무술"이라는 점이 가장 큰 특징이다.

경호무술의 문헌적 정립이 본격적으로 이루어진 시기는 1984년으로 창시자에 의해 호위호신무술인 경호무술의 기술체계(技術體系)를 정형화(定形化)하여 정립하고 창시자가 직접 무술창안,기술체계정립, 저술, 시연하여 이를 집대성함으로써 경호무술이 독창적으로 정형화되고 체계화된 대한민국이 종주인 창시무술로 무술의 원형 그대로 보급되어 알려지게 되었다.[4][5]

‖ 위키인물, 위기낱말 사전 등재

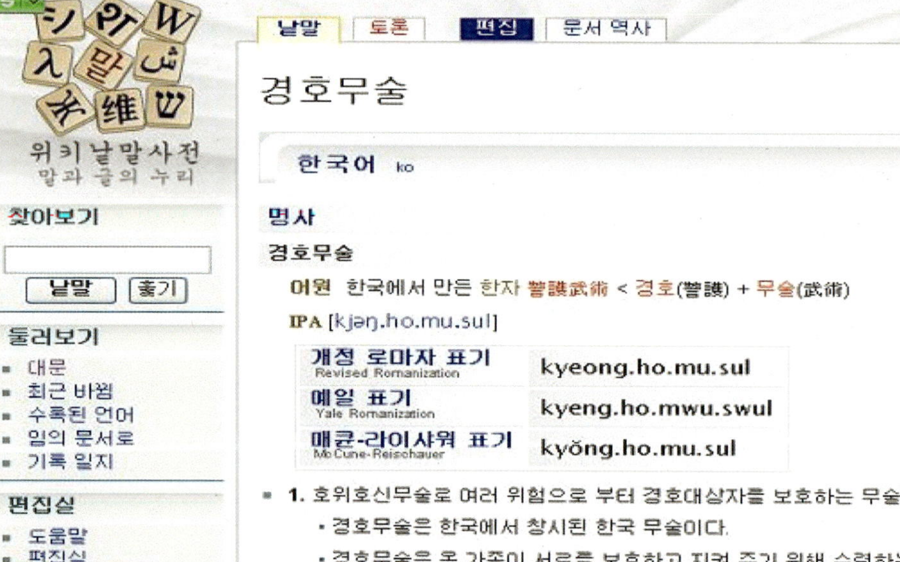

● 창시자 위키백과 인물사전 등재

●● 경호무술 위키낱말사전 등재

창시자 경호자격제도 민간자격 등록 II

제 2008-0008 호

민 간 자 격 등 록 증

1. 민간자격관리기관: 국제경호협회

2. 사업자등록번호: 204-82-69117

3. 소재지: 서울특별시 중랑구 망우동 147-21 동원빌딩 201호

4. 대표자
성   명: 장명진
생 년 월 일: 1968-05-10
주   소: 서울특별시 중랑구 망우동 355-8

5. 등록 민간자격 종목 및 등급: 경호원 자격증 1,2,3급

6. 등록에 따른 이행 조건:
가. 등록한 민간자격을 허위 또는 과장 [...]
처벌받을 수 있음.
나. 등록한 민간자격은 등록 유효기간 [...]
청시 자동 등록 말소)
다. 등록한 민간자격의 종목 및 등급에 [...]
청하여야 함.

7. 등록 유효기간: 2008. 7. 28 ~ 2011. 7. [...]

「자격기본법」 제17조제2항과 같은 법 [...]
을 증명합니다.

2008년   7월 [...]

한 국 직 업 능 력 [...]

● 경호원자격증
1급, 2급, 3급

제 2008-0009 호

민 간 자 격 등 록 증

1. 민간자격관리기관: 국제경호협회

2. 사업자등록번호: 204-82-69117

3. 소재지: 서울특별시 중랑구 망우동 147-21 동원빌딩 201호

4. 대표자
성   명: 장명진
생 년 월 일: 1968-05-10
주   소: 서울특별시 중랑구 망우동 355-8

5. 등록 민간자격 종목 및 등급: 경호사 자격증 1,2,3급

6. 등록에 따른 이행 조건:
가. 등록한 민간자격을 허위 또는 과장 광고하는 등의 행위는 관련법령에 의거 처벌받을 수 있음.
나. 등록한 민간자격은 등록 유효기간 만료이전에 재등록 신청하여야 함.(미신 청시 자동 등록 말소)
다. 등록한 민간자격의 종목 및 등급에 따르는 명칭을 변경할 경우 변경등록 신청하여야 함.

7. 등록 유효기간: 2008. 7. 28 ~ 2011. 7. 27(3년간)

「자격기본법」 제17조제2항과 같은 법 시행령 제23조제3항에 의거 등록하였음을 증명합니다.

2008년   7월   28일

한 국 직 업 능 력 개 발 원 장

●● 경호사자격증
1급, 2급, 3급

‖ 무카스미디어, 무예신문

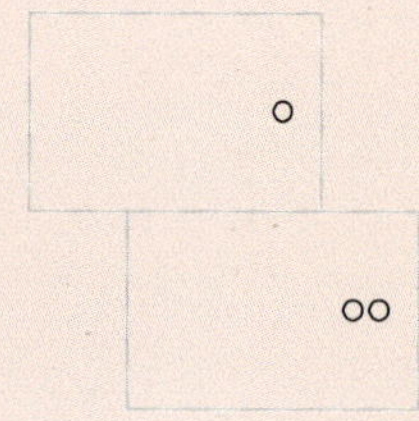

● 무예신문

●● 무카스 미디어

한국무예포럼(이하 무예포럼)이 오는 10월 25일 오후 2시부터 서울 송파구민회관 대강당에서 '제3차 한국무예포럼'을 개최한다. 이번 포럼은 '전통무예육성종목 지정의 기준과 방법'이란 주제로 진행될 예정이다.

특히 올 초 제정된 전통무예진흥법(이하 무예진흥법)의 부작용에 대해 심도 있게 논의할 계획이다. 무예포럼 측은 "불과 5개조로 구성된 이 법은 많은 쟁점을 안고 있을 뿐 아니라 법해석상 논란의 여지가 많아 향후 법 시행에서 부작용이 나타날 수 있다"며 "이에 이수성 전 국무총리가 중심이 된 '무예포럼'이 무예계의 화합과 대통단결하는 모습을 소통을 통해 이끌어 내겠다"고 말했다.

이번 포럼의 사회 및 기조발표는 이용복(세계택견본부 총사) 무예포럼 총무가 맡는다. 또 토론자로 김정호(55, 세계해동검도연맹 총재), 임동규(69, 24반무예협회 총재), 장경진(48, 한국경호무술진흥회 회장), 김창선(52, 세계특공무술협회 총회장), 이일재(45, 전북대 체육학박사), 김호재(69, 세계태권무도연맹 총재), 공시영(51, 국술원 학술위원장), 명성광(45, 재남무술원 합기도 원장) 등 8명이 나선다.

epoch
2009年

● 자격기본법에 의거 국무총리실 산하 한국직업능력개발원에 경호무술자격 등록
자격의 종류 및 등급 : 경호무술 1단~9단 / 경호무술지도자 1급, 2급, 3급

제 2009-0171 호

민 간 자 격 등 록 증

1. 민간자격관리기관 : (사)한국경호무술진흥회

2. 사업자등록번호 : 204-82-09346

3. 소재지 : 서울 중랑구 망우동 147-21 동원빌딩 201호

4. 대표자
성   명 : 장명진
생 년 월 일 : 1968-05-10
주   소 : 서울 중랑구 망우동 355-8

5. 등록 민간자격 종목 및 등급 : 경호무술 1단 ~ 9단, 지도자 1급 ~ 3급
6. 등록에 따른 이행 조건 :
  가. 등록한 민간자격을 허위 또는 과장 광고하는 등의 행위는 관련법령에 의거 처벌받을 수 있음.
  나. 등록한 민간자격은 등록 유효기간 만료이전에 재등록 신청하여야 함. (미신청시 자동 등록 말소)
  다. 등록한 민간자격의 종목 및 등급에 따르는 명칭을 변경할 경우 변경등록 신청하여야 함.

7. 등록 유효기간 : 2009. 8. 6 ~ 2012. 8. 5(3년간)

「자격기본법」 제17조제2항과 같은 법 시행령 제23조제3항에 의거 등록하였음을 증명합니다.

2009년 8월 6일

한 국 직 업 능 력 개 발 원 장

‖ 창시자 한국경호무술진흥회
  별도 법인 사무소 개소

◆ 창시자 집무실 ⇒

<2009년 1월 진흥회 법인사무소 개소>
서울시 중랑구 망우본동 147-21호 2층

◆ 중앙사무소 내외부 전경⇓

epoch
2009年

경호무술 8
지도자론

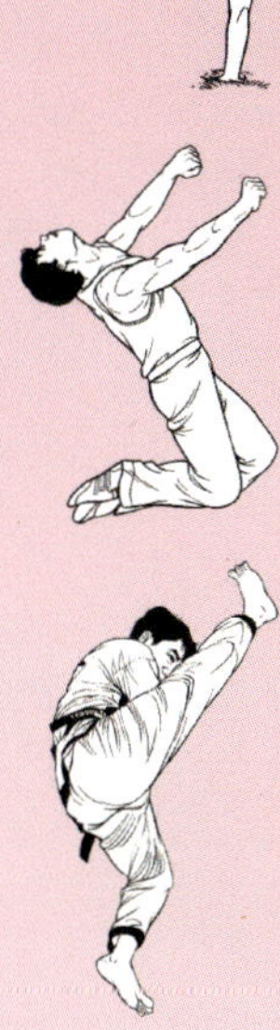

‖ 국방부 전역(예정)간부 취업박람회

● 국방부 전역(예정)간부 취업박람회 참가 <매년 참가>

- 경호무술원 프랜차이즈 창업
- 경호원, 경호사 자격 연수
- 경호학과, 경찰학과, 군사학과 교수자원 양성
- 보안경호경비 취업 정보
- 국방부 지원 직업보도 교육과정

- 경호무술지도자 자격 연수
- 경호무술학과, 무도학과 교수자원 양성
- 무예산업 전망 및 취업 정보
- 경호회사 창업 정보

육군 기동대대 창시자 초청 경호무술 강의 Ⅱ

epoch
2009年

‖ 육군 57보병사단 창시자께 감사패 수여

epoch
2009年

전통무예원류적통자 모임 결성 및 활동 II

● 전통무예원류적통자 모임 결성을 위한 첫모임 기념<진흥회>

좌로부터 택견 정경화보유자님, 특공무술 장수옥총재님, 정도술 안호해총재님
경호무술 장명진회장님, 24반무예 임동규총재님, 선무도 설적운문주님

●● 이시종 국회의원 초청 간담회 ●●● 전통무예원류적통자지정 법안 국회 제출

●●●● 무예단체실태조사연구팀 간담회 ●●●●● 무진법 기본계획수립연구팀 간담회

Ⅱ 정부연구용역 공청회 참가

● 정부용역연구(무예단체실태조사) 공청회<올림픽파크텔>

● 전통무예단체 조직정비 방안 공청회 참가<슈페리어 본회의실>

창시자 경호무술 책 무예연구자료로 무료기증 II

Ⅱ 멕시코 가메즈사 대표 창시자 예방

● 멕시코 가메즈사 대표 창시자 예방

●● 멕시코 가메즈사 대표 및 실무자 진흥회 방분 창시자 예방
　　〈창시자 멕시코 초청 강습회, 경호무술 보급 및 지부 설립승인 등〉

창시자 중국국영중안보 총경리 초청 접견 Ⅱ

epoch
2009年

● 중국국영중안보 총경리 초청 창시자 방문 접견
<경호무술 및 경호교육훈련프로그램 도입 자문 교류>

●● 화위보안유한공사 창립행사 창시자 초청

‖ 교육인적자원부 미래의 직업 정보구축

● 교육인적자원부&한국직업능력개발원 미래의 직업 정보구축 사업 참여

미래의 직업세계 2009 > 직업편

➜ 직업인 인터뷰 – 경호원

┃ 성 명 : 이광남

┃ 소 속 : 국제경호협회

┃ 직 위 : 사무국 대리

· 인터뷰 일시 : 2008년 7월 17일 10:00-11:00

· 인터뷰 장소 : 국제경호아카데미

1. 직무소개

저는 행정업무, 현장 지휘 업무, 작전 지휘 업무 등을 하고 있습니다. 일반적으로 경호원의 업무는 삼권이라 불리는 인간의 생명권, 재산권, 자유권을 보호해 주는 업무를 하고 있습니다.

● 2009 미래직업박람회 참가 경호무술 시범<노동부>

● 도봉중학교 직업인과의 대화<무예산업과 경호산업 전망 및 직업정보 제공>

경호무술

epoch
2009年

∥청소년직업센터 초청 경호무술 지도

● 인천청소년직업센터 초청 경호무술지도<매년실시>

●● 경호무술지도자·경호원 직업 설명 ●●● 경호무술 기초와 원리 이론 강의

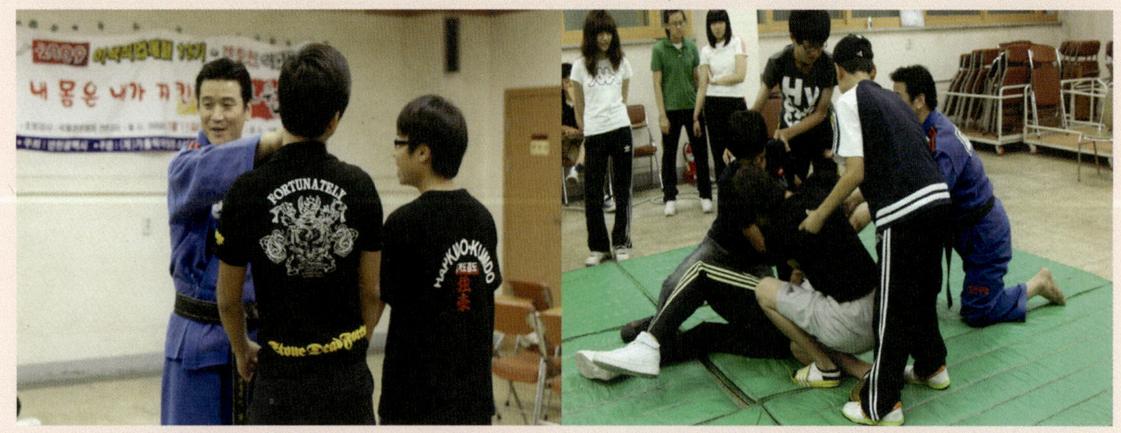

●●●● 호위호신술법 기본호신술 지도 ●●●●● 호위낙선법 팀호위낙법 지도

우정사업본부 사보 경호무술 취재 Ⅱ

epoch
2009年

경호무술8
지도자론

● 우정사업본부 사보 진흥회방문 취재

●● 경호무술 치안퇴치법 취재 우정사업본부 사보 수록<전국 1만5천부 배포>

‖ SBS 경호무술 방영

● SBS 생방송 좋은 아침 플러스원 경호무술편<창시자 및 시범단> 방영

●● 창시자 인터뷰

●●● 치안퇴치호신술<기본호신술, 제압해제역호신술, 차량납치시퇴치법 등>

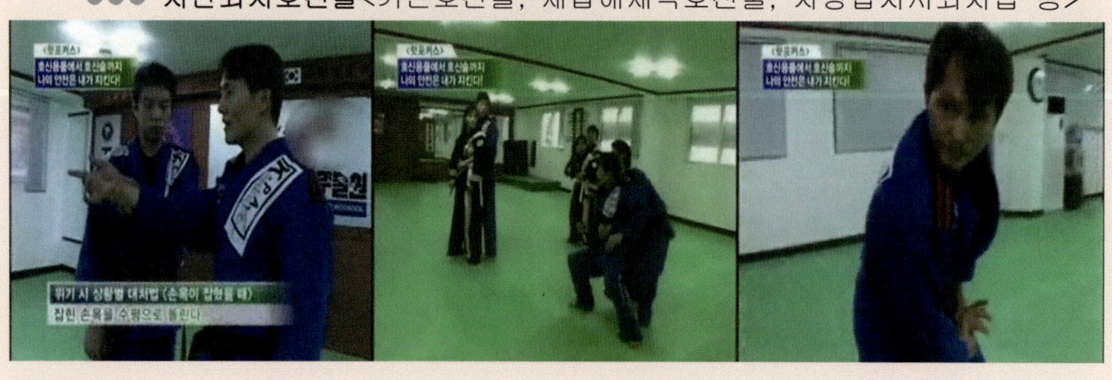

MBC 스포츠매거진 경호무술편 방영 II

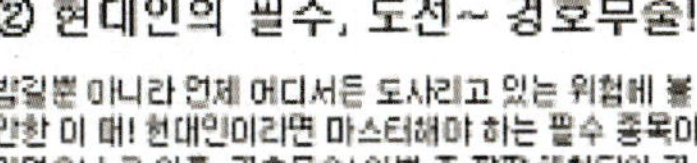

② 현대인의 필수, 도전~ 경호무술!

밤길뿐 아니라 언제 어디서든 도사리고 있는 위험에 불안한 이 때! 현대인이라면 마스터해야 하는 필수 종목이 있었으니 그 이름, 경호무술! 이번 주 팡팡 체험단이 경호무술에 도전합니다.

▶ MBC '스포츠매거진' [풀영상]

▲ 시간 : 8분 45초 / 제작일시 : 3월 23일

imnews@imbc.com 2009.03.23 10:19

[뉴스의 변화를 선도하는 MBC(www.imnews.com) 저작권자 ⓒMBC, 무단복제 및 전재·재배포 금지]

코너 다시보기
+ 베스트리포트
+ 집중취재
+ 현장출동
+ 연속기획
+ 클로징멘트
+ MBC논평
+ 이슈투데이
+ 스포츠투데이
+ 지구촌소식
+ 투데이매거진
+ 뉴스초점
+ 부동산&금융
+ 데스크영상
+ 투데이영상

MBC 스포츠매거진 스포츠팡팡 경호무술편<창시자 및 시범단> 방영

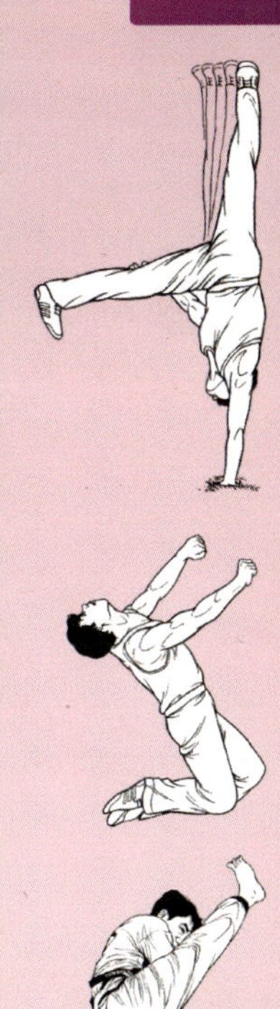

경호무술

‖ MBC 창시자 및 시범단 경호무술 지도 방영

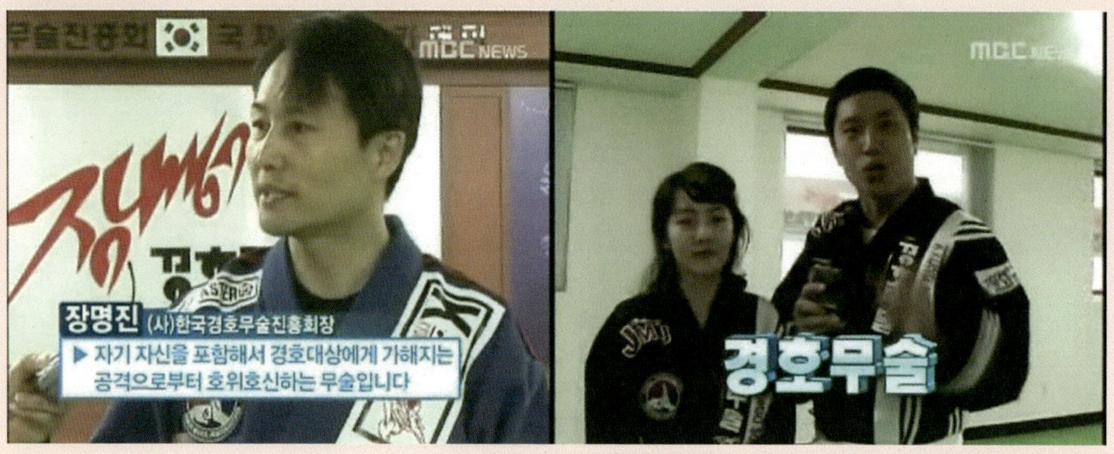

MBC 스포츠매거진 스포츠팡팡 경호무술편<창시자 및 시범단> 방영

국회 전통무예진흥법일부개정법률(안) 발의 Ⅱ

● 전통무예원류적통자모임 문화체육관광방송통신위원장 방문
  <전통무예원류적통자 지정에 관한 전통무예진흥법일부개정법률(안) 제정 요청>

●● 창시자, 대표로 문화체육관광부 방문 무진법 기본계획수립 정책건의안 제출
  <기본계획수립 및 전통무예원류적통자 지정을 위한 정책 건의안>

epoch 2010年

Ⅱ 전통무예진흥법 기본계획 수립 현안과제 토의

↑창시자 좌측 첫번째

● 전통무예원류적통자모임, 전통무예진흥기본계획수립 담당자와 만나 현안과제 토의

↓창시자 앞줄 좌측 첫번째

epoch 2010年

경호무술 8
지도자론

문화체육관광부 주최 전통무예진흥기본계획수립 토론회(올림픽파크텔)

경호무술

‖ 국방부 전역(예정)간부 취업박람회

● 국방부 전역(예정)간부 취업박람회 참가<매년 참가>

- 경호무술원 프랜차이즈 창업
- 경호원, 경호사 자격 연수
- 경호학과, 경찰학과, 군사학과 교수자원 양성
- 보안경호경비 취업 정보
- 국방부 지원 직업보도 교육과정
- 경호무술지도자 자격 연수
- 경호무술학과, 무도학과 교수자원 양성
- 무예산업 전망 및 취업 정보
- 경호회사 창업 정보

2010 진로/직업박람회 Ⅱ

● 교육과학기술부·고용노동부 주최, 고용정보원 주관 2010 진로/직업박람회 참가
<경호무술체험 및 경호무술시범, 대학진학 및 직업진로 상담>

경호무술 8
지도자론

‖ 한국고용정보원장 감사장

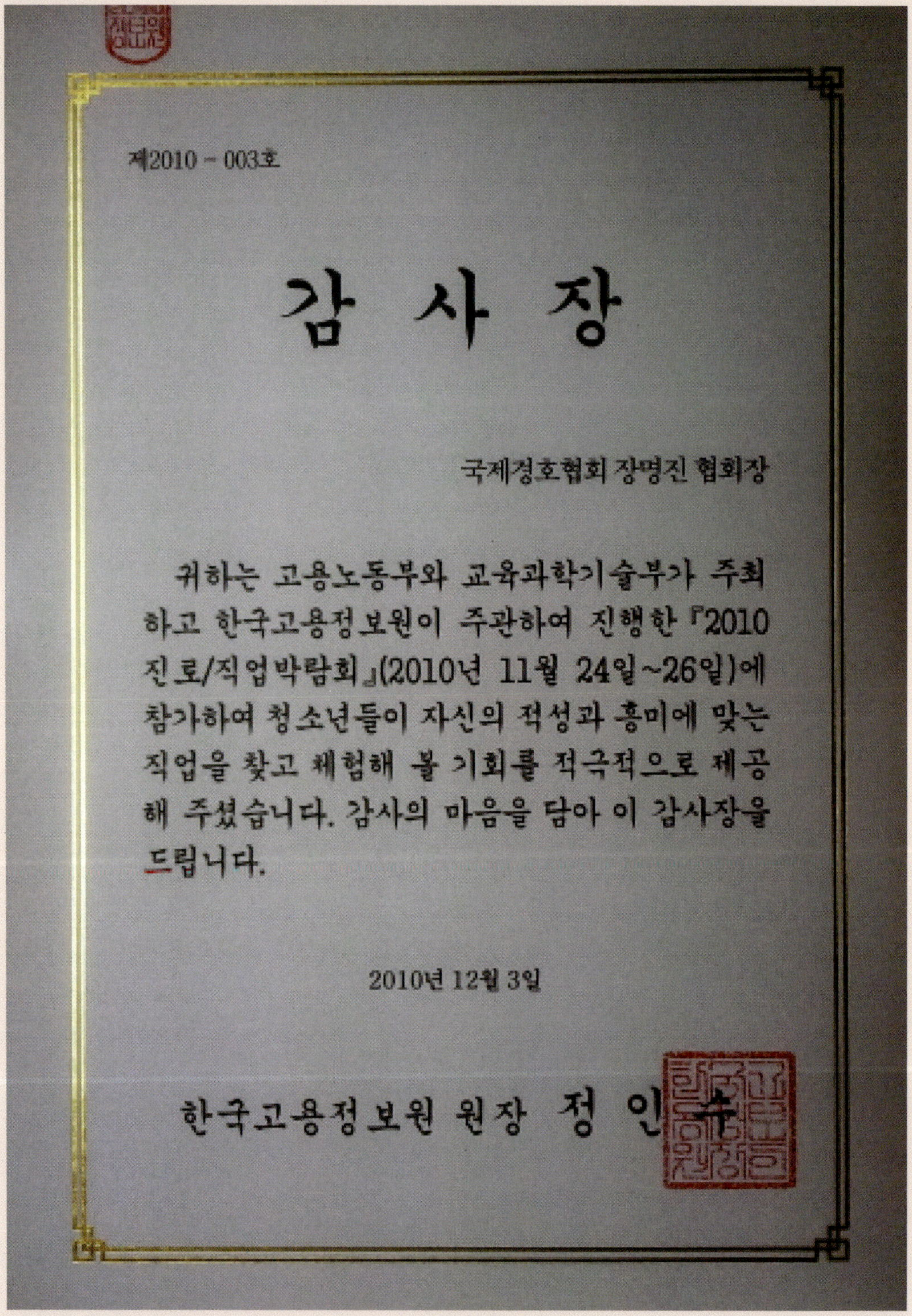

제2010 - 003호

감 사 장

국제경호협회 장명진 협회장

귀하는 고용노동부와 교육과학기술부가 주최하고 한국고용정보원이 주관하여 진행한 『2010 진로/직업박람회』(2010년 11월 24일~26일)에 참가하여 청소년들이 자신의 적성과 흥미에 맞는 직업을 찾고 체험해 볼 기회를 적극적으로 제공해 주셨습니다. 감사의 마음을 담아 이 감사장을 드립니다.

2010년 12월 3일

한국고용정보원 원장 정 인 수

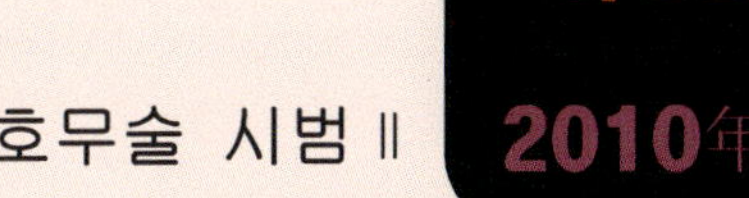

송곡고등학교 축제 경호무술시범단 시범공연

‖ 제주관광대학 진흥회 견학

<전통무예진흥법에 의한 무예문화콘텐츠산업의 전망 강연>

경호무술 8
지도자론

<경희여자중학교 진흥회 중앙연수원 견학 경호무술 체험>

Ⅱ 창시자 세계일보 전면기사

세계일보　기획　세계일보 2010년 1월 5일 화요일 제21면 21

타인을 위한 '살신성인의 무술'… 근대들어 꽃피워

국가원수·주요인물 등 경호 성패가 역사의 운명 좌우
86아시안게임 계기 젊은무술인 장명진씨가 산파 역할
보이지 않는 적을 향한 무술… 특공무술과 다른 철학 필요
예상치 못한 무기 공격 등 대비 프로그램 구비는 필수

한국의 현대적 경호무술은 의외로 젊은 무술인 장명진(張明鎭)씨에 의해 탄생했다고 하면 놀랄 것이다. 경호무술은 1986

전통무예진흥법 일부개정법률(안) 제정 요청 Ⅱ

● 국회 문체위원회 양당간사 방문 전통무예진흥법 일부개정법률 통과 요청
  <전통무예원류적통자모임 간사 장명진, 민주당간사 김재윤국회의원에 전달>

●● 국회 문체위원회 소속 위원 방문 전통무예진흥법 일부개정법률 통과 요청
  <전통무예원류적통자모임 간사 장명진, 한나라당위원 진성호국회의원에 전달>

epoch 2011年

Ⅱ 전통무예지도자 양성지침개발 연수실무자 회의

● 무진법 전통무예지도자 양성 지침 개발 연수실무자 회의 참가(체육과학연구원)
  〈경호무술지도자 연수과정 및 교육프로그램 발표〉

epoch
2011年

● 전통무예진흥법 전통무예 지도자양성 기본방향 설정 공청회(올림픽파크텔)

epoch
2010年

‖ 2011년도 전역(예정)간부 취업박람회

● 국방부 주최 2011년도 전역(예정)간부 취업박람회 참가

- 경호무술원 프랜차이즈 창업
- 경호원, 경호사 자격 연수
- 경호학과, 경찰학과, 군사학과 교수자원 양성
- 보안경호경비 취업 정보
- 국방부 지원 직업보도 교육과정

- 경호무술지도자 자격 연수
- 경호무술학과, 무도학과 교수자원 양성
- 무예산업 전망 및 취업 정보
- 경호회사 창업 정보

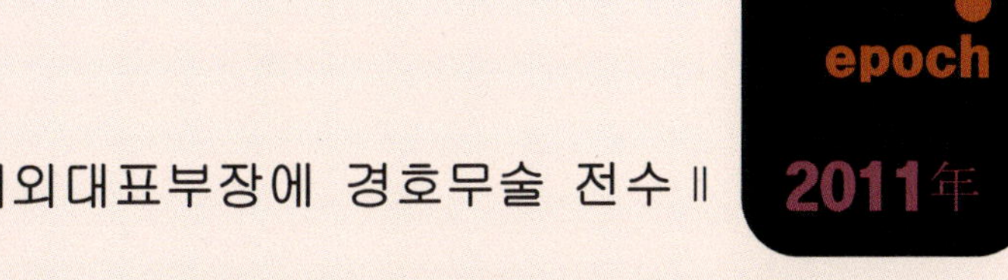

창시자 해외대표부장에 경호무술 전수 ‖

<아르헨티나 대표부장 오스카 해외지도자 보수교육참가, 창시자 직접 전수>

‖ 창시자 해외 경호무술지도자 보수교육 지도

<경희여자중학교 진흥회 중앙연수원 견학 경호무술 체험>

8. 경호무술 지도자론

경호무술 8
지도자론

경호무술

2011년 2월 8일 한국학술정보(주)
ISBN 978-89-268-1805-3 (Paper Book)
ISBN 978-89-268-1806-0 (e-Book)

‖ 창시자 최신판 경호실무 전3권 출판

2011년 최신판 경호실무 전3권(1,167page)
제1권(407p), 제2권(375p), 제3권(385p)

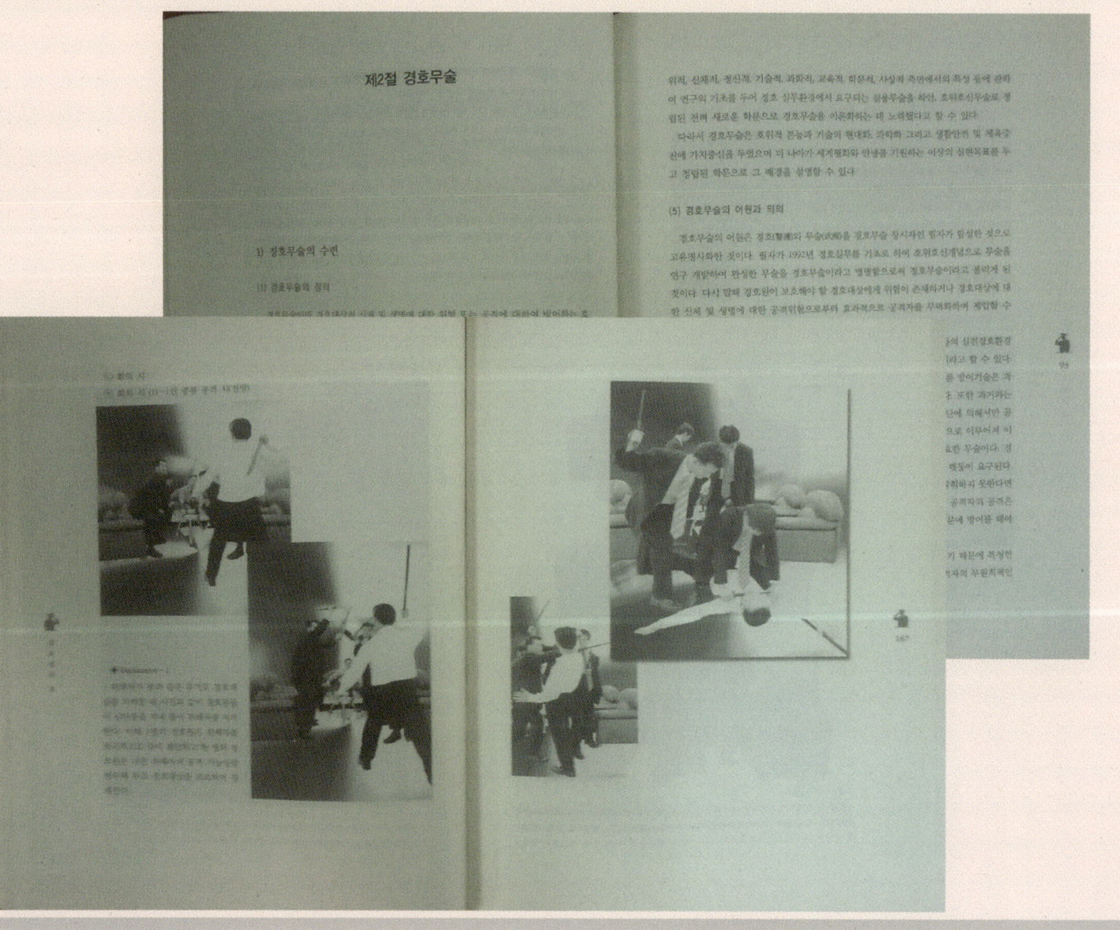

MBC 라디오 아이러브스포츠 경호무술 전파 Ⅱ

● MBC 표준FM(95.9MHz) "아이러브스포츠"프로에 경호무술 전파 방송

epoch 경호무술
20년

‖1991년 국제경호아카데미 개원 ~ 2011 현재까지 유지

● 개원 당시(초기) 내부전경　　　　　　　⇑창시자 집무실

<1991년 12월 개원하여 2011년 현재까지 운영되고 있음>
서울특별시 중랑구 신내동 472-3 선룡빌딩

●● 2011년 현 내부전경

1994년 중앙회 사무소 개소 II

◆ 창시자 집무실 ◆

<서울시 중랑구 망우동 357-18 2층 전관, 1994년 11월부터 ~ 2005년 12월>

◆ 소강의실(회의실) ◆   ◆ 대강의실 ◆

◆ 사무직원 사무실 ◆

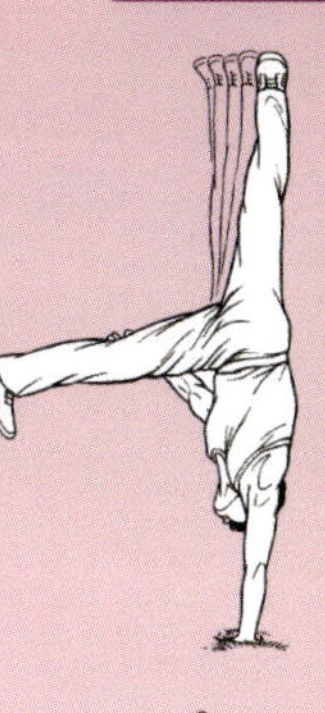

epoch◉ 경호무술

20년

‖ 2006년 중앙사무소 이전

<2006년 3월 이전>

서울시 중랑구 상봉동
중랑우체국 BD / 6층

⇑ 창시자 집무실 ◆

◆ 중앙사무소 내외부 전경 ⇓

2009년 한국경호무술진흥회 별도 법인 사무소 개소 Ⅱ

◆ 창시자 집무실 ⇒

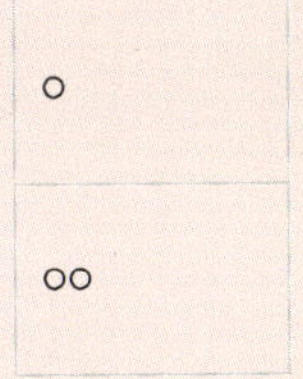

<2009년 1월 진흥회 법인사무소 개소>
서울시 중랑구 망우본동 147-21호 2층

◆ 중앙사무소 내외부 전경 ⇓

경호무술창시자 시연모습

경호무술

경호무술

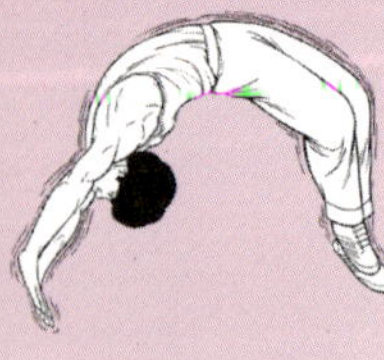

경호무술 8
지도자론

경호무술

8. 경호무술 지도자론

경호무술 8
지도자론

경호무술

경호무술

경호무술 8
지도자론

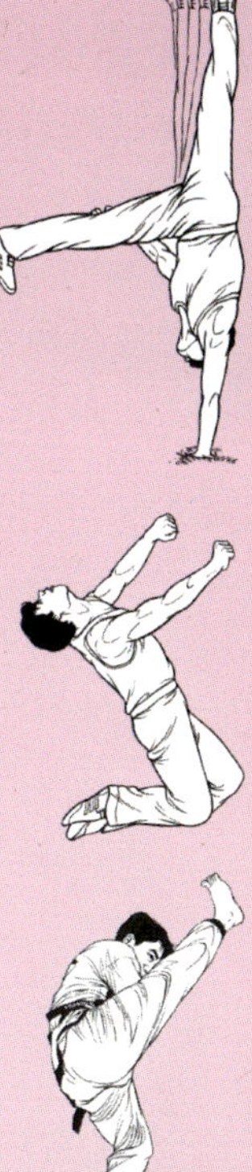

경호무술

경호무술

경호무술 8
지도자론

경호무술 8
지도자론

경호무술

경호무술 8
지도자론

경호무술 용어해설

경호무술 용어해설

경호무술: 자기 자신을 포함하여 경호 대상에 대하여 가해져 오는 공격으로부터 신체 및 생명을 보호해주는 호위호신무술.

경호: 경호대상자의 신변에 직접 또는 간접적으로 가해지는 신체 및 생명 위협을 방지하고, 제거하기 위해 경호활동에 필요한 정보, 첩보수집 및 인원, 장비 운영을 통한 경계활동까지를 포함하여 경호대상의 안전을 도모하는 것.

무술: 손 발등의 신체부위 또는 무기를 이용하여 신법, 두법, 수법, 족법, 무법 등으로 체계화된 공방기술로 수련하는 격투기술.

경호대상자: 일신상의 이유로 신변보호를 받아야 할 대상으로 지정된 인물(사람).

경호환경: 경호 대상에 대한 모든 위험요소로부터 안전 유무를 확인하고 필요한 대책을 통한 환경을 확보하는 것.

원복: 무술원에서 입는 단체복(유니폼)

1. 지도자론 용어 해설

경호무술의 3원칙: 경호무술 원리로 한 기술 목표.

경호무술의 윤리강령: 경호무술인이 지켜야 할 책임.

경호무술지도자정신: 경호무술지도자가 지켜야할 지혜와 도리.

경호무술지도목표: 지도자의 책임.

경호무술지도방향: 과학적이고 체계적인 교육.

경호무술교육방침: 교육의 솔선 지식 기술.

경호무술덕목: 배려, 솔선, 모범, 책임, 리더십을 갖는 것.

지도자의 훈계: 지도자가 갖추어야 할 의무와 책임.

경호무술지도자의 의의: 지도자로서 갖추어야 할 총론.

경호무술지도자의 자질: 지식, 기술, 윤리 수준.

경호무술지도자의 정신자세: 모든 역량을 집중.

경호무술지도자상: 모든 이에게 모범이 되어야 함.

무술수련: 심신을 단련하는 것.

경호무술지도: 교육훈련계획 및 실시.

지도의 동기: 자기계발을 통한 자신감과 수련생에게 동기 부여.

경호무술역사: 경호무술 창시 및 기원.

경호지식: 경호직무에 필요한 지식과 기술.

경호무술지도 훈: 평화 및 생명존중과 같은 가치 인식.

경호무술지도방법: 경호무술 지도하는 요령 또는 기법.

경호무술수련과정: 단계에 따라 변화하는 신체정신 기술의 성장.

수련생: 경호무술을 입문해 배우는 원생.

수련생의 특징: 경험, 연령, 체력, 동기.

경호무술수련과정의 동기부여: 개인별 흥미 도출.

경호무술수련환경: 시설, 거리, 지도자, 연령층조건.

경호무술교육내용: 이론 및 실기 프로그램.

경호무술 이론지도: 무적기법공법 격투체계에 대한 지식교육.

경호무술 실기지도: 무적기법공법 격투체계에 대한 기술교육.

경호무술시범식지도: 지도자가 직접 시연해 보여 지도하는 형식.

지도시간: 정해진 경호무술 수련시간.

경호무술 기술지도: 경호무술기술체계에 대한 실기지도.

수련생 기술 습득과정: 무급과정, 유급과정, 유단과정과 수련단계에 따른 심신변화 과정.

부정인식: 수련생이 겪을 수 있는 어려움.

긍정인식: 수련생이 수련하며 좋게 반응하는 것.

기술인지 단계: 체험 또는 경험해야 느낄 수 있는 과정.

고정화단계: 심신이 적응되는 과정.

숙달과정: 기술에 대한 자신감이 형성되는 과정.

자동화단계: 흥미와 자신감이 분출되는 과정.

기본자세지도: 수련체계에 따라 기초기술을 교육하는 것.

체력단련지도: 경호무술을 배우기 위한 신체의 기초능력을 배양하는 지도.

수련생이 수련을 기피할 때: 수련생이 흥미를 잃었을 때 원인분석과 동기 및 흥미를 유발할 수 있는 여러 관리지침.

수련생 부상: 창상, 골절, 의식불명 시 응급조치 방법.

경호무술심사방법: 유급심사, 유단심사, 지도자심사, 평가방법 및 지침.

평가기준: 기술수준에 따른 평점 부여 방식.

무술원생활: 언행에 대한 습관 정도.

무술관: 창시자가 갖는 무예에 대한 생각 또는 관념.

무술의 본질: 무술은 싸움기술로 싸우지 않으려면 힘을 길러야 한고 싸우게 되면 이겨야 하고 이기려면 무술을 익혀야 한다.

무술예술: 무예적 요소로 예술로 표현하는 것.

무술달인: 기술적으로 더 이상 배우거나 진전시킬 수 없는 높은 수준.

힘의 생성: 외적으로 분출시킬 수 있는 힘을 내적으로 형성시키는 것.

무술전략전술: 무술마다 갖고 있는 기술체계는 전략과 전술을 기초로 연구되고 체계화 되는 것.

무술의 비법: 무술마다 숨겨진 원리.

비법의 근본: 과학원리를 기초로 체계화 됨.

정신비법: 마음의 안정과 집중.

기술비법: 기술체계, 수련체계, 수련단계 수련방법의 형식.

무술기술 : 무술은 정신보다도 기술이 중심이 되며 기술은 과학적으로 체계화 되지 않으면 쓸모가 없다.

사람을 쓰러뜨리는 기술: 상대의 중심을 무너트려 평형감각을 잃게 함.

착각과반사: 사물에 대한 오감은 착시를 잃으키고 이를 이용 할 수 있음.

무술심리: 상대방의 심신 건강상태 등을 읽거나 사용기술 또는 전략전술을 파학해 압도해야 함.

무술과 음악: 신체는 일정한 음파 흐름을 갖고 있으며 내외부 요인에 따라 크게 반응한다. 이를 이용해 무술을 수련하면 크게 효과를 볼 수 있음.

무술과기: 생명을 유지케 하는 에너지. 인체 내 흐르는 기를 특정 신체부위에 집중시켜 공격과 방어에 사용.

위력: 내공을 길러 외부로 분출시키는 강한 힘.

허: 심신이 허약하거나 방심해서 노출되는 약점.

무술과 국가: 무술이 국가에 기여하는 역할.

무술과 테러범죄: 생활 호신적 가치, 기능, 효과 증대.

무술고수: 심신이 단련되어 최고의 경지에 이른 사람.

무술창시자: 독창적이고 새로운 무적 공법기법격투체계에 대하여 기술체계를 정립하고 공표한 사람.

무술이념: 시대와 환경에 따라 그 시대 사람들이 목적하는 관념.

무술무기: 무술에 사용되는 살상 도구.

무기무술: 무기를 사용해 무술을 익히는 것.

무적공법: 공격과 방어에 필요한 이론 체계.

무적기법: 공격과 방어 필요한 기술 체계.

격투: 서로 마주 대하여 맨손 또는 무기를 들어 싸우는 것.

격투체계: 무적 공법기법에 대한 기술정립.

경호무술연구: 경호직무환경에서 요구되는 기술을 착안하여 무적 공법기법격투체계를 정립.

경호무술목적: 안전에 대한 욕구 또는 목표.

경호무술사상: 지켜야 할 존재.

경호무술학문: 창시기원 및 정의 그리고 기술체계에 대한 이론 정립.

경호환경: 위험의 존재 상황 대처 조건 및 능력 등.

경호무술특성: 경호무술이 갖는 다양한 기능과 효과.

경호무술의 교육학적 가치: 도덕 및 원리 부재에 따른 대채 교육수단.

경호무술효과: 운동기능증가, 호신기능증가, 미용효과증가, 인성기능증가, 정신기능의 증가 등.

경호무술기초: 자신감, 운동의 원리, 기술전략.

과학기초: 위협방법, 수단, 상황, 환경 등을 종합적으로 분석 대응 원리 착안 기능과 효과를 실험을 통해 검증 실전력 분석.

장명진

- 사단법인 한국경호무술진흥회 회장
- 전통무예원류적통자 모임 간사
- 장명진경호무술원 총원장
- 국무총리실 국가재난관리본부 자문위원
- 초당대학교 경호학과(경호무술) 겸임교수
- 고려대학교 사범대학원 석사과정(경호무술) 강사
- 선문대학교 무도학과, 충청대학 태권도학과(경호무술) 강사
- 국립경찰대학 수사보안연수소(경호무술/경호전략) 강사
- 중국연길시공안국 보안전문대학교 명예교수
- 한서대학교, 서일대학 사회교육원 경호학과(경호무술) 강사
- KBS아카데미 경호원 양성과정(경호무술) 강사
- 사단법인 한국무예포럼 운영위원
- 주식회사 탐경(경호회사) 대표이사
- 국제경호아카데미 원장
- 국제경호협회 회장
- 한국안전교육학회, 한국경호경비학회 운영위원
- 사단법인 한국경비협회 신변보호분과 운영위원
- 사단법인 한국직능단체총연합회 상임부회장
- 제10기 민주평화통일 자문위원(대통령)
- 윗몸일으키기(14,824회) 기네스기록 보유(1990년)
- 『경호무술』, 『경호실무』 저술(개정7권, 1994년~2011년)
- 『경호직무능력표준』, 『경호자격규정집』(2004년~2005년)
- 「경호산업문제분석과 발전방안에 관한 연구」 외 다수의 논문
- 대통령표창(2002년), 국무총리표창(2007년)

[무술입문 및 경호무술 창시보급]

7세에 무예 입문. 태권도, 택견, 합기도, 쿵푸 등을 수련하고 경호무술을 창시하는 등 40여 년간 무공을 쌓았다. 1986년 708특공대(경호부대) 복무 중 86서울아시안게임과 88서울올림픽 경호작전임무를 계기로 경호무술을 연구하기 시작해, 1992년 정립한 경호무술을 국내 최초로 설립된 국제경호아카데미에서 경호원양성 교육과정으로 지도하기 시작하였다. 이후 대학(교) 경호무술학과 및 경호학과와 관련학과에 보급하였다. 1996년 국내최초로 인터넷 경호무술강좌를 시작으로 초 · 중 · 고등학생 및 일반인 대상으로 경호무술원을 개원하여 전국에 보급하고 있다. 또한 중국, 미국, 남미지역에 해외지부를 두고 세계화 중에 있으며, 국내외 주요 방송매체를 통해 크게 주목받고 있다.

경호무술 1992 警護武術

경호무술지도자론

8

초 판 인 쇄| 2012년 1월 2일
초 판 발 행| 2012년 1월 2일

지 은 이| 장명진
펴 낸 이| 채종준
펴 낸 곳| 한국학술정보㈜
주   소| 경기도 파주시 문발동 파주출판문화정보산업단지 513-5
전   화| 031) 908-3181(대표)
팩   스| 031) 908-3189
홈 페 이 지| http://ebook.kstudy.com
E - m a i l| 출판사업부 publish@kstudy.com
등   록| 제일산-115호(2000. 6. 19)

ISBN   978-89-268-2200-5 14690 (Paper Book)
               978-89-268-2201-2 18690 (e-Book)
               978-89-268-2184-8 14690 (Paper Book Set)
               978-89-268-2185-5 18690 (e-Book Set)

 는 한국학술정보(주)의 지식실용서 브랜드입니다.